KARL-HEINZ OTT

VERFLUCHTE NEUZEIT

Eine Geschichte
des reaktionären Denkens

Hanser

1. Auflage 2022

ISBN 978-3-446-27097-8

Umschlag: Peter-Andreas Hassiepen, München
Motiv: Rheinübergang Blüchers 1814/Holzstich nach Richter.
© akg-images
Satz: Greiner & Reichel, GmbH
Druck und Bindung: CPI books GmbH, Leck
Printed in Germany

FSC
www.fsc.org
MIX
Papier | Fördert gute Waldnutzung
FSC® C083411

Schließlich war der Unterschied zwischen der Überzeugung, dass etwas ewig Bestand hat, und der Erwartung, dass im Gegenteil nichts von Dauer ist, gar nicht groß. Man musste in beiden Fällen einfach nur daran glauben.

JAMES GORDON FARRELL, TROUBLES

INHALT

PROLOGE

PRÄLUDIEN

PRINZIPIELLES

POST-WAHRHEITEN

POSTSKRIPTA

ANHANG

PROLOGE

KANN MAN EINE GANZE EPOCHE VERDAMMEN?

Kann man die Neuzeit verdammen? Die Neuzeit als ganze? Man kann das Barock verabscheuen mit seiner Überladenheit oder die Romantik mit ihrem Gefühlskult oder die Postmoderne mit ihrer Beliebigkeit. Auch gibt es eine Menge Schriften mit dem Titel »Die Feinde der Aufklärung« oder »Die Feinde der Moderne«. Von Feinden der Neuzeit ist dagegen nie die Rede. Trotzdem gibt es sie. Es sind nicht wenige. Sie werden wieder lauter.

Wo beginnt die Neuzeit? Wo endet sie? Was soll nach ihr kommen? Neuer als neu kann schließlich nichts sein. Zum Bild der Neuzeit gehört ein Gefühl des Höhepunkts, zum Höhepunkt ein Gefühl des nahenden Endes. Schon seit Jahrhunderten fordern besorgte Stimmen, man müsse wieder zurück: zu den Griechen, zur Religion, zu was auch immer. Neuzeit bedeutet Freiheit, Freiheit bedeutet Bodenlosigkeit – zumindest in den Augen ihrer Kritiker. Seit der Katholizismus seine mittelalterliche Macht eingebüßt und Luther das Gewissen eines jeden Einzelnen ins Zentrum gerückt hat, zersplittern nicht nur Institutionen, die sich als göttliche Hüter der Wahrheit aufspielen – die Wahrheit selbst wird subjektiv verwässert. Jeder macht sich sein eigenes Bild von der Welt, jeder seine eigene Vorstellung vom Leben. Der *eine* große Sinn verflüchtigt sich in Tausende von Sinnmöglichkeiten. Das Motto der Postmoderne lautet: Anything goes. Sein Keim wird bereits vor einem halben Jahrtausend gelegt, am Beginn der Neuzeit. Die einen geben daran Luther die Schuld, die andern Descartes, wieder andere der grassierenden Gottlosigkeit und dem aufziehenden Kapitalismus, der nur noch ein einziges Heiligtum kennt: Geld und Erfolg.

Nie hat eine Epoche maßloser an Utopien geglaubt, nie intensiver die Apokalypse beschworen. Ständig ist von Zerstörung die Rede, ständig drohen Katastrophen. Jene Freiheit, auf die wir so viel Wert legen, tut uns offenbar nicht gut. Seit einiger Zeit verwandeln wir uns in reuige Sünder, die ihre Selbstherrlichkeit verdammen. An Mahnungen hat es nie gefehlt, nicht nur von ökologischer Seite. Konservative Stimmen warnen seit langem vor der Bodenlosigkeit der Neuzeit; an der Fortschrittsfront schüttelt man darüber schon ebenso lange den Kopf.

Inzwischen sind wir mit politischen Entwicklungen konfrontiert, die man in der westlichen Welt kaum mehr für möglich gehalten hätte nach den Totalitarismen des 20. Jahrhunderts. Wir glaubten aus ihnen gelernt zu haben, für immer. Die zweite Hälfte des letzten Jahrhunderts erscheint im Nachhinein als glückliche Zeit, zumindest in unseren Breiten. Die Demokratie galt als selbstverständliche Lebensform, an der niemand mehr gezweifelt hat, sieht man von den üblichen Rändern ab. Wenige Jahre nach 1989 wurde sogar schon das Ende der Geschichte ausgerufen, womit gemeint war, dass selbst die östliche Hemisphäre nunmehr kapiert hat, dass es zur Demokratie keine Alternative gibt, jedenfalls keine bessere. Das westliche Modell hatte gesiegt, mit allem, was dazugehört: Aufklärung, Universalismus, Menschenrechte. Die Freiheit schien Voraussetzung für Fortschritt und Wohlstand.

Nicht nur China führt mittlerweile vor, dass solche Dinge auch ohne Freiheit zu haben sind. Selbst in der westlichen Welt hat der Wind schneller gedreht, als man sich in schlimmsten Alpträumen hätte ausmalen können. Inzwischen fragen wir uns, was die vielen Aufgebrachten umtreibt, denen unsere Art von Demokratie keinen Pfennig mehr wert scheint. Wir forschen nach Ursachen, Gründen, Zusammenhängen. Die Antwort lautet: Es sind die Globalisierung, die Migration, die Deindustrialisierung. Vom Verlust aller Sicherheiten ist die Rede und von einer Überforderung, die jeden Lebensbereich erfaßt, nicht bloß den materiellen. Es werden weltanschauliche Schlachten geschlagen wie selten zuvor, stets geht es ums Ganze. Was darf man noch sagen, wie muss man denken, wo liegen die ständig sich verschiebenden Grenzen, lauten die allgegenwärtigen Fragen. Ebenso ist von der Schere die Rede, die ständig weiter auseinandergeht zwischen denen, die immer mehr, und denen, die immer weniger verdienen. Zwischen den polyglotten

Globalisierungsgewinnlern und den Abgehängten ist eine Kluft entstanden, die man lange nicht wahrnehmen wollte. Den einen gefällt, dass die Welt kaum noch Grenzen kennt, die andern wollen wieder Mauern errichten. Die Lust am Autoritären wächst. Inzwischen erscheint die zweite Hälfte des 20. Jahrhunderts wie eine trügerische Friedenszeit.

Allerdings drängt es nicht nur die Abgehängten, Tabula rasa zu machen. Auch in Schichten, die keine ökonomischen Sorgen kennen, breitet sich Rabatzstimmung aus. Nicht wenige ziehen über Eliten her, deren Teil sie sind. Weder leiden sie unter einem Mangel an Aufmerksamkeit noch unter Sprechverboten. Trotzdem glauben sie, die gegenwärtige Demokratie revidieren zu müssen. Sie rufen nach der Nation, nach traditionellen Werten, nach geistig-sittlicher Orientierung. Wirtschaftliche Ursachenforschung hilft dabei kaum weiter. Es geht ihnen um die Rettung des Abendlands, wie schon Oswald Spengler, der kaum noch an Rettung geglaubt hat.

Zu den Folgen von 1989 gehört nicht nur der Kollaps der Sowjetunion, auch der Westen hat Risse bekommen. Seit das eine, große, klare Feindbild fehlt, in dessen Licht die hiesigen Lebensverhältnisse immer rosig erschienen, richtet sich der Blick umso gnadenloser auf unsere eigenen, inwendigen Konflikte. Während die allseitige globale Abhängigkeit schon aus ökonomischen Gründen überall nach Öffnung ruft, wächst das Bedürfnis nach Abgrenzung und identitärer Einzigartigkeit. Ebenso stellt sich wieder vermehrt die Frage, ob der freie Markt und das kapitalistische Wirtschaften den einzig verbliebenen Sinn auf der Welt ergeben. An allen Ecken und Enden regt sich Unmut, Zorn und Widerstand, auf völlig diverse, gegensätzliche Weise. Die einen gieren nach Ordnung und Übersichtlichkeit, die andern wollen jenes Projekt der Moderne vollenden, das auf größtmögliche Grenzenlosigkeit zielt.

Zur Moderne gehört seit je die Kritik an der Moderne, auf rechter Seite wie auf linker. Paradoxerweise lebt diese Kritik just von jener Freiheit, die sie für bedenklich hält. Dabei steht nicht nur die Aufklärung unter Beschuss, deren Beginn wir aufs 18. Jahrhundert datieren, es geht um die Neuzeit insgesamt. Nicht Voltaire und Rousseau gelten als hauptsächliche Übeltäter, es sind Luther und Descartes. Diese beiden werden für den Zerfall einer Ordnung verantwortlich gemacht, in der noch nicht der Einzelne im Mittelpunkt stand und noch nicht die Meinung von Krethi und Plethi gefragt war. Seit ein jeder sich aufgerufen fühlt, selbst zu denken und selbst zu urteilen, zerbröselt der Glaube an eherne Wahrheiten. Alles wird relativ, nichts steht mehr fest, alles Absolute muss abdanken. Nietzsche charakterisiert diesen Zustand als Nihilismus. Die einen kommen damit zurecht, andere nicht. Was die einen als Freiheit rühmen, verdammen die andern als Sinnlosigkeit.

Descartes fordert dazu auf, alle Arten von Wissen und Wahrheit in Frage zu stellen, damit wir sie nicht mit bloßer Überlieferung verwechseln. Der neuzeitliche Mensch kann auf nichts mehr bauen, außer auf sich selbst. Diesem Zustand wünschen nicht nur Leo Strauss, Carl Schmitt und Heidegger ein baldiges Ende, auch Foucault wünscht die Neuzeit zum Teufel.

Von denen, die bei Pegida mitmarschieren oder das Kapitol gestürmt haben, denkt vermutlich kein einziger an Descartes und Luther. Was sollten diese beiden schon damit zu tun haben? Dennoch muss man nicht lange suchen, um rechtsintellektuelle Stimmen auszumachen, die dort das Ursprungsübel erkennen. Weder grölen ihre Vertreter auf der Straße herum, noch stellen sie griffige Parolen zur Verfügung. Meist handelt es sich um wohlbestallte Professoren, die als Politikberater Maulwurfsarbeit leisten.

Lange war man sicher, der Geist stehe automatisch links. An solche 68er-Selbstherrlichkeiten glaubt inzwischen kaum noch jemand. Es gibt nicht nur linksliberale Eliten, es gibt auch rechtskonservative; und sie sind weit älter als die Frankfurter Schule. Seit ein paar Jahren drängen sie wieder an die Rampe, vergleichbar den McCarthy-Zeiten. Ihre Vertreter agieren nicht nur an Universitäten und in Thinktanks mit potenten Geldgebern, zuweilen sitzen sie sogar auf Ministerposten, von Washington bis Warschau. Ihre Agenda reicht nie nur bis zur nächsten Wahl, sie rütteln an den Grundlagen der Neuzeit. Das mag maßlos klingen und furchtbar übertrieben, trifft aber den Punkt – man muss nur ihre Schriften zur Hand nehmen. Deren Sprache klingt ganz anders als die der Straße: feinsinnig und gebildet. Es ist dort viel von Platon die Rede und anderen Denkern, von Aufruhr keine Spur. Von Marx stammt der Satz: »Radikal sein ist die Sache an der Wurzel fassen.«[1] Marx bezieht ihn aufs Denken, Barrikaden sind allenfalls dessen Folge. Radikalität zeichnet nicht allein das linke Denken aus, sondern ebenso das rechte.

Zuweilen ergeben sich dabei Vernetzungen, die so kurios nicht sind, wie sie scheinen. Am Ende hängen Heidegger, Foucault, Don Quijote und Descartes aufs Engste zusammen.

NEUZEIT, MODERNE, POSTMODERNE

Wo fängt die Neuzeit an? Wo die Moderne? Wo die Postmoderne? Handelt es sich mehr oder weniger um das Gleiche, nur im Sinn einer Steigerung? Oder um jeweils Neues, Anderes? Ist die Neuzeit identisch mit der Moderne, oder fängt die Moderne erst später an? Wo beginnt die Postmoderne? Kündet sie vom Ende der Neuzeit oder treibt sie lediglich auf die Spitze, was seit ihren Anfängen im Gang ist? Begrifflichkeiten über Begrifflichkeiten, Epochen, Unterepochen, Abschiedsepochen: Renaissance, Barock, Aufklärung, Romantik, Moderne, Avantgarde, Post-Histoire. Nur eines scheint klar: Der Moderne kann es nie schnell genug gehen mit immer neuen Modernitätsschüben. Sie lebt von einem manischen Voraus-Drang. Allerdings fragt sich: wohin?

Grenzen zieht man nicht ohne Willkür. Wer vom Ende der Geschichte redet, spricht von ihrer Krönung und nicht wirklich vom Ende. Es bedeutet: Mehr geht nicht, besser kann es nicht werden, zumindest nicht im Prinzip. Alles Bisherige war Vorlauf, die Neuzeit bildet den Abschluss. Was keineswegs bedeutet, dass fortan nichts mehr geschieht und nichts sich mehr ändert; es bedeutet, dass die Demokratie die höchste Stufe der Menschheitsentwicklung darstellt und alles andere auf einen Rückfall hinausliefe. So sehen es die meisten in der westlichen Welt, selbst solche, die diese Entwicklung kritisch beäugen. Wirklich zurück möchte vermutlich niemand, selbst wenn er vom Mittelalter schwärmt oder von den alten Griechen oder vom rousseauistischen Naturzustand. Wir können uns solche Träume leisten, sie kosten nichts; es handelt sich um Phantasien, mit denen wir vor dem Hier und Jetzt in künstliche Paradiese fliehen. Dennoch scheint die Lust an der Demokratie im Schwinden. Herrschte 1989 noch allgemeine Aufbruchsstimmung, fing keine zehn Jahr später die Welt an zu wackeln, an allen Ecken und Enden. Das Ende der Geschichte ist wieder ferner gerückt.

Die Neuzeit hat das Mittelalter abgelöst, darin sind sich alle einig. Der mittelalterliche Mensch wusste allerdings nicht, dass er im Mittelalter lebt; das wissen erst wir. Laut Kant findet in der Neuzeit etwas statt, das er als den Ausgang aus selbstverschuldeter Unmündigkeit charakterisiert – darin besteht seine Definition der Aufklärung. In Kants Schriften tauchen selten vorneuzeitliche Philosophen auf. Er bedarf ihrer nicht, sie haben ihm nichts mehr zu sagen. Sie verharren für ihn in einem metaphysischen Schlummer, der sie Gedankensysteme ersinnen ließ, die sie mit der Welt und der Wirklichkeit verwechselt haben. Statt nach den Konstruktionsmechanismen unseres geistigen Legobaukastens zu fragen, haben sie Theorien aufeinandergetürmt, die unter dem kritischen Blick der neuzeitlichen Vernunft zusammenkrachen. Sie haben so getan, als würden sie die innerste Ordnung der Welt erkennen, ohne sich die Frage zu stellen, ob wir das überhaupt können. Herausgekommen sind nichts als dogmatische Gedankengebäude, wie Kant behauptet. Diese Entwicklung setzt ein mit Platon und gipfelt in den theologischen Begriffskathedralen des Mittelalters.

Auch wenn uns das Mittelalter seit einiger Zeit wieder ein bisschen bunter erscheint, halten wir es unterm Strich immer noch für finster. Zwar lassen wir uns gern in Dubys bildersatte »Zeit der Kathedralen« entführen und in Victor Hugos Paris des Quasimodo, leben möchten wir dort aber auf keinen Fall – außer in Filmen und Videospielen. Dabei glaubte schon so mancher Romantiker, im Mittelalter all das zu finden, was die Aufklärung zerstört hat; man muss nur Novalis lesen oder Eichendorff. Trotzdem sind wir im Grunde allesamt Kantianer, die an den Fortschritt der Neuzeit glauben, sowohl technisch wie gedanklich. Wir schauen aufs Früher herab, bei aller Bewunderung für gotische Kirchen und Dantes »Göttliche Komödie«. Als Kulturgüter möchten wir diese Dinge nicht missen, an unserem Überlegenheitsgefühl ändert das wenig.

Wo aber fängt die Neuzeit an? Was wir im Deutschen Neuzeit nennen, nennt sich im Englischen *modern times*, im Französischen *les temps modernes*. Im Deutschen setzt die Moderne für viele erst im 19. Jahrhundert ein, für manche sogar erst im 20., je nachdem, ob wir in erster Linie an die Kunst oder an die Anfänge der Demokratie oder an die Industrialisierung denken. Was den Beginn der Neuzeit betrifft, legen ihn manche auf die Entdeckung Amerikas im Jahr 1492 fest, andere auf das Jahr 1517, in dem Luther seine Thesen anschlägt. Luther hat nicht nur die kirchliche Welt zum Beben gebracht, sondern das ganze Abendland, mit weltweiten Folgen, bis heute.

Die Staatstheorie von Hobbes verdankt sich den Erfahrungen des Dreißigjährigen Krieges, der 1648 endet, drei Jahre bevor sein »Leviathan« erscheint. Nachdem Europa im Namen der Religion in ein Schlachtfeld verwandelt worden ist, muss der moderne Staat laut Hobbes dafür sorgen, dass der Glaube Privatsache bleibt. Die staatlichen Gesetze stehen fortan über jeder Religion, ihnen allein muss man sich fügen. Mit dem IS vor Augen und dem Iran wissen auch wir Heutigen, wovon Hobbes spricht. Wer in vermeintlich Heiligen Schriften die absolute Wahrheit zu erkennen meint, kann sich nicht Gesetzen beugen, die allein von Menschen stammen, am allerwenigsten, wenn es sich um Ungläubige handelt. Nicht bloß islamische Hardcore-Strömungen, auch christliche Fundamentalisten wollen mancherorts rückgängig machen, was nicht in ihr Weltbild passt. In Ungarn und Polen sind Regierungen an der Macht, denen ein traditionalistischer Katholizismus, wie man ihn nicht einmal mehr im Vatikan pflegt, mehr bedeutet als der neuzeitliche Liberalismus. In den USA gewinnen Evangelikale an Boden, die an Schulen nicht nur Darwin verbieten wollen, sondern alles, was dem Glauben widerspricht, Gott habe in sieben Tagen die Welt erschaffen, im wörtlichen Sinn.

Obwohl Novalis, Eichendorff und Carl Schmitt wenig miteinander gemein haben, machen sie alle den Protestantismus für die Übel der Neuzeit verantwortlich. Religiöse Argumente spielen dabei eine zweitrangige Rolle. Ihre Klage lautet, die Reformation habe die Einheit des Abendlands zerstört. Was seither fehlt, ist eine höchste Sinninstanz – und damit jegliches Fundament und jegliches Firmament. Das Leben besitzt keine geistige Ordnung mehr und keine Orientierung. Jeder muss sich nun seinen eigenen Sinn zusammensuchen, einen gemeinsamen gibt es nicht mehr. Der Plural von Sinn lautet Sinne, womit alles gesagt ist. Indem Luther das Gewissen höher wertet als die Lehre der Kirche, verlegt er den Gottesbezug ins Innere eines jeden Einzelnen, womit er ihm auch die Verantwortung für sein Handeln und Denken überträgt. Was fortan regiert, ist ein Individualismus, der zu einem Durcheinander divergierender Meinungen führt. Jeder entscheidet nun selbst, woran er glauben will und woran nicht. Nichts fügt sich mehr, es fehlt jeder Kitt. Was bleibt, ist eine Welt, die pluralistisch zerfällt. Das Einzige, was allgemein zählt, sind Produktion und Konsum, alles andere macht jeder mit sich allein aus. Im Supermarkt der Sinnangebote kann jeder frei wählen, nach Lust und Laune. An Weltbildern, Glaubensartikeln, Wertvorstellungen herrscht kein Mangel.

Carl Schmitt ist überzeugt, dass die protestantische Wende sich von Anfang an auf einen Anarchismus zubewegt, der nur zu bändigen ist durch einen starken Staat. An dessen Spitze muss eine Autorität stehen, die – gleich Gott – absolutistisch bestimmt, was zu gelten hat. Nichts anderes meint Schmitt mit seiner Rede von der politischen Theologie. Ohne einen höchsten Souverän zerfällt alles, er allein kann das Chaos verhindern. Wo tausend Stimmen durcheinanderquasseln, regiert der reinste Wirrwarr. Wehret den Anfängen, lautet Schmitts Credo. Ordnung ist alles, egal, mit welchen Mitteln man sie verwirklicht und aufrechterhält. Andernfalls führt der neuzeitliche Subjektivismus mit seiner Gesinnungsethik und seinem Tanz ums Individuum zum Kampf aller gegen alle. Ein jeder erhebt dann seine eigene Moral und seine eigenen Vorstellungen von Wahrheit und Gerechtigkeit zum Absoluten. Würde Schmitt heute noch leben, wäre für ihn mit der politischen Correctness der letzte Beweis dafür erbracht.

Allerdings stoßen der Relativismus, Individualismus und Pluralismus auch an der linken Front auf wenig Gegenliebe. Wo ein kapitalistischer Darwinismus herrscht, verschleiert die Rede von Freiheit und Toleranz das Recht des Stärkeren. Was nach Pluralismus klingt, verdeckt lediglich, dass die meisten sich durch eine Welt schlagen müssen, die den Erfolgreichen, Durchsetzungsfähigen, Raffgierigen gehört. Gleich zum Auftakt konstatieren Marx und Engels in ihrem »Kommunistischen Manifest«, dass die neuzeitliche Freiheit darin besteht, sich auf dem Markt als Arbeitskraft zu verkaufen. Bei Adorno heißt es: Wir leben im offenen System der Platzangst.[1] Während Adorno jedoch vor autoritären Lösungen warnt, verkündet der orthodoxe Marxist Lukács noch 1969 im ungarischen Rundfunk: Wahrheit gibt es nur in der Einzahl, nicht in der Mehrzahl![2]

In dem Roman »Der Zauberberg« taucht Lukács in Gestalt eines Jesuiten namens Naphta auf. Was Thomas Mann bereits dadurch zum Ausdruck bringt, dass er Naphta bei einem gewissen Lukaçek zur Miete wohnen lässt. Naphta wünscht den gottlosen Kehricht der Neuzeit zum Teufel und will die Diktatur des Proletariats errichten. Was ihm zuwider ist, sind humanistische Phrasen, die das himmelschreiende Unrecht unserer Welt als etwas Erstrebenswertes ausgeben. Weil er einen mittelalterlichen Gottesstaat errichten will, dessen Name Kommunismus lautet, charakterisiert sein liberaler Gegenspieler Settembrini ihn als »Princeps scholasticorum«: als Fürsten der Scholastiker.[3]

Warum die Neuzeit in philosophischer Hinsicht mit Descartes einsetzt, zeigt gleich der erste Satz seiner »Meditationen über die Erste Philosophie«. Er lautet: »Nicht erst heute wird mir bewusst, wie viele falsche Meinungen ich seit meiner Kindheit für wahr gehalten habe, und dass mehr als zweifelhaft ist und ungewiss, was auf so ungesicherten Grundsätzen beruhte; und deshalb beschloss ich, mich einmal ernsthaft in meinem Leben aller Meinungen zu entledigen, die ich voller Treu und Glauben übernommen hatte, um ganz von neuem bei den Fundamenten anzufangen.«[4] Gleich zu Beginn seines »Discours de la Méthode« lesen wir, er habe vieles gelernt und studiert, allerdings lauter Dinge, die voller Widersprüche seien und aus bloßen Spekulationen beständen, obwohl man sie als Wahrheiten verkauft. Nicht nur die Theologie, auch die bisherige Philosophie habe »mit einem Anschein von Wahrheit über alles geredet und sich von Leuten bewundern lassen, die weniger gebildet sind.«[5] Und deshalb muss ab sofort alles auf den Prüfstand des selbständigen Denkens. Mit seinem Cogito rückt Descartes das Ich ins Zentrum und mit ihm den Vorsatz, den eigenen Verstand über alles andere zu stellen. Nicht mehr Gott bildet den Ausgangspunkt allen Seins und auch nicht die Welt, es ist das Subjekt. Paul Valéry behauptet, Descartes habe mit seinem »Discours« den ersten modernen Roman geschrieben, und fügt voller Bedauern hinzu: »Erstaunlicherweise hat die nachfolgende Philosophie den autobiographischen Anteil wieder zurückgedrängt. Doch daran sollte man wieder anknüpfen und das Leben von Theorien auf die gleiche Weise schildern, wie man das der Leidenschaften schildert.«[6]

Auch Hobbes räumt mit allem auf, was an Lehrmeinungen noch aus dem Mittelalter herüberschwappt oder was nur als wahr gilt, weil es in antiken Schriften steht.[7] Auf den ersten hundert Seiten seines »Leviathan« rennt er nicht bloß gegen das »Kauderwelsch der Scholastiker« an, nicht minder schüttelt er den Kopf über Leute, die sich mit gewichtiger Miene auf Aristoteles berufen.[8] Während Descartes die Philosophie weiterhin für relevant hält, veranschlagt Hobbes ihren Nutzen auf nahezu null. In seinen Augen handelt es sich um ein Begriffsgefuchtel, das an Irrsinn grenzt. Wer sich auf die Narreteien einer solchen »Buchstabengelehrtheit« einlässt, gibt seine Urteilskraft an der Garderobe ab.[9] Scholastische Abstraktionen sind für ihn keinen Deut besser als die Weissagungen des Nostradamus.[10] Hobbes strebt eine radikale Reform der Universitäten an: All dieser Gallimathias muss aus ihnen verbannt werden, und es muss eine verständliche Sprache einkehren, ohne jeden Begriffsnebel.[11]

Die Aufklärung setzt nicht erst mit dem 18. Jahrhundert ein, sie beginnt mit Descartes und Hobbes, zu denen sich als dritter Spinoza gesellt, der die Religion in seinem »Theologisch-politischen Traktat« als Angelegenheit für geistig Bedürftige abkanzelt. Die Scholastik hat ausgespielt, die Kirche ihre Vorherrschaft eingebüßt. Im Gefolge von Descartes wurde ganze Arbeit geleistet.

Warum aber wird Descartes so angefeindet, vor allem von Leuten, die alle Freiheiten des neuzeitlichen Denkens genießen, ihn jedoch für den Urschuldigen einer Moderne halten, der sie am liebsten den Garaus machen würden? Wenige Jahre nach der Französischen Revolution setzt eine Bewegung ein, die den Namen Romantik erhält und sich dadurch auszeichnet, dass sie vom Lichtzwang der Vernunft erst einmal genug hat. Sie setzt sich bis heute fort, und zwar gerade dort, wo man sie auf den ersten Blick gar nicht vermutet. In seinem 1961 erschienenen Werk »Wahnsinn und Gesellschaft« zeigt Foucault die neuzeitliche Vernunft einer Gewalt, der niemand entkommt, außer auf die Gefahr hin, ausgestoßen oder eingesperrt zu werden. Wer sich ihr nicht fügt, wird als wahnsinnig, abartig, unnormal stigmatisiert. Für Foucault ist Don Quijote das erste Opfer dieses neuzeitlichen Rationalitätswahns. Weil er in einer ritterlichen Vergangenheit lebt, über die man inzwischen den Kopf schüttelt, wird er als Irrer abgestempelt. Man erhebt sich über ihn, im Namen einer Vernunft, die nichts von dem, was ihren Horizont überschreitet, mehr begreift.

Auch wenn der Ritter von der traurigen Gestalt wenige Jahre älter ist als der Apologet des Cogito, kann man sagen: Don Quijote ist das Opfer von Descartes. Vernunftkritik bedeutet Descartes-Kritik, von Heidegger bis Foucault, der in seinem letzten Interview erklärt: »Mein ganzes philosophisches Werden ist durch Heidegger bestimmt worden«, für ihn sei er »immer der wesentliche Philosoph gewesen«.[12] Beide wollen einen Humanismus überwinden, der nur ein anderer Begriff ist für radikale Subjektherrschaft. Humanismus bedeutet, dass der Mensch sich in den Mittelpunkt des Universums rückt und nichts mehr über ihm stehen darf, weder ein Gott noch die Natur, noch sonst etwas. Sofern das neuzeitliche Subjekt noch von Gott spricht oder etwas Höherem, wird es nicht müde zu betonen, dass niemand wissen kann, ob es dieses Höhere gibt. Fest steht lediglich, dass es sich bei all dem um Ideen handelt, die von uns selbst stammen und geschichtlichem Wandel unterworfen sind. Die Welt ist, was sich in unseren Köpfen, unserer Sprache, unseren Phantasien abspielt. Der Begriff Projektion hält Einzug: Wir selbst sind der Projektor, der Rest des Universums bildet eine immense Leinwand, auf der sich unsere Wünsche, Vorstellungen,

Absichten spiegeln. Alles gerät zum Projekt unseres Denkens, Handelns, Veränderns.

Das alles fängt an mit dem cartesianischen Ego, dessen Blick nun alles prägt und bestimmt. Descartes zerstört die Grundfesten der Metaphysik, indem er an die Stelle des Seins das Subjekt rückt. Bereits vor Descartes zerstört Luther die Grundfesten jeder Dogmatik, indem er das Gewissen zur zentralen Instanz kürt, was bedeutet, dass er den Glauben an jeden Einzelnen relegiert und ihn zur Sache eines persönlichen Gottesbezugs macht. Dass ein solcher Glaube voller Unsicherheit bleiben muss und ganz schnell zu Pascals *horror vacui* führt, ist evident. Nicht zufällig heißt es in seinen »Pensées«, die Natur weise überall auf einen verlorenen Gott hin, sowohl im Innern des Menschen wie außerhalb von ihm.[13]

Die Postmoderne vollendet lediglich, was seit Anfang der Neuzeit im Schwange ist. Sofern Deleuze voller Euphorie feststellt, es gebe nicht nur keine privilegierten Gesichtspunkte mehr, sondern nicht einmal einen gemeinsamen Gegenstand, auf den wir uns beziehen – wie einst auf Platons Idee des Guten oder den Gott der Religionen –, begrüßt er eine Entwicklung, die nicht erst in den letzten ein-, zweihundert Jahren einsetzt, sondern mit dem Ende des Mittelalters. Was Deleuze als neue Vielheit feiert, liefert der Gegenseite den Beweis, dass jedes sinnstiftende Denken verloren gegangen ist und mit ihm jede sinnstiftende Ordnung.[14] Wir sind mit tausenderlei Überzeugungen und Weltbildern konfrontiert, es fehlt jeder verbindliche Rahmen und jeder richtungsweisende Horizont. Alles zersplittert, unaufhaltsam, immer weiter.

In den Augen fundamentaler Neuzeit-Kritiker wie Leo Strauss, Eric Voegelin, Martin Heidegger und Carl Schmitt steuern wir seit fünfhundert Jahren auf einen Nihilismus zu, der bloß noch die Beliebigkeit sozialer Stimmungen, windiger Meinungen und wechselnder Sprachregelungen kennt. Foucault behauptet, die moderne Literatur zerstöre sich selbst, und zwar dadurch, dass sie zunehmend lauter, betäubender, grenzenloser um eine Leere kreist, die am Ende nur noch aus Selbstverweisen besteht, hinter denen sich nichts als ihr eigenes Gemurmel verbirgt.[15] Bei Derrida heißt es: »Auf eine bestimmte Weise bedeutet ›das Denken‹ nichts«. Es lebe, behauptet er, vom »weißen Zwischenraum im Text«.[16]

Dass man inzwischen sogar die Existenz biologischer Geschlechter bestreitet, liefert notorischen Bedenkenträgern den endgültigen Beweis, dass es keinerlei Bremsen und Halten mehr gibt. Das neue Babylon liegt nicht vor uns, wir leben mittendrin. Man hat uns gewarnt.

PRÄLUDIEN

EIN KATHOLISCHER POLE

Als Mitglied der Partei für Recht und Gerechtigkeit war Ryszard Legutko polnischer Bildungsminister, inzwischen steht er der PiS-Fraktion im Europaparlament vor und ist stellvertretender Vorsitzender der Fraktion Europäische Konservative und Reformisten. Als Philosoph lehrt er an der Universität Krakau, seine Habilitation trägt den Titel »Platons Kritik der Demokratie«. 2016 erscheint von ihm die Schrift »Der Dämon der Demokratie. Totalitäre Strömungen in liberalen Gesellschaften«. Der erste Satz lautet: »Dieses Buch handelt von den Ähnlichkeiten zwischen Kommunismus und liberaler Demokratie.«[1]

Geht es um den Kampf gegen die nihilistische Zerstörung christlicher Werte und das nationale Selbstbestimmungsrecht der Völker, stößt man schnell auf Legutkos Namen. Der Kommunismus lebt für ihn in einem Multinationalismus fort, der den Staaten die Freiheit raubt, ihre Angelegenheiten nach eigenem Gusto zu regeln. Was einst Moskau war, ist heute Brüssel. Dort hat das feindliche Hauptquartier seinen Sitz, dort regieren die linken Zwangs-Säkularisierer, dort wird die Masseneinwanderung von Moslems organisiert, mit dem Ziel, die letzten Reste des Abendlands zu vernichten. Gegen diesen postkommunistischen Despotismus führt Legutko einen Kreuzzug. Er will Europa in einen Zustand zurückführen, wo nicht mehr Minderheiten die Mehrheit terrorisieren. Weder will er sich zwingen lassen, muslimische Communities zu akzeptieren, noch will er Homosexualität und sonstige Perversionen als etwas Normales anerkennen müssen.

Zu den fatalen Ausflüssen des Liberalismus gehört in seinen Augen ein Relativismus, der zu einem prinzipienlosen Pluralismus führt und zu einem liederlichen Toleranzgetue. Mit einer totalitären Pädagogik versucht der heutige Westen die Menschen ihrer angestammten Sitten zu berauben und sie radikal umzuerziehen. »Sowohl der Kommunismus als auch die liberale Demokratie sind Herrschaftsformen, deren

Absicht es ist, die Realität zum Besseren zu verändern«, erklärt er. »Beide leben von der Überzeugung, dass die Welt, wie sie ist, nicht tragbar ist und dass man sie verändern muss: das Alte soll durch das Neue ersetzt werden. Beide Systeme greifen ... unerbittlich ein ins soziale Gefüge, beide rechtfertigen ihr Eingreifen mit dem Argument, es diene der Verbesserung.«[2] Tyrannische Sozialtechnologen bestimmen unser Leben; sie dulden nichts, was ihren Heilsvorstellungen widerspricht.

In seiner Argumentation folgt Legutko rechtsintellektuellen Vordenkern, die sich an Leo Strauss orientieren, für den wiederum Hobbes der geistige Urheber aller neuzeitlichen Fehlentwicklungen ist. Legutko teilt mit Strauss die Überzeugung, dass die Moderne keinerlei Wahrheit mehr kennt, weder eine philosophische noch eine sonstige. Der Mensch bedarf jedoch geistiger Orientierung, anders findet er nicht nur keinen Sinn in der Welt, anders ist auch keine Ordnung möglich. Was wir überwinden müssen, ist unser neuzeitlicher Stolz auf eine Freiheit, die uns haltlos macht. Menschen bedürfen einer starken Hand, eines festen Glaubens, eines klaren Wegweisers, alles andere führt in Abgründe.

Die Grundlagen für diese Haltlosigkeit wurden von Descartes gelegt, der jede Wahrheit in Frage stellt, die sich bloßer Tradition verdankt oder großen Namen aus der Philosophie- und Theologiegeschichte. Descartes' politisches Pendant findet sich bei Hobbes, der ein Staatsmodell entwirft, das Religion nur so weit zulässt, wie sie den öffentlichen Frieden nicht stört. Hobbes kriminalisiert jeglichen Wahrheitsanspruch, der sich über den Staat stellt. Zwar glaubt er, dass seine Staatsvorstellung christlichen Prinzipien entspricht, hinterrücks öffnet er atheistischen Umtrieben jedoch Tür und Tor. Weil seine Art von Staat ein tolerantes Zusammenleben anstrebt, darf dort die Frage nach einer absoluten Wahrheit keinen wirklichen Platz mehr besitzen. Hobbes lässt die Religion verdorren und mit ihr alles, was über das bloße Funktionieren des Lebens hinausweist. An die Stelle überzeitlicher Wahrheiten tritt der politische Glaube, dass wir unsere irdischen Dinge auch ohne etwas Absolutes regeln können. Wir müssen uns lediglich für eine Gesellschaft engagieren, deren einzige Wahrheit darin besteht, dass es keine absolute Wahrheit gibt. Womit der Mensch sich selbst zu Gott macht. Zu einem Gott, der den Relativismus zur höchsten Gottheit erklärt.

Hinter Legutkos polterndem Zorn gegen alles Linke und Liberale – wozu auch alles moderat Konservative gehört – verbirgt sich eine Argumentationsstruktur, wie man sie seit langem in rechten amerikanischen Thinktanks findet. Stets lautet der Grundtenor, dass im Liberalismus ein Totalitarismus steckt, der alles zum Feind erklärt, was nicht einstimmt in seinen bodenlosen Relativismus und nicht an das Ideal einer multikulturellen Weltgemeinschaft glaubt. Da diese Utopie über jedem anderen Glauben zu stehen hat, ist der Liberalismus keinen Deut besser als der Kommunismus. Beide wollen die Menschheit umerziehen, beide alles unterdrücken, was ihren Zielen widerstrebt.

Laut Legutko unterstützt die postkommunistische Internationale der Linksliberalen weltweit Organisationen, die alle nationalen Eigenheiten systematisch unterminieren und die sittliche Selbstbestimmung der Völker hintertreiben. »Beide reden gern vom ›Volk‹ und von großen sozialen Bewegungen, während sie gleichzeitig – ganz wie die Philosophen der Aufklärung – keinerlei Skrupel kennen, wenn es darum geht, die soziale Spontaneität schonungslos zu unterbinden, um den gesellschaftlichen Umbau voranzutreiben«, heißt es in Legutkos »Dämon der Demokratie«.[3] Soziale Spontaneität bedeutet in diesem Fall: Anti-Schwulen-Demonstrationen, Pegida-Aufmärsche, Anti-Abtreibungs-Proteste.

Laut Legutko erleben wir schon bei Hobbes, wie »Befreiung und Zwang sich vermischen«.[4] Bereits Hobbes wird nicht müde, den Menschen einzureden, dass sie von allem scholastischen Irrsinn lassen müssen und nicht mehr die Kirche als höchste Autorität anerkennen dürfen. »Hobbes erklärte ihnen, was Hölle und Himmel im Licht der Vernunft noch bedeuten können und welche Teile der christlichen Lehre vertretbar sind und welche nicht.«[5] Was daraus im Lauf der Jahrhunderte geworden ist, erleben wir heute in erschreckender Deutlichkeit, schließlich haben solche Lehren es geschafft, »alle nicht-liberalen Ansichten über die politische Ordnung zum Schweigen zu bringen und an den Rand zu drängen. Der Liberalismus hat die Köpfe der Menschen so sehr monopolisiert, dass die Theoretiker des Sozialismus in den kommunistischen Ländern vor Neid erblassen müssten.«[6] Was der Liberalismus als Offenheit anpreist, entpuppt sich als doktrinäre Weltanschauung, die einzig akzeptiert, was seinem eigenen Bild von Offenheit entspricht.

Der Liberalismus ist nicht liberal, er betreibt eine Gehirnwäsche, wie man sie vom Kommunismus kennt, nur mit flexibleren Mitteln. Beiden bescheinigt Legutko eine Brutalität, wie es sie nie zuvor gegeben hat. Im März 2020 veröffentlicht er in der rechtskatholischen amerikanischen Zeitschrift »First Things« einen Artikel mit dem Titel »Warum ich nicht liberal bin«. Er beklagt dort, dass nicht mehr die Kirche bestimmt, was man zu glauben hat, sondern der Staat. Der Staat indoktriniert das Volk mit einem Bildungsprogramm, das den Einfluss der Eltern schon früh an den Rand drängt: »Besonderes Augenmerk wird auf die Sprache gelegt …, aber auch darauf, dass die Kinder nur geeignete Bücher lesen, nur korrekte Filme sehen, nur passende Spiele spielen. Alles soll das Gefühl einer ›Offenheit‹ vermitteln, von der die liberale Übertheorie zutiefst glaubt, dass sie zu einer neuen und freieren Gesellschaft führt. … Eine von großen Unternehmen unterstützte Propagandamaschine programmiert die Köpfe der Menschen, was anfängt bei den Kindern im Kindergarten und sogar noch früher. … Die wenigen Ausnahmen, welche wagen, ›Nein‹ zu sagen, verlieren häufig ihre Arbeit und werden zur Zielscheibe verbaler und sogar körperlicher Gewalt.« Was wir unter Freiheit verstehen, läuft laut Legutko auf einen verbissenen Anti-Katholizismus hinaus, wie man ihn von Voltaire kennt und von Hobbes.

Aus all diesen Gründen muss man das liberale Establishment bekämpfen, allem voran sein »strenges Regiment politischer Korrektheit«. Man muss wieder den Mut aufbringen, »auf der falschen Seite der Geschichte zu stehen« und nicht mitzusingen im totalitären Chor linker

Sittenwächter. Man darf keine Angst haben, als Frömmler, Reaktionär, Faschist abgekanzelt zu werden.[7] Man muss wagen, den vielen Voltaires entgegenzutreten und das Monopol einer Ideologie zu zertrümmern, die sich einen Pluralismus auf die Fahnen schreibt, der aus nichts als Konformitätsdruck besteht und Zensur.

ROTZLÖFFEL UND BANDITEN

2009 reichen Krakauer Gymnasiasten bei ihrer Schulleitung eine Petition ein, die das Entfernen religiöser Symbole aus Klassenzimmern verlangt. Sie berufen sich auf die Religionsfreiheit und eine Entscheidung des Europäischen Gerichtshofs. Die Petition wird abgelehnt, die Kreuze bleiben hängen, die Schüler wehren sich nicht weiter dagegen. Als Legutko Wind von dieser Aktion bekommt, beschimpft er die Unterzeichner als »Hündchen«, »Rotzlöffel« und »ungezogene, von ihren Eltern verwöhnte Gören«. Worauf die Schüler ihn anzeigen. Als Schadensersatz verlangen sie 5000 Zloty – circa 1000 Euro –, die einem sozialen Zweck zugutekommen sollen, samt einer Entschuldigung, die in zwei Zeitungen erscheinen muss.

Legutko ist überzeugt, dass man jemanden wie ihn überhaupt nicht verklagen kann, er beruft sich auf seine Immunität als Europaabgeordneter. Das Gericht widerspricht. Es kann in seinen Äußerungen keinen Zusammenhang mit seiner Tätigkeit in Straßburg erkennen.[1] Er verliert den Prozess. Was ihm wieder einmal beweist, wie weit es gekommen ist mit dem Abendland.

Als Ungarn und Polen sich Ende 2020 weigern, die Ergebnisse eines lange verhandelten EU-Haushaltsgipfels zu unterzeichnen, der Milliardenbeträge gegen Corona zur Verfügung stellt, verkündet Legutko im polnischen Staatssender TVP, den Westeuropäern sei das Foul-Spiel zur zweiten Natur geworden. Weil Brüssel die Vergabe von Geldern künftig an die Einhaltung von Rechtsstaatlichkeitsprinzipien knüpfen will, behauptet er, Brüssel erpresse Polen mit einer »räuberischen Verordnung«; das Europaparlament werde von einer tyrannischen Linken kontrolliert, es handle sich um hellen Wahnsinn, nirgends ein Funke von gesundem Menschenverstand, man müsse sich die Gesichter und die Rhetorik dieser Leute nur anschauen.[2]

ZUM BEISPIEL GARAUDY

1913 Geburt in Marseille. 1933 Eintritt in die Kommunistische Partei. Über die Besatzungszeit sind mehrere Versionen im Umlauf. Eine lautet, er habe zwei Jahre in einem Konzentrationslager verbracht, aus dem ihm die Flucht gelang. Danach steckt ihn das Vichy-Regime in ein algerisches Internierungslager. Nach dem Zweiten Weltkrieg wird er als Abgeordneter der KPF Mitglied der Verfassungsgebenden Versammlung. Bis 1951 Abgeordneter der Nationalversammlung. 1951–1955 Aufenthalt in der UdSSR, Moskau-Korrespondent der Parteizeitung »L'Humanité«. 1953 marxistisch-orthodoxe Doktorarbeit an der Sorbonne über »Die materialistische Erkenntnistheorie«. 1956 zweite Doktorarbeit an der Russischen Akademie der Wissenschaften über »Die Freiheit als philosophische und historische Kategorie«. Nach dem XX. Parteitag der KPdSU, auf dem Chruschtschow die Entstalinisierung zur neuen Parteilinie erklärt, Kehrtwende zum Reformkommunisten. 1956–1958 ist er als Abgeordneter der KPF Vizepräsident der Nationalversammlung. 1961–1970 Mitglied des Politbüros der KPF. 1965–1972 Professor für Philosophie und Kunstgeschichte an der Universität Poitiers, Direktor des »Centre d'Études de Recherches Marxistes«.

In seiner 1966 veröffentlichten Schrift »Marxismus im 20. Jahrhundert« engagiert er sich für den christlich-marxistischen Dialog. Während Daniel Cohn-Bendit im Pariser Mai 68 die Studentenrevolte anführt, erklärt Garaudy: »Diese Massenbewegung erkennt sich nicht in uns, und wir erkennen uns nicht in ihr.« 1970 Ausschluss aus der KPF wegen revisionistischer Umtriebe. 1975 erscheint »Parole d'homme« – Menschenwort –, wo es heißt: »Je mehr ich arbeite, desto mehr ist Gott der Schöpfer. Der Sozialismus, gegründet auf einen permanenten Dialog des Menschen mit dem Gott-Poeten, der in ihm wohnt, ist ein Sozialismus, dessen höchste Berufung darin besteht, ökonomische, politische und geistige Grundlagen zu schaffen, die den poetischen Menschen entstehen lassen.« Platon und Descartes sind für Garaudy verantwortlich für die Übel der abendländischen Welt. Der letzte Satz des Buches lautet: »Ich bin Christ.« Davor heißt es: »In diesem ganzen Buch wie in meinem ganzen Leben geht es mir um nichts als Liebe. Ich möchte, dass dies das letzte Wort ist.«[1] Garaudy konvertiert vom Katholizismus zum Protestantismus.

1979 erscheint »Appel aux vivants« – Aufruf an die Lebenden –, in dem Ajatollah Khomeini und Muammar al-Gaddafi als leuchtende Humanisten verherrlicht werden. 1981 erscheint »Pour l'avènement de la femme«, dessen deutscher Titel lautet: »Das schwache Geschlecht ist unsere Stärke – Für die Feminisierung der Gesellschaft«. Garaudy sieht sich an der Spitze der feministischen Bewegung und lässt sich als Präsidentschaftskandidat der französischen Alternativen und Grünen aufstellen, bringt aber nicht die erforderlichen fünfhundert Unterschriften zusammen. Es erscheinen »L'Islam Habite Notre Avenir« – Dem Islam gehört unsere Zukunft – und »Promesse d'Islam« – Verheißung Islam –, wo es zum Auftakt heißt: »Der Okzident ist ein Zufall. Seine Kultur eine Anomalie.« Das Abendland, erklärt er, beruhe auf einer Lüge, solange es sich immerzu auf seine antiken und jüdisch-christlichen Quellen berufe und nicht auf seine islamischen. 1982 Konversion zum Islam in Genf, wo er feierlich erklärt: »Gott allein ist Gott, und Mohammed ist sein Prophet.«

Er heiratet die Palästinenserin Salma Al-Farouki. Anfang der 1990er Jahre ziehen die beiden nach Córdoba, um in Andalusien die islamische Kultur wiederzubeleben.

Zusammen mit zwei Priestern gibt Garaudy am 17. Juni 1982 in »Le Monde« eine Anzeige auf mit dem Text »L'Affair Israël«. Einer der Priester, Michel Lelong, hält 2007 die Grabrede auf Maurice Papon, der unter Pétain für die Deportation der Juden in Marseille verantwortlich war und dafür 1998 zu zehn Jahren Haft verurteilt worden ist, von denen er drei abbüßt. 1961 war er als Polizeipräfekt von Paris für das Massaker an über zweihundert Algeriern verantwortlich. In seiner Grabrede vergleicht Lelong Papon mit Christus: »Wir alle wissen, wie ungerecht Männer und Frauen über Jahrhunderte hinweg behandelt worden sind. Monsieur Papon ist einer von ihnen. Er hat ein Vorbild und ein Licht gefunden in Christus, der ebenfalls zu Unrecht verurteilt wurde.«[2]

Circa 1983 kommen mir auf der Tübinger Neckarbrücke an einem sommerlichen Abend Erhard Eppler, Roger Garaudy und eine weitgehend verschleierte Frau entgegen. Tiefer Ernst in allen drei Gesichtern. Sie scheinen die ganze Bürde des Weltgeists mit sich zu schleppen.

1984 erhält Garaudy den saudischen König-Faisal-Preis für seine Verdienste um den Islam. 1985 erscheint »Biographie du XXe siècle«, sein »philosophisches Testament«. Dort heißt es: »Der Islam verfügt heute über weitaus größere Expansionsmöglichkeiten als zur Zeit seiner Blüte; angesichts des doppelten, unumstößlichen Scheiterns des amerikanischen und des sowjetischen Modells kann er einer Welt Hoffnung geben, die durch dieses zweifache Scheitern in ihrem Überleben bedroht ist.« 1986 erscheint »Palestine, terre des messages divins« – Palästina, Land göttlicher Botschaften. 1989 ist er anlässlich der 10-Jahresfeierlichkeiten der Revolution Staatsgast im Iran. Garaudy vergleicht die iranische Revolution mit der Französischen und erklärt: »Der Tschador ist zum Gegenbild des Striptease geworden, die immerwährende Lektüre der großen Dichtung des Koran wird die Antwort sein auf das Gekreisch der Rockmusik und ihr Gezucke.«

1990 erscheint in Beirut »Mon tour du siècle en solitaire« – Meine Jahrhundertreise als Einzelgänger. Über die Teheraner 10-Jahresfeierlichkeiten heißt es dort: »Von der Tribüne herab erscheint diese Menschenmenge wie ein fabelhafter Vogel mit weit gebreiteten Schwingen.

An beiden Enden, von feinen schwarzen Federn umfangen, endlose Scharen von Frauen, Witwen, trauernden Müttern, jungen Mädchen in Trauerschleiern. Dahinter dichte Reihen kastanienbrauner Uniformen: die der ausrückenden Soldaten.... In der Mitte, einem Leib gleich, das Haupt und Herz des schwebenden Vogels, ein breites Band aus weißen Daunen; es sind Tausende von Freiwilligen der Selbstmordkommandos, mit Sprengstoff um ihre Körper oder in ihren Autos, die sie gegen ihre Feinde richten. Schon tragen sie ihre Leichentücher als Gewand des nahen, ersehnten Todes.«

Im Verlag La Vieille Taupe, der in seinen Anfängen linksradikal ist, bald aber ins Rechtsradikale umkippt und Faurissons negationistische Schriften veröffentlicht, erscheint 1995 »Les Mythes fondateurs de la politique israélienne« – Die Gründungsmythen der israelischen Politik. Garaudys These lautet, der Holocaust sei eine Erfindung von Zionisten, mit dem Ziel, die Palästinenser zu vertreiben und auf ihrem Land ein verbrecherisches Staatswesen zu errichten. Die Opferzahlen seien maßlos aufgebläht, allenfalls seien einige an Typhus gestorben und an Unterernährung; ein westlicher »intellektueller Terrorismus« erkläre jedoch jede Diskussion zum Tabu. Schließlich habe der Zweck der »Endlösung« lediglich darin bestanden, Europa von unmenschlichen, kriminellen Juden leerzuräumen.[3]

Der Vorsitzende des iranischen Wächterrats, Ayatollah Ahmad Dschannati, will das Buch in alle Sprachen der islamischen Welt übersetzen lassen und kostenlos verteilen. Garaudy unternimmt Reisen durch allerlei muslimische Länder, wo er häufig von den Staatsoberhäuptern empfangen wird. Ehemalige Konzentrationslagerinsassen reichen Klage ein. Aus Genf erreicht ihn eine Solidaritätsadresse von Jean Ziegler: »Mein werter Kollege und Freund, mich schockiert die Anklage, die man gegen Sie erhebt.... Da ich selbst angeklagt bin wegen mancher Bücher und Artikel, in denen ich von meinem Recht auf Kritik Gebrauch mache – von Spekulanten, Finanzleuten, einem ehemaligen afrikanischen Diktator –, ist mir das Heimtückische solcher Prozesse vertraut. Ihre ganze Tätigkeit als Schriftsteller und Philosoph zeugt von der Unnachgiebigkeit Ihrer Analysen und der unerschütterlichen Wahrhaftigkeit Ihrer Absichten. Sie hat aus Ihnen einen der führenden Denker unserer Zeit gemacht.«[4] Garaudys Verteidiger ist das ehemalige KPF-Mitglied Jacques Vergès, der ebenfalls zum Islam konvertiert ist. Zwischen 1970 und 1978 war er untergetaucht, wahrscheinlich in Pol Pots Kambodscha. Vergès ist auch der Verteidiger von Klaus Barbie, dem »Schlächter von Lyon«, sowie des Terroristen Carlos, des RAF-Unterstützers und Stasi-Mitarbeiters Klaus Croissant und von Slobodan Milošević.

Am 20. April 1998 wird Garaudy in Teheran von Präsident Khatami und Ayatollah Khamenei mit allen Ehren empfangen. Dazu gehört ein Fernsehauftritt mit Khomeinis Nachfolger Khamenei, der ihm dankt für seinen Mut, dass er der Welt die Wahrheit verkündet. Planung einer Holocaust-Konferenz. Als Antwort auf 9/11 veröffentlicht Garaudy 2004 »Le Terrorisme occidental« – Der abendländische Terrorismus. Am 11. und 12. Dezember 2006 Holocaust-Konferenz in Teheran. Eingeladen sind neben Garaudy die Holocaust-Leugner Robert Faurisson, David Irving und das ehemalige RAF-Mitglied Horst Mahler, der inzwischen NPD-Mitglied ist und für einen reinrassigen Staat eintritt. Mahler kann nicht anreisen, weil er im Gefängnis sitzt, Garaudy muss aus gesundheitlichen Gründen absagen, schickt jedoch eine Videobotschaft, in der er Präsident Ahmadineschād unterstützt in seinem Kampf gegen den Staat Israel, der verschwinden muss. 2012 stirbt Garaudy mit knapp hundert Jahren.

WANDERN VON GOTT ZU GOTT

Noch bevor Garaudy sich zum Islam bekehrt, bemerkt Jean Améry in einer Besprechung seines Buches »Menschenwort«: »Was ging, was geht da vor?« Seine Antwort: »Vielleicht nichts anderes als schlichte Regression.« Améry gibt seiner Besprechung den Titel: »Wandern von Gott zu Gott«.[1]

SYMPATHY FOR THE DEVIL

Bei der Erstürmung des Kapitols am 6. Januar 2021 rückt eine Gestalt in den Mittelpunkt, die sich aufbäumt wie ein Stier und röhrt wie ein Hirsch, mit Kojotenfell und schwarzen Wikinger-Widderhörnern, das Bartgesicht mit den Farben der amerikanischen Flagge beschmiert, in dem einen Fausthandschuh ein Megaphon, im andern einen Stab mit Sternenbanner, der Oberkörper entblößt, auf der Herzseite ein Tattoo, von oben bis unten, mit germanischem Kriegshammer, dem Symbol des Gottes Thor, von dem es heißt, er zermalme alles, was sich ihm in den Weg stellt. Diese halb bedrohliche, halb groteske Faschingsgestalt führt vor, wie in dem Begriff Karneval das Karnalische steckt: das Fleisch, das Nackte, das Raubtierhafte. Während der wirkliche Fasching ein Spiel bleiben will, bei dem man für ein paar Stunden die zivilisatorische Hülle abstreift und ein bisschen die Sau rauslässt, geht es hier um viel mehr.

Dieser Widderhörnige will Amerika von Satanisten befreien, die sich um Hillary Clinton scharen und Kinder entführen, die sie vergewaltigen und deren Blut sie aussaugen. Indem er sich als einen Schamanen inszeniert, der Amerika von einer barbarischen Elite befreien will, fördert er wider Willen eine Wahrheit zutage, die darin besteht, dass Amerika seinen Namen erst seit fünfhundert Jahren trägt – dank dem Freiburger Kartographen Martin Waldseemüller, der diesen Kontinent im Jahr 1507 nach dem Seefahrer Amerigo Vespucci benannt hat. Hätte Waldseemüller Christoph Kolumbus gekannt, würde Amerika vermutlich Kolumbien heißen oder Christophien.

Jenes Land, das sich seit fünfhundert Jahren stolz Amerika nennt, fußt auf einer der schlimmsten Barbareien der Weltgeschichte. Nicht nur hat es die indigene Bevölkerung zum großen Teil ausgerottet, seinen Aufstieg und Wohlstand verdankt es der Sklaverei. Im Namen einer Zivilisation, die sich christlich nennt und ihre Wiege in der attischen Demokratie verortet, verkündet es bis heute dem Rest der Welt, dass es nichts Besseres gibt, als seinem Beispiel zu folgen. Das Outfit dieses Kapitol-Barbaren veranschaulicht mit einem Schlag die Anfänge Amerikas. Sinnfälliger lässt sich schwerlich zeigen, was Freud mit der Wiederkehr des Verdrängten meint. Mitten im Kapitol, dem Tempel der amerikanischen Demokratie, treten uns in seiner Gestalt die blutgetränkten Prärien vor Augen, denen dieses Land sein Gepräge verdankt. Mit seinem halbnackten Leib entblößt dieser karnevaleske Wilde nicht nur sich selbst, er entblößt die Geschichte eines Landes, das sich der Welt als leuchtendes Beispiel präsentiert, wenn es darum geht, Schurkenstaaten von Tyrannen zu befreien und die Menschheit mit hehren Idealen zu beglücken.

Allerdings erzählt dieser Barbar noch eine weitere, ganz und gar aktuelle Geschichte. Schließlich repräsentiert er Abermillionen von Amerikanern, die einem rücksichtslosen Rüpel zujubeln, der als Präsident in der ganzen Welt Entsetzen auslöst – was bei seinen Anhängern nur für umso größere Begeisterung sorgt. Um ihn im Amt zu halten, sind viele bereit, sogar Amerikas Allerheiligstes zu zerstören: die Demokratie. Ob sie tatsächlich glauben, dass man ihnen die Wahl gestohlen hat, spielt so gut wie keine Rolle. Sie bewundern ihr Idol dafür, dass es ganz allein bestimmt, was als wahr zu gelten hat und was nicht. Sie jubeln einem Mann zu, der kein Gesetz kennt außer sein eigenes. Sie feiern ihn, weil es ihm egal ist, wie ekelhaft ihn der Rest der Welt findet. Sie liegen ihm zu Füßen, weil es ihn einen Dreck schert, was andere für Moral und Anstand halten. Er führt vor, wie man die Ketten unserer zivilisatorischen Zwänge sprengt und sich nicht mehr domestizieren lässt. Wer sich ihm in den Weg stellt, gehört weggesperrt – »lock her up!« – oder auf den elektrischen Stuhl, wie er es für Joe Biden gefordert hat. Bereits während seines ersten Wahlkampfs jubelt man ihm zu, als er verkündet, er könne auf der Fifth Avenue jemanden erschießen und würde trotzdem die Wahlen gewinnen. Auch der gehörnte Karnevalist im Kapitol hat sich aufgemacht, jeden Rahmen zu sprengen, nicht nur den der Demokratie, sondern den der Zivilisation.

Er bezeichnet sich selbst als Schamanen, was bedeutet, dass er Naturmächte beschwört, die tiefer liegen als alle Vernunft. Mit Hilfe archaischer Riten und ekstatischer Techniken setzen Schamanen Kräfte frei, die zwischen Tier und Mensch die Grenze einreißen. Wie sehr er sich mit dem Animalischen eins fühlt, offenbart nicht nur sein Äußeres; er nennt sich Yellowstone Wolf, was heißt, dass er sich im Besitz urwüchsiger Kräfte wähnt. Schamanen werden nicht gewählt wie Politiker und Präsidenten, sie sind es qua Natur. Ihre Autorität beziehen sie aus sich selbst, es gibt daran nichts zu diskutieren; im Naturreich herrschen andere Gesetzmäßigkeiten. Schamanen rufen Geister, sie rufen nicht zur Abstimmung. Wir bewegen uns hier nicht mehr in regelgelenkten Bahnen, Dialog und Konsens haben ausgespielt.

Schamanen machen rückgängig, was nicht erst seit Descartes als ausgemacht gilt: dass der Mensch etwas anderes ist als das Tier, dank seines Bewusstseins, das unseren Trieben und Begierden eine reflexive Sperre hinzufügt, die uns zweiteilt in ein körperliches Wesen und in ein geistiges. Diese Trennung hebt der Schamane auf, und zwar nicht intellektuell, sondern aktiv. Wenn Nietzsche die Wiederkehr des Dionysischen postuliert, ruft er keineswegs nach Wein, Weib und Gesang, vielmehr geht es ihm um die Befreiung von einem Kulturzwang, der permanente Selbstdisziplinierung verlangt. Schließlich heißt es vom Wagen des Dionysos, er werde von Panther und Tiger gezogen.[1]

Drei Jahre vor Hitlers Machtergreifung erscheint von Freud die

Schrift »Das Unbehagen in der Kultur«. Für Freud steht fest, dass unter unserem zivilisatorischen Firnis Kräfte rumoren, die nie zum Verschwinden gelangen und immer wieder durchbrechen. Damit wir halbwegs pfleglich miteinander umgehen, bedarf es einer unentwegten Triebunterdrückung, die uns zur zweiten Natur geworden ist. Was wir Kultur nennen, verdankt sich einer Sublimationsleistung, die unsere animalischen Impulse umlenkt. Zum Verschwinden kommen sie dadurch nicht. Unter der äußeren Schicht brodeln weiterhin Kräfte, die wenig Lust haben auf Selbstkontrolle. Sieht man ab vom Schlaf, vergeht keine einzige Stunde, in der wir uns nicht in irgendeiner Weise zusammennehmen, meist ohne es noch zu registrieren. Während wir uns auf gebahnten Wegen bewegen, an denen rechts und links Verbotsschilder stehen, lockt rundum die Wildnis. Manieren erleichtern den Umgang miteinander, kosten aber auch Kraft. Sie hemmen jedwede Gier, zuweilen so sehr, dass der Kessel bedrohlich zu brodeln beginnt. Wird der Druck zu groß, gibt es kein Halten mehr. Mal läuft jemand Amok, mal lässt ein ganzes Volk sich in einen rauschhaften Vernichtungswahn hineinziehen. Manche sind auch bereit, die Demokratie zu opfern, um des eigenen Machterhalts willen, so wie das Idol dieses seltsamen Schamanen.

Wenn Freud von Libido spricht, denkt er nicht nur an Lüste, die auf Glücksmomente aus sind, ebenso denkt er an destruktive Energien. Das Gefühl, nicht zu kriegen, was man will, kann Kräfte freisetzen, die bloß noch auf Zerstörung zielen. Der Begriff Todestrieb besagt nicht in erster Linie, dass man sich selbst vernichten will. In einem viel grundsätzlicheren Sinn geht es um aufgestaute Spannungen, die nach Entladung rufen. Die Frage nach Gewinn und Schaden spielt dabei keine Rolle mehr. Die Hülle fällt, das zivile Gewand bleibt im Schrank.

Freud spricht von »Regressionen zu uralten, längst überlagerten Zuständen des Seelenlebens«.[2] Man kann das phylogenetisch verstehen und ontogenetisch zugleich. Der Wilde Westen besitzt deshalb etwas so Faszinierendes, weil dort noch das Faustrecht gilt und der Colt. Man setzt das eigene Leben aufs Spiel. Laut Umfragen hat so gut wie keiner von denen, die das Kapitol gestürmt haben, bereut, dass es Tote gab. Für die meisten war es der intensivste Tag in ihrem Leben. Sie durften mit eigenen Augen erleben, wie Abgeordneten Todesangst im Gesicht stand. Sie haben es allen gezeigt, weltweit.

Bereits während seines ersten Wahlkampfs trägt Trump dazu bei, dass ein aufgestachelter Familienvater mit einem Sturmgewehr in eine Pizzeria dringt, um im Keller aufzuräumen. Dass es dort weder einen Keller gibt noch einen Kinderpornoring, beweist den QAnon-Anhängern lediglich, dass die vampireske Verbrecherbande um Hillary Clinton ihre satanischen Messen an immer anderen Orten zelebriert. Der Widderhörnige vom Kapitol gehört zu den Anführern von QAnon. Er kämpft den Kampf seines Lebens. Der Satan, das sind die andern.

BARRS CHRISTLICHKEIT

Am 11. Oktober 2019 hält William Barr, Trumps Justizminister, eine Rede an der University of Notre Dame. In einem epochalen Rundumschlag macht er den militanten Säkularismus verantwortlich für die Zerstörung der Familie, für die Zunahme unehelicher Kinder, für steigende Selbstmordraten, für Depressionen, für psychische Krankheiten, für die Wut junger Männer, für das Anwachsen sinnloser Gewalt und die zunehmenden Zahl von Drogentoten. »Wir müssen feststellen, dass der Feldzug, mit dem man die traditionelle moralische Ordnung zerstört, unermessliches Leid, Verwüstung und Elend mit sich gebracht hat. Und dennoch setzen die Kräfte des Säkularismus ihr Treiben mit immer größerer Militanz fort, ungeachtet solcher tragischen Auswirkungen«, stellt Barr fest.

Im Namen einer Christlichkeit, die dem Wohlfahrtsstaat die Schuld gibt für das Schwinden persönlicher Verantwortung, plädiert Barr für die Rückkehr zu einem radikal freien Markt, in den der Staat sich nicht einmischt. Wohin ein falsch verstandenes Christentum führt, veranschaulicht er anhand eines Erlebnisses, das ihn entsetzt hat. »Ich besuchte die Messe in einer Gemeinde in Washington, D.C., in die ich normalerweise nicht gehe«, erzählt er. »Am Ende der Messe trat der Vorsitzende des Komitees für soziale Gerechtigkeit vor, um der Gemeinde seinen Bericht vorzulegen. Er wies auf das wachsende Obdachlosenproblem in D.C. hin und erklärte, man benötige mehr mobile Suppenküchen. Da es sich um eine katholische Kirche handelt, hatte ich erwartet, dass er nach Freiwilligen Ausschau hält, die sich darum kümmern. Stattdessen berichtete er von den Treffen des Komitees mit der Washingtoner Bezirksregierung, bei denen man sich für Steuererhöhungen starkgemacht hat, die den mobilen Suppenküchen zugutekommen sollen.«

Für Barr gehört dieser Mann zu der Sorte Leute, die vom Staat Abtreibungsfreiheit fordern, statt sich selbst sexuell verantwortlich zu verhalten. Er gehört zu denen, die dem Staat Erziehungsaufgaben aufbürden, statt in der Familie für das Wohl der Kinder zu sorgen. Er gehört zu denen, die wollen, dass man Drogenabhängigen Orte zur Verfügung stellt, wo sie legal konsumieren können, statt sie zu verfolgen. Wohin das führt, sieht man an Obamacare: in den Sozialismus. In Barrs Augen gedeiht ein richtig verstandenes Christentum am besten in einem Staat, der sich in nichts einmischt und lediglich für Law & Order sorgt. Alles andere führt in ein Elend, das die Linksliberalen als Fortschritt verkaufen. Was Barr unter Christlichkeit versteht, beschränkt sich auf gnädige Spenden. Was nottut, ist Zucht und Sitte.

Zählt man zusammen, was die notorischen Weltverbesserer anrichten, muss man laut Barr zu dem Schluss gelangen: »Es handelt sich nicht um Zerfall, es handelt sich um organisierte Zerstörung. Säkularisten und ihre Alliierten unter den ›Progressiven‹ blasen zum unerbittlichen Angriff auf die Religion und die traditionellen Werte, mit allen ihnen zur Verfügung stehenden Mitteln der Massenkommunikation, Populärkultur, Unterhaltungsindustrie und Wissenschaft.« Die Entschlossenheit, mit der sie ihr Vernichtungswerk vorantreiben, hat längst fanatische religiöse Züge angenommen, mit allem, was dazugehört: Inquisition und Exkommunikation.

Ohne Gott keine Ordnung. Daran krankt unser Leben, schon seit langem. »Die Allgegenwart und Macht unserer Hightech-Populärkultur fördert den Glaubensabfall. … Sie bietet ein noch nie da gewesenes Ausmaß an Zerstreuung.« Wie schon Heidegger bemüht auch Barr den zerknirschten Pascal, um die heutigen Massenmenschen radikaler Oberflächlichkeit zu zeihen: »Zur conditio humana gehören große Fragen, die uns ins Gesicht starren sollten. … Wie jedoch bereits Blaise Pascal beobachten musste, lassen die Menschen sich leicht ablenken vom Nachdenken über die ›Letzten Dinge‹, statt sich mit solchen Fragen auseinanderzusetzen.«[1] Wie Legutko plädiert auch Barr für ein robustes Christentum, bei dem man sich fragt, was an ihm eigentlich christlich ist. Mit dem paulinischen Universalismus hat es wenig zu tun, dafür umso mehr mit dem Ruf nach Unterordnung und hohen Mauern. Ginge es nach Barr, dürfte Religionsfreiheit im Grunde nur für erzkonservative Christen gelten, heißt es in der liberalen Wochenzeitung »National Catholic Reporter«. Sie charakterisiert ihn als einen Kulturkrieger und sagt ihm eine Nähe zu Opus Dei nach.[2]

DAS WERKZEUG GOTTES

Die jahrhundertealte Kritik am relativistischen Liberalismus der Neuzeit erlebt einen erstaunlichen Wiederaufschwung. Während die katholische Kirche seit dem Zweiten Vatikanum Frieden schließt mit der Moderne, melden sich auf philosophisch-politischem Feld immer mehr Stimmen zu Wort, die diesen Friedensschluss für fatal halten. Teils explizit, teils implizit knüpfen sie an die Lehren von Leo Strauss, Eric Voegelin und Carl Schmitt an, in unterschiedlicher Weise. Dass auf den Straßen und an den Wahlurnen die Stimmung seit einiger Zeit nach rechts tendiert, lässt sich schwer übersehen. Es handelt sich um einen Protest, der intellektuell meist dürftig daherkommt und mehr mit Gebell zu tun hat als mit Argumenten. Niemand hat anschaulicher vorgeführt als Trump, wie verkümmert das Sprachvermögen selbst ihrer Anführer ist. Es erschöpft sich in Twitter-Schüssen, die an der Abschaffung der Grammatik arbeiten und auf Abknallerei hinauslaufen. Trumps Anhänger bewundern an ihm, was andere abstößt: das Erratische, Instinktgetriebene, Brutale. Sie sehen in ihm einen der Ihren, obwohl er tausendmal reicher ist.

Allerdings besitzen diese Bewegungen auch Fürsprecher, denen man keineswegs nachsagen kann, sie seien ungebildet und derb. Sie sind intellektuell sattelfest und akademisch bestens vernetzt. Leo Strauss ist der bekannteste Vertreter einer ultrakonservativen Liberalismuskritik, die ein gespanntes Verhältnis zur Demokratie besitzt. Schon lange munitionieren seine Theorien den rechten Rand der Republikaner, deren Thinktanks von Straussianern durchsetzt sind. Strauss selbst hätte für Trump vermutlich nur Verachtung übriggehabt, schließlich wünscht er sich Staatslenker, die nicht allein Stärke beweisen, sondern auch Tugenden kennen und über Geist verfügen. Bei Strauss' Schülern scheinen solche Grundsätze nur noch bedingt zu gelten; um den Linksliberalen die Macht zu entreißen, ist ihnen offenbar jedes Mittel recht. Weil das ohne den Druck der Straße nur schwer gelingt, sind auch Mob und Meute willkommen. Dass Trump ein halber Analphabet ist und TV-Shows für Kultur hält, nehmen sie in Kauf, solange er eine Wende herbeizwingt, die ihren Vorstellungen entspricht. Um die Welt in ihrem Sinne zu ändern, glauben sie, ihn als Instrument benutzen zu können.

Während Trumps zweitem Wahlkampf konnte man in Fernseh-Dokumentationen evangelikale Pastoren erleben, die in ihren Predigten die Demokraten als den Teufel an die Wand gemalt haben. Auch sie haben über Trump den Kopf geschüttelt, in ihm jedoch ein Werkzeug Gottes erkannt, nach dem Motto: Wenn die Verhältnisse es erfordern, darf man nicht lange fackeln; auf einen groben Klotz gehört ein grober Keil; der Retter selbst muss kein Ausbund an Moral sein, das

Wichtigste, er vollbringt, was vollbracht werden muss. Man verzeiht ihm dann sogar, dass er nicht einmal weiß, wie man richtig eine Bibel in Händen hält. Gottes Vorsehung geht ihre eigenen Wege. Solange das Werkzeug nicht schwul ist, ist nahezu alles in Ordnung. Dass ein richtiger Mann seine Schwächen hat, gehört zur Natur.

Wer von Werkzeugen spricht, hat einen Plan im Kopf. Heiligt der Zweck die Mittel, dürfen die Mittel auch mal wüst sein. Dem Gottgesandten selbst muss keineswegs bewusst sein, dass er ein Werkzeug Gottes ist, es genügt, wenn andere es wissen. Zu ihnen gehört William Barr, den Trump als einen seiner wenigen Minister nicht nach kurzer Zeit feuert. Anders als Trump besitzt Barr eine klare Agenda. Er weiß, wovon er spricht und was er will, weit über den Tag hinaus. So wie der polnische Philosoph Legutko der Partei für Recht und Gerechtigkeit als ideologischer Agitator dient, so liefert Barr den rechten Republikanern das geistige Modell für eine Umkehr, die viel umfassender sein soll, als bloße Politik es vermag. Barr verfügt über ein festes Koordinatensystem, das über die Frage, was falsch läuft in der Welt, keinerlei Zweifel aufkommen lässt. Schon seit er als junger Mann Ronald Reagan im innenpolitischen Stab des Weißen Hauses gedient hat, führt er einen Kampf gegen die Entchristlichung des Westens.

Als Verfassungsrechtler vertritt er die Ansicht, dass effiziente Regierungspolitik nur möglich ist, wenn dem Präsidenten nicht die Hände gebunden sind, weder von Seiten des Kongresses noch von Seiten der Justiz. Solange Richter oder Abgeordnete ihm Prügel in den Weg legen können, hindern sie ihn an seiner Amtsausübung. Barr behauptet, dass die Gewaltenteilung, wie man sie heute handhabt, dem Geist der Gründerväter widerspricht. Ihm schwebt ein System vor, das dem Präsidenten nahezu absolute Macht zuspricht – wie es den Souveränitätsvorstellungen von Carl Schmitt entspricht. Polen lässt grüßen und Ungarn, wo die Entwicklungen in dieselbe Richtung weisen. Am 15. November 2019 hält Barr in Washington eine Rede vor dem Nationalen Juristenkongress, wo er erklärt, die Väter der amerikanischen Verfassung hätten den Präsidenten mit vollkommener Exekutivgewalt ausgestattet, ohne jede Bremsmöglichkeit durch Gerichte oder Verfassungsorgane. »Denn sie glaubten«, erklärt er, »dass die Übertragung der Exekutivgewalt auf eine einzige Person die Präsidentschaft mit ebenjenen Vollmachten ausstatten würde, die für ein energisches Regieren nötig sind.« Diese Vollmachten sollten Signalwirkung besitzen für all diejenigen, die dem »gescheiterten republikanischen Experiment Frankreichs« nicht folgen wollten.

Barr warnt: »Sollte der Kongress versuchen, die Exekutivgewalt auf jemanden zu übertragen, der nicht der Kontrolle des Präsidenten unterliegt, verstößt er gegen die klare Absicht der Verfassungsväter.« Seit Watergate, erklärt er, würden interessierte Kräfte versuchen, die Souveränität des Präsidenten immer weiter zu beschneiden. Um ihrer eigenen Machtfülle willen malten die Legislative und Judikative das Zerrbild eines »raubgierigen Möchtegern-Autokraten«, den man in Schranken weisen muss. Unter Trump habe sich ein Widerstand gegen das Präsidentenamt herausgebildet, der einem Sabotageakt gleichkomme. Für Barr handelt es sich um eine staatsfeindliche Bewegung, die er als Résistance charakterisiert. »Der Begriff ›Résistance‹«, erläutert er, »entstammt einer Sprache, die man verwendet, um den Aufstand gegen eine von einer militärischen Besatzungsmacht auferlegte Ordnung zu bezeichnen. Womit man ganz offensichtlich voraussetzt, dass diese Regierung nicht legitim ist. ... Es bedeutet, dass man sich nicht mehr als ›loyale Opposition‹ sieht, wie es gegnerische Parteien in der Vergangenheit getan haben; man sieht sich in einen Krieg verstrickt, bei dem es darum geht, eine rechtmäßig gewählte Regierung zu lähmen, mit allen Mitteln.«

Indem Barr die Opposition zu Verfassungsgegnern erklärt, legitimiert er Trump, sie als Staatsfeinde zu behandeln. Der wahre Feind sitzt nicht in China oder sonst wo, er sitzt im Kongress, in den Bundesgerichten und überall, wo jemand die Verfassung so auslegt, wie es seit über zweihundert Jahren der Fall ist, nämlich als ein System der Checks and Balances. Wie Legutko erklärt auch Barr allen den Kampf, die den Machtbefugnissen des Präsidenten Widerstand entgegenbringen. Im Übrigen, fügt er jovial hinzu, sei Trump für sein Versprechen gewählt worden, die bisherigen Washingtoner Gepflogenheiten über Bord zu werfen. Sein Fazit: »Tatsache ist, dass niemand anderer als die Linke einen Widerstands-Krieg gegen diese Regierung führt, mit verbrannter Erde und ohne Rücksicht auf Verluste, indem sie systematisch Normen schreddert und die Rechtsstaatlichkeit untergräbt.« Und er ergänzt: »Zu allen Zeiten betreiben die sogenannten Progressiven Politik wie Religion. Ihre heilige Mission besteht darin, mit Hilfe staatlicher Zwangsmaßnahmen Mensch und Gesellschaft nach ihrem ureigenen Bild zu formen, gemäß einem abstrakten Vollkommenheitsideal. Welche Mittel auch immer sie einsetzen, sie rechtfertigen sich einzig dadurch, dass sie sich selbst als tugendhafte Leute definieren, die ein göttliches Ziel verfolgen. Geht es um einen kurzfristigen Vorteil bei der Erreichung ihres Ziels, sind sie bereit, jedes Mittel anzuwenden, ungeachtet aller Kollateralschäden und aller Folgen fürs Ganze.«[1]

Womit wir bei Leo Strauss, Eric Voegelin und Carl Schmitt sind, die in allen Liberalen und Linken die Feinde der Menschheit erkennen. In ihrem Weltverbesserungswahn halten diese Leute sich für die Guten, obwohl sie genau das Gegenteil sind, nämlich Vergewaltiger der unveränderlichen menschlichen Natur. Carl Schmitt behauptet, alles Linke und Liberale sei Inbild des Antichristen – was er weder metaphorisch verstanden wissen will noch sonst wie sinnbildlich. Immer wieder haben politische Beobachter sich gefragt, warum Barr sich als Justizminister gegenüber Trump so erschreckend loyal verhalten hat, bis hin zur Rechtfertigung schierer Gesetzesbrüche. Die Antwort: Das Werkzeug Gottes bedarf uneingeschränkter Handlungsfreiheit, Widerstand wäre Verrat am göttlichen Auftrag. Beim Kampf gegen den Antichrist darf man nicht zimperlich sein.

Zwar würde Barr die Trennung von Staat und Kirche nicht in Frage stellen, dennoch strebt er eine geistig-moralische Wende an, die den alten Siedlertugenden wieder zu ihrem Recht verhelfen soll und den Grundsatz hochhält: Jeder ist seines eigenen Glückes Schmied. Wer den Aufstieg nicht schafft, ist selbst schuld. Der Staat ist dazu da, Gesetze zu erlassen, die althergebrachten Familienvorstellungen entsprechen, wozu das Verbot von Abtreibung gehört und das Verbot der Schwulenehe. Wie in Ungarn und Polen geht es um die Restitution einer patriarchalen Tradition, in der noch feststeht, welche Rolle der Frau zukommt und wie ein gottgewolltes Leben auszusehen hat. Obwohl man kaum glauben mag, dass sogar Bannon sich religiös gibt, drängt auch er auf die Wiederherstellung christlicher Werte.[2] Amerika war für ihn noch Amerika, als die Weißen uneingeschränkt das Land beherrschten. Es waren Puritaner, Baptisten, Methodisten, Katholiken. Die gute alte europäische Rasse hat Amerika groß gemacht; seit es von Andersgläubigen überflutet wird, strebt es dem Abgrund zu. Bannons Christentum besteht nicht aus Demut, Frömmigkeit, Nächstenliebe, es steht für Überlegenheit und den freien Gebrauch von Waffen. Es zeugt von einer Zeit, als der Westen noch den Weißen gehört hat und der Rest der Welt als unzivilisiert galt.

Wollte man auf den Punkt bringen, wogegen Barr und seinesgleichen sich stemmen, ließe es sich am einfachsten mit Richard Rorty sagen, der den Sinn unseres Daseins in einem Leben erfüllt sieht, das sich »auf den sonnenbeschienenen Anhöhen einer globalen Demokratie« abspielt.[3]

DAS ANDERE DER MENSCHHEIT

Am 26. Juli 2020 erscheint in der FAZ ein Gespräch mit dem afroamerikanischen Professor Frank Wilderson III, in dem er erklärt, dass er sich nicht der Menschheit zugehörig fühlt. Auch in dem Begriff Humanität kann er nicht finden, was ihm als Zukunft vorschwebt, denn es handelt sich um einen Begriff, der wie die meisten Begriffe einem europäischen Vokabular entstammt, in dessen Namen sich die Weißen die Welt untertan gemacht haben. Ebenso gehört dazu der Begriff Universalismus, den Wilderson gleichermaßen ablehnt. Schließlich, so argumentiert er, werde ein Großteil der Erdenbewohner überhaupt nicht gefragt, ob er zur Menschheit gehören wolle und in welcher Weise.

Auf die Frage, was er diesen Begriffen entgegenzusetzen habe, antwortet Wilderson: »Die Welt ist so übersättigt von der angloamerikanischen Denkweise, dass es sehr schwierig ist, ein Gespräch über ein Problem anzufangen, das nicht bereits seine Lösung in sich trägt.« Würde er dem Humanen die Blackness entgegensetzen, bliebe er in jenem vorgestanzten Schema gefangen, das der weiße westliche Diskurs vorgibt. Aus diesem Grund sieht Wilderson sich nicht als Teil des Humanen; Schwarze haben in seinen Augen noch nie dazugehört. Das Gespräch endet mit den Worten: »Meine Eltern sind römisch-katholisch. Sie lieben Amerika. Sie sind keine Kommunisten. Aber doch sind wir alle noch Sklaven. Irgendwann, als noch Zeit dafür war, haben wir uns beiderseits entschlossen, uns nicht weiter zu bekämpfen. Ich habe verstanden, dass meine Eltern mir nicht folgen konnten – nicht, weil sie meine Sicht nicht verstehen würden, sondern weil es sie zerstört hätte.«[1]

Wer von Universalismus spricht, redet von Privilegien, ob er will oder nicht. Der Begriff Universalismus steht für eine Weltsicht, die sich menschheitsumarmend gibt und die Idee der Gleichheit im Mund führt, tatsächlich aber das kolonialistische Erbe fortführt, in scheinbar edlem Gewand. Nach wie vor geht alle Definitionsmacht vom weißen Europäer aus und vom weißen Amerikaner, nach wie vor bestimmt der Westen, was zu gelten hat. Das gesamte Arsenal unserer vorherrschenden Terminologie stammt aus dem alten Athen und Rom, vom Begriff der Demokratie über den der Politik bis zur Rationalität und zum Konsens. Seit der Eroberung Amerikas wird dieser Wortschatz der ganzen Welt aufgezwungen, gleichsam alternativlos.

Berühmte Inbilder von Freiheit und Demokratie wurden von Sklaven errichtet, wie etwa das Kapitol, dessen Beiname lautet: Temple of Liberty. Dabei ist in der Unabhängigkeitserklärung von 1776, dem Gründungsdokument der USA, an vorderster Stelle zu lesen: »Folgende Wahrheiten erachten wir als selbstverständlich: dass alle Menschen gleich geschaffen sind; dass sie von ihrem Schöpfer mit gewissen unveräußerlichen Rechten ausgestattet sind; dass dazu Leben, Freiheit und das Streben nach Glück gehören.« Solche Paradoxien machen skeptisch gegen eine Weltordnung, die immer noch weitgehend vom Westen bestimmt wird.

Sir Walter Raleigh, ein herrisches Aristokratensöhnchen, Wüstling und Pirat, wird mit zahllosen Statuen verewigt, die ihn als einen der größten Seefahrer verherrlichen. Raleighs ganzes Begehr bestand darin, das El Dorado zu entdecken. Er wollte in Gold baden und auch die englische Krone daran teilhaben lassen, seine Auftraggeberin. In seinem »Traktat über die Seele« erklärt er: »Alles, was uns antreibt, ist die Suche nach Gott und dem Himmel und nach himmlischen Dingen, in denen wir dadurch Ruhe finden und an denen wir uns dadurch laben und sättigen, dass wir sie bekommen. Dies zeichnet uns als Menschen aus und als Wesen, die alle anderen Geschöpfe auf Erden übertreffen.«[2]

RECHTSINTELLEKTUELL

Dass der Geist nur links stehen kann, hat zu den elementaren Überzeugungen der 68er gehört. Rechts, glaubte man, gäbe es kein wirkliches Denken, sondern bloß Interessen, zumeist schäbige. Was Rechte für Denken halten, sei Ideologie. So übersichtlich schien damals die Welt. Spätestens seit dem Historikerstreit Mitte der 1980er Jahre drängt jedoch wieder eine akademische Rechte an die Rampe, die immer existiert hat. Inzwischen rekrutiert sie sich nicht mehr nur aus sogenannten gestandenen Konservativen, Zulauf bekommt sie auch von einstigen Linken, die den hochnäsigen Moralismus ihrer früheren Tage nicht mehr ertragen und in Carl Schmitt einen Denker entdecken, der sich keine Illusionen macht über die Welt und das Wesen des Menschen.

Es handelt sich um Bekehrte, die sich das gute alte Abendland nicht noch weiter kaputtmachen lassen wollen – ein Abendland, das sie früher für alles erdenkliche Unrecht verantwortlich gemacht haben: für den Imperialismus, den Kolonialismus, den Kapitalismus. Der Begriff Nation klingt in ihren Ohren auf einmal attraktiv, die Globalisierung geht ihnen längst viel zu weit, Multikulti ist für sie gleichbedeutend mit Frauenunterdrückung und Religionsterror. Auch wenn diese Neokonservativen kein einheitliches Weltbild pflegen, steht für sie fest, dass das linke Denken längst viel zu tief in die Mitte der Gesellschaft eingesickert ist. Wogegen sie sich richten, ist ein humanistischer Moralismus, der es mit den Menschenrechten übertreibt und sich einer politischen Correctness unterwirft, die immer groteskere Blüten treibt.

Als Adorno noch in so gut wie jedem akademischen Bücherregal stand, hatte man ausgeblendet, dass Rechtsintellektuelle die Diagnosen der »Dialektik der Aufklärung« weitgehend teilen, auch wenn sie daraus andere Schlussfolgerungen ziehen. Wo die Frankfurter von der neuzeitlichen Übermacht des instrumentellen Denkens reden, redet Heidegger vom rechnenden Denken. Auch für Leo Strauss, Eric Voegelin und Carl Schmitt steht fest, dass mit der cartesianischen Wende ein wissenschaftlich-technisches Denken Einzug hält, das sich auf unser ganzes Sein und Sinnen verheerend auswirkt. Bei ihnen allen klingt das kritische Vokabular ein wenig anders, doch sie alle eint die Überzeugung, dass die moderne Subjektherrschaft zu nichts Gutem führt. Der entscheidende Unterschied zur Frankfurter Schule besteht darin, dass dort niemand an ein Zurück glaubt und an Zeiten, in denen es besser stand um die Menschheit.

Leo Strauss und Eric Voegelin wurden in Europa bis vor kurzem kaum wahrgenommen. Beide sind in die USA emigriert, Strauss als Jude, Voegelin aus Wien nach dem Anschluss 1938. Strauss ist nie zurückgekehrt, Voegelin lehrt ab 1958 in München, infolge der 68er-Unruhen sucht er aber wieder Zuflucht in den USA, wo er bis zu seinem Tod einen Forschungsauftrag an der konservativen Hoover Institution innehat. Seit einigen Jahren erscheinen seine Schriften zum Teil erstmals auf Deutsch, anders als in Amerika spielt er hier jedoch nach wie vor bloß eine marginale Rolle. Von Strauss wiederum hat man bei uns erstmals während der Präsidentschaft von George W. Bush jr. gehört, als es hieß, einige seiner Stabsmitglieder seien Strauss-Schüler, allen voran der stellvertretende Verteidigungsminister Paul Wolfowitz. Was das zu bedeuten hatte, blieb unklar, allenfalls Strauss-Experten konnten sich darauf einen Reim machen.

In den USA ist Voegelins Name beinahe so bekannt wie der von Strauss. Beide standen miteinander in Kontakt, beide zogen politisch am selben Strang, bei aller Unterschiedlichkeit ihrer theoretischen Ansätze. Während Strauss das geschichtsphilosophische Denken für den nihilistischen Relativismus der Gegenwart verantwortlich macht, ergeht Voegelin sich in welthistorischen Auspizien, die erklären sollen, warum die Neuzeit von Grund auf zum Scheitern verurteilt ist. Voegelin liefert der republikanischen Rechten nach dem Zweiten Weltkrieg entscheidende Stichworte, die in dem publizistischen Scharfmacher William Buckley ein schneidiges Sprachrohr finden. Strauss selbst und auch Voegelin wirken stets im Hintergrund, politische Auftritte sind ihre Sache nicht. Sie verstehen sich als Geistesarbeiter, ihr ganzer Gestus strahlt akademische Gediegenheit aus, nichts liegt ihnen ferner als die öffentliche Arena.

Weder eignen sich Strauss' trocken daherkommende Schriften fürs feuilletonistische Tagesgeschäft noch die delirierenden weltgeschichtlichen Abhandlungen von Voegelin. Weder der eine noch der andere hantiert mit sozialkritisch funkelnden Begriffen wie Verdinglichung, Entfremdung und Verblendungszusammenhang. Von keinem der beiden geht etwas Auratisches aus. Dennoch entfalten sie ihre Wirkung, bis heute, auch ohne großes Geräusch.

DON'T LET THEM IMMANENTIZE THE ESCHATON!

So lautet der Slogan, mit dem William Buckley Amerika von allem Linksliberalen befreien will, Seite an Seite mit dem Kommunistenjäger Joseph McCarthy. Buckley geht bei Nixon ein und aus, hat in der Watergate-Affäre die Hände im Spiel und ist auch unter Reagan ein gern gesehener Gast im Weißen Haus, wo ihn zuletzt noch George W. Bush jr. empfängt. Rechte Studenten tragen in den 1960er und 70er Jahren Buttons mit der Aufschrift »Don't Let Them Immanentize the Eschaton!«, einem Motto, das laut Buckley auf Eric Voegelin zurückgeht.[1] Für eine Parole klingt diese Sentenz ziemlich kompliziert, komplizierter jedenfalls als »Atomkraft? Nein danke« oder »Ausländer raus«. Frei übersetzt bedeutet sie: »Lasst sie nicht das Eschaton in die Welt tragen!« Schlichter ausgedrückt heißt es: »Lasst sie nicht das Paradies auf Erden errichten!« Womit wiederum gemeint ist, dass die Letzten Dinge bei Gott bleiben müssen: das Eschaton, die Apokalypse, der Himmel. Wer den Endkampf zwischen Gut und Böse auf die Erde niederzwingen will, bringt nicht Frieden, er bringt die Hölle.

In seiner 1952 erschienenen Schrift »The New Science of Politics« weist Voegelin drei Arten einer so verführerischen wie trügerischen »Immanentisierung des Eschatons« aus: »Progressivismus, Utopismus, revolutionärer Aktivismus«.[2] Damit befindet Voegelin sich in der Nähe von Carl Schmitt, der ebenfalls in allem Weltverbesserischen den Antichristen erblickt. Beide teilen die Überzeugung, dass unser Erdenleben aus Machtpolitik besteht – und aus nichts anderem. Wer anderes glaubt, ist ein gefährlicher Utopist, vor dem man die Menschheit schützen muss.

Am 17. März 1949 bescheinigt auch Strauss in einem Brief seinem frühen Förderer Carl Schmitt die »Übereinstimmung unserer Intentionen« im Kampf gegen »den gegenwärtig herrschenden Idiotismus«.[3] Beide sind überzeugt, dass es der Neuzeit an allem mangelt, was der Mensch zum Leben braucht: Sinn, Orientierung, Religion, Metaphysik.

In den Augen von Voegelin muss es ein »Ordnungswissen« geben, in dem sich die »kosmische Ordnung« spiegelt. Keinem anderen Begriff begegnen wir in seinen Schriften so oft wie dem der Ordnung, in immer neuen Varianten: als »transzendente Ordnung des Seins«, als »göttliche Ordnung«, als »Ordnung der Dinge«. Ohne die intellektuelle Erkenntnis dieser Ordnung kann es für Voegelin auch keine »öffentliche Ordnung« geben, denn wahre Ordnung hat weder etwas mit Konsens zu tun noch mit Verträgen und am allerwenigsten mit praktischen Regelwerken wie Ampeln und Bußgeldern. Die wahre Ordnung existiert seit jeher, ganz ohne menschliches Zutun, durch universale Gesetze.[4] Eine Ordnung, die sich der Mensch selbst gibt, ohne Rücksicht auf ewige Wahrheiten, muss bodenlos bleiben. Ordnung ohne Transzendenz ist ein Widerspruch in sich.

Anfang des 20. Jahrhunderts in Köln geboren, studiert Voegelin in Wien, wo er nach Zwischenstationen in Oxford und Paris Privatdozent für Staatslehre wird, bevor er 1938 in die USA geht, nach dem sogenannten Anschluss. Über seine Motive, ins Exil zu gehen, streiten sich die Voegelin-Forscher. Für die einen ist er ein Faschismuskritiker, für die andern ein Apologet strikter hierarchischer Herrschaftsformen. Immerhin verteidigt er in seinem 1936 erschienenen Werk »Der autoritäre Staat« den Dollfuß-Putsch, mit dem österreichische Faschisten und Rechtskonservative die Demokratie niederschießen wollten. Am parlamentarischen Pluralitätsgewese vermisst Voegelin alles, was eine Nation zusammenschmiedet: eine elementare, einheitsstiftende, erhebende Idee. Damit ein Volk sich als Gemeinschaft fühlt, bedarf es der Führung und nicht endloser Diskussionen. Ein Volk besteht nicht aus Wahlberechtigten, Wahlkreisen und Parteien, sondern aus einem »Sinnzusammenhang«, wie er es nennt.[5] Die autoritäre Verfassung bildet eine »Sinnschicht höherer Ordnung«.[6] Machtsymbole sind wichtiger als Palaver. Das eine sorgt für Struktur, das andre endet im Chaos. Parteien verschärfen nur die Parzellierung, Autorität dagegen schafft Einheit.

Bis 1957 lehrt Voegelin in den USA, 1958 geht er als Professor für Politikwissenschaft nach München. 1969 packt er erneut seine Sachen, nachdem ihm die 68er ähnlich Angst machen wie einst Hitler. Neben seiner Arbeit an der Hoover Institution wird er Mitglied der Philadelphia Society, zu deren Gründungsmitgliedern William Buckley gehört. Schon seit seinem ersten Abschied von Europa kommt Voegelin fast alles falsch vor, was hierzulande akademisch angesagt ist. In seiner autobiographisch gefärbten Schrift »Anamnesis« schildert er, was ihn in jungen Jahren am meisten beeindruckt hat: die George-Schule, das platonische und mittelalterliche Denken, Spenglers »Untergang des Abendlands«.[7] Dass er sich mit zeitgeistigen Philosophierichtungen wie dem Neukantianismus, dem Rechtspositivismus, mit Husserls Phänomenologie, Wittgensteins Sprachphilosophie und zu allem Überdruss auch noch mit Marx und Freud herumschlagen musste, stößt ihm im Nachhinein bitter auf. Anders als bei Faust läuft Voegelins »Habe nun, ach!« allerdings nicht auf die Gier nach einem prallvollen Leben hinaus, ihm schwebt tausendmal Größeres vor: die Errettung der Welt aus den Abgründen der Neuzeit.

Statt sich in den Niederungen soziologischer Untersuchungen, müßiger Bewusstseinserforschung und sprachphilosophischer Trivialitäten zu verlieren, sollten wir uns wieder den großen kosmischen Fragen zuwenden. Ohne sie lassen sich die Dinge des Lebens nicht klären, weder in politischer Hinsicht noch in sonst welcher. Warum aber, fragt Voegelin, begegnen wir heute einem so vehementen Widerstand gegen die Wahrheit? Warum beschäftigt sich niemand mehr mit den echten, ewigen, ehernen Fragen? Warum sperren Akademiker »sich in ihrem beschränkten Horizont ein und erheben ihre Gefängniswirklichkeit zur universellen Wahrheit«? »Warum wollen sie die ganze Menschheit in das von ihnen geschaffene Gefängnis sperren?« Voegelin muss feststellen: »Mein umfangreiches Ausbildungswissen lieferte keine einzige Antwort, obwohl doch alles nach einer Antwort rief, wollte man jene Massenbewegungen begreifen, die unsere westliche Zivilisation in ihrer politischen Gefängniskultur zu ersticken drohten und es immer noch tun.«[8]

Für Voegelin steht fest, dass in der Neuzeit die Wahrheit durch Ideologien ersetzt wird. Mit ihnen erschaffen wir eine »zweite Wirklichkeit«, die uns wahrer erscheint als die wirkliche. Sie ist gemacht aus Illusionen, Fiktionen, Phantastereien und Träumen, wozu an erster Stelle der Glaube an die Wichtigkeit des Individuums gehört sowie unser Fortschrittsdenken und der ganze Tanz ums Gesellschaftliche, Soziale, Gleichmacherische. All das hält Voegelin für »Nonsens«, für »geistig krank«, für »naiv«. Wir sind zu Sklaven in der Tretmühle falscher Ideen geworden, wir verbringen unser Leben in der »Dämmerzone aufrichtiger Unaufrichtigkeit«.[9] Wir basteln uns Gedankengebäude zusammen, die weder einen Sockel besitzen noch ein Dach, sich jedoch zeitgemäß geben und zukunftsgewiss. In Wirklichkeit sind wir verloren, weil wir an nichts Festes und Fixes mehr glauben. Wir anerkennen nur noch, was unseren eigenen, engen Gesichtskreis nicht übersteigt.

William Buckley schürft philosophisch nicht ganz so tief, bewegt sich dafür aber an vorderster publizistischer Front. »Wenn ich schon nicht selbst die Fundamente der amerikanischen Konservativen tief gegraben habe, so habe ich wenigstens für ihre Tiefe geworben«, sagt er über sich, mit ausdrücklichem Verweis auf Voegelin.[10] Buckley bekämpft alles, was sich nicht rechts von der Mitte befindet. Nach seiner Zeit bei der CIA gründet er die bis heute maßgebliche konservative Zeitschrift »National Review« und wird berühmt durch sein Buch »God and Man at Yale: The Superstitions of ›Academic Freedom‹« – Gott und Mensch in Yale: Der Irrglaube an die »Akademische Freiheit«. Ihm voran steht die Widmung: »For God, for Country, for Yale … in that order.«[11] Fatalerweise hat diese Reihenfolge sich aus Buckleys Sicht umgekehrt, schließlich wird in Yale verhöhnt, was Amerikanern heilig sein sollte: Gott und Vaterland. Weil dort Atheisten, Sozialisten und Nihilisten das Sagen haben, ruft Buckley alle Geldgeber, Alumni und Verantwortlichen dazu auf, Yale die Mittel zu streichen, bis dort ausgemistet ist. Würden die Sponsoren ihrer Pflicht nachkommen, dürften sie nicht eine Institution bezuschussen, die ihre geistige Aufsichtspflicht verletzt. Sie müssten die Lehrpläne, Dozenten und Seminare überprüfen und die Bibliotheken durchforsten.

Auch Buckley argumentiert im Namen eines Christentums, das in allem, was nach Weltverbesserung riecht, kommunistische Umtriebe erkennt. Wer auf Selbstverantwortlichkeit setzt und Freiheit nicht mit Libertinismus verwechselt, kann in seinen Augen nur eine einzige Lebensform für die richtige halten: den Laissez-faire-Kapitalismus. In ökonomischer Hinsicht muss radikale Freiheit herrschen, für Bildung und Erziehung soll das Gegenteil gelten.[12] Die Aufgabe des Staates hat nicht in der Vergabe von Wohltaten zu bestehen, er muss die Grenzen schützen und für Ordnung sorgen, nach innen durch Justiz und Polizei, nach außen durchs Militär. Wer nach Gleichheit lechzt, leugnet nicht nur den natürlichen Unterschied zwischen den Menschen, er unterminiert auch jedes Streben nach Erfolg. Er stellt die Faulen auf eine Stufe mit den Fleißigen, die Lumpen mit den Anständigen, die Dummen mit den Klugen. Sozialstaatliche Regulierungen läuten nicht allein das Ende der Freiheit ein, sie widersetzen sich den gottgegebenen Unterschieden zwischen uns Menschen.

Schon Buckley bewirtschaftet einen populistischen Widerwillen gegen jene Eliten, denen er selbst angehört, die er jedoch mit Leuten gleichsetzt, deren politische Richtung ihm zuwider ist. Lieber wolle er von den ersten zweitausend Leuten regiert werden, die alphabetisch im Bostoner Telefonbuch auftauchen, als von der Harvard-Fakultät, lautet einer seiner berühmten Sprüche.[13] Zwischen Linken und Liberalen macht er keinerlei Unterschied. Sie alle wollen die Menschheit umerziehen, im Namen naturwidriger Utopien. Reden sie von Pluralismus, meinen sie das genaue Gegenteil, schließlich lassen sie nur gelten, was ihrer eigenen Weltsicht entspricht. Ihr Freiheits- und Fortschrittsgerede läuft auf einen Bolschewismus hinaus, der sich westlich kleidet. Das Wort liberal versieht Buckley meist mit Anführungsstrichen – er hält es für eine Lüge. Wo »Liberale« Toleranz anmahnen, muss man das Frösteln kriegen und sich wie in einem Käfig fühlen, aus dem es kein Entrinnen gibt.[14]

FREIHEIT THOMISTISCH, FREIHEIT DEFÄTISTISCH

An der University of Notre Dame lehrt Patrick J. Deneen Politikwissenschaft. Seit Jahren prophezeit er den Zusammenbruch des Liberalismus und das Ende der Neuzeit, an der er so gut wie alles falsch findet. Deneen gehört zu den Wortführern einer konservativen Revolution, die das Projekt der Moderne von Grund auf für gescheitert hält. Mit William Barr verbindet ihn nicht nur ein strammes Eintreten für die Todesstrafe, wie auch er befehdet Deneen alles, was nach Sozialstaat riecht, mit dem Argument, dass staatliche Wohltaten dem Einzelnen die Verantwortung rauben. Anders als man denken könnte, beruft er sich dabei nicht auf jenen uramerikanischen Glauben, demgemäß jeder seines eigenen Glückes Schmied ist, vielmehr argumentiert auch er im Namen christlicher Prinzipien. Je mehr der Staat sich einmischt, desto näher rücken wir dem Sozialismus. Fängt man erst einmal mit Regulierungen an, landet man eines Tages bei Obamas Krankenversicherung, an deren Horizont der Kommunismus winkt. Die Krake Staat muss bis aufs Knochengerüst abgespeckt, das soziale Engagement privaten Initiativen überlassen werden. Denn je mehr der Staat sich einmischt, desto herrischer gibt er die weltanschauliche Richtung vor.

Obwohl Deneen sich um einen akademischen Ton bemüht, prägen Untergangsvisionen seine Rhetorik. 2018 erscheint von ihm die viel diskutierte Schrift »Why Liberalism Failed«. Gleich auf den ersten Seiten stimmt er uns auf ein nahes Armaggedon ein, wenn es heißt: »Wohlhabende Amerikaner ziehen sich immer mehr in umzäunte Enklaven zurück und in ausgewählte Städte, während eine wachsende Zahl von Christen unsere Zeit mit der des späten Römischen Reiches vergleicht und über einen radikalen Rückzug aus der breiteren amerikanischen Gesellschaft in eine neue Art benediktinischer Klostergemeinschaften nachdenkt. Die Zeichen der Zeit sagen uns, dass vieles falsch läuft mit Amerika. Ein wachsender Chor von Stimmen warnt sogar davor, dass wir Zeugen werden könnten vom Ende der Republik, das sich vor unseren Augen abspielt, mit einem Regime, das noch keinen Namen besitzt, jedoch im Begriff ist, seinen Platz einzunehmen.«[1]

Wer meint, Deneen denke dabei an Trump, sieht sich getäuscht. Die wahren Zerstörer sind nicht Gestalten wie er, es sind die Liberalen und Linken. Nicht erst seit Marx versuchen sie eine Welt zu schaffen, die jeder Erfahrung widerspricht. Schon seit Descartes, Hobbes und Locke zielt alles in die falsche Richtung. Alle drei wenden sich von der Tradition ab und damit von den Stützen der Religion. Zwar lassen sie den Glauben an Gott noch gelten, zum Teil berufen sie sich sogar noch aufs Christentum, konstitutive Bedeutung besitzt es jedoch keine mehr. Gewissheiten, wie sie sich bei Platon finden oder im mittelalterlichen Katholizismus, haben für sie ausgedient, das Subjekt drängt in den Mittelpunkt. Über ihm gibt es nichts mehr, außer es bequemt sich, freiwillig noch an etwas Höheres zu glauben, was sich allerdings jeden Tag rückgängig machen lässt.

Laut Deneen können wir inzwischen nicht mehr die Augen davor verschließen, dass die neuzeitliche Freiheit weder zu größerem Glück geführt hat noch zu größerer Gerechtigkeit. Sie lässt uns in eine Haltlosigkeit hineinschlittern, die sich der Überzeugung verdankt, dass es keinerlei Ordnung geben darf, die nicht von uns selbst stammt. Wo aber alles nur unserem eigenen Gemache entspringt, herrscht kein wirkliches Gesetz mehr, nicht einmal das der Natur. Alles bleibt unserem Belieben überantwortet und unseren Launen und Lüsten. Jede Art von Wahrheit wird als Konstruktion entlarvt, im Namen einer Kritik, die sich von allem lösen will, was nach Autorität riecht. Deneen dagegen ist sich sicher, dass der Mensch immer der Gleiche bleibt, über alle Zeiten, Gesellschaften und Weltbilder hinweg. Wer anderes glaubt, zerstört »die ultimative ›Form‹ der menschlichen Natur« und »ihre elementarsten Grenzen«.[2]

Descartes hat ein Zeitalter eingeläutet, das an allem zweifelt, was sich bloßer Überlieferung verdankt. Das Cogito schwingt sich zum Richter auf über alles und jedes. Nichts mehr wird einfach für wahr gehalten, nichts mehr einfach geglaubt, alles muss auf den Prüfstand. Deneen spricht von einem »entwurzelten Rationalismus«, der zur Entwurzelung des Menschen führt.[3] Was bei Descartes noch in philosophisch reflektierter Form auftritt, verkommt bald schon zu einem Relativismus, der seine Bodenlosigkeit mit einem wohlfeilen Gerede überspielt, das aus den Vokabeln Toleranz und Pluralismus besteht.

Solange das Leben sich einigermaßen reibungslos im Kreislauf von Produktion und Konsum ergeht und man noch nicht an allen Ecken und Enden ein Beben spürt, lassen sich die elementaren Fragen nach dem Sinn eines solchen Treibens ausblenden. Inzwischen gelingt das nicht mehr. Die bisherige Arznei büßt ihre Wirkung ein, die Wunden liegen offen, es geht ums Ganze. Es zeigt sich, dass Buntheit einfach nur bunt ist, aber nicht die Frage beantwortet, wozu wir leben und was uns trägt. »Die gleichwertige Zelebration jeder Art von Kultur läuft darauf hinaus, dass es am Ende überhaupt keine Kultur mehr gibt. Je eindringlicher man den ›Pluralismus‹ oder die ›Diversität‹ oder – wie es in der Warenwelt heißt – die ›freie Wahl‹ beschwört, desto unaufhaltsamer schreitet die Zerstörung der wirklichen Kulturen voran«, konstatiert Deneen.[4]

Rettung ist einzig in Sicht, wenn wir Abschied nehmen von einem Liberalismus, der die menschliche Freiheit falsch definiert. »›Freiheit‹ ist ein Wort uralter Herkunft«, erklärt er, »der Liberalismus dagegen besitzt einen noch jungen Stammbaum und ist erst ein paar Jahrhunderte alt. Er entspringt einer Neudefinition des Wesens der Freiheit, die ziemlich genau auf das Gegenteil ihrer ursprünglichen Bedeutung hinausläuft.«[5] Während die meisten glauben, unsere heutige Freiheit sei größer als je zuvor, verhält es sich genau umgekehrt: Sie versklavt uns, ohne dass wir es wahrhaben wollen. Wir kommen uns frei vor, weil wir scheinbar freie Meinungen haben; in Wirklichkeit beten wir zeitgeistige Possen nach. Wir kommen uns frei vor, weil wir zwischen tausend Dingen wählen können; in Wirklichkeit sind wir in einem Konsumwahn befangen, der uns blind macht für die wesentlichen Fragen. Wir kommen uns frei vor, weil wir tun und lassen können, was wir wollen;

in Wirklichkeit versuchen wir vergessen zu machen, dass wir nichts mehr kennen, woran wir uns halten können.

Solche zeitkritischen Sündenregister sind alles andere als neu, man kennt sie in- und auswendig. Sie sind so wahr wie trivial. Wer dazu nickt, macht nichts falsch. Wer das Gegenteil behauptet, steht als Verblendeter da – er sieht nicht einmal, wie schlimm das alles ist. Bei Rousseau, Marx und Adorno finden sich ähnliche Diagnosen, nur mit anderer Zielrichtung. Keiner von ihnen sucht das Heil im Zurück zur guten alten Metaphysik und zu einem Christentum, das noch nicht liberalistisch verseucht ist. Für Deneen dagegen ist am liberalen Denken nichts zu retten. Es feiert eine Freiheit, die sich von allem freimachen will, was ihr nicht passt – selbst von den Gesetzen der Natur. Den letzten Beweis erbringt die Gender-Bewegung, der nichts mehr als heilig gilt, nicht einmal die Tatsache, dass es Frau und Mann gibt und die Natur ihnen unterschiedliche Aufgaben zuweist.

Während wir Heutigen Freiheit als Freisein von Zwang definieren, hat Freiheit früher in keiner Weise bedeutet, dass man tun und lassen kann, was einem gefällt. Es verhielt sich genau andersherum. Freiheit bestand darin, dass man Herrschaft über seine Begierden, Gelüste und Gedanken gewann: »Freiheit ist nicht ein Zustand, in dem wir die Abwesenheit von Zwang erleben, sondern die Ausübung von Selbstbeschränkung.«[6] Sie ist gleichbedeutend mit Triebbeherrschung. Sie macht uns frei von fleischlichem Verlangen und zügellosen Phantasien. Sie setzt voraus, dass wir Gesetzmäßigkeiten anerkennen, die nicht von unseren Wünschen abhängen, sondern seit je existieren.

Um diese Behauptung zu stützen, greift Deneen auf Thomas von Aquin zurück und dessen christliche Inanspruchnahme von Aristoteles: »Das Naturrecht in seiner aristotelisch-thomistischen Form geht von dem Grundsatz aus, dass der Mensch … nur aufblüht unter einem Gesetz, das der Natur entspricht«, erklärt Deneen. »Es liegt der Existenz einer geordneten Welt zugrunde, mit erkennbaren Gesetzen, die das menschliche Verhalten regeln und die, sofern sie befolgt werden, zu menschlicher Blüte führen, was heißt zur Verwirklichung des menschlichen Telos. Es setzt die Existenz des Guten voraus und damit einen Maßstab, anhand dessen man Gesetze gestaltet und die Gesellschaft ordnet.«

Für Deneen formuliert das aristotelisch-thomistische Naturrecht die ewig gültigen Gesetze der Welt. Ein sinnvolles Leben können wir nur führen, wenn wir uns diesen Gesetzen fügen, alles andere endet in Selbstzerstörung. Bei diesen Gesetzen handelt es sich »nicht einfach um ein Sammelsurium von Vorlieben, sondern um einen objektiven Zustand, in dem die politische und soziale Sphäre in Übereinstimmung mit dem Guten geordnet ist«. Was ganz konkret bedeutet, dass »individuelle … Freiheit nicht sein Hauptzweck ist, sondern dass man in Wahrheit erst ein wirklich freier Mensch ist, wenn das übergeordnete Ziel der zweckmäßigen Ordnung verwirklicht wird«.[7]

Hobbes hat mit seiner neuzeitlichen Staatslehre derartige metaphysische Wahrheiten beiseitegewischt und an ihre Stelle die menschlichen Triebe und Bedürfnisse gerückt.[8] Ihn interessiert lediglich, welche staatliche Verfassung wir uns geben müssen, um möglichst konfliktfrei zusammenzuleben. Statt von einer gottgegebenen Ordnung geht er von unseren Begierden aus und von der Frage, wie wir mit ihnen am besten umgehen. Er opfert die Metaphysik einem reinen Pragmatismus, die Theologie bloßer Politik. Was tiefer gräbt und sich in ewigen Sinnfragen ergeht, wird gekappt. Die Frage nach zeitlosen Wahrheiten stellt sich nicht mehr, wichtiger ist, wie wir unser Leben organisieren. Wer noch an Gott glauben will, darf das tun, nur muss es Privatsache bleiben.

Welche Folgen das hat, lässt sich allseits sehen: Wir taumeln durch eine Welt, die nichts Absolutes mehr kennt und alle Sinnfragen dem Einzelnen überlässt. Wir beten eine Freiheit an, die einzig dem Grundsatz gehorcht, dass alles relativ ist. Wo aber nur noch der Relativismus regiert, herrscht am Ende purer Nihilismus. Wo jeder sich seinen eigenen Reim aufs Ganze macht, zersplittert alles. Wo die einzige Wahrheit nur noch darin besteht, dass es zahllose Wahrheiten gibt, hört jede Wahrheit auf. Nicht einmal biologische Tatsachen gelten mehr als Tatsachen, sie werden als soziale Fabrikate verleumdet. Jede Definition des Menschseins wird abgelehnt, jede Ordnung als arbiträr empfunden: »Ein Kernelement liberaler Philosophie und Politik besteht darin, dass man so gut wie jede Grenze als etwas Willkürliches empfindet.«[9] Bester Beweis sind die heutigen *cultural studies*, deren einzige unverrückbare Überzeugung in dem Glauben besteht, dass alle Glaubenshaltungen nur Ausdruck kultureller Denkmuster sind.

Deneen dagegen behauptet, es gäbe eine eherne Naturrechtsordnung, die vorgibt, wie ein richtiges Leben aussieht. Was aber heißt Natur? Schon die berühmte antike Maxime »secundum naturam vivere« ist unendlich deutungsbedürftig. Bis heute weiß niemand so recht, was genau darunter zu verstehen ist. Natur kann jeder anders definieren, zwischen Idyll und Darwin ist alles drin. Fest steht lediglich, dass zu ihr Fressen und Gefressenwerden gehören und nicht nur ergreifende Sonnenuntergänge. Wüssten wir, was *die* Natur ist und was *das* Naturrecht, sähen wir uns nicht Dutzenden von Natur- und Naturrechtsvorstellungen ausgesetzt. Weil für Deneen jedoch feststeht, worin das Wesen des Menschen besteht und was seiner Natur entspricht, kann er behaupten, dass der neuzeitliche Liberalismus das Tor zur Hölle öffnet, und zwar dadurch, dass er »die Trennung des Menschen von der Natur« vollzieht und den Menschen in Opposition zu ihr stellt.[10]

Spricht Deneen von der gottgeschaffenen Ordnung, die es zu bewahren gilt, geht es nicht um Ökologie, sondern um Metaphysik. Schließlich treibt die Welt erst ihrer Zerstörung entgegen, seit das Subjekt sich zum Schöpfer allen Sinns aufspielt. In mittelalterlichen und antiken Zeiten befand sich alles noch an seinem Platz, der Mensch war in ein kosmisches Geschehen eingebettet. Sofern Nietzsche behauptet, der Mensch sei das »noch nicht festgestellte Tier«, redet er vom modernen Menschen, dem jeder feste Grund abhandengekommen ist.[11] Wer indes die immergültige Ordnung des Seins kennt, verfügt über den Hebel, mit dem sich die aus den Fugen geratene Welt wieder einrenken lässt. Nicht zufällig ist Hamlet die berühmteste Bühnenfigur der frühen Neuzeit.

Laut Deneen muss der Mensch wieder lernen, dass Autorität nichts Schlechtes ist, sondern nottut. Ebenso muss er wieder lernen, dass Grenzen nichts Schlechtes sind, sondern Vertrauen stiften und Sicherheit geben. Schließlich hat der Ruf nach immer größerer Offenheit nicht zu mehr Frieden geführt, sondern zu Konflikten, die sich immer weniger lösen lassen. Der Mensch ist nicht für ständige Experimente geschaffen, er braucht ein Zentrum. Veränderungen überfordern ihn, in jeder Hinsicht. Wer sich wundert, warum überall Unruhe aufkommt, hat nicht begriffen, dass mit Sozialprogrammen und Toleranzappellen keine einzige Ursache unserer weltweiten Irritationen bekämpft wird. Die Wahrheit dagegen lautet, dass der Liberalismus zum »Zerfall aller familiären, gemeinschaftlichen und religiösen Normen und Institutionen« geführt hat.[12] Mit der Erosion jeder Ontologie und Religion wurden an der Schwelle zur Neuzeit vollkommen falsche Weichen gestellt.

Ob Deneens Lösungsvorschläge noch etwas mit einer freien Gesellschaft zu tun haben, steht dahin. Er strebt eine Demokratie an, in der das liberale Denken als zersetzerisch gilt. Was hinter seinen geistigen Aufräumarbeiten zum Vorschein kommt, sind altbekannte Postulate, die das Wiedererstarken der tradierten Familie einklagen, welche nur aus Mann unf Frau bestehen kann. Alles andere ist wider die Natur. Deneen verkauft seine erzkonservativen Glaubensartikel als zeitlose Wahrheiten. Indem er sich kurzerhand auf Thomas von Aquin beruft und auf Aristoteles, suggeriert er, dass die Sache damit klar ist, ein für alle Mal. Aristoteles würde sich freilich wundern, wofür man ihn in Anspruch nimmt. Mir nichts, dir nichts dockt Deneen in seinem Namen an scheinbar ewige Wahrheiten an wie ein Shuttle an eine Weltraumstation. Selbst Rousseau, der keineswegs frei war von Dogmatik, lässt Vorsicht walten, wenn er die Natur anruft und vom Naturzustand spricht. Er gesteht ein, dass es sich um Hypothesen handelt, mit deren Hilfe sich Missstände kritisieren lassen – oder was man dafür hält. Wir haben es mit normativen Forderungen zu tun, hinter denen Ordnungsvisionen stecken. Den linksliberalen Eliten hält Deneen vor, sie wollten die Welt unter ihr ideologisches Joch zwingen. Sein eigenes

Umerziehungsprogramm nimmt sich weitaus rigider aus. Das Patriarchat lässt grüßen, Gender bedeutet Weltuntergang.

Auch so mancher Theologe würde sich bedanken für Deneens Vereinnahmung des Christentums. Allerdings hat Deneen zum Gros der heutigen Theologen eine eindeutige Meinung. Liberalität und Katholizismus vertragen sich in seinen Augen nicht nur nicht, es handelt sich um Gegensätze. Auf die Verhältnisse in den USA bezogen, erklärt er: »Der liberale Katholizismus ist zwar in elitären Kreisen der Demokratischen Partei gut vertreten, doch als Katholizismus ist er erledigt.«[13] Ein liberaler Katholizismus muss notgedrungen den Weg des Protestantismus gehen, dem von Anfang an die Auflösung aller Institutionen und Wahrheiten eingeschrieben ist. Da aber die USA ihre Entstehung vor allem puritanischen Christen verdankt, versucht Deneen die mentale Herkunftsgeschichte der Vereinigten Staaten umzuschreiben. Dafür greift er auf Tocqueville zurück, der in seiner Schrift »Über die Demokratie in Amerika« behauptet, das junge Amerika habe sich erfreulicherweise nicht so sehr an seinen vordergründigen Überzeugungen orientiert als an Idealen, die tiefer in der abendländischen Tradition verankert seien.[14]

Deneen erklärt: »Ich pflichte Tocquevilles Beobachtung bei …, wonach die Amerikaner lange Zeit besser gehandelt haben, als es ihre offizielle (liberale) Philosophie vorsah. Sie entsprachen nicht der heutigen philosophischen Tradition, sondern weit mehr einem sittlichen und traditionellen Vermächtnis, das aus Tagen stammt, die noch keinen Liberalismus kannten. Es handelt sich um … Überreste einer zivilisierten, christlichen, vormodernen europäischen Zeit. Diese Sittlichkeit wurde unerbittlich unterhöhlt, verwässert und sogar angefeindet durch ein immer stärkeres Festhalten an unserer offiziellen Philosophie. Wir sind im Lauf der Zeit immer lockeanischer geworden.«[15] Was Deneen mit Lockeanisierung meint, erklärt er folgendermaßen: »Aus der Sicht von John Locke, dem philosophischen Nachfolger von Hobbes, muss die voluntaristische Logik letztlich für alle Lebensbereiche gelten, auch für den der Familie. Schließlich behauptet Locke – der erste Philosoph des

Liberalismus – …, dass jedes Kind sein kulturelles Erbe letztlich der Logik des Konsenses unterwerfen muss«, was bedeutet, dass es sich »als autonom entscheidendes Individuum« zu bewähren hat.[16]

Deneen macht eine erstaunliche Front auf, wenn er fordert, dass fortan nicht mehr »liberale Löwen wie John Locke oder Thomas Jefferson« die Linie vorgeben sollen, sondern konservative Katholiken, »die das amerikanische Projekt besser repräsentiert haben und es auch heute wieder zu ihrer Sache machen«.[17] Sein Fazit: »Der Liberalismus ist gescheitert, weil der Liberalismus erfolgreich war. In dem Maße, wie er ganz er selbst wird, treten noch viel geschwinder und allgegenwärtiger seine endemischen Pathologien zutage, als es ihm gelingt, Pflaster herzustellen und Verbände, um sie zu verhüllen. Seit die anschwellenden Probleme nicht mehr nur vereinzelt auftreten und sich nicht mehr voneinander trennen lassen, aber auch nicht mehr innerhalb des liberalen Systems gelöst werden können, sondern als Legitimitätskrise erlebt werden, in der man alles zutiefst miteinander verknüpft sieht und die man als Vorbote des endgültigen Endes des Liberalismus wahrnimmt, zeigt sich das Resultat … im Vertrauens- und sogar Glaubensverlust an seine Legitimität.«[18]

Eine Welt, in der man uns einredet, Autonomie und Entscheidungsfreiheit seien die höchsten Güter, ist zum Untergang verurteilt. Sie hat zerstört, was sich in der vormodernen Welt jahrhunderte- und jahrtausendelang bewährt hat. Die Tyrannei der weltweit agierenden linksliberalen Eliten besteht darin, dass sie keine Ruhe geben, ehe nicht die ganze Menschheit so bodenlos ist wie sie selbst. Dass sie bereits den Kindern in der Schule ein »kritisches Denken« aufzwingen, beweist Deneen, wie ortlos der nomadisch gewordene Mensch in unserer global entgrenzten Welt umherirrt, nicht nur geistig.[19] Was diese Eliten anstreben, läuft auf Gehirnwäsche hinaus, den besten Beweis liefert die heutige politische Correctness. Große Teile der Bevölkerung haben diese Bevormundung inzwischen jedoch satt, stellt Deneen voller Zufriedenheit fest. Die zunehmende Wut auf »die da oben« dient ihm als Beleg. Während er selbst den gediegenen Professor gibt, dem alles Gewalttätige fremd ist, kommen ihm die Proud Boys nicht ungelegen, auch wenn er sich mit solchen Leuten niemals an einen Tisch setzen würde. Als Helfershelfer kann man sie aber durchaus gebrauchen, so wie man Trump gebrauchen kann, auch wenn einem seine Manieren nicht passen. Man könnte es Joint Venture nennen.

Alles ist willkommen, was den Liberalismus zertrümmert: »Indem der Liberalismus eine ›neue Aristokratie‹ zu etablieren sucht, sorgt er dafür, dass eine frustrierte Bevölkerung die politische Kontrolle über ihr Schicksal wiedergewinnen will. ... Die ›edle Lüge‹ des Liberalismus fliegt auf, auch wenn ihre Profiteure weiter an sie glauben und sie weiterverbreiten, während sie von jener neuen Dienerkaste, die der Liberalismus hervorgebracht hat, immer mehr als Lüge erkannt wird, dazuhin als eine nicht besonders edle. ... Die Kluft wird sich mehr und mehr vergrößern, die Krise sich zuspitzen, der politische Klebstoff und die ökonomische Schönfärberei werden nicht mehr ausreichen, um dieses Gebäude zu retten. Das Ende des Liberalismus ist in Sicht.«[20]

Vom künftigen Menschen, der zurückkehrt zu den alten Tugenden, verlangt Deneen: »Du sollst Autoritäten respektieren, angefangen bei deinen Eltern. Du sollst ein bescheidenes und höfliches Verhalten an den Tag legen. Du sollst unzüchtige oder aufreizende Handlungen vermeiden. Du sollst nur in der Ehe sexuell verkehren. Einmal verheiratet, sollte man verheiratet bleiben. Du sollst Kinder haben – im Allgemeinen viele. Du sollst im Rahmen deiner Möglichkeiten leben. Du sollst dem Herrn danken und ihn anbeten. Du sollst den Älteren Respekt zollen und dich deiner Schuldigkeit gegenüber den Toten erinnern und sie ehren.«[21] Die Zeit der Katechismen kehrt wieder.

Warum die Neuzeit das Mittelalter hinter sich lassen wollte, diese Frage stellt Deneen sich nie. Warum hatte Ulrich von Hutten gerufen: »Es ist eine Lust zu leben! O Jahrhundert! O Wissenschaften!«? Warum hatte man die kirchliche Übermacht und ihren theologischen Ballast als erdrückend empfunden? Wie Leo Strauss ist auch Deneen überzeugt, dass die Neuzeit auf falsche Schriften, falsche Texte, falsche Theorien baut. Hätte man nicht Locke gelesen und nicht Hobbes und

Descartes, wäre es nicht gekommen, wie es gekommen ist. Falsche Gedanken führen zu einem falschen Leben, zuweilen gebären sie eine ganze falsche Epoche. Einst besaßen die Leute mehr Dankbarkeit, mehr Demut, mehr Disziplin, glaubt Deneen.

In Hegels Vorrede zur »Phänomenologie« heißt es: »Wir müssen überzeugt sein, daß das Wahre die Natur hat, durchzudringen, wenn seine Zeit gekommen, und daß es nur erscheint, wenn diese gekommen, und deswegen nie zu früh erscheint noch ein unreifes Publikum findet.«[22] Auch der Geist braucht seine Zeit, für alles; aufhalten lässt er sich nicht. Das Prinzip der freien Subjektivität konnte weder in der Antike durchdringen noch im Mittelalter, es fand dafür noch kein Publikum. In der Neuzeit hat es eines gefunden. Dieses Publikum erklärt Deneen nun zum Feind.

Woher rührt dieser Aberwille gegen unsere Gewissens- und Glaubensfreiheit? Warum soll nicht jeder seinen Weg finden in einer Welt, die tausendmal mehr Möglichkeiten bietet als alle Zeiten zuvor? Bei Hölderlin heißt es: »Alles prüfe der Mensch, sagen die Himmlischen,/ Daß er, kräftig genährt, danken für Alles lern',/ Und verstehe die Freiheit,/ Aufzubrechen, wohin er will.« Früher lernte man nicht ständig neue Menschen kennen und neue Orte, es gab weit weniger Betätigungsfelder; meist blieb man ein Leben lang, wo man geboren wurde, vor allem auf dem Land, wo jeder jeden kannte und man über Generationen unter sich blieb, ohne Ablenkung und ohne jede Gelegenheit, andere Existenzweisen kennenzulernen und andere Welten. Im Grunde will Deneen dorthin zurück, jedenfalls soweit es geht. Er will zurückdrängen, was die Neuzeit auszeichnet: jene allgegenwärtige Erfahrung von Kontingenz, die zum Signum einer Moderne geworden ist, in der Zufälle unsere Lebenswege prägen.

Unsere unablässigen Wahlmöglichkeiten bringen ein permanentes Pro und Contra mit sich, ein permanentes Einerseits-andererseits und Sowohl-als-auch. Ständig müssen wir uns entscheiden, dafür und dagegen. Das betrifft alle Daseinsbereiche, vom Kleinsten bis zum Größten – nicht zuletzt auch alle Weltbilder, Überzeugungen, Glaubenshaltungen. Wir können Religionen bestehen lassen und gleichzeitig Distanz zu ihnen wahren. Wir können von ihnen übernehmen, was uns willkommen scheint, ohne uns ihnen gänzlich unterzuordnen. Wir müssen keine einzige Lehre mehr für absolut halten, aber auch nicht alles verwerfen. Solange Religionen unerbittlich regieren, gibt es eine solche Freiheit nicht. Zur Moderne gehört die mühsam erlangte Einsicht, dass, was wir Wahrheit nennen, sich selten wie klares Wasser aus dem Brunnen schöpfen lässt. Zu ihr gehört, dass wir – mit Habermas zu reden – die »kognitive Dissonanz« aushalten müssen zwischen Glauben und Wissen. Schließlich ringen auch innerhalb der Religionen unterschiedliche Richtungen miteinander, zum Teil reichlich konträre. Es gibt linke Katholiken und konservative, pietistische und progressive Protestanten, imperativische Koran-Auslegungen und tolerante. Gar nicht zu reden von den zahllosen theologischen Spitzfindigkeiten, die dem Laien rätselhaft bleiben, zwischen Gelehrten aber zum schieren Schisma führen.

Die meisten wollen nicht mehr an einer Wahrheit ersticken, die andere ihnen aufoktroyieren. Genau das aber streben fundamentalistische Neuzeitkritiker wie Deneen an. Zur Vorstellung seiner ungarischen Übersetzung von »Why Liberalism Failed« ist er nach Budapest gereist, wo Orbán ihn höchstpersönlich empfangen hat. »Bei dem Treffen lobte der amerikanische Akademiker Ungarns familienpolitische Maßnahmen in höchsten Tönen und betonte, dass die Zukunft auf kommunalen Gemeinschaften beruht, die auf nationalen und familiären Werten basieren und nicht auf dem Liberalismus«, berichtet am 15.11.2019 »Hungary Today« und fügt hinzu, Deneen habe gefordert, »dass Nationen Gott unterworfen werden sollten, um die Unzulänglichkeit menschlicher Institutionen auffangen zu können«.[23] Zuweilen lassen sich ganze Bücher auf ein einziges Postulat reduzieren.

GOTTES GESETZE

Leo Strauss selbst braucht keinen Gott, für ihn findet sich die Wahrheit in Platons »Staat«. Doch er ist überzeugt, dass der große Rest der Menschheit der Religion bedarf. Carl Schmitt persönlich braucht vermutlich auch keinen Gott, geht aber davon aus, dass sich ohne Gott keinerlei Ordnung herstellen lässt in der Welt. Nur wo absolute Maßstäbe gelten, zerfällt nicht alles in Relativismen. Wo Strauss vom Naturrecht spricht, sprechen religiöse Zuchtmeister von Gottes Wille. Was diesem Willen zuwider ist, trägt den Namen Sünde. Während Populisten sich in aller Regel durch einen Mangel an konsistenten politischen Programmen auszeichnen und mit rassistischen Ressentiments hausieren gehen, trägt die religiöse Rechte strikte Gebots- und Verbotstafeln vor sich her. Gestalten wie Trump sind solche Gebote und Verbote schnurzegal, um Stimmen zu fangen, bedürfen jedoch auch sie der Gottesfraktion.

Weder die Evangelikalen noch die traditionalistischen amerikanischen, polnischen und ungarischen Katholiken würden an die Macht gelangen ohne Kombattanten, denen Gott gestohlen bleiben kann. Was sie alle verbindet, ist ihre Homophobie und Gender-Allergie. Ob mit Gott oder ohne – das gemeinsame Fundament bildet ein national-patriotisches Denken, das zwischen dem Eigenen und dem Fremden feste Grenzen kennt. Gott ist für sie kein universalistisches Wesen, er hat die Afrikaner als Afrikaner, die Polen als Polen, die Weißen als Weiße erschaffen. Jeder gehört dorthin, woher er kommt. Auch das gehört zur unverrückbaren Natur. Ebenso gibt es Starke und Schwache, Intelligente und Minderbemittelte, Führerfiguren und Führungsbedürftige. In Gottes Vorsehung ist für Vielfalt viel Platz vorgesehen, doch sie bleibt an Hierarchien gebunden und muss sich an getrennten Orten entfalten.

Damon Linker, ein ehemaliger Herausgeber der rechtskatholischen Zeitschrift »First Things«, kennzeichnet die religiösen Neocons als

Theocons. Sie glauben an die Überlegenheit des Christentums und an die Lehre vom *bellum iustum*, dem gerechten Krieg – wie man spätestens seit 9/11 sieht.[1] Nicht nur nach außen müssen sie Krieg führen, sie müssen es vor allem nach innen, schließlich sind sie überzeugt, »dass Amerikas moralische Vision obstruiert wird von einer liberal-säkularistischen Verschwörung, die versucht, die Nation mit Hilfe der Gerichte, der Medien und Universitäten zu zerstören«, heißt es in Linkers 2006 erschienenem Buch »The Theocons«.[2] Alle diese Institutionen und Kommunikationskanäle gilt es zurückzugewinnen, nur so kann man dem Volk wieder andere Botschaften, andere Einstellungen, andere Überzeugungen vermitteln. Der Kampf gilt nicht allein der sexuellen Befreiung, der Zerstörung der Familie, der Abtreibung und gleichgeschlechtlichen Ehe, er muss in jeder Hinsicht geführt werden, von Grund auf. Die gesamte Rechtsprechung muss sich ändern, die Verfassung anders ausgelegt, die interpretativen Freiräume von Richtern müssen beschnitten werden.

Ginge es nach dem Strauss-Schüler und Gründer des James Wilson Institute on Natural Rights, Hadley Arkes, sollten Richter sich nicht in erster Linie an Verfassungs- und Gesetzesparagraphen orientieren, sondern am thomistischen Naturrecht. Auf diese Weise könnten sie sich die Frage ersparen, ob ein Fötus bis zur achten Woche abgetrieben werden darf oder bis zur zwölften, denn damit wäre von vornherein klar, dass es darüber nicht das Geringste zu diskutieren gibt, schließlich handelt es sich bei Abtreibung um Mord, vom ersten Tag an. Den Einwand, dass im Lauf der Geschichte diverse Naturrechtslehren formuliert worden sind, kontert Arkes mit der Behauptung: »Nicht nur bei Richtern, auch bei Akademikern begegnet man dem gängigen Irrglauben, dass das Naturrecht eine ›Theorie‹ ist, die man akzeptieren oder ablehnen kann … Aquinas sagte bekanntlich, dass wir das göttliche Gesetz durch die Offenbarung kennen, das Naturrecht dagegen durch das vernünftige Denken, welches dem Menschen qua Menschsein gegeben ist.«[3]

Wer Gottes Gesetz kennt, muss sich nicht mit offenen Fragen herumschlagen.

CAMPUS CRAZINESS

Wenige Tage nach der Wahl von Trump veröffentlicht Mark Lilla in der New York Times einen Artikel mit dem Titel »The End of Identity Liberalism« – Das Ende des Identitäts-Liberalismus. Lilla fand Trumps Wahlkampf so abscheulich wie das Ergebnis, wundert sich jedoch nicht, dass es so weit gekommen ist. »In den letzten Jahren ist der amerikanische Liberalismus in eine Art moralische Panik über rassische, geschlechtliche und sexuelle Identität umgekippt, wodurch er die Botschaft des Liberalismus verzerrt und dafür sorgt, dass er keine bindende Kraft mehr bildet und nicht mehr regierungsfähig bleibt«, schreibt er.[1] Bei außenpolitischen Themen habe Hillary Clinton sich als stark erwiesen, innenpolitisch dagegen verzettelt durch ihren Willen, bei allerlei Minderheiten Stimmen zu fangen, von diversen ethnischen Gruppen bis zu LGBT. Das Resultat habe der Wahltag geliefert: Ein Großteil der Amerikaner hat sich von solchen Themen nicht angesprochen gefühlt.

Nicht nur hätte Lilla sich ein anderes Wahlergebnis gewünscht, in seinen Augen hätte es niemals so weit kommen müssen. Die Demokraten sind selbst schuld: Statt sich um die Mehrheitsgesellschaft zu kümmern, die sich vor Abstieg fürchtet und unter Arbeitslosigkeit leidet, haben sie sich auf Minderheiten konzentriert. Lilla bestreitet nicht, dass deren Anliegen berechtigt sind, nur ist das Gleichgewicht gekippt. Fühlt die Mehrheit sich nicht mehr angesprochen, bekommt man die Rechnung. Trump ist die Antwort. Bei weiten Teilen der Linken »zehrt der Diversitätsdiskurs den politischen Diskurs inzwischen auf und trägt erschreckend wenig zu solchen dauerhaften Fragen bei wie zu den Klassen, zum Krieg, zur Wirtschaft und zum Gemeinwohl«, gibt Lilla zu bedenken.[2] Alle diese Probleme überlässt man populistischen Demagogen, die nicht viel Mühe aufwenden müssen, um das Volk auf ihre Seite zu ziehen. Je mehr Tugendterror winzige Grüppchen an Universitäten ausüben, desto mehr Zulauf gewinnt die Rechte – für die sie Werbung machen, wider Willen. Lilla spricht von »campus craziness« –

allerdings in Anführungsstrichen, um auszudrücken, was die einfachen Leute darüber denken.

Kein anderer Artikel wurde in diesem Jahr so oft angeklickt und so oft kommentiert wie der von Lilla. Die New York Times erreichten Tausende von Zuschriften, nicht wenige bestanden aus blankem Hass. Er sei zu den Reaktionären übergelaufen, warf man ihm vor; er bringe Verständnis auf für die weißen Suprematisten und entschuldige sie. Lilla selbst kommt aus einer Arbeiterfamilie, er weiß, welche Sorgen dort vorherrschen. Dass er ein linksliberaler Geist ist, beweisen seine Schriften; mit den Republikanern hat er nie viel am Hut gehabt, mit den Erzrechten schon gar nicht. Doch das alles sollte nichts mehr bedeuten, er hatte eine Linie überschritten.

Die Massivität einer Kritik, die vor allem aus Wut besteht, hat Lillas Befürchtung bestärkt, dass das Ende des Liberalismus nicht mehr lange auf sich warten lässt, sollte es so weitergehen. Die eine Seite stärkt die andere, nur dass es sich auf der einen um universitäre Minderheiten handelt und auf der andern um überwältigende Mehrheiten. Genau darin liegt das Problem, zumal Vermittlung nicht nur nirgends in Sicht, sondern überhaupt nicht erwünscht ist. Was wächst, ist die Lust am Krieg, an Vernichtung, an radikalem Niedermachen.

Nach einem langen Jahr vehementer Debatten erschien in der New York Review of Books ein Artikel von Jonathan Rauch, der einsetzt mit den Worten: »Ich verdanke meine Ehe der Identitätspolitik. Im Jahr 1960 wurde ich in eine Welt hineingeboren, in der Amerikaner, von denen man wusste, dass sie homosexuell sind, per Gesetz vom öffentlichen Dienst ausgeschlossen wurden, was auf weniger offizielle Weise auch im Privatsektor häufig der Fall war. Auf der Straße waren sie nicht sicher, die Polizei verfolgte sie, Psychiater erklärten sie für krank, von der Kanzel herab verteufelte man sie und zwang sie, ein Leben in der Lüge zu leben. Fünfzig Jahre später, im Jahr 2010, habe ich einen Mann geheiratet. Um nicht mehr als Krimineller, Sünder und Geisteskranker zu gelten …, musste Homosexualität zuvor als eine eigene Art von Identität anerkannt werden.«[3]

Wer denkt, nun folge eine weitere Abrechnung mit Lilla, sieht sich getäuscht; das Gegenteil ist der Fall. Rauch zählt die Verluste auf, welche die Demokraten seit Jahren hinnehmen müssen: im Senat, im Repräsentantenhaus, bei den Gouverneursposten, im Justizwesen, überall. Er erinnert daran, dass Lilla sich für Identitätspolitik starkgemacht hat, weshalb seine Argumente Gewicht besitzen. Zumal, wenn er feststellt, dass Identitätspolitik häufig überhaupt nichts mehr mit Politik zu tun hat und damit auch nichts zu tun haben will. Es handle sich um Nischenphänomene, hinter denen Akteure stecken, die wissen, wie man Aufmerksamkeit erzwingt. Sie hätten den Kontakt zur Gesellschaft verloren, woraus sie eine Tugend machten. Eine Tugend allerdings, die bei der Bevölkerung einen immer größeren Aberwillen gegen alles Akademische schürt und gegen Eliten, die genug Geld besitzen für teure Universitäten und sich dabei zu moralischen Auspeitschern der Menschheit aufschwingen.

Lilla selbst spricht von Narzissmus und Neurotik.[4] Es gehe um Profilierung, behauptet er, in anmaßender Weise. Er wünscht sich, dass das Thema soziale Gerechtigkeit wieder in den Mittelpunkt rückt und die Welt nicht aus der Perspektive von »Campus-Schlupfwinkeln« wahrgenommen wird. Statt das Gemeinsame zu beschwören, zersplittert man sich dort in immer weitere Kleinstidentitäten, mit der Folge, dass immer größere Bevölkerungsgruppen Redeverbot bekommen: alle Weißen, alle Männer, alle, die man als ein riesiges Kollektiv aus Unterdrückern verachtet.

Jonathan Rauch kann Lillas Argumenten durchweg folgen, allerdings mit der Einschränkung, dass auch seine Kritik zum Pauschalen tendiert. Denn wo, fragt Rauch, kümmern sich demokratische Politiker lediglich ums Identitäre? Zwar sei an den Universitäten ein Problem entstanden, es spiegle jedoch weder die Gesellschaft wider noch die Debatten bei den Demokraten. Auch Obama habe gewusst, dass der Kampf um die Krankenversicherung viel wichtiger ist, gar nicht zu reden vom Klima. Wer freilich immer noch nicht begriffen habe, was die Stunde geschlagen hat, der wisse spätestens jetzt: »Trump war ein Weckruf.«[5]

STRAUSS UND SCHMITT IN CHINA

Am 17. Dezember 2010 erscheint von Mark Lilla in The New Republic ein Artikel mit der Überschrift: »Reading Strauss in Beijing. China's strange taste in Western philosophers« – Strauss lesen in Peking, Chinas seltsames Gefallen an westlichen Philosophen. Aus seiner Zeit an der Universität Chicago weiß Lilla von chinesischen Gaststudenten zu berichten: »Aufgrund der stummen Ehrerbietung, die sie ihren Professoren entgegenzubringen gewohnt waren, ließ sich schwer erkennen, was diese jungen Männer eigentlich in Chicago suchten und speziell bei Strauss. Sie nahmen an Kursen teil und arbeiteten fleißig, blieben sonst aber unter sich.«[1]

Einer von ihnen hatte schon soziologische und philosophische Bücher ins Chinesische übersetzt, zu Hause besaß er bereits einen Namen. Da er sich jedoch so gut wie nicht verständigen konnte, riet Lilla ihm, Sprachunterricht zu nehmen. Erstaunlicherweise erwiderte dieser Student, allenfalls werde er Latein lernen und Griechisch, nur das sei wichtig. Er verabschiedete sich mit dem Satz: »Die Römer haben über viele Jahrhunderte ein Imperium errichtet. Wir müssen von ihnen lernen.«

Ein paar Jahre später nimmt Lilla eine Gastprofessur in China wahr. Was er dort erlebt, erinnert ihn an seine Begegnung mit diesem Studenten: »Strauss und Schmitt stehen dort nicht nur im Zentrum der intellektuellen Debatten, sie werden von allen gelesen, unabhängig von ihrer politischen Einstellung; ein liberaler Journalist in Shanghai sagte mir eines Tages bei einem Spaziergang: ›Niemand nimmt Sie ernst, wenn Sie nichts über diese beiden Männer zu sagen haben und ihre Ideen.‹« Ähnliches weiß Lilla aus dem kommunistischen Polen zu berichten, wo er sich in den 1980er Jahren aufhielt: »Ich weiß nicht mehr, ob meine polnischen Freunde damals Schmitt lasen, doch Strauss diente ihnen als Wegweiser zu einer politisch-philosophischen Tradition, die sie abseits der Grenzen des kommunistischen Universitätssystems für sich entdeckten.« Auch dort fingen sie an, Griechisch und Latein zu lernen. Allerdings sollten sich in Polen die Lager später spalten: Die einen blicken nach Westen, die andern plädieren für einen polnischen Sonderweg. Auch in China sah es kurze Zeit danach aus, als begehrten die Studenten gegen das Regime auf, im Namen liberaler Freiheiten. Doch inzwischen begegnet man dort selbst an den Universitäten nur noch Gegnern des Liberalismus. Nicht nur verachtet man die Ineffizienz demokratischer Prozesse, der Ruf nach westlichen Freiheiten ist verstummt, seit bewiesen ist, dass man auch anders zu Wohlstand gelangen kann.

Als die Partei 1989 auf dem Platz des Himmlischen Friedens ein Blutbad angerichtet hatte, dachte man, auch in China breche die Zeit des Widerstands an. Schlimmer hätte man sich nicht täuschen können. »Als die Partei den Slogan ausgab: ›Reich werden ist ehrenwert‹, beherzigten das die Chinesen, und es wandten sich sogar die Intellektuellen von liberalen politischen Traditionen ab«, erklärt Lilla. Neoliberalismus bedeutet für sie: unregulierte Märkte, Korruption, Ausbeutung, Umweltzerstörung. Um all das in den Griff zu kriegen, bedarf es eines starken Staates. Über das Gerede von Demokratie und Menschenrechten kann man in China nur lächeln. Wozu haben Demokratie und Menschenrechte geführt? Dazu, dass jeder tut, was er will. Von Leo Strauss und Carl Schmitt lernen heißt: den Anfängen wehren.

»Liberales Denken, behaupten die jungen Leute, hilft nicht weiter, will man die Dynamik des heutigen chinesischen Lebens begreifen und ein Zukunftsmodell entwerfen. Durchweg alle, mit denen ich gesprochen habe, sind sich – quer durchs politische Spektrum – einig, dass China einen noch stärkeren Staat braucht und keinen schwächeren«, berichtet Lilla. Die Ideen von Strauss lassen sich mit denen von Konfuzius verknüpfen. Für beide gibt es keine vernünftige Alternative zu einem Staat, in dem eine Führungsschicht die Regeln festlegt und sie konsequent durchsetzt. Darin besteht die höchste Weisheit, derer Menschen fähig sind. Wo man des Langen und Breiten zu diskutieren anfängt, wird alles verwässert. Diskutieren bedeutet, dass zahllose Einzelinteressen miteinander kämpfen, in ermüdender Endlosigkeit.

»Für die jungen Chinesen, denen ich begegnet bin, erscheint die Unterteilung in weise Männer, Staatslenker und Eliten, die dazu ausgebildet wurden, dem Gemeinwohl zu dienen, schon deshalb absolut sinnvoll, weil sie in der politischen Tradition Chinas schon lange verwurzelt ist«, erklärt Lilla.[2] Sein Artikel endet mit den Sätzen: »Niemand, den ich traf, sprach über ein post-kommunistisches China, aus naheliegenden Gründen. Vielmehr redeten die Studenten offen über die Notwendigkeit einer neuen aristokratischen Klasse, die Chinas Geschicke lenkt und den Staat noch stärker macht, durch Weisheit und Gerechtigkeit. Keiner von ihnen schien erpicht, Parteimitglied zu werden, sie alle sagten, dass die Partei auch vollkommen unabhängige Denker zur Mitarbeit einlädt. Im Moment scheinen sie zufrieden, wenn sie alte Sprachen studieren, promovieren und Lehrtätigkeiten aufnehmen, mit denen sie Philosophen und ehrenwerte Persönlichkeiten großzuziehen hoffen. Sie haben keine Eile. Auch Rom wurde nicht an einem einzigen Tag erbaut.«

Dass das Denken von Carl Schmitt in seinem Kern weder rechts ist noch links, hat er selbst so gesehen. Bis heute gibt es auch linke Schmittianer. Eine von ihnen ist Chantal Mouffe, die ein klares Freund-Feind-Denken anmahnt, bei dem wieder soziale Antagonismen im Zentrum stehen. Seit je zeichnet sich die leninistische und maoistische Linke durch Schmitt'sche Denkmuster aus, auch was den Führerkult betrifft. Ebenso entspricht das Ein-Parteien-System Schmitts Idealen. Wo Vielstimmigkeit aufkommt, vernebelt sich alles. So wenig Schmitt von diplomatischen Verrenkungen hält, so sehr verabscheut er alles Uneindeutige. Demokratien zeichnen sich durch ein Gewurstel aus, das aus Unehrlichkeit besteht und aus moralisch übertünchter Strippenzieherei. Weder wagt man dort, offen von Macht zu reden, noch, skrupellos zur Macht zu stehen. Lieber lügt man sich in die eigene Tasche und spielt den Liberalen. Die größte Lüge besteht darin, dass man den

Leuten einredet, sie hätten ein Wörtchen mitzureden. Man schürt Erwartungen, die sich niemals erfüllen lassen, was früher oder später zu Frust führt und Rebellion. Statt dem Volk reinen Wein einzuschenken, spielt man Mitmachtheater.

Zur Scheinheiligkeit des Liberalismus gehört, dass er solche schlichten Wahrheiten leugnet. Er lässt uns glauben, dass die Dinge sich von alleine regeln, solange jeder seinen eigenen Interessen nachgeht und man im Parlament oder in sonstigen Gremien gemeinsam Probleme bequatscht. Was aber, wenn die Not groß ist? Wenn Naturkatastrophen auf uns hereinbrechen? Wenn der Nachbar den Krieg erklärt? Soll man dann immer noch diskutieren und debattieren? Oder auf Pazifisten Rücksicht nehmen, die sich lieber erschießen lassen, als ein Gewehr in die Hand zu nehmen? Oder hoffen, dass andere den Kopf hinhalten? Muss man tatsächlich zu allem ein Pro und Contra hören? Immerhin führt China vor, wie schnell sich ein neuer Flughafen bauen lässt und wie man über Nacht ganze alte Viertel abreißt, an deren Stelle neue Städte aus dem Boden schießen, ohne jahrelange Gerichtsprozesse wie hier, wo ein paar Freaks, die gern in Baumhäusern campieren, einen Hirschkäfer schützen wollen.

Als 1968 an den Protesten gegen die Notstandsgesetze nicht mehr nur die üblichen Verdächtigen teilnahmen, war für Schmitt wieder einmal der Beweis erbracht, dass der Staat es nie so weit hätte kommen lassen dürfen. Woher sollte er noch seine Autorität beziehen, wenn er sich auf der Nase herumtanzen lässt von Dahergelaufenen, Brüllaffen, Undankbaren? Wenn er sich dazu herablässt, Gespräche mit Gestalten zu führen, die ihr Lebtag lang herumpubertieren? Wenn er versucht, seinen schlimmsten Kritikern Verständnis entgegenzubringen, statt die Sprache der Knüppel walten zu lassen, und zwar von vornherein? Für Schmitt war es höchste Zeit, dass die Bundesrepublik sich eine Notstandsgesetzgebung gibt. Bis dahin war sie für ihn ein abhängiges Land, in dem die Siegermächte das Sagen hatten, als deren Opfer Schmitt sich sah. Bei den Nürnberger Kriegsverbrecherprozessen handelte es sich in seinen Augen um ein Siegertribunal, in dessen Folge er Berufsverbot bekam.[3] Vielleicht hätte man es mit den 68ern machen sollen wie mit den Studenten auf dem Tiananmen-Platz.

Der Ausnahmezustand war schon immer Schmitts Lieblingskind, nur dort gelangt der Staat zu seiner vollen Wahrheit. »Souverän ist, wer über den Ausnahmezustand entscheidet«, lautet der erste und zentrale Satz von Schmitts »Politischer Theologie«.[4] Von solchen Sätzen sind nicht bloß autoritätslüsterne Rechte begeistert, auch Walter Benjamin und Giorgio Agamben lassen wesentliche Teile ihres Denkens um diese Schmitt'sche Wahrheit kreisen. Sie alle sind fasziniert von einer Macht, die keine Grenzen kennt und auf Göttliches verweist. Ihre Faszination geht einher mit der Verachtung eines gewöhnlichen Lebens, das sich nach einer Vernunft richtet, die kein Tremendum mehr kennt und allem Großen den Garaus macht.

Warum Strauss und Schmidt in China die wichtigsten westlichen Denker sind, lässt sich unschwer nachvollziehen. Ihre politische Philosophie läuft auf eine fundamentale Kritik an der neuzeitlichen Freiheits- und Demokratie-Ideologie hinaus. Sie rennen gegen einen individualistischen Liberalismus an, wie er von John Locke und John Stuart Mill gepredigt wird; sie halten nichts von einer Gewaltenteilung, wie Montesquieu sie formuliert. In dem 2017 erschienenen Sammelband »Carl Schmitt and Leo Strauss in the Chinese-Speaking World« lesen wir: »Tatsächlich begreifen so manche chinesischen Leser deren Bücher in erster Linie als Waffenruf für die künftige Konfrontation mit dem Westen.«[5] Schmitt und Strauss lehren, wie man gegen das demokratische Chaos vorgeht: mit eisernen Prinzipien, die nie zur Disposition stehen dürfen.

In seiner 1963 erschienenen »Theorie des Partisanen« stimmt Schmitt einen Hymnus auf Mao an. In der strikten Anwendung einer glasklaren Strategie beeindruckt Mao ihn noch mehr als Lenin, dessen Vorgehen er für weniger durchdacht hält. Was ihm an Mao imponiert, ist das konsequent durchgehaltene Freund-Feind-Denken, mit seiner nie nachlassenden Intensität, sowohl was die Feinde nach außen betrifft als auch die nach innen. In Anlehnung an Clausewitz urteilt Schmitt über

Mao: »Er hat auch in seinem theoretischen Bewußtsein die Formel vom Krieg als der Fortsetzung der Politik noch über Lenin hinaus weitergeführt. Die gedankliche Operation, die ihm zugrunde liegt, ist ebenso einfach wie schlagkräftig. Der Krieg hat seinen Sinn in der Feindschaft. Weil er die Fortsetzung der Politik ist, enthält auch die Politik ... immer ein Element der Feindschaft; und wenn der Friede die Möglichkeit des Krieges in sich enthält ..., so enthält auch er ein Moment potenzieller Feindschaft. Die Frage ist nur, ob die Feindschaft gehegt und geregelt werden kann, also relative oder absolute Feindschaft ist. Das kann nur der Kriegführende selbst auf eigene Gefahr entscheiden. Für Mao ... ist der heutige Friede nur die Erscheinungsform einer wirklichen Feindschaft. Sie hört auch im sogenannten Kalten Krieg nicht auf. Dieser ist demnach nicht etwa halber Krieg und halber Friede, sondern eine der Lage der Dinge angepaßte Betätigung der wirklichen Feindschaft mit andern als offen gewaltsamen Mitteln. Darüber können sich nur Schwächlinge und Illusionisten hinwegtäuschen.«[6] Schmitt zählt sich zur anderen Gattung, seine Hochachtung für Mao könnte größer nicht sein.

PRINZIPIELLES

NOBLE LÜGEN

Leo Strauss hat in Europa nie eine große Rolle gespielt, selbst in philosophischen Kreisen kennt man ihn oft bloß dem Namen nach. In den Medien taucht sein Name erstmals nach 9/11 auf, als es heißt, engste Berater von Präsident George W. Bush jr. kämen aus seiner Schule. Was das genau bedeutet, weiß niemand so richtig. Wer mit Strauss ein wenig vertraut ist, dem kommt als Erstes seine Lehre von der noblen Lüge in den Sinn.[1] Schließlich lehrt er, dass Staatslenker dem Volk nicht wirklich die Wahrheit auftischen dürfen. Denn das Volk kann bestimmte Dinge, die nottun, schwer nachvollziehen. Sein Horizont ist begrenzt, manche begehren schnell auf, Weitsicht kann man von der Masse nicht verlangen. Konkret heißt das damals, dass die Bush-Administration Saddam Hussein zum Verbündeten von Al Quaida erklären muss und den Irak zu einem Staat, der an Massenvernichtungswaffen bastelt. Dass diese Behauptungen sogar der Koordinator des Nationalen Sicherheitsrats, Richard Clarke, als Unsinn zurückweist, gilt nichts. Es kommt nicht auf die Wahrheit an, Bush braucht einen Grund, um zu tun, was er glaubt tun zu müssen – mit Hilfe nobler Lügen.

Für Strauss gehört die noble Lüge zur »Ökonomie der Wahrheit«, wie es bei ihm heißt.[2] Sie dient einem höheren Zweck, zumindest auf lange Sicht. Wer zielstrebig handeln will, muss müßige Diskussionen umschiffen, indem er Szenarien entwirft, die sofortiges Handeln erfordern. Statt von noblen Lügen könnte man auch von Propaganda reden, allerdings würde Strauss dieser Begriff missbehagen. Nicht bloß das Volk braucht klare Ansagen, auch das Militär muss wissen, wofür es in einen Krieg zieht; endlose Debatten zersetzen den Kampfgeist. Wo ein jeder meint, seinen moralischen Senf dazugeben zu müssen, kommt man nicht weit, am wenigsten heute, wo ein Heer von Friedensaposteln fern jeder Realität zu leben scheint.

In Strauss' Augen wäre es am besten, man ließe es gar nicht erst zu einer Demokratie kommen und würde dem Volk gar nicht erst einreden, dass seine Meinung gefragt ist. Strauss ist überzeugt, dass Demokratie zur Pöbelherrschaft tendiert, früher oder später jedenfalls. Trump wäre der beste Beweis dafür. Dem idealen Staat muss in den Augen von Strauss eine Elite vorstehen, die weiß, was richtig ist und wichtig. Wie sollte die Masse etwas vom Regieren verstehen? Seine Argumente bezieht Strauss aus Platons »Politeia«, in der geschrieben steht, dass die Regierenden das Staatshandwerk von der Pike auf erlernen müssen. Dazu bedarf es erlesener Persönlichkeiten, die über Jahrzehnte aufs Regieren vorbereitet werden, durch eine exzellente Erziehung. Schließlich geht, wer krank ist, auch nicht zum Schuster, sondern zum Arzt, heißt es bei Platon. Für alles gibt es Spezialisten, warum sollte das ausgerechnet für die höchsten Staatsämter nicht gelten? Wozu die Gefahr eingehen, dass die Schlechtesten an die Spitze gelangen, wo es doch der Besten bedarf?[3] Wie sollte das launische, schwankende, mit bloßen Meinungen vollgestopfte Volk beurteilen, wer sich dafür eignet? Bekanntlich nährt es sich von Gerede, Gerüchten, Mythen. Wählt das Volk seine Führer selbst, muss man sich nicht wundern, wenn Gestalten nach oben gespült werden, die nur das Niveau des Volkes spiegeln.

Selbst wenn gelegentlich fähige Leute an die Regierung kommen, ändert das nichts an der Fragwürdigkeit der Demokratie als solcher. Wer glaubt, dass Mehrheitsbeschlüsse per se sinnvoll sind, hat die Vernunft an den Nagel gehängt. Ein vernünftiger Staatslenker richtet sich nicht nach Abstimmungen und schon gar nicht nach Stimmungen. Er besitzt Prinzipien, die keinem Wind und Wetter weichen; das volatile Meinungstheater gilt ihm als null und nichtig. Was richtig ist und getan werden muss, darf nicht von sozialen Vibrationen abhängen, es muss weitsichtigen Entscheidungen entspringen, die einer langen Beschäftigung mit philosophischen Fragen bedürfen. Da einfache Leute weder die Zeit besitzen noch die Kapazität, sich mit Philosophie zu beschäftigen, können sie auch niemals zu zeitlosen Wahrheiten vordringen. Dass das Volk sich für klüger hält, als es ist, gehört zu seinen unausrottbaren Illusionen. Sein Leben besteht aus geistarmen Freuden: aus Brot und Spielen, Pop und Sport.

Warum sollte man das Staatswesen seinen schlingernden Willensbekundungen ausliefern? Warum sollte jeder x-Beliebige sich zur Wortmeldung eingeladen fühlen? Warum der Kundige sich vor dem Unkundigen rechtfertigen müssen? Warum der Arzt sich vom Kranken sagen lassen müssen, was er zu tun hat? Lenins Forderung, jede Köchin müsse in Zukunft den Staat lenken können, hätte Strauss als grotesker Beleg für den egalistischen Unsinn einer Moderne gedient, die uns einredet, dass alle zu allem fähig sind.

Dass Mehrheitsentscheidungen zu einem Despotismus ganz besonderer Art führen, meint Strauss mit Statements aus antiken Mündern bezeugen zu können. So weiß er aus der Hochzeit der attischen Demokratie zu berichten: »Alkibiades will Perikles zwingen zuzugeben, dass ... ein Gesetz, das von der demokratischen Mehrheit der Minderheit aufgenötigt wird, weit eher einem Gewaltakt gleichkommt als wirklicher Gesetzgebung. Denn ein Gesetz verdankt seine Rechtmäßigkeit nicht seiner demokratischen Herkunft, sondern seiner Gutheit. Seine demokratische Herkunft ist in keiner Weise besser als eine tyrannische.«[4] Alkibiades ist der Ziehsohn seines Onkels Perikles, dessen – von Thukydides überlieferte – Rede an die Athener bis heute jedes demokratisch schlagende Herz höherschlagen lässt. Alkibiades dagegen ist ein Draufgänger, dem Macht und Ruhm alles bedeuten. Obwohl Plutarch sich in seinen Doppelbiographien bemüht, ihn trotz seiner Brutalität bewundernswert zu finden, vermittelt er von ihm ein Bild, das Furcht und Schrecken einflößt. Bei allem Charme, den Alkibiades verströmt, ist er verschlagen, verlogen, bestechlich, selbstsüchtig und derart cholerisch, dass er auch mal beiläufig jemanden totschlägt.[5] Am einen Tag lässt er sich als Kriegsheld feiern, am andern läuft er zum spartanischen Feind über. Von den demokratischen Überzeugungen seines Ziehvaters hält er nicht viel, wichtiger ist, wie man an die Macht gelangt, sich oben hält und sich im Bad der Menge suhlt. Dass Strauss ausgerechnet eine solche Gestalt beansprucht, um die perikleische Demokratie zu diskreditieren, erstaunt bei jemandem, der von einem Staatsmann Tugendhaftigkeit erwartet und Prinzipienfestigkeit.

Allerdings hält Strauss von den heutigen Demokratien noch weniger als von der attischen. Immerhin mussten Staatslenker sich damals noch nicht bei einem Stimmvieh beliebt machen, das aus lauter Müllers und Maiers besteht. Die Regierungsgeschäfte blieben einer Oberschicht vorbehalten, die nicht arbeiten musste und tagaus, tagein diskutieren konnte. Frauen, Fremde und Sklaven hatten nichts zu melden. Heute dagegen müssen Politiker auf zahllose Interessengruppen Rücksicht nehmen, deren Begehrlichkeiten sich zum Teil diametral widersprechen. Gelangen sie an die Regierung, kommen sie nicht umhin, Entscheidungen zu treffen, die auf Unmut stoßen, jedoch als Erfolg verkauft werden müssen. Sie müssen sich biegen und winden, bis zur Prinzipienlosigkeit, anders würden sie nicht wiedergewählt. Was regiert, ist nicht die Vernunft, es sind die einander widersprechenden Bedürfnisse stimmungsgetriebener Herdentiere, die sich in wechselnden Cliquen und Parteiungen verbünden. Wie anders als mit »noblen Lügen« sollte man einen solchen Haufen in Schach halten?

Auch die Lehre von der »noblen Lüge« entnimmt Strauss Platons »Staat«. Im Gespräch mit Glaukon gesteht Sokrates mit leichtem Magengrimmen, dass um »untadelige und heilsame Täuschungen« nicht herumkommt, wer eine diffuse Masse zu einem Volk zusammenschmieden und in einer Polis vereinigen will.[6] Sokrates weiß, dass man sich mit Lügen in heikles Fahrwasser begibt, doch ohne sie lässt sich kein Gemeinschaftsgefühl entwickeln. Man muss sogar lügen, dass sich die Balken biegen – nur darf es keiner merken. Als Erstes muss man den Leuten weismachen, dass sie alle Brüder sind.[7] Als Nächstes ihnen erklären, dass es natürliche Unterschiede gibt, was ihre Fähigkeiten betrifft und ihre Intelligenz. Man muss ihnen beibringen, dass die Götter ihnen vor der Geburt unterschiedliche Metalle beimischen: den einen mehr Gold, den andern mehr Silber, den dritten mehr Eisen und Erz. Aus diesem Grund besitzen die einen handwerkliche Gene, die andern geistige und nur sehr wenige solche, die zum Regieren befähigen.

»Diese Geschichte muss man ihnen glaubhaft erzählen«, erklärt Sokrates. Man muss sie ihnen von früh an eintrichtern und von Generation zu Generation weitergeben, damit niemand auf die Idee kommt, es könnte sich um Mythen handeln. Immerhin bedeutet Mythos nichts anderes als Dichtung, was wiederum heißt, dass man es mit Fiktionen zu tun hat und Fake.[8] Im Grunde widerstreben dem rationalen Charakter des Sokrates solche Ammenmärchen, was aber sein muss, muss sein, es lässt sich nicht ändern. Wie sonst sollte man einer Horde von Dahergelaufenen das Gefühl vermitteln, dass sie »ein einig Volk« sind, wie es in Schillers »Wilhelm Tell« heißt? Andernfalls würde das reinste Durcheinander herrschen. Wer könnte das ernsthaft wollen?

Heute würde man sagen, es bedarf eines Narrativs, in dem alle sich wiederfinden. Bis weit ins 20. Jahrhundert hinein musste dieses Narrativ einen gemeinsamen Ursprung beschwören, der ins Sagenhafte zurückreicht. Es musste von Kriegen die Rede sein und von Siegen. Der Begriff Nation musste fallen, auch von Blut und Boden war die Rede. In Platons »Nomoi« wird der Gesetzgeber aufgefordert, die Jugend mit Liedern, Sagen und Ansprachen zu füttern, die den Kampfgeist wecken.[9] Dichter, die wenig Erbauliches zu bieten haben, müssen vertrieben werden, allen voran Homer und Hesiod, die schreckliche Dinge über die Götter sagen; man muss nur an ihre Behauptung denken, Kronos habe seinem Vater Uranos mit einer Sichel die Eier abgeschnitten. Dass es sich dagegen bei den erbaulichen Dichtern nicht um die allerbesten handelt, ist Platon bewusst. »Der Nützlichkeit wegen« muss man sich jedoch »mit strengeren und weniger anmutigen Dichtern und Fabellehrern begnügen«, heißt es bei ihm.[10]

Am Grunde jeder Gemeinschaftsbeschwörung steht eine mythische Lüge. Soll sie als Kitt taugen, darf sie nie problematisiert werden. Anders als heutige Verfassungspatrioten hoffen, genügt fürs Gefühl der Zusammengehörigkeit kein bloßes Grundgesetz, das von Würde und Freiheit spricht, in abstrakter Weise. Ein bisschen mehr Musik muss schon sein. Im »Phaidon« erklärt Sokrates seinen Freunden, bevor er den Schierlingsbecher trinkt: »Wir sind vernünftige Männer und glauben nicht an Mythen. Doch manchmal ist es gut, so zu tun, als glaubten wir daran.« Während Philosophen ihr Leben auf Weisheit gründen, braucht das Volk etwas zum Beißen. Ganz so sieht es auch Strauss, der den Gebildeten jede Freiheit des Denkens zugesteht, während das Volk mit Mythen abgespeist werden muss. Den einen genügt ihre Vernunft, die andern brauchen Fiktionen, an die sie sich halten können. Je weniger der Philosoph irgendwelcher Märchen bedarf, desto mehr bedarf ihrer das Volk. Als Philosoph kann man problemlos Atheist sein, nur sollte man damit nicht hausieren gehen. Die Überzeugung, dass es keinen Gott gibt, würde bei der Masse in Defätismus umschlagen und zu Ungehorsam führen.

EIN BRIEF AN LÖWITH

Am 19. Mai 1933, wenige Monate nach Hitlers Machtergreifung, schreibt Leo Strauss an Karl Löwith, der wie er als Jude in Deutschland keine Zukunft mehr hat: »Daraus, dass das rechts-gewordene Deutschland uns nicht toleriert, folgt schlechterdings nichts gegen die rechten Prinzipien. Im Gegenteil: nur von den rechten Prinzipien aus, von den fascistischen, autoritären, *imperialen* Prinzipien aus lässt sich mit Anstand, ohne den lächerlichen und jämmerlichen Appell an die droits imprescriptibles de l'homme, gegen das meskine Unwesen protestieren.« Und er fügt hinzu: »Es gibt keinen Grund zu Kreuze zu kriechen, auch nicht zum Kreuz des Liberalismus.«[1]

Als Strauss' Brief in Marburg eintrifft, steht Löwith noch unter dem Schutz des sogenannten Frontkämpferprivilegs, das Juden, die im Ersten Weltkrieg gekämpft haben, noch kurze Zeit vor Entlassung schützt. Nachdem auch Löwith 1934 Deutschland verlässt, ist er auf Vermittlungsdienste von Kollegen angewiesen, die sich bereits im Exil befinden. Strauss hat 1932 ein Rockefeller-Stipendium für Paris bekommen, dank eines Gutachtens von Carl Schmitt. Eine Verlängerung des Stipendiums führt ihn nach Cambridge, von wo er 1938 in die USA übersiedelt. Auch Löwith kann sich eine Zeit lang mit Stipendien über Wasser halten; mal nimmt er da eine Vertretungsprofessur an, mal dort. Er hat bei Heidegger studiert, was ihm in diesen Tagen im Ausland nicht viel nützt. Als Heidegger 1936 in Rom einen Vortrag hält und – stets das Parteiabzeichen am Revers – auf seinen ehemaligen Schüler trifft, fragt er ihn mit keinem Wort, wie es um ihn steht. Man redet über Philosophie und Hölderlin.[2] Kurz darauf bricht Heidegger den Briefwechsel ab. Als Löwith schließlich eine Professur in Japan bekommt, sind auch dort die Tage gezählt. Japan schlägt sich auf die Seite der Faschisten, deutsche Emigranten sind bald nicht mehr erwünscht.

Was Löwiths Sicht auf die Neuzeit betrifft, steht er den Ansichten von Strauss nicht grundsätzlich fern, zumindest nicht auf den ersten Blick. Auch Löwith kann dem modernen Fortschrittsglauben wenig abgewinnen, in dem für ihn die christliche Heilserwartung fortlebt, in säkularem Gewand. So aufgeklärt, wie der heutige Mensch sich wähnt, ist er in Löwiths Augen nicht. Er schleppt ein theologisches Erbe mit sich, das zwar ohne Gott auskommt, ihn zur Hintertür aber wieder hereinholt, in Gestalt utopischer Hoffnungen. »Das ganze moderne Mühen um immer neue Verbesserungen und Fortschritte wurzelt in dem *einen* christlichen Fortschritt zum Reiche Gottes, von dem das moderne Bewusstsein sich emanzipiert hat und von dem es doch abhängig blieb, wie ein entlaufener Sklave von seinem entfernten Herrn«, heißt es in Löwiths »Weltgeschichte und Heilsgeschehen«.[3] Während in früheren Zeiten feststand, dass die Erde nicht der Hort des Heils ist, fängt die Neuzeit an, vom irdischen Paradies zu träumen. Der moderne Mensch denkt, er könne sich in ein friedliches Wesen verwandeln, das aus der Welt einen Garten Eden macht. Er zehrt von religiösen Visionen, die er ins Irdische wendet. Für Löwith steht fest, dass solche Hoffnungen zu Ansprüchen führen, die nur enttäuscht werden können. Statt das Leben in seiner Beschränktheit hinzunehmen, gieren wir einer Zukunft entgegen, die es nie geben kann, an die wir aber inbrünstig glauben.

Während Löwiths Schriften jeder alarmistische Ton fehlt, will Strauss beweisen, dass das neuzeitliche Denken in eine gefährliche Haltlosigkeit führt. Zwar kommt seine Sprache akademisch sachlich daher, doch darunter brodelt der verbissene Wille, die westliche Menschheit wieder auf den richtigen Pfad zurückzuführen. Schließlich hat der neuzeitliche Mensch jedes Maß verloren und jede Norm, was sich daran zeigt, dass er keinerlei Grenzen mehr respektieren will und keinerlei naturgegebene Ordnung akzeptiert, die vorgibt, was dem Leben gemäß ist. Er betet eine Freiheit an, die sich dagegen wehrt, dass über ihr noch etwas Höheres, Absolutes, Zeitloses existiert. Davon will er nicht das Geringste mehr wissen, sein eigener Wille geht ihm über alles. Im modernen Fortschrittsglauben lodert für Strauss nicht so sehr ein religiöses Feuer, vielmehr zeugt er von erschreckender Unbeständigkeit. Rettung ist nur in Sicht, wenn man dem heutigen Menschen seine falsche Freiheit wieder beschneidet und ihn von seinen Idolatrien heilt, zu denen der Tanz um die Menschenrechte gehört und seine Verherrlichung von allem Selbstbestimmten und Egalitären. Trüge der Faschismus keine antisemitischen Züge, wäre er die richtige Therapie.

Am 28. Mai 1933 antwortet Löwith auf Strauss' Brief: »Es spricht *sehr viel* gegen die rechten ›Principien‹, wenn sie *faktisch* den Geist der Wissenschaft und des deutschen Judentums nicht tolerieren.«[4] Obwohl Löwith skeptisch auf die Neuzeit blickt, bleibt er zeitlebens ein liberaler Geist, der weder an der Demokratie rütteln will noch am heutigen Universalismus. Auch wenn die Welt für ihn aus Ebbe und Flut besteht und nicht aus immerwährender Aufwärtsentwicklung, spricht in seinen Augen nichts gegen unsere modernen Errungenschaften. Aus seiner Überzeugung, dass die Geschichte kein Ziel kennt, folgt für Löwith nicht, dass seit der Neuzeit alles falsch läuft. Zwar kann er Nietzsches Lehre von der ewigen Wiederkehr mit ihrem antiken Kreislaufdenken mehr abgewinnen, politische Schlussfolgerungen zieht er daraus jedoch nicht – ganz anders als Strauss.

Für Strauss liegt die alleinige Lösung in der Rückbesinnung auf Platons ewige Wahrheiten. Strauss entwickelt sich zum Nestor einer amerikanischen Rechten, deren Netzwerke ins Pentagon reichen und ins Weiße Haus, je nachdem, wer gerade Präsident ist. Öffentlich tritt er kaum in Erscheinung, was aber seine Wirkung angeht, ist er in rechtsintellektuellen Kreisen omnipräsent. Anne Norton, die bei dem Strauss-Schüler Joseph Cropsey studiert hat, leitet ihr 2004 erschienenes Buch »Leo Strauss and the Politics of American Empire« mit den Worten ein: »Von außen erinnert der Einfluss des Straussianer-Kreises an ein triumphales Freimaurertum, an kabbalistische Zirkel, an einen Trupp intellektueller Templer, die – größtenteils hinter den Kulissen – über einen so bescheidenen wie provinziellen Hofstaat gebieten. Von innen sieht das Bild der Straussianer ganz anders aus: Sie scheinen ein Ausbund an Tugend, ein Inbild an Beharrlichkeit, ein Beweis dafür, dass es noch eine edelgesinnte politische Philosophie gibt und Zähigkeit den Sieg davonträgt.«[5]

Strauss will die westliche Welt einer Rosskur unterziehen. Dass es sich bei seinem Brief an Löwith um keinen Ausrutscher handelt, beweisen seine Schriften. Wem die »unveräußerlichen Menschenrechte« – les droits imprescriptibles de l'homme – als Beleg für das »meskine Unwesen« unserer Zeit dienen, drückt sich unmissverständlich aus. Sofern Strauss sich bei öffentlichen Reden gelegentlich liberal gibt, erweist er lediglich dem Land seine Reverenz, das ihn aufgenommen hat und ihm ein Leben in Brot und Würden ermöglicht. Er polemisiert dort nicht offen gegen die Demokratie, allerdings lässt er auf das allerkleinste Zugeständnis an liberale Werte sofort Warnungen folgen vor einem Relativismus, dessen Toleranzgetue von purer Prinzipienlosigkeit zeugt.

Strauss pflegt nicht nur einen Briefwechsel mit Löwith, ebenso korrespondiert er mit Alexandre Kojève, den er während seines Stipendiums in Paris kennengelernt hat. In Russland geboren, wird Kojève im Paris der 1930er Jahre zum berühmtesten Hegel-Exegeten des 20. Jahrhunderts. Während des Vichy-Regimes schließt er sich der Résistance an, nach dem Zweiten Weltkrieg betreibt er nur noch sonntags Philosophie, seine Hauptarbeit gilt nun dem Aufbau der Vereinten Nationen und einem geeinten Europa. Kojève sieht die Zeit gekommen, Hegels

Rede vom Weltgeist zu verwirklichen, in ganz praktischer Weise. Hegels Philosophie in die Tat umzusetzen, bedeutet für ihn, die Nationalstaaten aufzulösen, um sie in eine Weltregierung zu überführen.

Strauss dagegen hält den Hegel'schen Fortschrittsglauben für eine neuzeitliche Krankheit. Hinter der Gründung der UN stecken für ihn kommunistische Umtriebe, die in humanistischem Gewand daherkommen. Alles, was nach Universalismus riecht, führt zu einer Tyrannei nie gesehenen Ausmaßes, in globalen Dimensionen. Nicht nur in diesem Punkt ist Strauss sich einig mit seinem Begutachter Schmitt. Ginge es nach diesen beiden, dürfte der Nationalstaat sich niemals von irgendjemandem dreinreden lassen, schon gar nicht von weltfremden Träumern, die in ihrem Glauben, die Menschheit zu beglücken, schlimmstes Unheil anrichten.

DIE NOCH TIEFERE HÖHLE

Selbst wer von Platon nichts kennt, hat von seinem Höhlengleichnis gehört. Dort wird unser Leben mit dem von Höhlenbewohnern verglichen, die nie nach draußen gelangen. Sie sind angekettet und können nur auf die lichtabgewandte Wand blicken, auf der sich Bilder bewegen. Dass es sich um Schattenspiele handelt, die sich einer Lichtquelle im Freien verdanken und verzerrt wiedergeben, was sich draußen abspielt, wissen sie nicht. Sie wissen nicht einmal, dass es sich um bloße Bilder handelt und es noch eine andere Wirklichkeit gibt. Könnten sie ihre Köpfe wenden, würden sie derart geblendet, dass sie überhaupt nichts mehr erkennen würden. Gelänge es einem Mitbewohner, ins Freie zu gelangen, müsste er sich bei seiner Rückkehr nicht nur wieder ans Dunkel gewöhnen, man würde ihm überhaupt nicht glauben, was er zu berichten weiß. In den Ohren der Angeketteten klänge sein Bericht aberwitzig, sie hielten ihn für einen Aufschneider, der sich als etwas

Besseres vorkommt, da er Dinge gesehen haben will, die ihnen verborgen bleiben müssen. Nicht nur würden die Höhlenbewohner über sein Gerede lachen, sie würden ihn umbringen, heißt es bei Platon.[1]

Die Moral von der Geschicht: Philosophen, die zum Licht aufgestiegen sind, kommen nicht gut an beim Volk. Der gemeine Menschenverstand krallt sich an seine eigene Unwissenheit und verhöhnt, was seinen Horizont übersteigt. Das Volk verwechselt Schatten mit Wirklichkeit, hält Irrtümer für Wahrheit und wehrt ab, was nicht ins vertraute Weltbild passt. Die Masse begnügt sich mit Schattenspielen, alles andere ist ihr zu abgehoben. Sie zerstreut sich im Kino, statt Platon zu lesen. Philosophen verlieren sich in Regionen, wo die Luft dünn wird, auf ihre Gescheitheiten kann man gern verzichten. Sie machen mies, was den Vielen gefällt. Muss man sich wundern, wenn das Volk zurückschlägt? Die Athener haben Sokrates zum Tod verurteilt. Sie konnten sein besserwisserisches Geschwätz nicht mehr ertragen.

Dass der gewöhnliche Erdenbewohner sich philosophischer Erleuchtung verschließt, ist bekannt; dass er sich aber auch noch für ganz besonders aufgeklärt hält, ist dagegen ein neuzeitliches Phänomen. Schlimmer könnte seine Selbsttäuschung nicht sein. Will man Strauss glauben, so haust der heutige Mensch in einer noch viel tieferen Höhle als der von Platon geschilderten. Er hat sie sich selbst gegraben, in dem Glauben, dort sei alles besser als einst. In seiner Selbstwahrnehmung ist er zum Licht der Aufklärung emporgestiegen. Dass das Gegenteil der Fall ist, weiß er nicht nur nicht, er bestreitet es mit allen Mitteln. In Wirklichkeit war er nie weiter entfernt vom Licht und nie tiefer im Dunkeln. Vor dem platonischen Licht der Wahrheit schreckt er noch verbissener zurück als alle Erdenbewohner vor ihm. Zwar war die Mehrheit schon immer verblendet, allerdings nie so entsetzlich wie jetzt. Das Schlimmste aber ist, dass es sich nicht nur um die Ungebildeten handelt, vielmehr handelt es sich um die geistige Elite – oder was sich dafür hält. Sie redet dem Volk ein, es sei nun frei und jeder könne sich für seine eigene Wahrheit entscheiden. So gut wie alle glauben ihr, selbst solche, die sich für Philosophen halten.

»Wir befinden uns noch viel tiefer unten als die Höhlenbewohner Platons«, stellt Strauss fest und erklärt: »Vermutlich haben die Menschen jetzt so viel Angst vor dem Aufstieg zum Sonnenlicht und sind so sehr darauf bedacht, dass auch keiner ihrer Nachkommen einen solchen Aufstieg erwägt, dass sie eine noch tiefere Höhle graben, unterhalb jener Höhle, in der sie geboren wurden, um sich in diese Höhle zurückzuziehen. Wollte einer der Nachkommen zum Sonnenlicht emporsteigen, müsste er zuerst versuchen, die Ebene der ursprünglichen Höhle zu erreichen, wozu er neue, vollkommen künstliche Werkzeuge erfinden müsste, die den früheren Höhlenbewohnern unbekannt waren, denn sie bedurften ihrer nicht. Wer perverserweise meint, mit Hilfe dieser Werkzeuge sogar noch über die Ebene der ursprünglichen Höhlenbewohner hinauszugelangen, kann nur ein Narr sein, der niemals das Licht der Sonne erblickt und selbst die letzte Erinnerungsspur an die Sonne verliert.«[2]

Wie konnte es so weit kommen? Strauss' Antwort: »Das 17. und 18. Jahrhundert, das Zeitalter der *Aufklärung*, hat die *Freiheit von allen Traditionen* erkämpft. Das 19. Jahrhundert hat diesen Kampf der Aufklärung radikalisiert; … es hat die *Pfeiler* eingerissen, auf denen die europäische Welt erbaut ist.«[3] Inzwischen besitzen wir nichts mehr, worauf wir uns stützen könnten, unser Denken schweift im Ungebundenen umher; was wir als Freiheit empfinden, ist Ausdruck der geistigen Irrungen, die unser Leben prägen.

Für Strauss steht fest, dass sich bei Platon *die* Wahrheit findet, ohne jedes Wenn und Aber. Ebenso steht für ihn fest, dass er selbst zu den Wenigen gehört, die dieser Wahrheit noch zugänglich sind. Dass eine Vielzahl von Platon-Interpreten Platons Schriften anders liest, leugnet Strauss nicht, hält das alles aber für falsch. Seine Hauptgegner macht er in jener hermeneutischen Richtung aus, die von Schleiermacher bis Gadamer reicht. Denn nicht nur diese beiden bestreiten, dass Platon ein geschlossenes System besitzt, in dem alle Grundsatzfragen geklärt sind, inklusive aller politischen Schlussfolgerungen. Weder glauben sie wie Strauss an eine ungeschriebene platonische Lehre noch an eine

Wahrheit, die sich schwarz auf weiß festschreiben lässt, unabhängig von allen geschichtlichen und gesellschaftlichen Veränderungen. Für Strauss ist Platon der Schöpfer eines Gedankengebäudes, das der Welt ewige Wahrheiten schenkt; für die andern zeugen seine Schriften von einem sokratischen Unruhegeist, der elementare Fragen aufwirft, ohne mit ehernen Lösungen aufzuwarten.

Man kann lange über den Sinn und Zweck des Höhlengleichnisses nachdenken, unterm Strich bleibt der Eindruck, dass Philosophen sich damit eine Erleuchtung bescheinigen, die andern abgeht. In den Augen von Strauss steht Platons Höhle für die Polis. Ihre Bewohner halten sich für denkende Wesen, obwohl sie es nicht sind, heute weniger denn je. Statt sich zu fragen, ob es sich bei den bewegten Bildern an der Wand vielleicht nur um Schattenspiele und Trugbilder handelt, können sie sich nicht daran sattsehen. Zerstreuung ist ihnen wichtiger als die Wahrheit. Lieber schauen sie Filme, als dass sie sich um die wirkliche Welt kümmern.

Indem Strauss die Höhle noch tiefer legt, verdoppelt er die Kluft zwischen Volk und Philosoph. Er stößt es hinab in ein Dunkel, das finsterer ist als finster. Umso heller leuchtet die Vernunft jener selten gewordenen, echten Philosophen, die ihr Wissen mit bloß wenigen teilen und zu einsamen Rufern werden. Um nicht ständigen Anfeindungen ausgesetzt zu sein, ziehen sie sich in kleine Zirkel zurück. Mit dem Volk das Gespräch zu suchen, wäre nicht nur verlorene Liebesmüh, es wäre gefährlich. Die wenigsten von denen, die sich heutzutage Philosophen nennen, sind welche. Meist handelt es sich um zeitgeistige Schwafler und Schwätzer. Sie halten sich für Intellektuelle, was schon alles sagt. Aus diesem Grund empfiehlt Strauss den wenigen wirklichen Philosophen, ihre Gedanken so zu formulieren, dass nur Eingeweihte sie verstehen. Schließlich muss man sich schützen, nicht bloß vor dem Volk. Im Übrigen hätte Sokrates niemals mit einfachen Leuten diskutiert, behauptet Strauss.[4] Woher er diese Gewissheit nimmt, steht in den Sternen. Mit Vorliebe verweist er auf das Ende des Höhlengleichnisses, wo es heißt, dass die ans Licht Gelangten bei ihrer Rückkehr fürchten müssen, totgeschlagen zu werden. Die ursprüngliche Fassung seiner Schrift »Verfolgung und die Kunst des Schreibens« lässt Strauss mit einer Fußnote enden, in der es heißt, die Unabhängigkeit des Philosophen verdanke sich der Tatsache, dass der Mensch durch die Sonne gezeugt wird und nicht durch die Gesellschaft.[5] Später tilgt er diese Fußnote. Vielleicht fürchtet er sich vor zu viel Hohn und Spott. An seiner Überzeugung ändert es nichts.

Anders als Strauss sind sich die meisten heutigen Philosophen nicht mehr sicher, ob der Unterschied zwischen Meinen und Wissen – *dóxa* und *epistéme* – tatsächlich so groß ist, wie Platon geglaubt hat.

DAS EWIGE, DER HUND, DIE GEISHA

Sätze wie folgender finden sich bei Strauss hundertfach: »Philosophie im strengen und klassischen Sinne ist die Suche nach der ewigen Ordnung oder nach der ewigen Ursache oder den ewigen Ursachen aller Dinge. Sie setzt voraus, dass es eine ewige und unveränderliche Ordnung gibt, innerhalb derer sich die Geschichte abspielt und die von der Geschichte in keiner Weise beeinflusst wird.«[1] An anderer Stelle heißt es: »Gekümmert haben sich die Nachdenkenden um das Ewige; und dasjenige Zeitliche, das vom Ewigen her und um des Ewigen willen wichtig war, war keinesfalls das Gegenwärtige, sondern viel mehr das Vergangene, das *Alte*: was in der Vorzeit begründet seit langem gedauert hat, das hat sich bewährt; und was sich bewährt hat, das hat die Meinung für sich, dass es wahr sei. Im Gegensatz dazu gilt das Gegenwärtige, das Neue für verdächtig: es ist erst seit kurzem, kurzlebig, eine Welle des Augenblicks, um das zu kümmern sich nicht lohnt.«[2]

An wieder anderer Stelle heißt es: »Wir sind *ganz frei*. Aber *wozu* frei? Wir wissen … gar nicht, *wozu* wir frei sind, wozu wir leben, was das

Richtige und was das Gute ist, demgemäß wir mit uns selbst im Reinen sein können. *Unsere Freiheit ist die Freiheit der radikalen Unwissenheit.*«[3] Und an nochmals anderer Stelle: »Der heutige Leser, der eine Schrift aus dem Aufklärungszeitalter liest, in der die Vorurteile so heftig bekämpft werden, muss öfter lächeln, wenn er bemerkt, dass faustdicke Vorurteile die angeblich so vorurteilsfreien Herren der Aufklärung hatten. Man kann geradezu sagen: das Jahrhundert der Aufklärung ist das Jahrhundert der Vorurteile gewesen.«[4] Daraus folgert Strauss: »Es gibt *nunmehr* noch eine Höhle *unterhalb* der Platonischen Höhle.«[5] Vom Licht der wahren Vernunft dringt dorthin nicht das Geringste mehr durch.

An Löwith schreibt er am 15. August 1946: »Man kann die Modernität nicht mit modernen Mitteln überwinden … Ich glaube *wirklich*, obwohl Ihnen das anscheinend als phantastisch erscheint, dass die vollkommene polit. Ordnung, wie Platon und Aristoteles sie skizziert haben, die vollkommene politische Ordnung *ist*. Oder glauben Sie an den Weltstaat?« Strauss hält jeden, der an so etwas glaubt, für kommunistisch durchtränkt. In seinen Augen können nur »geschlossene Gesellschaften« funktionieren, mit größtmöglicher Homogenität, größtmöglicher Überschaubarkeit, größtmöglichem Einheitsweltbild. Alles Kosmopolitische, Universale, Globale widerspricht den Gesetzen der Natur.[6] Universal sind einzig Platons Prinzipien.

Löwith antwortet ihm: »Was ist am Menschen von Natur aus natürlicher als sein Geschlecht – aber wie wandelbar ist die menschliche Stellung von Mann und Frau, Familie u.s.w. Es ist ganz illusorisch, wollte man da eine *schlechthin ›ursprüngliche‹* und ›natürliche‹ Stellung ausfindig machen und die Griechen zum Vorbild nehmen. Das Geschlecht ist für den Menschen so natürlich und unnatürlich wie die sog. Perversitäten – weil es ein *unmittelbares* Sein des Menschen und eine unmittelbare Anschauung vom Menschen gar nicht gibt.«[7] Und Löwith fügt mit einem Satz von Clémenceau hinzu: »›Für den Griechen war die Welt eine Welt – für uns sind sie Worte.‹« Weiter schreibt er: »Es geht nicht an, die ›Anschauung‹ der Griechen zum absoluten Maßstab zu nehmen, so wenig wie es möglich ist, die ›ewige‹ Wahrheit des Christentums aufrecht zu erhalten. Und wenn schon die Griechen ein ›integres‹ Wissen gehabt haben sollen (ich vermute hinter *Ihrem* Willen zur ›Integrität‹ ein höchst ›moralisches‹ Vorurteil!) – warum dann nicht auch die ihnen höchst natürlich gewesene Sklavenwirtschaft, Knabenliebe etc. etc. zum Vorbild nehmen?«

Löwiths Fazit: »Ich denke also *historischer* wie Sie, weil mir die Geschichtlichkeit der Vernunft zur Selbstverständlichkeit geworden ist … *Sie* fragen: was ist *der* Mensch und 2.) was ist aus ihm geworden – ich formuliere zwar eingangs so, lande aber faktisch dabei, dass ich mir sage: ›so *sind* wir jetzt‹ und 2.) ›was kann noch alles aus dem Menschen werden‹! Nicht ich, sondern der unglückselige Kierkegaard und die restaurativen Menschen von heute wollen immer noch ›Verlorenes‹ wieder-holen und rehabilitieren – … Ich beginne stets beim Gegenwärtigen, mit dem Ziel der nächsten Zukunft.« Und weiter: »Aber was verstehen denn *Sie* unter dem ›Ursprünglichen‹?? … Gerade ein bestimmter Menschentypus von heute, der sehr *›modern‹* ist, ist auch sehr *›natürlich‹* – so natürlich, wie uns z.B. das elektrische Licht geworden ist. Die griechischen Öllampen waren aber auch eine sehr kunstvolle, technisch-natürliche Beleuchtung. Das Öl als solches ist aber ebenso natürlich wie der elektrische Strom. *So unnatürlich denke ich also von der Natur des Menschen!* Die letzte geschichtliche Natürlichkeit war im 19. Jhdt. der ›Naturalismus‹ – warum also gleich das Heil bei den Griechen suchen, weil uns *dieser* Naturalismus nicht mehr genügt? Sie stoßen sich an der ›Wandelbarkeit‹ der menschlichen Natur – ich finde, dass diese Wandelbarkeit das einzig Hoffnungsvolle und Zukunftsvolle ist. … Auch die Griechen haben nicht für immer den Menschen ›als Menschen‹ und den Hund ›als Hund‹ entdeckt … – sie haben nur nicht mehr wie die Ägypter an die *in Tiere* verzauberten Menschen geglaubt, aber immerhin doch noch an den Olymp. Dann hat man an Christus geglaubt und schließlich an die Moral und Vernunft – jetzt glaubt man an ›nichts‹ mehr und deshalb ist nun der Weg frei, zu einem *natürlichen, einfachen* Menschen. Was freilich *der* natürliche Mensch ist, das weiß ich nicht, es interessiert mich aber auch gar nicht …«[8]

Dreizehn Jahre später kommt Löwith in einem Brief vom 18. August 1946 erneut auf diese Fragen zurück, wenn er schreibt: »Bei einer Katze oder einem Hund kommt zwar die ›Natur‹ immer wieder heraus, aber die Geschichte ist zu tief im Menschen verankert, als dass es Rousseau oder Nietzsche oder Ihren künftigen Heroen des natürlichen Wesens und Verstandes gelingen könnte, etwas wiederherzustellen, was sich schon selbst in der Spätantike ausgelebt hat. Der ›einfachste‹ Prüfstein wäre – wie Nietzsche ganz richtig sah – die Wiederherstellung des antiken Verhältnisses zum Geschlechtlichen als etwas Natürlichem *und zugleich* Göttlichem. Selbst Goethes ›Natur‹ ist nicht mehr die antike. Und noch weniger kann ich mir eine natürliche Sozialordnung vorstellen. Wo ziehen Sie die Grenze zwischen Natürlich und Unnatürlich? Den Griechen war es – ich lobe sie dafür – völlig natürlich, mit Frauen, Knaben und Tieren umzugehen, und die bürgerliche Ehe ist ebenso unnatürlich wie Päderastie, und japanische Geishas sind ebenso natürlich, wie Mann und wie O. Wildes Freund es für ihn war. – Eine vollkommene Ordnung herzustellen – sei es sozial-politisch oder in der privaten Moral – ist immer mit Unnatur behaftet – einfach qua Ordnung.«[9]

An anderer Stelle schreibt Löwith an ihn: »Ich kann mir nicht vorstellen, wie Sie, noch dazu als politischer Philosoph, etwa wirklich glauben sollten, dass z. B. Platons Erörterungen über das Gute und Gerechte schlechterdings wahr sein könnten – ohne geschichtlichen Bezug auf eine nicht mehr bestehende polis.« Worum es Strauss bei alldem geht, hat er Löwith bereits wenige Monate nach Hitlers Machtergreifung unmissverständlich erklärt: »Ich sehe vor mir den Kampf zwischen *Links* und *Rechts*.«[10]

Was seine eigenen Positionen betrifft, redet Strauss selten Klartext. Über weite Strecken gewinnt man den Eindruck, er wolle nichts sein als ein ordentlicher Professor, der gewissenhaft klassische Texte auslegt. Dass seine Interpretationen voller Urteile stecken, merkt man oft lange nicht. Zwischen Referieren und Kommentieren sind bei ihm die Grenzen fließend; wo das eine beginnt und das andere endet, lässt sich zuweilen schwer feststellen. Strauss gibt sich gern als getreuer Exeget, der allein den Geist des Werkes sprechen lassen will – so lange, bis dieser Geist dort ist, wo er ihn haben möchte. Dass niemand anderer als er selbst diesen Geist lenkt, würde er bestreiten. Ebenso würde er bestreiten, dass sein eigener Blick zeitbedingt ist und mehr über seine eigenen Positionen aussagt als über Platon.

Im Gegensatz zur Hermeneutik glaubt Strauss nicht, dass die Auslegung alter Texte an unseren heutigen Horizont gebunden bleibt. Seine eigenen Interpretationen hält er keineswegs für bloße Lesarten, er glaubt, damit das von Platon Gemeinte offenzulegen. Die Hermeneutik verachtet er genauso wie die neumodische Soziologie. Beide sind für ihn Kinder einer Zeit, die jeden höheren Wahrheitsanspruch aufgegeben hat und alles mit Füßen tritt, was auf Objektivität pocht. Dabei gehören weder Schleiermacher noch Gadamer einer wild gewordenen Moderne an, es treibt sie schlicht die Frage um, wie historische Texte sich zugänglich und fruchtbar machen lassen für die Gegenwart. Was daran soll bedenklich sein?

Hätte Strauss noch erlebt, wie gut sich der liberale Philosophenonkel Gadamer und der anarchische Assoziationsartist Derrida verstanden haben, wäre für ihn der definitive Beweis erbracht gewesen für den Unsinn all solcher pseudophilosophischer Geschwätzigkeiten. So brav die Hermeneutik im Seminaralltag daherkommen mag, so unweigerlich führt sie in die Dekonstruktion, spinnt man sie konsequent fort. So wie aus dem Liberalismus der Libertinismus erwächst, so erwächst aus der Hermeneutik das Zerfleddern aller Wahrheiten. Die Dekonstruktion bildet nicht deren Gegenpol, sie treibt sie auf die Spitze. Das Aktualisierungsgeturtel der Hermeneutiker offenbart in der Dekonstruktion seine ganze Bodenlosigkeit. Die Hermeneutik ist für Strauss das Kind einer Moderne, die in einem historisierenden Relativismus versackt.

Strauss' Widerwille gegen diese ganze Richtung rührt daher, dass die Hermeneutik behauptet, wir könnten nicht über unseren Schatten springen und so tun, als wären wir Platons Zeitgenossen. Selbst unter Zeitgenossen gibt es kein problemloses Verstehen, denn weder sind sie sich selbst transparent, noch bestehen Sprachen aus planer Eindeutigkeit. Mit seinem Glauben, er könne den überzeitlichen Sinn von Platons Schriften freilegen, verwechselt Strauss sein eigenes, höchst zeitbedingtes, durch und durch politisch motiviertes Erkenntnisinteresse mit objektiver Wahrheit. Doch er ist überzeugt, dass er Platon so versteht, wie Platon sich selbst verstanden hat. Wie sehr sich schon Platons Zeitgenossen um die richtige Bedeutung von Begriffen streiten, führen jedoch ausgerechnet Platons Dialoge vor. Warum sonst sollte Sokrates die Leute ständig mit Fragen löchern wie: Was meinst du eigentlich, wenn du von Gerechtigkeit sprichst? Und was mit dem Wort »schön«? Und was mit »gut«? Was, wenn du vom Eros sprichst? Sokrates geht seinen Zeitgenossen mächtig auf die Nerven, wenn er ihnen permanent zu verstehen gibt, dass sie eigentlich keine Ahnung haben von dem, wovon sie reden.

Im Dialog »Menon« ist der gleichnamige Diskussionskollege bald völlig erschöpft von diesen ständigen Rückfragen. Er stöhnt gegenüber Sokrates: Du bist wie ein Zitterrochen, der einen ganz durcheinanderbringt, man fühlt sich wie betäubt. Menon weiß nicht mehr, wo ihm der Kopf steht; gerade eben schien ihm noch alles klar, plötzlich verschwimmt alles.[1] Je länger man ein Wort anschaut, desto fremder schaut es zurück, heißt es bei Karl Kraus. Im Dialog »Kratylos« treibt Sokrates das Verwirrspiel mit allerlei Begriffen durch ein wildes Etymologisieren in karnevaleske Höhen; im Grunde handelt es sich um eine frühe

Satire auf Heidegger. Anders als in Sokrates steckt in Heidegger allerdings kein Ironiker – so wenig wie in Strauss.

Dass die Sprache ein windig Ding ist, will Strauss nicht wirklich wahrhaben. Wer die Wahrheit erkennen will, kann sie erkennen. Er muss nur Platon lesen und ihn so verstehen, wie Strauss ihn versteht. In seinen Augen gibt es eindeutige Kriterien für eine richtige Auslegung und für eine falsche, losgelöst von aller Geschichte und allen zeitgeistigen Rotationsbewegungen. So wie 2 + 2 in alle Ewigkeit 4 ergibt, verhält es sich auch mit der platonischen Prinzipienlehre. Bedenkt man indes, dass die meisten platonischen Dialoge aporetisch enden, könnte man auf die Idee kommen, dass der Platoniker Strauss nie Platon gelesen hat. Nicht nur ist von der sokratischen Ironie wenig auf ihn übergegangen, man sucht bei Platon auch vergeblich nach jenem Katechismus, dem Strauss seine ewigen Wahrheiten entnimmt.

Dennoch ist Strauss überzeugt, dass Platon eine ungeschriebene Lehre hinterlassen hat. Dass die hermeneutische Fraktion über solche Phantastereien bloß lachen kann, dient Strauss als Beweis, dass sie von nichts eine Ahnung hat. Dabei ist er nicht der Einzige, der an eine ungeschriebene Lehre glaubt. Es gibt eine ganze Richtung von Platon-Forschern, die das behauptet, genannt die Tübinger Schule. Allerdings geht Strauss' Behauptung, dass die ungeschriebene Lehre sich zwischen den Zeilen findet und nur solchen zugänglich ist, die zu lesen verstehen, selbst der Tübinger Schule zu weit.[2] Schließlich öffnet er damit jeder Art von Deutungswillkür Tür und Tor.[3] Die Tübinger dagegen versuchen Platons Lehre aus Textstellen zu rekonstruieren, die sich in Werken anderer Philosophen finden und Rückschlüsse zulassen. Auch wehren sie sich gegen den Versuch, aus Platon eindeutige politische Lehren zu ziehen. Anders als Strauss, der überzeugt ist, dass alle großen Philosophen nur Teile ihres Denkens verständlich formulieren, geht es ihnen weder um etwas Arkanes noch um Verschlüsselungen.

Strauss dagegen behauptet, jeder große Philosoph besitze eine exoterische Lehre und eine esoterische. Mit Räucherstäbchen und kosmischen Räuschen hat das nichts zu tun, es besagt lediglich, dass exoterische Texte verständlich formuliert sind, während esoterische sich einer Sprache bedienen, mit der nur Insider etwas anzufangen wissen. Der Unterschied lässt sich exemplarisch an Kant zeigen, dessen kleine Schrift »Was ist Aufklärung?« in einer Zeitung erschienen ist, während seine »Kritik der reinen Vernunft« selbst gelehrten Häuptern Kopfzerbrechen bereitet, bis heute. Allerdings wollte Kant in seine »Kritik der reinen Vernunft« keinerlei geheime Botschaften einschmuggeln, er hantiert dort lediglich mit einem Vokabular, das ohne philosophische Vorbildung Mühe bereitet. Während das Exoterische sich an die Allgemeinheit richtet, richtet das Esoterische sich an ein Fachpublikum. Mehr steckt dahinter nicht, jedenfalls nicht bei Kant und auch nicht bei Husserl oder Habermas, die sich ebenfalls auf beiden Ebenen bewegen.

Ganz anders stellen sich die Dinge für Strauss dar. Er ist sich sicher, dass alle bedeutenden Denker der Öffentlichkeit wesentliche Gedanken vorenthalten, sei es aus Angst vor Verfolgung, sei es aufgrund der Überzeugung, dass dem Volk manche Wahrheiten nicht zuträglich sind. Glaubt ein Philosoph nicht an Gott, sollte er das nicht laut verkünden oder in Worte kleiden, die nur seinesgleichen zu deuten weiß. Mit Gebildeten kann er darüber sorglos diskutieren, schlichte Geister müssen sich an etwas halten, um nicht in Sinnlosigkeit zu verfallen und auf dumme Gedanken zu kommen. Auch gibt es Staaten, in denen man nicht laut sagen kann, was man denkt. Woraus Strauss regelrecht ein Naturgesetz macht. Zwar bildet bei ihm den Auslöser der Nationalsozialismus, allerdings hat ihn in den USA nichts und niemand gezwungen, sich kryptisch auszudrücken, nicht einmal in der McCarthy-Ära, die politisch ganz und gar nach seinem Geschmack war.

Und doch gibt es einen Grund, der ihn selbst in Amerika vorsichtig sein lässt. Immerhin gesteht Strauss nie laut zu, wie wenig er von Demokratie hält. Zwar findet sich diese Überzeugung in allen seinen Schriften, jedoch nie unverblümt. Meist lässt er sie nur zwischen den Zeilen aufflackern – jedoch mit einer Penetranz, die keinerlei Zweifel an seiner Haltung aufkommen lässt.

Immer wieder wird berichtet, er und seine Schüler hätten etwas von einer verschworenen Gemeinschaft besessen, die sich mit einer geheimnistuerischen Aura umgab. Anne Norton, die den inneren Zirkel miterlebt hat, sagt von den Straussianern: »Von außen scheinen ihre politischen Theorien und die damit verknüpften Fragen das Gezücht eines universitären Gewächshauses zu sein: zarter Zierrat ohne wirklichen Nutzen, ungeeignet fürs raue Klima in der Welt draußen. Aus der Binnenperspektive haben sie etwas von Granaten, glatt und hart, dazu angetan, Tod und Zerstörung zu bringen, fähig, die Welt in Stücke zu reißen.«[4] Dass es Strauss nicht an Machtbewusstsein mangelt, beweist er nach dem Zweiten Weltkrieg, wo er bis zu seiner Emeritierung im Jahr 1968 an der Universität Chicago lehrt. Dort versucht er »die volle Kontrolle über seinen Fachbereich zu bekommen«, was bedeutet, dass er jede Neueinstellung überwacht und finanzielle Hilfe nur Studenten zukommen lässt, die ihm genehm sind.[5]

Zuweilen gibt Strauss seine akademischen Argumentationsstrategien allerdings anhand von Beispielen preis, die für sich selbst sprechen. Um zu veranschaulichen, was er mit seinem »Zwischen-den-Zeilen-Schreiben« meint, erfindet er sich etwa in einer Rede einen Historiker, der Parteimitglied ist in einem totalitären Staat. »Niemand würde ihn daran hindern, einen leidenschaftlichen Angriff auf das zu veröffentlichen, was er als liberale Gesinnung charakterisieren würde«, erklärt Strauss. »Selbstverständlich müsste er diese liberale Gesinnung erst einmal darlegen, bevor er sie angreift; er würde seine Darlegungen auf eine so ruhige, unspektakuläre und ein bisschen langweilige Art entfalten, dass nichts daran ungewöhnlich erschiene; er würde eine Menge Fachausdrücke verwenden, viele Zitate benutzen und unwesentlichen Details eine übermäßige Bedeutung beimessen; man würde den Eindruck gewinnen, dass er bei seinen kleinlichen Begriffsfechtereien, wie sie Pedanten auszeichnen, an nichts weniger denkt als an den Heiligen Krieg der Menschheit.«[6]

Nicht nur charakterisiert Strauss damit präzise seinen eigenen Stil und seine eigene Methode, er verkneift sich nicht einmal, seine eigene

Position preiszugeben – mit Hilfe eines dialektischen Purzelbaums. Indem er eine Figur erfindet, deren heimliches Plädoyer für den Liberalismus sich hinter einer faden wissenschaftlichen Sprache verbirgt, legt er seine eigene Vorgehensweise offen. Wenn er dann auch noch von »all den närrischen Auswüchsen des liberalen Glaubensbekenntnisses« spricht, »die aufkeimten, als der Liberalismus sich durchgesetzt hatte und sich damit seinem Niedergang näherte«, blitzt unmissverständlich seine eigene Haltung auf.[7] Strauss lebt in einem Land, dessen Freiheit er genießt; trotzdem hält er für falsch, dass man sich dort nicht an Platons Staatsideal orientiert, sondern einer Demokratie frönt, von der es in der »Politeia« heißt, dass sie zur Pöbelherrschaft tendiert. Wenn Strauss betont, dass Philosophen ihre wahren Lehren hinter arglos anmutenden Schriften verbergen, erteilt er dem Leser Anweisungen, wie er selbst gelesen werden will.

Und noch in weiterer Hinsicht legt er seine Karten halb offen. Schließlich bezieht er sich bei seiner Auslegung antiker Texte vor allem auf Platons »Politeia«, die er unter den immer gleichen Gesichtspunkten beleuchtet. Für Strauss steht fest, dass wirkliche Philosophie ausschließlich aus politischer Philosophie besteht; ebenso steht für ihn fest, dass alles in eine falsche Richtung weist, was die Neuzeit dazu zu sagen hat und was sich nicht auf Platon stützt. Findet jemand bei Platon nicht, worum es Strauss geht, verweist er auf dessen ungeschriebene Lehre. Mit der gleichen Selbstverständlichkeit beruft er sich auf Aristoteles, dessen Namen er häufig in einem Zug mit dem von Platon nennt, als handle es sich um ein unzertrennliches Zweiergespann. Beide repräsentieren für ihn *die* klassische Philosophie schlechthin, beide verkünden ewige Wahrheiten. Wir müssen zurück zu diesen beiden, alles andere führt in die Irre. Mit einer berühmten Zitatanleihe bei Winckelmann erklärt Strauss, mittlerweile bedürfe es »einer zweiten Erziehung, um uns wieder mit der edlen Einfalt und stillen Größe der Klassiker vertraut zu machen«, zumal »der moderne Leser von der brutalen oder sentimentalen Literatur der letzten fünf Generationen geprägt worden ist«.[8]

Was diese zweite Erziehung uns zu lehren hat, fasst Strauss folgendermaßen zusammen: »Philosophie im strikten und klassischen Sinne ist die Suche nach der ewigen Ordnung oder nach der ewigen Ursache oder den ewigen Ursachen aller Dinge. Sie setzt voraus, dass es eine ewige und unveränderliche Ordnung gibt, innerhalb derer sich die Geschichte abspielt und die von der Geschichte in keiner Weise beeinflusst wird.«[9] Strauss glaubt, es gebe für alles eine »klassische Lösung«: »Wenn wir die politische Philosophie von Platon und Aristoteles als klassische politische Philosophie bezeichnen, meinen wir, dass sie die klassische Form der politischen Philosophie darstellt.«[10] In seinen 1961 gehaltenen Vorlesungen über die »Grundprinzipien der klassischen politischen Philosophie« behauptet er, es gebe »Platon und Aristoteles auf der einen Seite und die modernen Philosophen auf der andern«.[11] In seinem Hauptwerk »Naturrecht und Geschichte« lesen wir: »Was Platon und Aristoteles unter der besten Herrschaftsform verstehen, ist zum größten Teil völlig verschieden von dem, was wir hier und heute vorfinden.«[12]

Dass Platon und Aristoteles sich vor allem durch Differenzen auszeichnen, lässt Strauss unter den Tisch fallen. Ganz unabhängig davon, dass es weder *den* Platon gibt noch *den* Aristoteles, bindet diese beiden vor allem ein schwieriges Lehrer-Schüler-Verhältnis aneinander. »Aristoteles hat gegen mich ausgeschlagen, wie es junge Füllen gegen die eigene Mutter tun«, hat Platon geklagt.[13] Zwar erwähnt Strauss in einer Rede über Hermann Cohen und Maimonides, dass bei Platon ein Demiurg die Welt erschaffen hat, während sie für Aristoteles schon immer besteht, um jedoch sogleich gegen Cohen einzuwenden, dass er die Gegensätze zwischen den beiden übertreibt.[14] Dabei zeigt sich nicht allein an Aristoteles' Metaphysik, wie entschieden er in zentralen Fragen von Platon abweicht. Während Platon die Dichtung aus seinem idealen Staat verbannt wissen will, rühmt Aristoteles sie als kathartischen Ort, an dem wir die entsetzlichsten Phantasien ausagieren können, ohne uns gefährlich zu werden. Während bei Platon der Begriff Mimesis so viel wie Abbildung bedeutet – mit entschieden negativen Vorzeichen –, setzt Aristoteles ihn gleich mit Fiktion und Erfindung, im besten literarischen Sinn. Vor allem aber weist Aristoteles Platons Ideenlehre zurück, an deren Stelle er die Vielfalt unendlicher Einzeldinge rückt, zu deren Erkenntnis es keiner Wesensschau bedarf, sondern zuerst einmal der Augen. Aristoteles' Ausgangspunkt bildet jene sinnlich erfahrbare Welt, die Platon für einen mangelhaften Abklatsch der ideellen hält. Während Platon an ein eingeborenes Wissen glaubt, das immer und überall gleich bleibt, denkt Aristoteles bereits in entwicklungslogischen Kategorien, auch in Bezug auf philosophische Wahrheiten, was allein daran ersichtlich wird, dass er zu Beginn seiner Schriften häufig die Stärken und Schwächen überlieferter Lehrmeinungen diskutiert, um auf diesem Weg höhere Komplexität anzustreben.

Auch was die Polis angeht, hält Aristoteles wenig von Platons Kastenwesen. Anders als Platon lehrt, erzeugt für ihn die Natur nicht drei verschiedene Menschengattungen: das Volk, die Beamten und die zum Herrschen Geborenen. Lebensklugheit kann in Aristoteles' Augen jeder entwickeln, meist wächst sie mit dem Alter. Zu Beginn seiner »Nikomachischen Ethik« stellt er fest, dass alle Menschen nach Glück streben. Worin dieses Glück jedoch besteht und wie es zu erreichen ist, darunter stelle ein jeder sich etwas anderes vor. Während für Platon Demokratie ins Chaos führt, besitzt für Aristoteles jede Staatsform Vorteile und Nachteile. An der Demokratie schätzt er beispielsweise, dass man bei dem von Perikles eingeführten Scherbengericht darüber abstimmen kann, ob ein Politiker in die Verbannung geschickt werden soll, wenn er zu selbstherrlich geworden ist.

Warum, fragt man sich, lässt Strauss dann Platon und Aristoteles ständig als trautes Paar auftreten, das zeitlose Wahrheiten in Stein gemeißelt hat? Nicht nur Gadamer staunt, wie unbekümmert Strauss antike Wahrheiten herbeiredet und philosophische Gemeinsamkeiten behauptet, die es nirgends gibt. In »Wahrheit und Methode« bemerkt er: »Was mich an Strauss' Verteidigung der klassischen Philosophie am meisten wundert, das ist, wie sehr er sie als eine Einheit verstehen möchte, so daß ihm der extreme Gegensatz, der zwischen Plato und

Aristoteles … besteht, keine Sorgen zu bereiten scheint.« Und er fügt hinzu: »Wozu uns Aristoteles helfen kann, ist …, daß wir uns nicht in eine Apotheose … des natürlichen Rechts verrennen, die nichts als eine ohnmächtige doktrinäre Kritik an der Geschichte wäre.«[15]

Auch Eric Voegelin nennt die beiden gern in einem Atemzug, so etwa, wenn er erklärt: »Denn die Sinnlinie, die aus der platonisch-aristotelischen Erforschung des noetischen Bewusstseins hervorgeht, ist der Dialog der Menschheit über den göttlichen Grund des Seins. … Das moderne Meinungsklima dagegen wird beherrscht von einer gezielten Revolte gegen diesen Dialog.«[16] Bei Voegelin gewinnt man ebenfalls den Eindruck, dass die beiden ein Joint Venture eingegangen sind, mit dem Ziel, unverrückbare Wahrheiten zu fabrizieren.

Wenn es bei Montaigne heißt: »Allgemein neigt man dazu, den Sinn der Schriften anderer zu Gunsten der eigenen vorgefassten Meinung umzubiegen«, würden Strauss und Voegelin das bestreiten, zumindest für sich selbst, mit aller Vehemenz.[17] Über alles Subjektive und geschichtlich Bedingte fühlen sie sich erhaben; an dieser Krankheit leiden nur die andern, nicht sie selbst. Dass in aller Regel erst nachfolgende Generationen beurteilen können, in welchen Vorurteilsstrukturen sich die früheren bewegt haben – für solche Gedankenspiele besitzen sie keinen Sinn.

Dabei war Platon selbst durchaus bewusst, dass sein Staat sich niemals verwirklichen lässt, auch wenn er sich gewünscht hätte, dass der Tyrann von Syrakus es wenigstens versucht, und sei es nur für kurze Zeit. Platon spielt mit aller Konsequenz ein Modell durch, das allenfalls auf dem Reißbrett funktioniert. In einem solchen Staat leben möchte vermutlich niemand, zumindest nicht, wenn er in der Neuzeit geboren ist und das Gut individueller Freiheit zu schätzen weiß. Der mit Strauss' Schriften vertraute Jacques Lacan glaubt gar, dass Platon mit seinem »Staat« ein Schreckensregime an die Wand gemalt hat, zur reinen Abschreckung. »Was Platon dort am Horizont erblickt«, heißt es bei Lacan, »ist ein Stadtstaat, der in seinen Augen ebenso abscheulich ist wie in den unseren.« Es handle sich um eine Zuchtanstalt, der alle unterworfen sind und die nur Leute attraktiv finden können, die nicht zurechtkommen mit gesellschaftlichen Dissonanzen. Lacan wundert sich, dass Platons Staatsvision »alle ernst genommen und alle gedacht haben, dass es sich um genau das handelt, was Platon wollte«.[18] Für Lacan findet sich die Wahrheit im »Timaios«, wo Platon vom versunkenen Atlantis erzählt. Welchen Sinn, fragt er, sollte diese Geschichte besitzen, wenn nicht den, dass der Traum von einer Zeit, wo alles gut war und schön, als ausgeträumt zu gelten hat?

SPHINX OHNE GEHEIMNIS

Anlässlich einer posthum erschienenen Schrift von Strauss charakterisiert der Philosoph Myles Burnyeat ihn 1985 in der New York Review of Books als eine Sphinx ohne Geheimnis.[1] In Burnyeats Augen hat Strauss sein Leben vor allem damit zugebracht, »als einhellige ›Weisheit der Alten‹ anzupreisen, was er selbst für ›die Wahrheit‹ hielt«. Platons ungeschriebene Lehre sei sein ureigenstes Phantasieprodukt, mit dem er sich zu einem Tieferblickenden stilisiert, der höherer Wahrheiten teilhaftig ist als das Heer jener Ahnungslosen, zu dem Generationen von Altphilologen gehören und Scharen von Philosophen, die diesen Titel nicht verdienen.

Burnyeat fragt sich, warum Strauss eigentlich so viele Schüler angezogen hat, mit denen er bis heute politische Wirkung erzielt. Die Antwort liefert ihm ein Strauss-Schüler, den er mit den Worten zitiert: »Er hat unsere Meinungen als bloße Meinungen entlarvt; er brachte uns dazu, zu erkennen, dass wir die Gefangenen unserer Meinungen waren, indem er uns die größeren Horizonte dahinter und jenseits dessen aufgezeigt hat. Denn wir alle glaubten an die seichten Lehren, die von Marx, Freud und anderen herkamen; die Grundlage für unsere Ansichten bot das moderne Denken, zu dessen vornehmlichen Giganten

Hobbes gehörte. Um wirklich zu begreifen, welchen Ansichten wir unterlagen, war es nötig, eine beschwerliche Reise in die Vergangenheit anzutreten, eine Reise, die nicht bei Hobbes enden sollte, schließlich war das moderne Denken, selbst in der Bestform solcher Giganten wie Hobbes, eine Rebellion gegen Männer, die noch viel gigantischer waren – Platon und Aristoteles.«

Vor allem aber habe Strauss seine Schüler aufgefordert, die antiken Denker »so zu verstehen, wie sie sich selbst verstanden haben«. Wer sich des Glücks teilhaftig wähnt, Platon so zu verstehen, wie er sich selbst verstanden hat, kann auf alle zeitgeistig Verblendeten mit Herablassung herabblicken. Allerdings zeugt der Glaube, man könne einen Autor so verstehen, wie er sich selbst verstanden hat, von einer Naivität, die einhergeht mit Größenwahn. Naiv ist dieser Glaube, weil kein Mensch in die Seele von Platon zu blicken vermag; doch selbst wenn er es könnte, bliebe die Frage, ob Platon sich selbst richtig verstanden hat. Immerhin führen seine Dialoge vor, dass es sich mit der Wahrheit reichlich quecksilbrig verhält. Was im Hin und Her zwischen Sokrates und seinen Mitdiskutanten geschieht, spiegelt nicht zuletzt unser Inneres, wo ebenfalls mehrere Stimmen durcheinanderreden. Erst wenn man sich selbst in die Quere kommt, entblättern die Dinge ihre mehrdeutigen und auch schleierhaften Seiten. Wer an eine ungeschriebene Lehre glaubt, muss sich um ein solches Zickzack nicht kümmern.

Der Glaube, man könne Platon verstehen, wie Platon sich selbst verstanden hat, ist auf selbstherrliche Weise einfältig. Strauss' Aversionen gegen die Hermeneutiker rühren nicht zuletzt daher, dass sie hinter dieser Anmaßung eine tyrannische Rechthaberei wittern. Platons Denken besteht nicht aus Merksätzen, die man getrost nach Hause tragen kann, es besteht aus dialogischem Gerangel. Dass Strauss sich am liebsten auf Platons »Staat« und seine »Gesetze« beruft, wundert nicht – es sind die einzigen Dialoge, die über weite Strecken monologisch dahinströmen.

Jenseits der Frage, ob man sich in den Kopf von Platon oder Aristoteles hineinwinden kann, sollte man zuerst einmal lesen, was in ihren Schriften steht, wie Strauss selbst oft genug betont. Bei dieser Lektüre hat er eine entscheidende Stelle in Aristoteles' »Nikomachischer Ethik« offenbar übersehen. Sie lautet: »Manche meinen, ... ein Naturgesetz sei unveränderlich und überall gleich gültig in der Art, wie das Feuer hier nicht anders brennt als in Persien ... Bei den Göttern mag das zutreffen, doch in unserer Welt ... sind alle Gerechtigkeitsregeln dem Wandel unterworfen.«[2]

PHILOSOPHENKÖNIGE UND KNECHTE

»Möglicherweise ist dies das schönste aller Gemeinwesen, das einem bunten, mit allen erdenklichen Farben bestickten Gewand gleicht und wie dieses durch die bunte Verschiedenheit der Einzelnen als das schönste erscheint. Wahrscheinlich würden es tatsächlich viele für das Schönste halten, gleich Knaben und Frauen, wenn sie farbenfrohe Dinge erblicken«, heißt es in Platons »Politeia« über die Demokratie.[1] Sie präsentiert sich als kunterbuntes Fest, bei dem es tagein, tagaus sonntäglich zugeht, voll schönstem Multikulti.

Platons Spott, den er Sokrates in den Mund legt, ist schwer zu überhören. Wer die schwierigen Fragen des Zusammenlebens mit Ästhetik verwechselt, hat nichts begriffen. Farbe ist Fassade, ob das Gebäude hält, eine andere Frage. Was, wenn der Nachbar zu zündeln anfängt? Oder Sparta den Krieg erklärt? Oder wenn der IS die Macht an sich reißt? Was macht dann die pazifistische Hippiegemeinde? Auf welche Feuerwehr wartet sie? Hofft sie plötzlich auf einen starken Staat? Sollen es wieder einmal die andern richten, die Bösen, die Mächtigen, die Schweine? Was nützen dann noch bunte Kleider und eine bunte Gesinnung? Hätten sie lieber mal früher nachgedacht.

Im »Symposion« lässt Platon den Dichter Phaidros sagen: »Orpheus schickten sie unverrichteter Dinge aus dem Hades zurück, er schien ihnen so recht nach Art eines Lyraspielers verweichlicht. Und deshalb bestraften sie ihn und ließen ihn den Tod von Weiberhand erleiden. Wie ganz anders erging es dagegen Achill!«[2] Bei diesen Weibern handelt es sich um die Mänaden, jene Anhängerinnen des Dionysos, die Orpheus durch die Wildnis hetzen und ihn bei lebendigem Leib zerfleischen. So viel Strafe muss sein, wenn ein sentimentaler Lyraspieler sich immer nur nach Harmonie sehnt. Achill dagegen ist ein Mann, der weiß, was kämpfen heißt. Orpheus kommt nicht einmal mit dem Tod seiner Eurydike zurecht und heult gegen Naturgesetze an. Ein Jammerlappen, der nicht weiß, wie man sich zu verhalten hat, einer dieser Typen mit Klampfe in der Hand am Straßenrand, mit einem Hut als Klingelbeutel und »Blowin' in the wind« auf den Lippen.

Das Hauptproblem bilden jedoch nicht die Hippies und Friedensbewegten, es ist das Volk als Ganzes. Lädt man es zum demokratischen Mitreden ein, muss man sich nicht wundern, wenn es sich furchtbar wichtig nimmt und meint, tatsächlich etwas zu sagen zu haben. Warum sollte es nicht mit immer neuen Forderungen auftrumpfen und Volksvertreter einfach abwählen, die maßvoll abwägen? Mob und Meute leben nicht von Vernunft, sie werden von anderen Kräften getrieben. Passt dem Volk die Regierung nicht, ruft es nach dem starken Mann, der alles richten soll. Mit Hilfe von Wahlen kann man die Demokratie auch wieder abschaffen. An Beispielen fehlt es nicht.

Weder muss man Platon heißen noch Leo Strauss, um solche Gefahren für real zu halten. Auch bei Hannah Arendt lesen wir: »Denn es ist durchaus denkbar und liegt sogar im Bereich praktisch politischer Möglichkeiten, daß eines Tages ein bis ins letzte durchorganisiertes … Menschengeschlecht auf höchst demokratische Weise, nämlich durch Majoritätsbeschluss, entscheidet, daß es für die Menschheit im ganzen besser ist, gewisse Teile desselben zu liquidieren.« Und sie fügt hinzu: »Wir begegnen hier auf höchst reale Weise einer der ältesten Aporien der politischen Philosophie, die uns nur so lange verborgen bleiben konnte, als eine unerschütterte christliche Theologie den Rahmen für alle politischen und philosophischen Probleme abgab, die aber bereits

Plato dazu veranlaßte, zu sagen: ›Nicht der Mensch, sondern ein Gott muß das Maß aller Dinge sein.‹«[3]

Auch wenn seit der Neuzeit immer weniger Leute an Gott glauben, bleiben die großen Sinnfragen bestehen. Die Aufklärung hat diesbezüglich wenig zu bieten, die Vernunft erweist sich als magere Sache; sie gibt nicht viel zu beißen. Mythen und Religionen sind dagegen um keine Antworten verlegen. Hannah Arendt erinnert daran, dass Gott nicht durch die Menschenrechte ersetzt worden ist, sondern durch den Nationalismus. Was früher Gott, war plötzlich die Nation, mit aller religiösen Inbrunst und allen mörderischen Konsequenzen. Die Erfahrung, dass Demokratien auf demokratischem Weg ins Diktatorische münden können, hat sowohl Hannah Arendts politisches Denken geprägt wie das von Leo Strauss. Dass Strauss an Löwith schreibt, der Faschismus sei im Grunde das einzig Richtige, mutet bei einem Verfolgten bizarr an, bedeutet in seinem Falle jedoch: Ein Staat muss Prinzipien besitzen, er darf sich nicht schwankenden Mehrheiten ausliefern. Immerhin ist Hitler demokratisch gewählt worden. Vielleicht wäre es aus diesem Grund besser, nie mehr eine Demokratie als Regierungsform zu wählen.

Für Platon steht ohnehin fest, dass an Demokratien so gut wie nichts gut ist. Allerdings steht für ihn ebenso fest, dass nicht alle Menschen gleich sind: Die einen sind geborene Handwerker, die andern geborene Staatslenker. Die Natur hat es so eingerichtet, daran lässt sich nichts ändern, schließlich rennt man auch nicht gegen das Gesetz der Schwerkraft an. Der eine kann Brötchen backen, der andere regieren, Arbeitsteilung hat es seit jeher gegeben, selbst zur Zeit der Jäger und Sammler: Die Starken haben gejagt, die Schwächeren gesammelt. Für Strauss beruht der Unsinn der Neuzeit darauf, dass man solche Wahrheiten nicht mehr wahrhaben will.

Im »Gorgias« fragt Sokrates: Was ist der Unterschied zwischen einem Arzt und einem Koch? Die Antwort: Beide wollen, dass es ihrer Klientel gut geht. Ihr Ziel ist das gleiche, die Mittel jedoch fallen ganz unterschiedlich aus. Der Koch will, dass es dem Gast schmeckt und dass er wiederkommt; ob die Haxen und Knödel ihm guttun, steht auf einem anderen Blatt, das Wichtigste, er fühlt sich wohl im Wirtshaus. Auch der Arzt will, dass es seinem Patienten gut geht, nur kann er ihm keine Genüsse bieten. Der Koch schmeichelt dem Gaumen, der Arzt verordnet Diät. Was angenehmer ist, steht außer Frage, was das Richtigere, ebenso. Sokrates vergleicht den Koch mit einem gewieften Redner, wogegen der Arzt Wahrheiten kundtut, die niemand gern hört. Wer von den beiden gewählt würde, muss man nicht fragen.[4]

Auch Platons »Politeia« setzt nach einem kurzen Vorgeplänkel mit der Frage ein, zu wem man geht, wenn man krank ist. Und auf wen man sich verlässt bei einer Schiffsreise. Im einen Fall ist es der Arzt, im andern der Kapitän. Ist man gesund, braucht man keinen Arzt, befindet man sich nicht auf See, keinen Kapitän. Wie aber, fragt Sokrates, verhält es sich mit dem Problem der Gerechtigkeit? An wen wenden wir uns in diesem Fall? Schließlich muss auch dafür jemand zuständig sein.[5] Oder etwa nicht? Heute würden wir dagegenhalten, dass es dafür schon deshalb keine ausgewiesene Autorität gibt, weil zu viele unterschiedliche Gerechtigkeitsvorstellungen miteinander konkurrieren und ein jeder sich darüber Gedanken macht – mehr oder weniger jedenfalls. Allerdings war das zu Platons Zeiten nicht anders. Nur würde Platon einwenden, dass nicht jeder befugt ist mitzureden, schließlich taugt auch nicht jeder zum Richter oder Staatsmann.

Selbst Richter können ins Stammeln geraten, wenn es nicht ums Recht geht, sondern um Gerechtigkeit. Beides ist nicht dasselbe. Richter haben gelernt, Gesetze anzuwenden, egal ob in einer Diktatur oder in einer Demokratie. Rechtsphilosophen wiederum sind keine Richter, die sich im Paragraphendschungel auskennen. Sie denken in grundlegender Weise über das Wesen der Gerechtigkeit nach. Gesetze können wir für falsch halten, Gerechtigkeit nicht. Nur fragt sich, worin sie besteht? Platon ist überzeugt, dass für höchste Staatsämter ausschließlich taugt, wer sich ein Leben lang Gerechtigkeitsfragen widmet. Mehrheitsentscheidungen können niemals per se richtig sein, sie widerspiegeln die ständig wechselnden Stimmungen, Ansichten und Meinungen.

In seiner »Politeia« entwickelt Platon für potentielle Regentschaftsanwärter einen umfassenden Bildungsplan. Aus dem einfachen Volk können dafür keine Aspiranten kommen, selbst aus der Oberschicht werden bloß die Besten genommen. Nach dem Studium der Dichtung, Musik und elementaren Mathematik müssen sie eine militärische Ausbildung absolvieren, worauf nur mehr eine kleinere Auswahl zum weiteren Studium der höheren Mathematik und Dialektik – was so viel bedeutet wie Philosophie – zugelassen wird. Unter den Fünfzigjährigen werden dann nochmals die Geeignetsten ausgewählt, von denen schließlich einer zum Philosophenkönig gekürt wird.

Was Platon für richtig hält, hält auch Strauss für richtig. Lediglich in einem einzigen Punkt weicht er von ihm ab. Während bei Platon die Philosophen nämlich selbst regieren, behält Strauss ihnen die Funktion von Beratern vor. Nicht sie selbst sitzen auf dem Herrschersessel, vielmehr erklären sie dem Regenten, was das Beste ist. Vermutlich konnte Strauss sich schlecht vorstellen, selbst Präsident der Vereinigten Staaten zu werden, weshalb er seinesgleichen die Rolle von Einflüsterern reservieren wollte. Während der Herrscher von Alltagsgeschäften aufgefressen wird, bleibt dem Philosophen alle Zeit der Welt, übers Gute und Gerechte nachzudenken.

Die Vorstellung, dass Philosophen das Zepter schwingen, sorgt nicht erst heute für Gelächter. Schon in Platons Tagen hält man den Begriff Philosophenkönig für Realsatire. Weil Sokrates sich dessen mehr als bewusst ist, flüstert er seinem Gesprächspartner Glaukon zu: Sobald wir das Wort Philosophenkönig in den Mund nehmen, können wir froh sein, wenn uns nicht bloß Hohngelächter hinwegspült, wahrscheinlicher ist, dass die Leute uns an den Kragen gehen. Wer erträgt es schon, dass man den gesunden Menschenverstand für null und nichtig hält? Trotzdem glaubt Sokrates, dass der ideale Staat nur von Philosophenkönigen regiert werden kann.[6]

Kann man ihm rundum widersprechen? Wer wünschte sich nicht möglichst viel Weisheit, Besonnenheit und Augenmaß, wenn es ums Ganze geht? Absurd ist dieser Vorschlag nicht. Während bei Sokrates allerdings noch eine Spur von Spott aufblitzt, wenn er von Philosophenkönigen spricht, kann Strauss darüber in keiner Weise lachen. Zwar platziert er sie lediglich zur Rechten des Herrschers, was aber nichts daran ändert, dass allein sie die Architekten eines idealen Staates sein können. Sie müssen aus den Köpfen der Polis-Bewohner jeden utopischen Unsinn hinausfegen, wozu nicht nur paradiesische Bilder einer bunten Gesellschaft gehören, sondern auch alle individualistischen Freiheitsidolatrien. Nicht die Phantasie darf an die Macht gelangen, es muss die Philosophie sein, mit aller Rigidität. Je strukturierter eine Gesellschaft, desto besser. Mit auseinanderdriftenden Weltanschauungen, Religionen und Wertvorstellungen lässt sich nichts Konsistentes herstellen.

In den Augen von Platon ist die beste Republik homogen, nicht jedoch universalistisch, behauptet Strauss. Konkret heißt das, dass man dort geboren sein muss, um Freiheiten zu genießen und Rechte.[7] Strauss ist sich bewusst, dass solche Postulate heutzutage auf größere Widerstände stoßen als im alten Athen. Er selbst musste froh sein, dass die USA ihm Exil gewährt haben. Allerdings hält er sich zugute, dass er dem gleichen Kulturkreis angehört hat. Wäre das nicht der Fall gewesen, sähen die Dinge anders aus. Pluralität als solche bildet für Strauss keinerlei Wert, sie bringt Probleme mit sich und verstärkt Konflikte, auf unnötige Weise.

Was Strauss vorschwebt, ist weder eine Monarchie noch eine Diktatur und auch keine Oligarchie, es ist eine Meritokratie, die Züge einer Monarchie trägt. Wie schon Platon geht auch er von einer dreigliedrigen Gesellschaft aus, die sich zusammensetzt aus dem Volk, den Beamten und den Noblen. »In einem wahrhaft gerechten … Staat wird alle Kontrolle … in den Händen der Weisen liegen, und die soziale Hierarchie wird ganz und gar der Hierarchie des Verdienstes gemäß ausfallen, und nur des Verdienstes«, heißt es bei ihm.[8] Heute würde man sagen, Kompetenz ist gefragt, in jeder Hinsicht. Allerdings würde Strauss der Begriff Kompetenz missbehagen, schließlich denkt er in antiken Tugendkategorien, welche da lauten: Standhaftigkeit, Stärke, Tapferkeit, Weisheit. Kompetenz läuft auf Know-how hinaus, Tugend bedeutet Haltung. In einer Gesellschaft, wo es aufs bloße Funktionieren ankommt, regiert allein das Nützliche. Eine Welt, die noch Tugend kennt, kennt Größe. Dort gilt nicht ein buntes Treiben als das Höchste, dort weiß man, was den Ernst des Lebens ausmacht. »Das Erhabene ist der offenen Gesellschaft unbekannt«, erklärt Strauss. »Die Gesellschaften des Westens, die vorgeben, die offene Gesellschaft anzustreben, sind in Wirklichkeit geschlossene Gesellschaften im Zustand des Zerfalls.... Die offene Gesellschaft ist der geschlossenen Gesellschaft moralisch unterlegen.«[9]

Während Sokrates sich noch Sorgen macht, wie die Leute reagieren, wenn man ihnen mit Philosophenkönigen kommt, steht für Strauss fest, dass Volkes Meinung nicht die geringste Rolle zu spielen hat, schließlich wählen sich die Kälber auch nicht ihre Bauern aus. Soll Dummheit bestimmen, was Weisheit ist? Während die Meinungen der Vielen sich mit dem Wind drehen, besitzen Philosophen eine Weisheit, die vor nichts erzittert. »Es ist äußerst unwahrscheinlich«, paraphrasiert Strauss Platon, »dass die Narren die Weisen bitten, über sie zu herrschen, weshalb die Weisen nur als Weise herrschen können, wenn sie die absolute Macht besitzen und den Narren keinerlei Rechenschaft schuldig sind.«[10] Während der Weise allein seiner Weisheit wegen kein Tyrann sein kann, neigt das Volk sehr wohl zur Tyrannei. Der Weise weiß, was das Gute ist, das Volk lässt sich von Stimmungen treiben. Obwohl Rousseau mitnichten zu Strauss' Stichwortgebern gehört, würde er folgende Feststellung aus seinem »Contrat social« voll und ganz unterschreiben: »Wie soll eine verblendete Menge, die oft nicht weiß, was sie will, weil sie nur selten weiß, was ihr zum Guten gereicht, aus sich selbst heraus ein so großes, so schwieriges Unterfangen bewältigen, nämlich ein System der Gesetzgebung schaffen?«[11]

Auch für Alexandre Kojève bildet Platon den Ausgangspunkt unseres abendländischen Denkens, doch aus anderen Gründen. Beide sind überzeugt, dass die Philosophie sich nicht in reinem Denken erschöpft, sondern ihre Ideen verwirklicht wissen will. Strauss schwebt allerdings ganz anderes vor als Kojève. An ihrer Unterschiedlichkeit lassen sich zwei diametral auseinanderdriftende Linien festmachen: Die eine führt von Platon über Hegel zu Marx, Kojève und Habermas, die andere von Platon direkt zu Strauss und seinen Schülern. Nicht nur gibt es Rechtshegelianer und Linkshegelianer, es gibt auch Rechtsplatoniker und Linksplatoniker. Für die einen hat Platon ein für alle Mal festgelegt, was uns Menschen gemäß ist, für die andern führt er mit seinen Dialogen beispielhaft vor, dass es zu jeder Position eine Gegenposition gibt und alles sich im Fluss befindet. Die einen glauben an eine feststehende Natur und halten alles davon Abweichende für pervers, die andern halten den Menschen für ein kulturell geprägtes Wesen, das sein Denken, Fühlen und Verhalten an zeitbedingten Vorgaben ausrichtet. Der Mensch, formuliert Kojève, sei gerade dadurch geschichtlich, »daß er sich seiner überwundenen Vergangenheit *erinnert*«.[12] Er bleibt nicht in ihr stecken, sondern entwickelt sich fort, und sei es durch seine wissenschaftlichen Forschungen und technischen Erfindungen, die ihm ein anderes Leben ermöglichen als früheren Generationen.

Wenn Kojève behauptet: »Auf den ersten Blick ist Hegels Haltung nichts weiter als eine Rückkehr zu Plato«, heißt das, dass die Philosophie sich bei beiden in dialogisch-dialektischen Konfrontationen entfaltet.[13] Während Strauss bei Platon einen zeitlos gültigen Katechismus ausfindig zu machen glaubt, inszeniert Platon in den Augen von Kojève geistige Duelle, bei denen es nicht nur um Geistiges geht, sondern um handfeste Interessenskonflikte und soziale Kämpfe – selbst wenn davon nicht ausdrücklich die Rede ist. Für Strauss hat Platon ewige Wahrheiten formuliert, für Kojève setzt mit ihm ein vielstimmiges Denken ein, das permanent in Bewegung bleibt. Der entscheidende Unterschied zwischen Platon und Hegel besteht darin, dass der eine noch in ontologischen Kategorien denkt, während der andere alles geschichtlich verflüssigt. Platon argumentiert essentialistisch, Hegel historisch. Platon hält das philosophische Dialogisieren für die Sache einer Elite, Hegel glaubt an den »Fortschritt im Bewusstsein der Freiheit«.[14] Dass dieser Fortschritt nichts Abstraktes ist, zeigt sich darin, dass immer mehr Menschen an einem globalen Dialog teilhaben, in dem sie ihre Ideen und

Interessen zum Ausdruck bringen. Schließlich steckt in jedem ein Sokrates und nicht minder sein Widerpart, in vielstimmiger Weise. Dieser Dialog findet nicht mehr nur zwischen Wenigen statt und auch nicht nur in unserem Innern, er treibt den geschichtlichen Gang der Dinge voran – durch steten Widerspruch, theoretisch wie praktisch.

Bei intellektuellen Kontroversen geht es keineswegs nur um Begriffsscharmützel, es geht um Lebensverhältnisse, die mit Konflikten beladen sind. Mit marxistischem Anklang erklärt Kojève, dass »die dialektische Bewegung der Philosophiegeschichte … nur ein Reflex oder ein ›Überbau‹ der dialektischen Bewegung der *wirklichen* Geschichte« ist.[15] In Platon spiegelt sich die attische Gesellschaft, in der eine kleine Schicht alle Zeit zum Diskutieren hat, während die Mehrheit arbeiten muss. Auch heute verhält sich das noch vielfach so, für Platon indes handelt es sich um ein Naturgesetz – für Hegel dagegen nicht. Schließlich diskutiert eines Tages auch der Sklave mit, wodurch sich so manches zu ändern beginnt. Zwischen Herr und Knecht entwickelt sich eine Dynamik, die Hegel allerorten am Werk sieht und die darin besteht, dass der Knecht sich bildet, wogegen der Herr in Trägheit versackt. Der eine gewinnt immer mehr Kenntnisse, der andre lässt sich bloß bedienen. Dadurch wenden sich die Dinge, von Grund auf.

Während Platon und Strauss mit ihren »noblen Lügen« Hierarchien festschreiben, stellt Kojève fest: »Hegel braucht keinen Gott, der ihm die Wahrheit ›offenbart‹, … die einzigen ›Wahrheitskriterien‹ sind Kampf und Arbeit.«[16] Das Tun des Einen bedingt das Tun des Andern, nichts geschieht ohne Widerpart. Das Gegensätzliche gehört zusammen, es ist aneinandergekettet. Der Dogmatismus treibt aus sich den Skeptizismus hervor, der platonische Ideenhimmel die aristotelische Zuwendung zum Konkreten, die scholastischen Begriffsgewölbe den weltverhafteten Empirismus, die Theologie den Atheismus, der Realismus den Nominalismus, die aufklärerische Vernunftverherrlichung den romantischen Gefühlskult, der Objektivismus den Subjektivismus, die Systembauten den Fragmentarismus, der Idealismus den Materialismus und so weiter und so fort. Die absolute Wahrheit besteht für Hegel aus nichts anderem als darin, dass es keine absolute Wahrheit gibt. Sie offenbart sich im In- und Gegeneinander all dieser Auseinandersetzungen. Was wir Wahrheit nennen, lässt sich nicht handlich zusammenfassen, sie besteht aus einem ständigen Hin und Her.

Dass es dabei nicht immer friedlich zugeht, versteht sich von selbst, schließlich kreisen alle diese Auseinandersetzungen um die Frage, was es mit der Welt und mit uns selbst auf sich hat. Nie handelt es sich nur um rein geistige Dinge. Allein die Frage, ob jemand an Gott glaubt, verharrt selten im bloß Theoretischen. Im Mittelalter hat sie einen regelrechten Verfolgungsfuror hervorgebracht, und bis heute werden im Namen der Religion bestialische Schlachten geschlagen. Auch in modernen Diktaturen muss man die Parteilinie nachbeten, unter Androhung von Strafe und Vernichtung, falls man sich weigert. Der Konflikt zwischen Herr und Knecht spielt sich überall ab, heute mehr denn je: zwischen Süd und Nord, zwischen den jahrhundertelang Kolonisierten und den Nachfahren der Kolonisatoren, zwischen Traditionalisten und Veränderungswilligen und nicht minder zwischen den Geschlechtern.

Zum Dialog gehört auch die Verhinderung des Dialogs oder dessen Verweigerung. Ebenso gehört dazu, dass nicht alle zu ihm zugelassen oder eingeladen sind. Zum Dialog gehört der Kampf um Leben und Tod, wie es bei Hegel heißt. Auf diesen Punkt weist Kojève in seinen berühmt gewordenen Pariser Vorlesungen wie kein anderer Hegel-Interpret vor ihm hin. Nie haben wir es mit einem reinen Ideenhimmel zu tun, schließlich will der Herr Herr bleiben, der Knecht aber nicht Knecht. Der eine strebt nach Veränderung, der andere nicht. Der Herr will die Früchte genießen, die der Knecht pflanzt und erntet. Der Knecht fragt sich, warum das so ist. Er fängt an nachzudenken und arbeitet sich in allerlei Dinge ein, der Herr dagegen macht es sich im Erreichten gemütlich. Es kommt Bewegung in die Sache.

Kojève zitiert Hegels Satz »Arbeit ist gehemmte Begierde«. Für den Knecht bedeutet das, »dass er sich bildet, sich kultiviert und sublimiert«.[17] In diesem Sinne erklärt Kojève »die arbeitsame Knechtschaft« zur »Quelle allen … Fortschritts«, während »die untätige Herrschaft eine Sackgasse ist«.[18] Hat der Knecht sich frei gemacht, heißt das allerdings nicht, dass er friedlich vor sich hin lebt, vielmehr macht er selbst wieder jemanden zum Knecht und so weiter und so fort. Dieses Spiel hat in der bisherigen Geschichte noch kein Ende gefunden, auch wenn die Kostüme wechseln und man inzwischen nicht mehr von Knechten redet. Grund zu der Hoffnung auf eine Zukunft, in der dieses Spiel seine Härten verliert oder gar ganz aufhört, besteht allein darin, dass wir es immer klarer durchschauen und der Herr merkt, wie wenig ihm sein Herrsein guttut und wohin es führt. Dass manche Herrschaften sich dennoch sehr lange halten, diese Wahrheit gehört freilich auch zur Geschichte.

In den Augen von Strauss hat das Hegel'sche Dialektisieren jeden philosophischen Kern eingebüßt. Echtes Denken hat für ihn nichts mit Herr-Knecht-Verhältnissen zu tun, es bewegt sich im Zeitlosen und ist auf ewige Wahrheiten aus. Das Grundfalsche an der heutigen Philosophie besteht für ihn darin, dass sie alles vergeschichtlicht und auf Gesellschaftliches zurückführt. Bei Hegel nimmt dieser »radikale Historismus« – wie Strauss ihn nennt – eine ganz besonders perfide Gestalt an, denn er spricht nach wie vor in klassischer Manier vom Absoluten, lässt dieses Absolute aber in historischen Kämpfen verdampfen.[19] Zwar lässt sich Hegel kein schlichter Subjektivismus andichten und auch kein billiger Relativismus, indem er jedoch den Hauptschauplatz auf unsere sozialen Verwicklungen verlagert, verwässert er die Philosophie mit Alltagsproblemen.

Strauss wirft Kojève vor, nicht verstanden zu haben, was Sokrates zum Philosophieren gedrängt hat, nämlich einzig die Liebe zur Weisheit. In seiner Antwort auf Kojèves Artikel »Tyrannei und Weisheit« erklärt Strauss: »Wie hätte ein Freund von Sokrates die Rolle der Liebe (φιλία) im Leben des Philosophen missverstehen können? … Die bestimmende Leidenschaft des Philosophen ist das Verlangen nach Wahrheit, d.h. nach der Erkenntnis der ewigen Ordnung beziehungsweise der Ursache oder den Ursachen des Ganzen. Indem er seinen Blick auf die Suche nach der ewigen Ordnung richtet, offenbaren sich ihm in vollkommener Klarheit alle menschlichen Dinge und alles, was mit der Menschheit zu tun hat, als unbedeutend und vergänglich, und niemand kann in dem, was unbedeutend und vergänglich ist, dauerhaftes Glück finden. … Weil der Philosoph ein Mensch mit viel weiterem Blick ist, ist er der einzige Mensch, den man wahrhaft als Besitzer von μεγαλοπρέπεια charakterisieren kann (was im Allgemeinen mit ›Großartigkeit‹ übersetzt wird).«[20]

Wohin ein solches Philosophieren führt, erläutert Strauss mit den Worten: »Wenn der Philosoph, wie es ihm gebührt, die ewige Ordnung geschaut hat, … richtet er sein besonderes Augenmerk auf den Unterschied, der zwischen den menschlichen Seelen besteht. Denn zum einen weiß allein er, was eine gesunde und wohlgeordnete Seele ist. Zum andern wird er gerade deshalb, weil er die ewige Ordnung geschaut hat, intensive Freude beim Anblick einer gesunden und wohlgeordneten Seele empfinden, und ebenso wird er intensive Trauer empfinden beim Anblick einer kranken und chaotischen Seele.«[21] Wer in solchen Sphären schwebt, bedarf keiner Anerkennung durch menschliche Würstchen; er ist des Ewigen teilhaftig und blickt wie ein Gott aufs irdische Treiben.

Für Kojève gehört zum »Fortschritt im Bewusstsein der Freiheit«, dass man nicht allein die Welt verändert, sondern auch sich selbst. Konkret heißt das, dass man sich nicht ein Leben lang an einem einzigen Gedankensystem festkrallt, wie beispielsweise an einer Platon-Deutung, die man für zeitlos gültig hält. Kojève erklärt: »Ein Heide, dessen ›natürlicher Ort‹ die Hölle ist, kann sich zum Christentum bekehren und so den Himmel gewinnen.«[22] Aus einem Gläubigen kann ein Atheist werden und umgekehrt; bei manchen geschieht das mehrfach hintereinander, am Ende sind sie Agnostiker, was aber nicht bedeuten muss, dass es dabei bleibt; kurz vor dem Tod besinnt sich so mancher nochmals auf Gott, allein der Sicherheit halber – wie etwa Lenin. Selbst ein rigider Platoniker könnte noch zu Hegel wechseln oder zu ganz anderem; er könnte sogar die Philosophie aufgeben, um am Aufbau der Vereinten Nationen mitzuwirken.

Nicht nur Strauss schärft seine eigenen Positionen in der Auseinandersetzung mit philosophischen Gegnern, auch Kojève sucht mit Vorliebe den Widerspruch. Jacob Taubes berichtet: »Alexandre Kojève war 1967 in Berlin im Hotel Berliner Hof am Diana-See umringt von den studentischen Häuptern der ›Rebellion‹, also Dutschke & Co., denen er u.a. sagte, das Wichtigste, was jetzt für sie, die Studentenführer, zu tun sei, wäre ... Griechisch zu lernen. Die Häupter des SDS standen verdutzt da. Alles, nur nicht ein solches Ansinnen hatten sie sich erwartet. Kojève ... fuhr bald von Berlin weg. Ich fragte ihn, wohin von Berlin aus die Reise nun gehe (er war zu uns direkt aus Peking gekommen)? Seine Antwort war: nach Plettenberg. Ich schaute verwundert drein, obwohl ich von Kojève einiges an Überraschungen gewohnt war. Kojève fuhr fort: wohin denn soll man in Deutschland fahren? Carl Schmitt ist doch der einzige, mit dem zu reden sich lohnt.«[23] Denken heißt sich bewegen, wofür Extreme sich am besten eignen, allein der Klarheit wegen.

Im Übrigen stellt Kojève in seiner Auseinandersetzung mit Strauss fest, dass Philosophen sich schon deshalb gern mit Tyrannen verbünden, weil sie nur so die Möglichkeit sehen, dass ihre Ideen verwirklicht werden, und zwar nicht in einer fernen Zukunft, sondern von heute auf morgen. Tyrannen diskutieren nicht, sie tun, was sie wollen, von jetzt auf gleich. Darin besteht ihr Faszinosum. In Demokratien dagegen wird ewig diskutiert, am Ende muss man sich mit Kompromissen abgeben, die etwas Fades besitzen. Warum sonst hatten sich so viele Intellektuelle kommunistischen Regimen angeschmiegt? Warum sonst Heidegger sich in seiner »Rektoratsrede« Hitler als geistigen Führer angedient? Warum sonst Platon beim Tyrannen von Syrakus angeklopft, der seinen »Staat« verwirklichen sollte? Die Zeit eines jeden ist begrenzt, auch der Philosoph kämpft mit seiner Endlichkeit, will sich aber nicht mit Theoretisieren begnügen. Also rennt er zum starken Mann, in der Hoffnung, dass der starke Mann nichts Besseres zu tun hat, als ihm zu Willen zu sein.[24]

Dass Nietzsche das Christentum nicht sonderlich schätzt, ist bekannt. Es hat den griechischen Kosmos zerstört, was Grund genug ist, es zum Teufel zu wünschen. Mit dem Christentum kehrt die Zerrissenheit ein zwischen Seele und Leib, Diesseits und Jenseits, Sollen und Sein. Die Erde anerkennt der Christ nicht als den wahren Ort, das wirkliche Leben beginnt erst drüben, nach dem Tod. Er träumt von einer schöneren Welt, die keine Probleme mehr kennt, hier unten aber nicht zu haben ist. Zerrissenheit ist ein anderes Wort für Sünde. Warum sollte man sich für eine Religion begeistern, die das Irdische schlechtmacht?

Auch in den Augen von Strauss kommen mit dem Christentum heikle Überzeugungen auf. Anders als Nietzsche donnert er nicht los gegen die christliche Gleichmacherei, seine Kritik zielt in eine andere Richtung, ohne weniger radikal zu sein. Während wir es gewohnt sind, mit der allergrößten Selbstverständlichkeit von unserer jüdisch-christlichen Tradition zu sprechen, macht Strauss einen harten Schnitt zwischen Judentum und Christentum. Der Islam steht in seinen Augen dem Judentum weitaus näher. Beide stellen das Gesetz über alles, beiden sind solche Jesus-Sätze vollkommen fremd, die da lauten: »Mein Reich ist nicht von dieser Welt« – »Gebt dem Kaiser, was des Kaisers, und Gott, was Gottes« – »Der Sabbat ist für den Menschen da, nicht der Mensch für den Sabbat«. Weder das Judentum noch der Islam trennen das Weltliche vom Religiösen und das Theologische vom Politischen. Zwar war auch der Katholizismus bis zur napoleonischen Zwangssäkularisierung ganz und gar mit weltlichen Mächten verbandelt, doch es ließ sich dafür keinerlei Rechtfertigung in den Evangelien finden.

Carl Schmitt bewundert am mittelalterlichen Katholizismus seinen theologischen Absolutheitsanspruch, der auch für alles Irdische gilt. Ohne die Instanz eines allmächtigen Souveräns kann es in Schmitts Augen keine Ordnung geben auf der Welt. Der Protestantismus hat den hierarchischen Kosmos des Mittelalters zerstört und damit zur neuzeitlichen Zersplitterung allen Denkens und Seins geführt. Dass sich inzwischen sogar der Vatikan mit der Moderne versöhnt hat, beweist Schmitt, wie radikal der relativistische Liberalismus sich in alles hineinfräst. Mit ihrem Unfehlbarkeitsdogma versucht die katholische Kirche bis heute, dem Papst eine letztinstanzliche Autorität zuzuweisen. Zur Ironie der Geschichte gehört, dass dieses Dogma erst seit 1870 existiert. Man hat es aus dem Hut gezaubert, als der Vatikan seine letzten absolutistischen Felle davonschwimmen sah.

Auch für Rousseau stellt der christliche Glaube einen Widerspruch zur modernen Staatsidee dar. Im Schlusskapitel seines »Contrat social« wirft er die Frage auf, ob sich mit Christen tatsächlich ein Staat machen lässt. Seine Antwort lautet eindeutig nein. Rousseau schreibt: »Die Trennung des theologischen Systems vom politischen bewirkte, dass der Staat nicht mehr aus einem Guss war und innere Spannungen aufkamen, die bis heute die christlichen Völker aufwühlen. Da die neue Vorstellung von einem jenseitigen Reich nie in die Köpfe der Heiden eindringen wollte, betrachteten sie die Christen immer als richtige Rebellen, die sich nur zum Schein unterwarfen, in Wirklichkeit aber bloß den Moment abwarteten, wo sie sich unabhängig machen und zu Herren aufschwingen konnten, um jene Autorität, der sie sich in ihrer Schwäche zu fügen schienen, für sich allein zu beanspruchen. All das führte schließlich zu ihrer Verfolgung.«[1]

Solange Christen keine Macht besitzen, geben sie sich einem Doppelspiel hin, das zwei unterschiedliche Wahrheiten kennt: eine absolute und eine pragmatische, eine nach außen gewandte und eine nach innen gerichtete. Welche ihnen mehr wert ist, steht außer Frage. Schon die Römer misstrauen ihnen, als sie versichern, dem Kaiser treu zu sein. Was dabei herauskommt, zeigt die Geschichte: Mit der Anerkennung des Christentums durch Konstantin beginnt das Römische Reich unterzugehen. Auch für Carl Schmitt steht fest, dass die immer stärker werdenden christlichen Gemeinden die Axt ans Imperium Romanum gelegt haben: »In der Heimlichkeit der Katakomben ist die res publica vernichtet worden«, bemerkt er in seinen Tagebüchern, mit dem

Zusatz: »Die Unterhöhlung und Unterminierung eines Staates … ist das Werk dieser Religion; Innerlichkeit und Heimlichkeit als Feinde des Staates.«[2] Dass Schmitt in höchsten Tönen vom mittelalterlichen Katholizismus spricht, steht dem nicht entgegen, schließlich gilt seine Schwärmerei nicht der Religion, sondern den kirchlichen Machtstrukturen.

Für Rousseau steht fest, dass das Christentum eine Zerrissenheit kultiviert, die Schaden anrichtet. »Alles, was die soziale Einheit zerbricht, taugt nichts. Alle Institutionen, die im Menschen zu inneren Widersprüchen führen, taugen nichts«, erklärt er.[3] Da das Christentum einen Keil treibt zwischen die weltliche Sphäre und die göttliche, hat es im Staat nicht nur nichts zu suchen, man muss es bekämpfen, jedenfalls wo der christliche Glaube zu Loyalitätskonflikten führt. Weil der Christ seinen Gott für höher erachtet als den Staat, besitzen weltliche Gesetze für ihn lediglich relative Bedeutung. Selbst wenn er sich an sie hält, unterwirft er sich ihnen nur halb; in seinem Innern trägt er ganz andere Überzeugungen mit sich. Das Christentum macht aus Staatsbürgern unzuverlässige Kantonisten, der Staat ist für sie vor allem dazu da, das öffentliche Leben zu regeln, Infrastruktur bereitzustellen, Konflikte einzudämmen – mehr können sie an ihm nicht finden. Die Idee einer »Christlichen Republik« bildet für Rousseau einen Widerspruch in sich: »Der eine Begriff schließt den anderen aus.«[4] Einer der letzten Sätze des »Contrat social« lautet: »Wer zu sagen wagt: *Außerhalb der Kirche gibt es kein Heil*, muss aus dem Staat verjagt werden.«[5]

Da aber allein ein gemeinsamer Glaube Zusammengehörigkeitsgefühle aufkommen lässt, bedarf auch Rousseaus bürgerlicher Staat einer Religion. Allerdings darf sie weder auf heiligen Schriften basieren noch auf theologischen Dogmen; man muss sie neu stiften, in weltlicher Weise. Für Rousseau kann es sich nur um eine Religion handeln, die den Staat als höchstes Gut feiert, vorausgesetzt, dieser Staat besteht aus Citoyens. Rousseau ersetzt die herkömmliche Religion durch eine Zivilreligion, wie sie Robespierre mit seinem Kult des höchsten Wesens zu verwirklichen sucht.

Für Juden und Moslems gilt dagegen mitnichten der Satz: »Gebt dem Kaiser, was des Kaisers, und Gott, was Gottes.« Solche Jesus-Worte markieren den Unterschied zwischen dem Christentum auf der einen und dem Judentum und Islam auf der anderen Seite: hier Glaubensreligion, dort Gesetzesreligion. Wenn Rousseau bemerkt: »Man wusste nie so richtig, ob man dem Herrscher dienen soll oder dem Priester«, bringt er auf den Punkt, was auch Strauss am Christentum aufstößt.[6] Anders als für Rousseau leben für ihn in den Idealen der Französischen Revolution jedoch christliche Postulate fort: Gleichheit, Freiheit, Brüderlichkeit. In ihrem Namen hat das Christentum die Antike überwunden – worin Strauss nichts Gutes erkennen kann. Wohin diese Postulate führen, sieht man an der utopischen Überspanntheit der Neuzeit. Sie untergraben jede natürliche Hierarchie und jede darauf bauende Ordnung.

Anders als Christen können Juden und Moslems sich nicht von irdischen Belangen zurückziehen, in der Überzeugung, dass die Wahrheit im Jenseits liegt. Ihnen ist aufgegeben, die göttlichen Gebote auf Erden zu verwirklichen, in Form politischer Institutionen und juristischer Regelwerke. Während Judentum und Islam als Gesetzesreligionen gelten, läuft die christliche Rede vom »lebendigen Wort« auf die Kritik am »toten Buchstaben des Gesetzes« hinaus. Das Gesetz tendiert zum Rigiden, die frei fliegende Taube des Heiligen Geistes lässt sich nicht in Gesetzesbücher einsperren. Gesetze gelten für den Staat, der Glaube kennt nur Liebe und Hoffnung. Ein orthodoxer Jude, der den Sabbat einhält und die koscheren Vorschriften befolgt, trennt nicht zwischen Religion und Gesetz, so wenig wie ein Moslem, der im Kalifat die göttliche Ordnung erkennt. Beide können den Staat nicht einfach Staat sein lassen und sich sagen: Es genügt, wenn ich die religiösen Gebote im Privaten befolge. Wozu sonst sollte die Religion gut sein, wenn nicht dafür, das gesamte Leben nach Gottes Geboten auszurichten, in jeder Hinsicht?

Auch Leo Strauss runzelt die Stirn, wenn er das Verhältnis zwischen Christentum und Staat in den Blick rückt. Sofern sich für den Christen hinter dem Auge des Gesetzes lediglich ein Polizist verbirgt und nichts

Allmächtiges, kann es nicht weit her sein mit seiner Demut vor der staatlichen Ordnung. Wo Bestrafung zum bloßen Verwaltungsakt gerät, steckt keine umfassende Idee von Gerechtigkeit dahinter. Man hat es mit einem bloßen Regelwerk zu tun, das ein möglichst reibungsloses Zusammenleben garantieren soll, ohne jeden höheren Sinn. Innerlich können Christen die Gesetze kaltlassen, allenfalls fürchten sie sich vor Geld- und Gefängnisstrafen. Wo keine göttliche Macht im Spiel ist, relativiert sich alles.

Wie Rousseau moniert auch Strauss am Christentum, dass es das Gewissen des Einzelnen über den Staat stellt. Womit der Staat entthront ist. In seiner Schrift »Einige Bemerkungen zur politischen Wissenschaft von Maimonides und Farabi« erklärt Strauss: »Es existiert eine grundlegende Übereinstimmung zwischen jüdischem und muslimischem Denken auf der einen Seite und dem antiken auf der andern: Nicht das Alte Testament und der Koran haben zum Bruch mit dem antiken Denken geführt, es waren das Neue Testament und vor allem die Reformation und die moderne Philosophie. Der Leitgedanke, den Griechen und Juden teilen, beruht nämlich auf der Idee eines göttlichen Gesetzes als dem einzigen und totalen Gesetz, denn es tritt gleichzeitig als religiöses Gesetz, als bürgerliches Gesetz und als moralisches Gesetz auf. Tatsächlich bildet die griechische philosophische Lehre von der Göttlichkeit des Gesetzes die Grundlage der jüdischen wie der muslimischen Philosophie, der Thora wie der Scharia; laut Avicenna handelt es sich bei Platons Gesetzen um das klassische Werk über das Prophetentum und die Scharia. Der Prophet nimmt in der mittelalterlichen Politik denselben Platz ein, den die Philosophenkönige im platonischen Staat einnehmen.«[7] Woraus für Strauss folgt: »Gemäß den Grundsätzen des biblischen Glaubens ist der Gottesstaat die schlechthin beste Herrschaftsform.«[8]

Spricht Strauss vom biblischen Glauben, so bezieht er sich damit allein auf das Alte Testament, nicht auf das Neue. Stein des Anstoßes bleibt die von Jesus geübte Kritik am pharisäischen Beharren auf dem Gesetz. In den Augen von Strauss hat der Mensch durchaus für den

Sabbat da zu sein und nicht der Sabbat für den Menschen. Schließlich besteht das Übel der Neuzeit ja gerade darin, dass der Mensch sich selbst und seine Bedürfnisse wichtiger nimmt als jede höhere Ordnung. Wer den Sabbat nicht heiligt, rüttelt an den Grundfesten. Sobald man dem Einzelnen die Wahl lässt, was für ihn persönlich das Höchste ist, zerfällt alles. Wohin das führt, sieht man an Max Stirner, der im Namen eines absolutistisch auftrumpfenden Ichs den Staat bis aufs Messer bekämpft, so wie Bakunin, der offen Anarchie predigt.

Allerdings verdankt auch Kojèves Vision einer Weltregierung sich letztlich christlichen Friedensillusionen. Kojève arbeitet an der Abschaffung der Nationalstaaten, er glaubt an ein globales Ganzes, das auf Diskussion und Konsens beruht. Den Samen dazu hat das Christentum gesät. Im neuzeitlichen Humanismus, Sozialismus und Kommunismus leben seine Ideen fort, wenngleich in nachreligiöser Form. Mit dem Christentum gewinnt eine Menschheitsidee an Macht, deren Zerstörungswerk darin besteht, dass sie auf die Gleichheit aller Menschen pocht und das Seelenheil des Einzelnen für wichtiger hält als jede eherne Ordnung.

Muss man sich wundern, wenn solche neuzeitlichen Metamorphosen christlicher Ideale dazu führen, dass man in Gott bloß noch menschliche Projektionen erkennt und in der Religion lediglich unsere Wünsche und Vollkommenheitsphantasien am Werk sieht? Wenn am Ende jede Art von Ordnung als Konstrukt entlarvt wird? Wenn der Mensch hinter allem nur mehr sich selbst erblickt und seine selbst gestrickten Weltbilder, die er wechselt wie Kleider?

Zwar ist Karl Löwith sich einig mit Strauss, dass die Moderne den Glauben an eine kosmische Ordnung verloren hat und der Mensch nur noch um sich selbst kreist. Kehrten wir jedoch zu platonischen Ordnungsvorstellungen zurück, hieße das für ihn, dass wir uns nicht allein unserer neuzeitlichen Freiheiten berauben, sondern auch christlichen Idealen entsagen. In Löwiths 1941 erschienenem Werk »Von Hegel zu Nietzsche« heißt es: »Der antike Staat hat zwar gegenüber der modernen Gesellschaft den Vorzug der substantiellen Allgemeinheit, aber er ist ein ›nur‹ substantieller Staat, in dem die einzelne Person noch nicht ›losgebunden‹ und ›freigelassen‹ oder emanzipiert ist. Die Idee des platonischen Staats enthält das Unrecht gegen die Person, der sie keinerlei Freiheit lässt, weil Plato zur Aufrechterhaltung der alten Sitten jede private Besonderheit aus dem Staate ausschließt. Das neue Prinzip … ist christlichen Ursprungs. Es ist das Prinzip der ›unendlich freien Persönlichkeit‹ eines jeden Menschen als solchen, welches erst das Christentum zur weltgeschichtlichen Geltung brachte … Auf diesem christlichen Prinzip beruht nach Hegel auch die ›unwiderstehliche Stärke‹ der Freiheitsidee der Französischen Revolution.«[9]

Für Strauss wiegt diese Freiheit die Nachteile der Neuzeit in keiner Weise auf, ganz im Gegenteil bildet sie die Ursache allen Übels. Der basale Irrtum der modernen Staatsidee offenbart sich für ihn in dem Glauben, der Mensch könne ohne jede Berufung auf eine gottgewollte Ordnung ein Gemeinwesen errichten. Den Einwand, dass die letzten Jahrhunderte den Gegenbeweis erbringen, lässt Strauss nicht gelten. Denn selbst wenn Demokratien sich lange am Leben halten, sind sie nicht gutzuheißen. Ihr Grundfehler liegt in Hobbes' Überzeugung, man könne einen losen Menschenhaufen ohne platonische Prinzipien und ohne eine religiös fundierte Gesetzgebung auf Dauer zusammenschmieden. Auf den ersten Blick mag es paradox erscheinen, dass Hobbes die Religion ausgerechnet im Namen des Christentums zurückdrängt; auf den zweiten erweist es sich als ganz und gar folgerichtig. Denn es bedeutet, dass der Staat für die äußerlichen Angelegenheiten zuständig ist und die Religion für die innerlichen. Wer woran glaubt, kann dem Gesetzgeber egal sein, solange niemand versucht, eine Theokratie zu errichten – wie man es von den Mullahs kennt oder vom IS.

Dass es auch auf christlicher Seite Bestrebungen gibt, den Staat nach religiösen Prinzipien zu modellieren, wissen wir nicht nur aus der Geschichte, es lässt sich bis heute beobachten, wie etwa in Ungarn und Polen, wo Traditionalisten im Namen christlicher Werte eine »illiberale Demokratie« errichten wollen. Hobbes warnt in seinem »Leviathan« vor Postulaten, die im Namen Gottes formuliert werden, tatsächlich aber von niemand anderem stammen als uns selbst. Er schreibt: »Die Schwierigkeit besteht darin, dass Menschen, denen im Namen Gottes etwas befohlen wird, in vielen Fällen nicht wissen, ob der Befehl von Gott kommt, oder ob der, der befiehlt, den Namen Gottes für eigene Zwecke missbraucht.«[10] Für Hobbes schließt das in keiner Weise aus, dass wir uns von christlichen Grundsätzen leiten lassen, nur darf das nicht bedeuten, dass wir andern religiöse Vorschriften machen und das eigene Weltbild mit den Gedanken Gottes verwechseln.

Man könnte sogar sagen, im neuzeitlichen Liberalismus komme das Christentum zu sich selbst, und zwar dadurch, dass es Staatsangelegenheiten und Glaubenswahrheiten trennt: hier Gott, dort Kaiser. Leo Strauss vermag darin nicht Gutes zu erkennen. Für ihn verschwimmt seither alles in einem Relativismus, für den nicht zuletzt Hobbes verantwortlich ist. Indem er die Prinzipien Platons als metaphysisches Konstrukt abtut und die Religion ins Private verbannt, hat er nichts mehr in der Hand. Was bleibt, sind nur noch menschliche Willensbekundungen, die tausendfältig auseinanderdriften.[11]

ORDNUNG ODER FORTSCHRITT

Der Philosoph Hermann Cohen ist seit über zehn Jahren tot, als Strauss 1930 seine erste Spinoza-Schrift veröffentlicht. Er geht dort mehrfach ein auf Cohens 1915 erschienene Abhandlung »Spinoza über Staat und Religion, Judentum und Christentum«.[1] Cohen behauptet, Spinozas Bibelkritik zeuge von Hass gegen das Judentum. Dass die Amsterdamer jüdische Gemeinde ihn exkommuniziert hat, hält er für vollkommen konsequent, schließlich habe Spinoza sich mit seinem »Theologisch-politischen Traktat« von selbst aus dem Judentum hinauskatapultiert. Zwar anerkennt Cohen diesen Traktat als »Grundschrift des politisch-religiösen Liberalismus«, dennoch wirft er Spinoza vor, ganz unnötig vom hohen philosophischen Ross auf die Religion herabzublicken. Wer meint, den Liberalismus mit einem militanten Atheismus erkaufen zu müssen, kann in Cohens Augen nicht nur kein richtiger Demokrat sein, er fügt der Demokratie sogar Schaden zu.

Der im 18. Jahrhundert einsetzenden Spinoza-Schwärmerei vermag Cohen wenig abzugewinnen. Dass Spinoza wirklich gelesen wird, glaubt er nicht, sein Name dient lediglich als Chiffre für alles Erdenkliche: für Atheismus, Pantheismus, Determinismus. An Spinozas Hauptwerk »Ethica Ordine Geometrico demonstrata« kann Cohen weder etwas Ethisches entdecken noch etwas Mathematisches. Die meisten Spinoza-Interpreten halten sich mit dem Geometrischen ohnehin nicht lange auf, es handelt sich für sie um ein zeitgeistiges Missverständnis, das sich dem neuen, von Galilei, Kopernikus und Newton herrührenden Wissenschaftsideal verdankt. Auch Descartes ist vom »mos geometricus« angespitzt, und auch er meint damit nichts anderes, als dass man logisch denken soll. Cohen dagegen nimmt Spinoza beim Wort, schließlich erklärt er: »Wenn die Handlungen der Menschen zu betrachten wären, als wären sie Linien, Flächen und Körper, wie Spinoza dies auszusprechen wagte, so wären nicht nur die Handlungen der Menschen, sondern die Menschen selbst mathematische Figuren.«[2]

Wer die Dinge klar erfasst, hat in Spinozas Augen so gut wie alles erreicht, nicht nur in intellektueller Hinsicht, sondern ebenso in Bezug auf unsere Gefühle und Begierden. Der dritte und längste Teil seiner »Ethik« handelt von den Affekten, die er definitorisch gegeneinander abgrenzt. Zwischen unserem Denken und unseren Gefühlen, behauptet er, existiere ein Parallelismus, der einerseits für Synchronie sorgt, andererseits beider Unabhängigkeit garantiert. Unser Denkapparat ist demnach ein »geistiger Automat«, der aus vorhandenen Begriffen immer neue fabriziert.[3] Da wir mit Hilfe solcher Begriffe das Wesen unserer Affekte begreifen, können wir sie auch im Sinne der Vernunft lenken. In dem Moment, wo wir wissen, worum es sich bei unseren Gefühlen handelt, können wir Gegengefühle mobilisieren und sie in die gewünschte Richtung lenken. »Denn um Eisen zu schmieden, ist ein

Hammer vonnöten«, heißt es bei Spinoza, »und um einen Hammer zu erhalten, muss man ihn vorher verfertigen.«[4] Setzt man das Eisen mit Gefühlen gleich und den Hammer mit Begriffen, wissen wir, was zu tun ist. Wer sich die richtigen Begriffe zurechtlegt, kann entsprechend auf die Affekte einwirken; wer das Gesetz von Ursache und Wirkung kennt, besitzt die Mittel, es anzuwenden.

An diese Art von Klapparatismus glaubt Cohen nicht nur nicht, solche Thesen grenzen für ihn ans Absurde. Warum nur kommt Spinoza nie der Gedanke, fragt Cohen, »dass es in der Mathematik immer mit rechten Dingen zugeht, schwerlich wohl aber in den menschlichen Handlungen und Affekten«?[5] Spinozas Glaube, wir könnten mit Hilfe des Intellekts unsere Gefühle steuern, zeugt in Cohens Augen von einer rationalistischen Selbstüberschätzung, die sich in mechanistischen Vorstellungen erschöpft. Nicht minder gibt Cohen zu bedenken, dass man mit den unguten Affekten notgedrungen auch die guten zähmen müsste – was niemand wollen kann. Entweder stellen wir grundsätzlich auf lauwarm, oder der Kasten brodelt, in jeder Hinsicht. Für Spinoza stellt sich unser Innenleben als ein Labor dar, in dem unser Geist nach Gutdünken herumwerkeln und sich passende Gefühlslagen zurechtmischen kann. Dass eine derartige Philosophie eine gewisse Kühle atmet, stellt nicht nur Cohen fest, es zeigt sich allein daran, dass Spinoza ausschließlich für die Stoiker lobende Worte findet, deren ewiges Mantra lautet: Keep cool!

Dabei geht Spinoza durchaus davon aus, dass die meisten Leute sich nicht rational im Griff haben. Sie bleiben – wie es bei ihm heißt – in einem »imaginären Denken« befangen, das aus Bildern, Fantasien, Mythen besteht. Von einer geometrisch klaren Vernunft kann bei ihnen keine Rede sein. Wie aber soll man mit diesen Vielen umgehen? Kann man sie auf den Weg der Vernunft locken oder muss man sie der Religion überlassen und sonstigen Irrationalismen? Was aber, wenn freie Geister sich nur in einem Staat entfalten können, in dem die Religion nichts mehr zu melden hat? Kann eine Gesellschaft wirklich liberal sein, wenn die Mehrheit in aberwitzigen Vorstellungen befangen bleibt?

Für Cohen läuft Spinozas Traktat auf eine Religionsfeindschaft hinaus, die wir heute als aggressiven Laizismus charakterisieren. Zwar darf in seinem liberalen Staat jeder seiner Religion nachgehen, doch nur so lange, wie er damit nicht ins Politische hineinfunkt. Im Grunde hält Spinoza Gläubige für geistig zurückgeblieben. Sie verwechseln Papier und Tinte mit dem Wort Gottes, wie Spinoza spottet.[6]

Strauss dagegen fasziniert an Spinoza die Radikalität, mit der er Philosophie und Religion trennt. Ein Zwischending gibt es nicht, entweder befindet man sich auf der einen Seite oder auf der andern. Wer einwendet, es gebe genügend Theologen, die in der Philosophie daheim sind et vice versa, bekäme zur Antwort, dass dann eines von beiden nicht koscher ist. Sofern ein Philosoph nicht auf die Vernunft allein baut, sondern zusätzlicher Krücken bedarf, ist er kein wirklicher Philosoph, er bedient sich lediglich logischer Kniffe, wie etwa Thomas von Aquin. Philosophisch zu leben bedeutet, sich keine Hintertür offen zu halten. So sieht es Spinoza, so sieht es Strauss.

Dennoch will Strauss in einem entscheidenden Punkt Spinoza nicht folgen. Dass es nur die Alternative gibt zwischen Athen und Jerusalem, steht für beide fest, dass man die Mehrheit der Menschen auf die Fragwürdigkeiten der Religion hinweisen muss, findet Strauss dagegen nicht, ganz im Gegenteil. In seinen Augen bedarf die große Masse bis ans Ende der Zeiten des Glaubens, andernfalls würde sie keinen Sinn finden im Leben und in Ungehorsam verfallen. Ohne Religion kann es keine Ordnung geben und ohne Gehorsam keinen funktionierenden Staat, davon ist Strauss überzeugt. Während es Spinoza darum geht, die Absurditäten der Religion offenzulegen, sind sie für Strauss unerlässlich. Ihre Wahrheit besteht in noblen Lügen, die der Philosoph durchschaut, der einfache Mensch jedoch braucht. Philosophen unterwerfen sich Gesetzen, weil sie qua Vernunft einsehen, dass es Gesetze geben muss; Gläubige unterwerfen sich Gesetzen, weil sie Angst haben vor Gottes Strafe. Die einen glauben an ein bärtiges Wesen, das über uns thront und alles im Blick hat, die andern setzen aufs reine Denken. Bei den einen handelt es sich um freie Wesen, die sich aus Einsicht Notwendigkeiten fügen; die andern fügen sich Notwendigkeiten, weil sie sich vor Autoritäten fürchten. Wer auf allgemeine Aufklärung setzt, wiegelt die Menschheit gegen sich selbst auf.

Hermann Cohen findet solche Ansichten empörend. Zwischen Philosophie und Religion klafft für ihn kein Graben, beide können gleichermaßen zu menschlichem Fortschritt beitragen. Um im Bild Spinozas zu bleiben, bedarf es für Cohen nicht eines Hammers, mit dem wir die Unlogik des religiösen Denkens zerschlagen, wichtiger wäre, das Gemeinsame zwischen Philosophie und Religion hervorzuheben. Für Cohen führt die Philosophie auf rationale Weise fort, was im Judentum seinen Ursprung besitzt und im Christentum an universaler Weite gewinnt. Cohen redet von unterschiedlichen »Melodien des sittlichen Geistes«, die in der heutigen humanistischen Ethik ihren allgemeinen Ausdruck finden.[7] Diese Melodien haben diverse historische Stufen durchlaufen: Sie setzen ein mit dem jüdischen Monotheismus, entgrenzen sich im Christentum und erhalten in der neuzeitlichen Philosophie ihr aufklärerisches Gepräge. Schon die biblische Offenbarung, behauptet Cohen, treibt von sich aus übers bloß Religiöse hinaus: »Die Schranke zerbricht sich selbst; die auswärtige Quelle fliesst unversehens in eine eigene über: in die der menschlichen Vernunft.«[8]

Auf religiöse Rituale können viele von uns inzwischen verzichten, auch müssen wir nicht mehr an die Existenz eines Gottes glauben, um den religiös begründeten Universalismus für das höchste der Güter zu halten. Einen zwingenden Grund, die Religion zu bekämpfen, gibt es deshalb nicht, es genügt, wenn wir uns ihren absurden Auswüchsen entgegenstellen. Im Übrigen zeichnen sich Philosophen durch keinerlei überlegenes Wissen aus, sie bleiben wie alle andern im Dschungel des Lebens gefangen und im Dickicht ihrer Gefühle.

Obwohl Spinoza für eine liberale Demokratie eintritt, erkennt Cohen in seiner Verachtung fürs Religiöse einen aristokratischen Hochmut. Offiziell redet er der Volksherrschaft das Wort, in Wirklichkeit schaut er aufs Volk herab, solange es an religiöse Märchen glaubt.[9] »Der Staat muß Aristokratie bleiben, weil die Menge nicht nach der Vernunft leben kann. Und die Religion hat nur den Gehorsam zu lehren«, urteilt Cohen über Spinozas politische Philosophie – die in dieser Hinsicht ganz der Position von Strauss entspricht. Strauss wiederum hält Cohen im Vorwort zur amerikanischen Ausgabe seiner Schrift »Die Religionskritik Spinozas« vor, er glaube voller aufklärerischem Optimismus an »einen unendlichen Fortschritt« und den »letztendlichen Sieg des Guten«. Er stempelt ihn zum naiven Modernisten, der die Macht des Bösen leugnet.[10]

Während Strauss die Religion als Ordnungsinstrument für unerlässlich hält, liefert sie aus Cohens Sicht die Grundlagen für unsere Freiheits-, Gleichheits- und Gerechtigkeitsideale. Spinozas Intellektualismus blendet aus, dass das Leben sich nicht von dürren Gedanken nährt, sondern von Überzeugungen, die man mit Leidenschaft verficht, wozu ein Glaube gehört. Wer für eine Sache einsteht und für sie zu kämpfen bereit ist, kommt ohne religiöses Moment nicht aus. Mit einer geometrisch ausgetrockneten Vernunft lässt sich rein gar nichts untermauern, am allerwenigsten die Idee der Demokratie. Die Ratio mag für vieles gut sein, für Letztbegründungen taugt sie nicht.

Cohen schreibt: »Es ist ein typisches Zeichen der Aufklärung, wie sie vor der deutschen Aufklärung beschaffen war, ... daß dieser Gegensatz zwischen Erkenntnis und Bildung der Religion gegenüber bestehen blieb, und daher auch mehr oder weniger hart und bestimmt der zwischen den höheren und niederen Volksklassen.«[11] Statt an der Einebnung dieses Unterschieds zu arbeiten, klopfen Spinoza und Strauss sie fest. »Wenn aber die religiöse Aufklärung nicht vom echten, wahrhaften, überzeugten sozialen Universalismus durchdrungen ist, so bleibt die Freigeisterei nur ein Aufruhr gegen die Religion, die von solchen Stürmen im Glase Wasser nicht erschüttert wird«, hält Cohen dagegen.[12] Die Religion bedarf durchaus der Aufklärung, allerdings nicht dadurch, dass man das Kind mit dem Bade ausschüttet und das Beste an ihr vernichtet, nämlich ihr soziales Gewissen, ihren Universalismus, ihre Ideale.

Da die abstrakte Sprache der Philosophie niemals die Mehrheit erreicht, bleibt es für Cohen wichtig, dass man sie durch die Sprachen der

Religion und der Kunst ergänzt. Denn weder lebt der Mensch vom Brot allein noch von seiner bloßen Kopfregion. Nicht nur die antike Philosophie bedient sich mythischer Bilder, auch die neuzeitliche kommt nicht ohne Metaphern aus. Die Philosophie muss mit Kunst und Religion Hand in Hand gehen, statt sich von ihnen abzugrenzen. Es geht nicht um den Gegensatz zwischen Athen und Jerusalem, es geht um ein immerwährendes Zusammenspiel. Die Philosophie stellt Denkwerkzeuge zur Verfügung, die Religion ethische Überzeugungen.

Wer auf einen derartigen Mischmasch aus ist, hat in den Augen von Strauss nicht begriffen, dass die beiden vollkommen unterschiedlich funktionieren. Denn dem Dilemma zwischen Philosophie und Religion lässt sich »weder durch Harmonisierung entgehen noch durch Synthese«, behauptet er: »Hier ein Leben in gehorsamer Liebe, dort ein Leben in freier Erkenntnis. Bei jedem Versuch der Harmonisierung ... wird eines der beiden gegensätzlichen Elemente ... dem anderen geopfert: die Philosophie, welche die Königin zu sein meint, muss zur Magd der Offenbarung gemacht werden oder umgekehrt.«[13] Demgegenüber hält Strauss fest: »Die Schrift ist Grundlage der Frömmigkeit, *nur* der Frömmigkeit; sie ist nicht Grundlage ... der Philosophie.«

Ginge es lediglich um unterschiedliche Einschätzungen von Religion und Philosophie, könnte man diese Debatte als akademische Fußnote verbuchen. Doch es steckt deutlich mehr dahinter, schließlich läuft das Ganze auf die Frage hinaus, ob Demokratie etwas Wünschenswertes ist oder nicht. Während Cohen auf sozialen Fortschritt setzt, kann Strauss über solche Schimären nur müde lächeln. Für ihn bedarf es weder wohlfahrtsstaatlicher Betüttelung noch kantischer Friedensutopien, viel wichtiger ist, dass man sich nicht länger Illusionen macht über die Menschheit. Wenn Strauss betont, dass Religion und Philosophie radikal verschieden sind und »kein Übergang von der einen zur andern möglich ist«, schreibt er den Unterschied zwischen der mental minderbemittelten Masse und den wenigen Weisen auf ewig fest.[14] Wer meint, daran etwas ändern zu können, weigert sich, das Unabänderliche anzuerkennen. So wie es eine Hierarchie gibt zwischen dem

Schuster und dem Herrscher, gibt es eine zwischen den religiös Bedürftigen und den Vernunftbegabten. Alles andere läuft auf Realitätsverleugnung hinaus.

Während Strauss als Student einer Verbindung beitritt, die nationalistische Töne schwingt, setzt Cohen sich zu gleicher Zeit als emeritierter Professor für einen demokratischen Sozialismus ein. Der Rest ist Überbau.

FURCHT UND ZUCHT

In seinen Spinoza-Studien spart Strauss ein entscheidendes Thema auffälligerweise vollkommen aus: die Furcht. Spinoza dagegen kommt darauf immer wieder zu sprechen, sowohl im »Tractatus« als auch in seiner »Ethik«. Schließlich ist er der Überzeugung, dass es mit einem Gemeinwesen auf Dauer nicht gutgehen kann, wenn es auf Furcht baut – auf der Furcht vor Gott, vor einem weltlichen Herrscher, vor den Gesetzen, vor was auch immer. Dass in Religionen die Furcht eine zentrale Rolle spielt, ist evident. Wo ein Allmächtiger über uns thront, müssen wir in die Knie gehen – oder aufbegehren. Das eine bedingt das andere. Nie tritt Gott nur als beschützende Instanz auf, er kann uns auch zermalmen. Alles liegt in seiner Hand, unser ganzes Leben, unsere ewige Zukunft. Beim Jüngsten Gericht entscheidet sich, wohin wir kommen: in den Himmel oder in die Hölle. Ist in der Bibel von der Furcht des Herrn die Rede, heißt das mitnichten, dass der Herr sich fürchtet, sondern wir uns vor ihm. Obwohl Strauss sich in aller Ausführlichkeit mit Spinoza beschäftigt, kommt er auf diesen Punkt an keiner einzigen Stelle zu sprechen. Er will davon kein Aufhebens machen, schließlich steht für ihn fest, dass die Masse nicht zu bändigen ist ohne einschüchterndes Element. Für Spinoza beginnt der Aberglaube bereits dort, wo der Mensch denkt, es gebe eine unumschränkte, über jeder Vernunft stehende Autorität. Seine Religionskritik zielt gegen weltliche Machtansprüche, die sich theologisch bemänteln. Statt aus Lust und Einsicht zu handeln, erzittern wir vor höheren Mächten, die purer Phantasie entspringen. Solange Frömmigkeit jedoch vor allem darin besteht, der Vernunft zu entsagen, handelt es sich nicht um Frömmigkeit, sondern um Torheit, erklärt Spinoza.[1] Wo Angst regiert und nicht Vertrauen, kann sich nichts Gutes entfalten.

Spinoza ist kein militanter Atheist, der mit dem aufklärerischen Gewaltbesen eine gottlose Gesinnung erzwingen will. Allerdings glaubt er auch nicht, dass man das Spiel mit der Furcht sorglos weitertreiben kann. Seit das Mittelalter überwunden ist, nimmt die Bereitschaft ab, sich zum Glauben zwingen zu lassen und sich zum Untertanen zu machen. Zwar mögen wir an der Religion weiterhin ihre Geschichten schätzen und ihre Bilderwelten, mit der Angst vor dem Jenseits sollte aber nicht weiterhin Politik betrieben werden. Wer sich Gott als eifersüchtiges, rachsüchtiges Wesen vorstellen will, mag das auch in Zukunft tun, jedoch nicht in offizieller Mission. Allerdings müsste selbst ihm die Vernunft sagen, dass es Eifersucht nur unter bedürftigen Wichten gibt, nicht aber bei einer Instanz, der man Allmacht nachsagt.[2]

Strauss ist sich mit Spinoza einig, dass Philosophen keiner Religion bedürfen. Allerdings endet hier auch ihrer beider Übereinstimmung. Für beide besitzt die Religion eine durch und durch irdische Funktion, hinter der sich nichts wirklich Göttliches verbirgt. Man bedarf ihrer fürs gesellschaftliche Getriebe, die Religion erfüllt eine politisch-soziale Aufgabe: Sie sorgt für ein verbindliches Weltbild; sie verlangt, dass man die Gesetze einhält; sie gibt dem Leben Sinn. Jedenfalls war das früher so. Inzwischen haben sich die Dinge geändert, zum Leidwesen von Strauss und zu Spinozas Genugtuung. Da für Strauss feststeht, dass man die Masse nur mit Hilfe der Religion zur Ordnung rufen kann, die Masse diesen Trick aber nicht durchschauen darf, gibt er in seiner 1947 veröffentlichten Spinoza-Abhandlung »How to study Spinozas ›Theologico-politico Treatise‹« das Motto aus: »Hiding the truth from the vulgar« – man muss die Wahrheit vor dem Pöbel verbergen.[3]

Den besten Beweis dafür liefert ihm der neuzeitliche Religionswandel. Seit die Kirche ihre einstigen Aufgaben weitgehend an den Staat abgetreten hat, beharrt sie immer weniger auf ihren Dogmen. Stattdessen kümmert sie sich um seelische Probleme und soziale Bedürfnisse. Nicht selten stellen sich die Kirchen sogar gegen die Staatsraison, im Namen einer Moral, die die Menschenrechte wichtiger nimmt als eigene Interessen. Die Kirche hat sich vorgenommen, keine Drohbotschaft mehr zu verkünden, sondern bloß noch eine Frohbotschaft. Jeder soll sich willkommen fühlen, keiner ausgegrenzt werden. Nicht Gehorsam ist angesagt, alles soll Gespräch sein.

Schlimmer hätte es in den Augen von Strauss nicht kommen können. Wo die Furcht Gottes nicht mehr das A und O bildet, sind Anarchie Tür und Tor geöffnet. Die heutigen Kirchen verkehren die Aufgabe der Religion in ihr Gegenteil. Statt der Garant von Autorität zu sein, sorgen sie für deren Ruin. Statt Halt zu geben, animieren sie zum Diskutieren. Diese Entwicklung setzt nicht erst mit den Dorothee Sölles und den Jazz-Messen im 20. Jahrhundert ein, sie beginnt mit Gestalten wie Spinoza. Indem er vorschlägt, man möge sich von der Religion nur noch nehmen, was einleuchtend erscheint, unterwirft er sie dem abwägenden Verstand und der modernen Logik des Wohlgefühls. Die Religion richtet sich nun nach unseren Bedürfnissen, nicht wir uns nach der Religion. Und wieder legt das Christentum dazu den Keim bereits mit dem Jesus-Satz: »Der Mensch ist nicht für den Sabbat da, sondern der Sabbat für den Menschen.«

Nicht zufällig hält Strauss Spinoza vor, er habe sich in seiner Kritik am Judentum dem Christentum angedient. »Es war weit weniger gefährlich, das Judentum zu attackieren als das Christentum, und es war deutlich weniger gefährlich, das Alte Testament zu attackieren als das Neue«, schreibt Strauss, verschweigt jedoch, dass in den Niederlanden ein äußerst liberaler Protestantismus geherrscht hat.[4] Spinoza verteidigt nicht das Christentum, er verteidigt Freiheit und Liberalität. Wenn Strauss behauptet, Jesus käme bei ihm erstaunlich gut weg, hat das weniger damit zu tun, dass er sich bei den Christen beliebt machen will, als vielmehr damit, dass Jesus den Wert der Individualität übers Gesetz stellt und das universalistische Denken befördert. Schließlich heißt es in Spinozas »Theologisch-politischem Traktat«, dass »Christus nicht bloß zur Belehrung der Juden, sondern der ganzen Menschheit gesandt war und es deshalb nicht genügt hätte, wenn sein Geist bloß den Anschauungen der Juden angepaßt gewesen wäre, während er doch den Anschauungen und Überzeugungen, die der Menschheit gemeinsam sind, d.h. den allgemeinen und wahren Begriffen angepaßt sein musste«.[5]

Wenn Spinoza betont, Jesus habe mit jedem gesprochen, vor allem mit solchen, »denen es noch nicht gegeben war, das Himmelreich zu erkennen«, kommt einem jener Satz von Strauss in den Sinn, den er an Kojève schreibt und der lautet: »Ich halte es nicht für möglich, dass Sokrates mit einfachen Leuten ein Gespräch geführt hat.«[6] Was dagegen Spinoza an Jesus schätzt, ist seine Unbekümmertheit gegenüber den Schriftgelehrten und allen Arten von Autoritäten. Nicht ob jemand das Gesetz befolgt, ist ihm wichtig, sondern ob er Gutes tut. Sofern Spinoza mit einem paulinischen Zungenschlag hervorhebt, es werde »niemand gerecht … durch Gesetzeswerke, sondern allein durch den Glauben«, befindet er sich auf einer Linie mit Luther.[7]

Genau hier liegt für Strauss der Stein des Anstoßes. Denn indem das paulinisch-lutherische Christentum die weltlichen Belange nicht mit den religiösen engführt und den Staat nicht an Gottes Gebote bindet, entreißt es jeder irdischen Ordnung das absolutistische Fundament. Strauss moniert am Christentum, dass es »für den Dualismus von geistlicher und weltlicher Macht« verantwortlich ist »und damit den Grund für eine ständige zivile Zwietracht legt, ganz anders als die alttestamentliche Lehre, die wir Moses verdanken, der zwar nicht dem Namen nach, doch de facto König war«.[8] Im Gegenzug beanstandet Spinoza am Judentum, dass es ihm nur ums Gesetz geht. Um die Gesetze als absolute Wahrheiten zu verkaufen, habe man das ganze Brimborium mit dem Sinai erfunden und mit dem brennenden Dornbusch. Um sich selbst mit größtmöglicher Autorität auszustaffieren, habe Moses erklären müssen, hinter allem stecke »Gott als Führer, Gesetzgeber, König«.[9] Anders als Spinoza kann Strauss daran nichts bedenklich finden. Was das Volk braucht, sind noble Lügen.

Für Spinoza bedeutet das wiederum, »daß fast alle ihre Hirngespinste für das Wort Gottes ausgeben und an nichts anderes denken, als unter dem Vorwand der Religion die übrigen zu zwingen, ihre Meinung zu teilen«.[10] Strauss würde das in keiner Weise bestreiten, nur sollten Philosophen solche Gedanken für sich behalten und nicht versuchen, aus dem Volk Philosophen zu machen. Dabei ist Spinoza keineswegs so blauäugig zu glauben, mit der Vernunft sei es weit her, schließlich erklärt er klipp und klar, »daß keine Gesellschaft bestehen kann ohne Regierung und Gewalt und folglich auch nicht ohne Gesetze, welche die Begierden der Menschen und ihr zügelloses Ungestüm mäßigen und zurückhalten«. Allerdings fügt er hinzu: »Trotzdem lässt sich die menschliche Natur nicht ohne weiteres zwingen, denn wie der Tragiker Seneca sagt: ›Gewaltherrschaft hat niemand lang behauptet, nur gemäßigt ist die Herrschaft von Dauer.‹« Und er fährt fort: »Solange die Menschen nur aus Furcht handeln, tun sie etwas, dem ihr Wille am meisten widerstrebt, und denken nicht an die Nützlichkeit und Notwendigkeit dessen, was sie tun sollen, sondern sind nur darauf bedacht, nicht auf Leib und Leben angeklagt zu werden. Ja, sie können nicht umhin, sich über das Unglück oder den Schaden des Herrschers zu freuen, auch wenn es mit großem Schaden für sich selbst verbunden ist; sie müssen ihm alles Übel wünschen und, wo sie können, auch zufügen. Auch können die Menschen nichts so wenig ertragen, wie ihresgleichen zu dienen und sich von ihnen regieren zu lassen. Schließlich ist nichts so schwer, wie den Menschen die ihnen einmal zugestandene Freiheit wieder zu nehmen.«[11]

Während Strauss sich auf Spinoza einschießt, schießt Carl Schmitt sich auf Luther ein. Beide entsetzen sich über die Verwandlung der Religion in ein neuzeitliches Selbstbedienungsprogramm. Schmitt hält es für eine Katastrophe, dass die Protestanten den Dreißigjährigen Krieg gewonnen haben – was für ihn eine ausgemachte Tatsache ist. Auf dem

Papier handelt es sich beim Augsburger Frieden zwar um eine Übereinkunft, in Wirklichkeit wird jedoch der Weg zu einer Religionsfreiheit geebnet, die zu Relativismus, Atheismus und Autoritätsverachtung führt. Schmitts bewunderter mittelalterlicher Katholizismus wird zu Grabe getragen, selbst der Vatikan gebärdet sich inzwischen immer protestantischer. Es siegt ein Individualismus, der bei allem fragt: Bin ich einverstanden? Entspricht es meiner Überzeugung? Widerspricht es meinen Gefühlen?

Allerdings wirft auch Schmitt einen Blick auf Spinoza, über den Umweg von Hobbes' »Leviathan«. Weil Hobbes davon ausgeht, dass der Mensch ohne staatlichen Zwang rücksichtslos seine egoistischen Interessen durchdrückt, glaubt Schmitt in ihm den Apologeten einer autoritären Ordnung zu erkennen. Dass man aus Hobbes' »Leviathan« aber auch demokratiefreundliche Lehren ziehen kann, zeigt sich an Spinoza. Während für Schmitt feststeht, dass der Staat keinerlei Raum lassen darf für lange Diskussionen, erklärt Spinoza: »Der Zweck des Staates ist in Wahrheit die Freiheit.«[12] Zu dieser Freiheit gehört an erster Stelle »das unumschränkte Recht …, über die Religion frei zu urteilen«.[13]

Für Schmitt ist das der Anfang vom Ende. Denn sobald der Staat dem Einzelnen den kleinen Finger reicht, greift er nach der ganzen Hand. Wo jeder sich selbst und seine Meinungen wichtig nimmt, kommt es zum Kampf aller gegen alle – was es ja gerade zu verhindern gilt. Die Trennung von Staat und Religion befördert einen Individualismus, der den Einzelnen glauben lässt, seine eigene Wenigkeit sei bedeutsamer als das Ganze. An diesem »empfindlichen Punkt« zerbricht für Schmitt alles: »Er wurde zum Todeskeim, der den mächtigen Leviathan von innen her zerstört und den sterblichen Gott zur Strecke gebracht hat«, heißt es in seiner Schrift »Der Leviathan in der Staatslehre des Thomas Hobbes«.

Und wer ist daran schuld? Schmitts Antwort: »Schon wenige Jahre nach dem Erscheinen des ›Leviathan‹ fiel der Blick des ersten liberalen Juden auf die kaum sichtbare Bruchstelle. Er erkannte in ihr sofort die große Einbruchstelle des modernen Liberalismus, von der aus das ganze, von Hobbes aufgestellte und gemeinte Verhältnis von Äußerlich und Innerlichkeit, Öffentlich und Privat, in sein Gegenteil verkehrt werden konnte. Spinoza hat die Umkehrung in dem berühmten Kapitel 19 seines 1670 erschienenen Tractatus theologico-politicus vollbracht. Er spricht gleich im Untertitel seines Buches von der *libertas philosophandi*.«[14]

Schmitt wirft Spinoza nicht nur einen »Mangel an jeder ›appreciation of duty‹« vor – also einen Mangel an Pflichtbewusstsein –, er macht ihn verantwortlich für die falsche Entwicklung der Neuzeit.[15] Indem Spinoza der Meinungsfreiheit das Vorrecht gibt über staatliche Zensur, degradiert er den Staat zum Knecht individueller Bedürfnisse, stellt die Gesinnung übers Gesetz, den Einzelnen übers Allgemeine. Schmitt kann darin nur eine Perversion erkennen, im wahrsten Sinne des Wortes, denn er verkehrt die Prioritäten in ihr Gegenteil – was auf eine Bankrotterklärung an jede Ordnung hinausläuft. Wer wie Spinoza die Schleusen öffnet, muss sich nicht wundern, wenn am Ende keine einzige Autorität mehr gilt – außer die jedes Einzelnen; was bedeutet, dass wir erneut in einer Art Naturzustand anlangen, wo das Recht des Lauteren, Stärkeren, Redegewandteren gilt.

Dass Hobbes' »Leviathan« eine liberale Wendung erfährt, lastet Schmitt Spinoza an. Dabei hatte bereits der anglikanische Erzbischof John Bramhall gleich nach Erscheinen des »Leviathan« eine Brandschrift verfasst, die Hobbes atheistischer Umtriebe bezichtigt, mit denen er jede Ordnung unterhöhlt. In einer Eloge auf Bramhall repetiert T.S. Eliot diese Vorwürfe noch 1928, wenn er schreibt: »Es erstaunt, dass man von einer Philosophie, die in ihrem Wesen so revolutionär ist wie die von Hobbes, … je gedacht hat, sie könne dem Toryismus als Stütze dienen. … Für Hobbes sind alle Maßstäbe von Gut und Böse schlechterdings relativ.«[16]

Konnte man anfangs noch denken, Schmitt spreche rein sachlich vom »ersten liberalen Juden«, so offenbaren die nachfolgenden Sätze, was darunter rumort: »Die überkommene jüdische Deutung schlug auf den Leviathan des Hobbes zurück. Alle untereinander sonst so feindlichen indirekten Gewalten waren sich plötzlich einig und verbündeten sich zum ›Fang des großen Wals‹. Sie haben ihn erlegt und ausgeweidet.«[17] Schmitt spricht von der »jüdischen Front«, die das Unheil der Demokratie über die Neuzeit bringt.

1936 hält Schmitt eine Rede über »Das Judentum in der Rechtswissenschaft«, in der er erklärt, man müsse »den deutschen Geist von allen Fälschungen befreien, Fälschungen des Begriffes Geist, die es ermöglicht haben, daß jüdische Emigranten den großartigen Kampf des Gauleiters Julius Streicher als etwas ›Ungeistiges‹ bezeichnen konnten«. Viel zu lange hätten die Juden alles beherrscht, auch die Rechtswissenschaft. Mit Unmengen von Geld hätten sie Zeitschriften gegründet, um ihr jüdisches Denken in »Lehrbüchern und Kommentaren« durchzusetzen: »Nur wer sich dieser geistigen Macht des Judentums bewußt geworden ist und ihre ganze Tiefe und ihren vollen Umfang erkannt hat, wird erfassen können, welche Befreiung der Sieg des Nationalsozialismus für den deutschen Geist und die deutsche Rechtswissenschaft bedeutet.«[18] In seinem »Glossarium« notiert Schmitt nach dem Ende der Hitlerzeit: »Spinoza war der erste, der sich subintroduzierte. Heute erleben diese Subintroduzierten eine Restauration mit kolossalen Entschädigungsansprüchen und Rückzahlungen.«[19]

Die Ursünde Spinozas besteht darin, dass er Gott nicht als absolutistischen Herrscher imaginiert, der nach Gutdünken waltet und schaltet. Spinoza dagegen findet die Vorstellung lächerlich, dass Gott mit den Naturgesetzen ein Possenspiel treibt und jederzeit andere Gesetze erfinden könnte. Wozu sollte er das? Aus Langeweile oder Narretei? Oder weil er demonstrieren möchte, wer Herr im Haus ist, in einem Anfall von Tyrannei? Einsteins Satz »Gott würfelt nicht« könnte auch von Spinoza stammen. Ganz anders stellt Schmitt sich Gott vor: als totalen Herrscher, der die Naturgesetze nach Lust und Laune aushebeln kann. Der Name dieses Gottes lautet Willkür, sie allein macht seine Souveränität aus. Damit sein Kosmos funktioniert, darf nur er allein seinen Impulsen nachgeben, alle andern müssen parieren.

Auf unsere irdischen Verhältnisse angewandt heißt das: »Der Führer ist immer auch Richter. Aus dem Führertum fließt das Richtertum.« Nur so lässt sich verhindern, dass Anarchie aufkommt. Diese Sätze entstammen einem Artikel, den der Staatsrat Professor Dr. Carl Schmitt am 1. August 1934 in der Deutschen Juristen-Zeitung veröffentlicht, als Antwort auf den Röhm-Putsch.[20]

FLUCHT INS EWIGE

Strauss wettert nicht in gewohnter Weise gegen die Moderne und den heutigen Lebensstil, mit seinem Konsumismus, Libertinismus, Egalitarismus und weiteren Ismen, die allesamt aufs Gleiche hinauslaufen. Vom Gros der Zeitkritiker setzt er sich dadurch ab, dass er sich in keiner Weise auf gute alten Zeiten beruft. Führt er die Namen Platon, Aristoteles, Al Farabi oder Maimonides im Mund, so heißt das nicht, dass er die Antike als solche rühmt oder das Mittelalter. Wer mit Traditionen argumentiert, bewegt sich in seinen Augen in relativistischen Fahrwassern. Traditionen gibt es bekanntlich viele, jeder kann eine andere hochhalten, je nachdem, aus welchem Dorf er kommt. »'s ist mal bei mir so Sitte, chacun à son goût!«, heißt es in der »Fledermaus«, mit dem Zusatz: »Wenn ich mit andern sitz' beim Wein und Flasch' um Flasche leer', muss jeder mit mir durstig sein, sonst werde grob ich sehr.« Sitten gibt es viele, schlimme wie schöne.

Wie sehr die Berufung auf Traditionen aufs Glatteis führt, zeigt Strauss am Beispiel von Edmund Burke, dessen rigoroser Kritik an der Französischen Revolution er zwar ganz und gar zustimmt, deren Argumentationsmuster er jedoch ablehnt. Strauss teilt Burkes Kritik an der Moderne, zumal sie auch bei ihm mit einem Angriff auf Hobbes einsetzt. Was ihm an Burke jedoch aufstößt, ist seine Theoriefeindlichkeit. Schließlich hält Burke nicht erst den Jakobinern vor, dass sie den

Menschen im Namen abstrakter Ideen vergewaltigen, für ihn setzt dieses Übel bereits mit Hobbes ein. Statt sich an Traditionen zu orientieren, fabrizieren neuzeitliche Denker Staatsmodelle, mit denen sie alles anders machen wollen, damit aber jeder geschichtlichen Erfahrung Hohn sprechen. Statt die Kirche im Dorf zu lassen, konstruieren sie sich am Reißbrett eine Gesellschaft zusammen, die nur auf dem Papier funktioniert, aber niemals in der Wirklichkeit. Egal, ob es sich um Hobbes handelt oder um Rousseau und Robespierre, sie alle sind »Männer der Theorie«, denen jede politische Erfahrung fehlt und jeder Sinn für die Grenzen des Menschen. Sie entwerfen hochfahrende Menschheitsprogramme, fern jeder Realität.[1]

Konservativ sein bedeutet für Burke, an Traditionen festzuhalten und sich nicht eine neue Welt aufzwingen zu lassen, die mit Notwendigkeit in Blutbädern endet. Dass sich auch unter Konservativen Männer finden, denen Ideen mehr gelten als die Wirklichkeit, scheint für Burke ausgeschlossen. Zwar konnte er Leo Strauss noch nicht kennen, doch er gibt dafür das beste Beispiel ab. Strauss beruft sich nicht auf Traditionen, sondern auf Platons »Staat«. Dass dieser Staat je verwirklicht worden wäre, hat noch nie jemand zu behaupten gewagt. Allenfalls Diktaturen bemühen sich, seine Vorschriften anzuwenden, mit fragwürdigem Erfolg. Seit nahezu zweieinhalbtausend Jahren ist er eine Kopfgeburt geblieben, worüber zu klagen es wenig Grund gibt. An Rigidität steht Platons Staat jakobinischen Modellen oder kommunistischen in keiner Weise nach.

Burkes politische Haltung kommt der von Strauss durchaus nah, schließlich heißt es in der Einleitung seiner 1790 erschienenen »Betrachtungen über die Revolution in Frankreich«: »In diesem seltsamen Chaos von Leichtsinn und Verruchtheit, von Schandtaten aller Art, im gewaltsamsten Gemisch mit Narrheiten aller Art, scheint alles aus dem Geleise der Natur gewichen zu sein.«[2] Allerdings besitzt Burkes Argumentation in den Augen von Strauss kein tragfähiges Fundament. Zwar redet er von der Natur, meint damit aber lediglich Anstand und Sitte, in einem ganz gewöhnlichen, traditionalistischen Sinn. In geradezu plebejischer Weise beruft Burke sich auf die Lebensart der einfachen Leute, was Strauss vollkommen fremd ist. Sofern bei ihm, wie Strauss feststellt, »alle Autorität ihren letzten Ursprung im Volke hat«, ist bei ihm »der Souverän letztlich das Volk«. Zum Beleg zitiert er Burkes Satz: »Wenn die bürgerliche Gesellschaft das Ergebnis einer Konvention ist, dann muß diese Konvention ihr Gesetz sein.«[3] Genau darum darf es aber nicht gehen. Während Konventionen sich ändern, ändern Grundsätze sich nicht, zumindest nicht diejenigen von Platon. Wider Willen erweist Burke sich als moderner Denker, der wenig gibt auf die Autorität der klassischen Metaphysik. Da er »das Eindringen des Geistes der Theorie in den Bereich der Politik« ablehnt, entledigt er sich aller ehernen Kriterien.[4] Burke ist ein traditionsfixierter Konservativer, Strauss ein prinzipienfixierter. Der eine setzt aufs Gewordene und Gewachsene, der andere auf ein Staats- und Ideenmodell, das für alle Zeiten gültig zu sein hat, unabhängig von Gepflogenheiten und Gewohnheiten.

Strauss missfällt, dass Burke den Rationalismus für das Übel der Aufklärung verantwortlich macht. Immerhin verwirklicht sich der Rationalismus für Strauss in der antiken Philosophie und nicht in Voltaires Sophistereien. Rationalismus bedeutet Vernunftherrschaft, im platonischen Sinn. Traditionen ändern sich, Platons Vernunft bleibt immer die gleiche. Als 1953 Strauss' Hauptwerk »Naturrecht und Geschichte« erscheint, bemerken Rezensenten, der Titel müsste eigentlich lauten: Naturrecht *gegen* Geschichte. Dass Strauss unter Naturrecht etwas ganz anderes versteht als beispielsweise Hobbes oder Rousseau, ist offensichtlich. Für ihn bedeutet es in erster Linie, dass man dem geschichtlichen Relativismus der Neuzeit widersteht. Schließlich werde »das Naturrecht heute nicht nur deswegen abgelehnt, weil man alles menschliche Denken für historisch hält, sondern auch weil man glaubt, daß es eine Vielfalt von unveränderlichen Rechts- und Tugendprinzipien gibt, die einander widersprechen und deren keines als dem anderen überlegen erwiesen werden kann«.[5]

Wer sich ein konkretes Bild von Strauss' Naturrechtsvorstellungen machen will, erhält Auskunft bei Anne Norton, die ihre Ausbildung bei Straussianern absolviert hat. Was Straussianer unter Natur und Naturrecht verstehen, erklärt sie folgendermaßen: »Die Natur sagt, dass es die Ehe (woher weiß die Natur eigentlich, was Ehe ist?) nur zwischen Mann und Frau gibt und Sex der Fortpflanzung dient. Die Natur sagt, dass es natürlich ist, dass der Mann Autorität über die Frau hat und das letzte Wort über die Finanzen. Die Natur sagt, dass Frauen emotional sind und Männer philosophisch.«[6] Natur ist für Strauss, was er für Natur hält. Er argumentiert durch und durch traditionalistisch, glaubt aber, es handle sich um zeitlose Wahrheiten. Er hält für Ontologie, was Postulat ist.

In Platons »Gorgias« stellt ein gewisser Kallikles fest, das Naturrecht besage, dass der Stärkere über den Schwächeren herrscht; so verhalte es sich nicht nur in der Tierwelt, sondern auch beim Menschen.[7] Immerhin sei es auch gerecht, wenn der Fleißige mehr bekomme als der Faule und der Herr sich nicht freiwillig zum Knecht mache, solange er Herr sein kann. Sokrates widerspricht, hat jedoch Mühe, das Gegenteil zu beweisen. Bei Nietzsche heißt es: »Es gibt weder ein Naturrecht, noch ein Naturunrecht.«[8] Strauss dagegen hält für zeitlos wahr, was er für wahr halten will. Hegels Satz, dass man »das Wahre nicht als *Substanz*, sondern ebensosehr als *Subjekt* aufzufassen« hat, bildet für ihn den Gipfel neuzeitlichen Unsinns.[9] Denn es wird damit gesagt, dass alles, was wir für übergeschichtliche Wahrheiten halten, einzig und allein geschichtlichen Sichtweisen entspringt. Substantiell ist, was Subjekte als substantiell deklarieren.

Dabei lehnt Hegel den Begriff des Naturrechts nicht rundum ab, er bleibt für ihn jedoch abstrakt, solange nicht erklärt wird, was darunter im Lauf der Geschichte alles verstanden wurde, in unterschiedlicher Weise. Dass wir einer Idee des Rechten und Richtigen bedürfen, ist offensichtlich, schließlich könnten wir sonst nicht beurteilen, ob unsere Gesetze tatsächlich auf Recht und Gerechtigkeit bauen und ob sie unseren Vorstellungen von Menschenwürde entsprechen. Wir brauchen Maßstäbe, die nicht in den Paragraphen selbst liegen, sondern ihnen als Leitfaden dienen. Dennoch fällt keine einzige Rechts- und Gerechtigkeitsvorstellung vom Himmel. Was aber innerhalb der Geschichte entsteht und sich gesellschaftlichen Entwicklungen verdankt, schlägt Hegel dem Reich des Geistes zu und nicht dem der Natur. Hegels Blick verlässt die Geschichte schon deshalb nie, weil alles, was wir über die Natur und das Recht denken, von niemand anderem stammt als uns selbst.

Wer so denkt, ist für Strauss ein heilloser Relativist. Apodiktisch heißt es bei ihm: »Die gegenwärtige Ablehnung des Naturrechts führt nicht nur zum Nihilismus, nein, sie ist identisch mit Nihilismus.«[10] Es erstaunt, wie wenig Strauss sich als Platoniker fragt, warum Platon so selten definitive Lösungen liefert und stattdessen in Gleichnisse flüchtet, auch und gerade in seiner »Politeia«, wie das berühmte Höhlengleichnis, Sonnengleichnis und Liniengleichnis zeigen. Warum liefert er keine tabellarische Übersicht über das Gute, Schöne und Wahre, in unmissverständlicher Klarheit? Wie stets bei Strauss erteilt am Ende die ungeschriebene Lehre Auskunft. In ihrem Namen kann er behaupten, was er will, ohne je einzugestehen, dass es sich ausschließlich um sein eigenes Weltbild handelt.

Von unseren Gedanken behauptet Hobbes in seinem »Leviathan«, sie würden wie Späher und Spione Mittel und Wege suchen, um unseren Wünschen und Begierden ein geistiges Gepräge zu geben.[11] Strauss dagegen ist überzeugt, dass wahre Denker nur ans Wahre denken. Schließlich verkündet er: »Die Philosophen waren weit davon entfernt, Vertreter der Gesellschaft zu sein oder von Parteien. Sie vertraten die Sache der Philosophie und sonst nichts.«[12]

TUGEND ODER TYRANNEI DER WERTE?

1960 veröffentlicht Carl Schmitt eine Schrift mit dem Titel »Die Tyrannei der Werte«.[1] Wollte man die wenigen Dutzend Seiten auf den Punkt bringen, ließe sich sagen: Hinter unserem heutigen Wertegerede steckt nichts als Nihilismus. Bei Leuten, die gern von Werten sprechen, schleicht sich schnell ein pastoraler Ton ein. Schmitt versucht zu beweisen, dass es dafür nicht den geringsten Grund gibt. Werte sind in seinen Augen nichts Gutes und nichts Schönes, sie führen zum Krieg aller gegen alle. Von Werten ist erst die Rede, seit der protestantische Geist des Kapitalismus die Welt beherrscht und Kosten-Nutzen-Rechnungen unser Denken prägen. Im katholischen Mittelalter gab es keine Werte, dort gab es Gebote und Verbote, Tugenden und Sünden. Wo Werte ins Spiel kommen, gerät alles ins Wanken.

Schmitt ist nicht der Erste und Einzige, dem das heutige Werte-Gerede aufstößt. Leo Strauss macht in seinem 1932 veröffentlichten Aufsatz »Die geistige Lage der Gegenwart« den »Polytheismus der Werte« nicht nur verantwortlich für »die faktische Anarchie« seiner Zeit, sondern für die Zerstörung aller tradierten Wahrheiten seit den Tagen von Descartes und Hobbes.[2] Wo ein jeder meint entscheiden zu dürfen, was ein Wert ist und was nicht, kann es keinerlei höhere Ordnung geben. Alles bleibt dem subjektiven Dafürhalten anheimgegeben, nichts steht mehr objektiv fest. »Weil dem so ist, ... ist ein allgemein-verbindliches Wissen über das richtige Leben nicht möglich«, konstatiert Strauss.

Wo Werte regieren, stehen sie im Konflikt mit anderen Werten, was bedeutet, dass es einen absoluten Wert nicht mehr gibt. Wie wir von Nietzsche wissen, kann jeder Wert umgewertet werden, je nach Lust und Verlangen. Wo etwas lediglich lobens-wert ist oder lesens-wert, anerkennens-wert oder verachtens-wert, fehlt alles Zwingende. Der eine empfindet die Dinge so, der andere anders. Werturteile stützen sich auf

Gefühle, die sich schnell ändern können. Strauss bemerkt dazu: »Nun lässt sich die Tatsache nicht völlig vergessen, dass in früheren Zeiten ewige, unbedingte, durch *die* Vernunft erkennbare Prinzipien und damit eine Ordnung für möglich und notwendig gehalten worden ist. Dieser Glaube gilt nunmehr als *naiv*.«[3] Seit wir uns für aufgeklärt halten, möchten wir in solche Zeiten nie wieder zurück; wir halten uns für fortgeschrittener und schütteln den Kopf über frühere Epochen – vollkommen zu Unrecht, glaubt Strauss. Nicht damals waren die Leute erbärmlich dran, sie sind es heute.

Absolut sind Dinge nur, wo Gott dahintersteckt oder wo sie naturrechtlich festgeschrieben sind. Auch Schmitt holt sich Schützenhilfe bei der Theologie. Und wie Strauss beruft auch er sich auf Tugendlehren, die heute so gut wie keine Rolle mehr spielen. Tugenden gehören einer Welt an, die noch Hohes kennt und Niederes. Schmitt erklärt, »daß die Tugend in der Staatslehre des absoluten Fürsten noch einen Platz hatte, während das Legalitäts-System des bürgerlichen Rechtsstaates mit einem Wort und Begriff wie *Tugend* nichts mehr anzufangen weiß«. Was aber tritt an deren Stelle? Schmitts Antwort: »Als eine Art Ersatz bot sich der Wert an.«[4] Wir haben es mit Surrogaten zu tun, die wie Nippes nichts Echtes besitzen. Rousseau spricht von Substituten, wenn er die Dekadenz des heutigen Lebens geißelt, in dem der Mensch sich allem Natürlichen entfremdet hat und Ersatz in immer neuen Gütern und Genüssen sucht, in erschreckender Vergeblichkeit.

Die gesamte Phalanx konservativer Modernitätskritiker zieht gegen einen Werterelativismus zu Feld, der zeitlose Wahrheiten gegen Seifenblasen eintauscht. Über Werte diskutiert man, göttliche Gebote befolgt man. In Demokratien wird debattiert, in Staaten, wo ein oberster Souverän das Sagen hat, gehorcht man. Hier Autorität, dort Freiheit; hier eiserne Regeln, dort Schwanken und Wanken; hier Fixes und Festes, dort Diskussion und Durcheinander. Und dennoch läuft der konkurrierende Werte-Handel nicht auf eine immer größere Liberalität hinaus, sondern auf immer mehr Despotismus. »Tugenden übt man aus; Normen wendet man an; Befehle werden vollzogen; aber Werte werden gesetzt und durchgesetzt«, erklärt Schmitt.[5] In diesem Setzen und Durchsetzen liegt das zentrale Problem.

Mit geradezu marxistischem Unterton hält Schmitt dem Wertegerede vor, es widerspiegle das ungeregelte Treiben des freien Marktes. Mal gelten diese Werte, mal jene; woran es mangelt, sind Normen, die Wind und Wetter standhalten: »Wert ist heute für das allgemeine Bewusstsein so stark ökonomisiert und kommerzialisiert, dass diese Imprägnierung nicht mehr rückgängig zu machen ist, am allerwenigsten in einer Zeit industriellen Fortschritts, wachsenden Reichtums und permanenter Umverteilung.«[6] Schuld daran ist die säkulare Neuzeit, der nur Wertschöpfungen heilig sind, die sich unserem eigenen Tun verdanken, ohne jeden transzendenten Rückhalt. Wo nichts Absolutes mehr existiert, fängt ein heilloses Haschen nach Werten an. Von Verbindlichkeit keine Spur. Was regiert, ist das Gefecht widerstreitender Ansichten und volatiler Zeitgeistmeinungen.

Wer in Werten denkt, denkt in Kampfkonstellationen, ob er will oder nicht. Für den einen gilt dieser Wert, für den andern ein anderer. Was die einen für absolut halten, ist für die andern reaktionär. Wer die Dinge nicht so sieht wie der linksliberale Humanist, wird zum Feind der Menschheit. Dennoch argumentiert absolutistisch, wer den Relativismus für den höchsten Wert hält, denn er kann nicht akzeptieren, was sich gegen den Relativismus stellt. Auch wer Toleranz für den höchsten Wert hält, kennt keine Gnade gegenüber den Feinden der Toleranz. Ebenso verhält es sich mit dem Pluralismus, der die Feinde des Pluralismus bekämpft, sowie mit der freiheitlichen Demokratie, die den Feinden der freiheitlichen Demokratie den Krieg erklärt. Wer für Werte eintritt, will diese Werte durchsetzen, mit aller Macht. Selbst wenn er sich diskussionsbereit gibt, ist er es nur bedingt. Wo es um Werte geht, herrscht ein Krieg der Gesinnungen. Dieser Krieg wird machtpolitisch entschieden, durch Mehrheitsmeinungen, mediale Stimmungen, moralischen Druck.

Was hinter Werten steckt, sind Interessen, die sich als Ideale verkleiden. Ein übergeordnetes Ganzes gibt es nicht mehr, es gibt nur noch

Gruppen, Klassen, Parteien, Fraktionen. Sie alle wollen ihre eigenen Werte durchdrücken, mit allen erdenklichen Mitteln, wozu in erster Linie Parolen gehören und Kampagnen. Wer von Werten spricht, tendiert zu pädagogischer Belehrung und Bekehrung. Aus konservativer Sicht ist dabei der Weg zum Umerziehungslager nie weit. Hinter dem vielen Toleranzgerede lauert pure Unduldsamkeit. Schließlich hält gerade der Tolerante ausschließlich seine eigenen Werte für die wahren – was denn sonst? An einen halben Wert glaubt niemand. Man kann Werte nicht stückeln, man kann lediglich den einen gegen den andern eintauschen. Galt gestern noch die Ehre als höchstes Gut, denken wir heute sofort an Ehrenmorde. Redete man gestern noch mit Vibrato in der Stimme von Nation und Heldenmut, spielen inzwischen Effizienz, Kompetenz und Kreativität die Hauptrolle – mit unüberhörbarem ökonomischem Anklang.

Würden wir uns wieder biblischen Tugenden unterwerfen oder platonischen, müssten wir nicht ständig neue Werte ins Spiel bringen. Wir bräuchten dann auch keine Ethikkommission und keine Richtlinienkompetenz. Früher hat die Kirche bestimmt, was zu gelten hat, oder der Kaiser. Heute kann ein jeder sich zum obersten Moralhüter aufschwingen, und sei es dadurch, dass er den Rest der Welt für alles erdenkliche Unrecht verantwortlich macht. Tugenden dagegen sind nicht von der Zustimmung Einzelner abhängig oder von Gruppen. Erst, wo es um Werte geht, fängt das Gerangel an. Tugenden können die Anwendung von Gewalt erfordern, ihnen selbst wohnt keine Gewalt inne, ganz anders als dem Kampf um Werte. So jedenfalls sieht es Schmitt, und nicht nur er.

Im Übrigen weiß Schmitt sein Weltbild bestätigt, sofern auch und gerade die humanistische Fraktion die Menschheit in Freund und Feind einteilt. Damit macht sie genau das, was sie zu überwinden vorgibt. Auch der Humanist sieht sich von Feinden umzingelt – von Nationalisten, Faschos, Rassisten. Ihnen gilt der Kampf. Redet er von Freiheit, meint er seine eigene Vorstellung von Freiheit. Redet er von Vielfalt, würde er am liebsten alles verbieten, was dieser Vielfalt widerstrebt.

Wer nicht Beifall klatscht, fällt unter moralischen Generalverdacht. Überall dominiert nur der jeweilige »Gesichtspunkt, Blickpunkt, Augenpunkt«, wie Schmitt formuliert.[7]

Wie schnell Werte sich ändern können, zeigen Revolutionen. Hat die Revolution gesiegt, führt der Revolutionär sich als Zuchtmeister auf. Fortan haben seine Regeln zu gelten, seine Gesetze, seine Prinzipien. Der Barrikadenheld wandelt sich zum Ordnungsfanatiker, der Subversive in einen Drangsalierer. Gestern wollte er noch Sand im Getriebe sein, jetzt muss alles nach Plan laufen. Auf den Umsturz folgt der Terror, mal in jakobinischer, mal in kommunistischer Gestalt.[8] Wie geschwind dem Aufstand die Zwangsjacke folgt, zeigt die Geschichte der letzten Jahrhunderte zur Genüge.

Einst, als noch kein Mensch von Werten sprach, schien dagegen alles Hand und Fuß zu haben. »Die Theologen und Moralisten kennen Tugenden und Laster, die Philosophen Qualitäten und Modi des Seins«, erklärt Schmitt und fragt: »Aber was sind Werte?«[9] Werte sind diffus, dehnbar, deutungsbedürftig. Ihnen wohnt etwas Weichliches inne, in jeder Hinsicht. Tugenden lassen an Stahl denken, Werte an Plaste und Elaste. Gleichzeitig ist den Apologeten des Relativen Härte alles andere als fremd. Wie sehr sie sich gegenseitig zu vernichten trachten, zeigen die heutigen Political-Correctness-Debatten. Moral dient als Totschlagmittel. Wobei ein jeder seine eigene Moral verabsolutiert. Bei Schmitt heißt es: »Die reine subjektive Freiheit der Wertsetzung führt … zu einem ewigen Kampf der Werte und der Weltanschauungen, einem Krieg aller mit allen, einem ewigen bellum omnium contra omnes, im Vergleich zu dem das alte bellum omnium contra omnes und sogar der mörderische Naturzustand der Staatsphilosophie des Thomas Hobbes wahre Idyllen sind.«[10]

Schmitt sieht am nahen Horizont die Apokalypse im Anmarsch, wenn er bemerkt: »Die alten Götter entsteigen ihren Gräbern und kämpfen ihren alten Kampf weiter, aber entzaubert und … mit neuen Kampfmitteln, die keine Waffen mehr sind, sondern scheußliche Vernichtungsmittel und Ausrottungsverfahren … was für den einen der

Teufel ist, wird hier für den anderen der Gott.«[11] Schmitt spricht von der »wertzerstörenden Wertverwirklichung« und vom »Terror des … Wertvollzugs«.[12] Der »Streit der Werter und Abwerter« kann nur in einem »grauenhaften Pereat Mundi« enden, sprich im Weltuntergang.[13] In Schmitts Augen repräsentieren die heutigen Werte-Apostel den Antichrist. Dieser Antichrist tritt im Gewand linker Moralisten auf, die keinerlei Gnade walten lassen gegen ihre Feinde, die sie für Gegner der Menschheit halten. So menschenfreundlich das Wertegerede auftritt, so unbarmherzig verurteilt es am Ende die ganze Welt.

Ausgerechnet der evangelische Theologe Eberhard Jüngel springt dem Erzkatholiken Schmitt in seinem Kampf gegen die Werte bei. Natürlich weiß Jüngel, dass Schmitt den Protestantismus zum Hauptverantwortlichen für die neuzeitliche Gewissensfreiheit macht und für die daraus folgende Haltlosigkeit. Gewissen und Wert gehören zusammen; die beiden unterminieren jede Art von ontologischer Stabilität. Dass ein Theologe, der Luthers Freiheit des Christenmenschen beim Wort nimmt, Schmitts Werte-Kritik für »fulminant« hält, scheint erklärungsbedürftig.[14]

Auch Jüngel stört am Werte-Gerede die ökonomische Tonlage und das damit einhergehende Menschenbild, wenn es bei ihm heißt: »Sachen haben … einen *Wert*, nämlich einen Tausch- oder Handelswert, und *Arbeit* hat in ihrer entfremdeten Gestalt als Ware ihren *Tauschwert* für den Arbeiter und darüber hinaus ihren *Gebrauchswert* für den Produktionsmittelbesitzer, der damit einen Mehr-Wert erzeugt und seinen Profit erzielt. *Personen aber haben keinen Wert, sondern nur Würde*. Und Würde lässt sich gerade nicht verwerten.«[15] Aus diesen Sätzen spricht kein Marxist, sondern ein Lutheraner, der sich gegen den Glauben wehrt, dass nur Wert besitzt, was wir selbst erzeugen. Solange wir uns vor allem über unsere Werke und Werte definieren, leben wir im Heillosen. Es geht dabei immer nur um ein Besser und Mehr, Schneller und Effizienter. Was siegt, ist die permanente Konkurrenz, in allem und jedem. Wer von Werten spricht, befindet sich im Wettbewerb.

Während bei Schmitt der Kampf gegen den Liberalismus die Werte-

Kritik bestimmt, lässt Jüngel sich nicht von antidemokratischen Absichten leiten. Für ihn gilt: »Christliche Wahrheitserfahrung ist die radikale Infragestellung der Rede von Werten und des Denkens in Werten.«[16] Wert und Würde haben demnach nicht nur nichts miteinander zu tun, sie widersprechen sich regelrecht. Was wir Würde nennen, ist in dem Moment entwertet, wo wir sie mit dem Begriff Wert zusammenspannen. Wo Werte unser Denken lenken, haben wir es mit einer »wertlosen Wahrheit« zu tun, behauptet Jüngel. Das Werte-Denken bleibt an ein Ich gebunden, das mit seinen wechselnden Wert-Setzungen nie den eigenen Horizont überschreitet, auch dann nicht, wenn es die eigenen Werte für allgemeingültig hält. Wahrheit und Würde hängen dagegen nicht vom je eigenen Gutdünken ab. Wahrheit kann für Jüngel auch nicht aus etwas Gemachtem bestehen, so wenig wie Würde.

Der Begriff Wert ist in unserem heutigen Sprachgebrauch derart selbstverständlich verankert, dass wir seinen ökonomischen Beiklang kaum noch wahrnehmen. Wir horchen erst auf, wenn von *Un*wert die Rede ist, was sofort ans Dritte Reich denken lässt. Auch Schmitt kommt immer wieder auf das Verhältnis von Wert und Unwert zu sprechen, ohne jedoch die Hitlerzeit in den Blick zu rücken. Für ihn setzt das Wertedenken mit dem Beginn der Säkularisierung ein. Es kommt auf, als man sich von Gott verabschiedet und von allem Absoluten. Statt sich mit seiner nationalsozialistischen Vergangenheit auseinanderzusetzen, kürt Schmitt jene neuzeitliche Haltlosigkeit zum Feind, die er mit Hitler überwinden wollte. Ähnliches lässt sich bei Heidegger beobachten, der nach dem Zweiten Weltkrieg verkündet, unser seinsvergessenes, planetarisch-technisches Denken habe nicht nur die maschinelle Landwirtschaft hervorgebracht, sondern auch die Gaskammern.[17] Nicht die Nazis sind dafür verantwortlich, es ist der neuzeitliche Nihilismus. Auch Heidegger spricht von der »Verstrickung in die Wirrnis der Wertvorstellung« und erklärt: »Mit dem Sein der Werte ist das Höchstmaß an Verwirrung und Entwurzelung erreicht.«[18]

Der Rechtswissenschaftler Christoph Schönberger bemerkt in seinem 2011 verfassten Nachwort zu Schmitts Werte-Schrift: »Die merkwürdige Diskrepanz zwischen Schmitts Insistieren auf dem potentiell tödlichen Charakter der Wertlogik und der Realität der frühen Bundesrepublik erklärt sich ... nicht allein aus der Kassandra-Pose, die er nach 1945 gern einnahm. Dieses Insistieren entlastet vielmehr den tief in das Dritte Reich verstrickten Autor, indem es die dem Wertdenken zugeschriebene Vernichtungslogik ausgerechnet in der Nachkriegsepoche kulminieren lässt.«[19] Das Gleiche ließe sich über Heidegger sagen, bei dem es heißt: »Die Zeichen der letzten Seinsverlassenheit sind die Ausrufungen der ›Ideen‹ und ›Werte‹.«[20] Nach 1945 sehen beide sich als standhafte Gestalten, die sich nicht dem gewendeten Zeitgeist andienen, trotz der Nachteile, die ihnen daraus erwachsen. Beide weigern sich, zu ihrer prominenten Unterstützung des Hitler-Regimes Stellung zu beziehen. Sie kriechen nicht zu Kreuze vor dem neuen, von den Siegern aufgezwungenen Wertegerede.

Als Blumenberg sich in seiner 1966 erschienenen Schrift »Die Legitimität der Neuzeit« noch ein halbes Jahrtausend nach Luther genötigt sieht, unsere Epoche zu verteidigen, nimmt er auch Carl Schmitt ins Visier. Schließlich steht er an der Spitze jener Modernitätskritiker, die heutige Selbstverständlichkeiten wie Pluralismus, Relativismus und Individualismus für zersetzerisch halten. Ein Staat, wie Schmitt ihn sich wünscht, ist damit nicht zu machen. Zu seinem Kampf gegen die Tyrannei der Werte gehört der Kampf gegen einen Moralismus, wie er ihn nicht nur bei der Linken am Werk sieht, sondern schlimmer noch bei den Juden. In einem Brief an Hans Paeschke, den Gründer des »Merkur«, schreibt er am 4.7.1949: »Die Emigranten sind unberechenbar und meistens potentiell geistesgestört in moralischer Hinsicht; sie sind durch Rechthaberei und berechtigte moralische Entrüstung außer sich und außerhalb des Menschlichen geraten.«[21] Am 24.4.49 notiert er in seinem »Glossarium«: »Lieber die Feindschaft Adolf Hitlers als die Freundschaft dieser zurückkehrenden Emigranten und Humanitären.«[22]

Zu Schmitts Paradoxien gehört, dass er selbst weder auf ewige Wahrheiten setzt noch auf zeitlose Prinzipien, sondern auf einen souveränen Herrscher, der ganz allein bestimmt, was zu gelten hat. Schmitts Dezisionismus läuft auf eine Willkür hinaus, bei der am Ende nur der Potentat das Sagen hat. An der Gestalt Gottes fasziniert ihn die unbegrenzte Entscheidungsbefugnis, der alles weichen muss. Gott steht für eine absolutistische Ordnungsinstanz, die Konflikte mit eiserner Hand niederhält. Nur auf diese Weise lässt sich Stabilität garantieren, um welchen Preis auch immer. Auf solche Art funktioniert auch die Mafia. Fangen die Leute erst einmal an zu diskutieren, ist Hopfen und Malz verloren.

FREMDBLEIBEN

Warum veranstaltet Strauss zeitlebens eine solchen Eiertanz um seine Geheimniskrämerei, mit der vielsagenden Beteuerung, dass Philosophen nicht laut sagen dürfen, was sie denken, außer in vertrauten Zirkeln? Warum hebt er so inständig hervor, dass sie ihre Botschaften zwischen den Zeilen verstecken müssen und nur in ungeschriebenen Lehren weitergeben dürfen? Woher dieser Exklusivitätsanspruch? Und woher der damit einhergehende Drang, an den konservativen Rändern der Law-and-Order-Fraktion anzudocken, in der Hoffnung, Hand in Hand mit den Mächtigen die westliche Welt vor ihrem Verderben zu retten? Woher diese Feindschaft gegen einen Liberalismus, dem Strauss ein Leben in Freiheit verdankt? Woher das Bedürfnis, die ganze Neuzeit auszupeitschen und sie mit einem soldatisch-elitistischen Staatsmodell à la Platon kurieren zu wollen?

Vielleicht gibt auf diese Fragen – zumindest teilweise – Adorno eine Antwort, wenn er in seinen »Minima Moralia« schreibt: »Jeder Intellektuelle in der Emigration, ohne alle Ausnahme, ist beschädigt und tut gut daran, es selber zu erkennen, wenn er nicht hinter den dicht geschlossenen Türen seiner Selbstachtung grausam darüber belehrt werden will. Er lebt in einer Umwelt, die ihm unverständlich bleiben muss, auch wenn er sich in den Gewerkschaftsorganisationen oder dem Autoverkehr noch so gut auskennt; immerzu ist er in der Irre.« Und weiter: »Der Anteil des Sozialprodukts, der auf die Fremden entfällt, will nicht ausreichen und treibt sie zur hoffnungslosen zweiten Konkurrenz untereinander inmitten der allgemeinen. All das hinterlässt Male in jedem Einzelnen. Wer selbst der Schmach der unmittelbaren Gleichschaltung enthoben ist, trägt als sein besonderes Mal eben diese Enthobenheit, eine im Lebensprozess der Gesellschaft scheinhafte und irreale Existenz. Die Beziehungen zwischen den Verstoßenen sind mehr noch vergiftet als die zwischen den Eingesessenen. Alle Gewichte werden falsch, die Optik verstört.«[1]

Hannah Arendt soll Strauss während ihrer gemeinsamen Jahre an der New Yorker New School of Social Research geschnitten haben. Löwith wiederum hält vermutlich auch deshalb Briefkontakt zu ihm, weil er günstigstenfalls Verbindungen spielen lassen kann. Strauss selbst treibt dagegen ein enormes Bedürfnis, sich gegen alles zu stemmen, was an linkem Geist nach Amerika schwappt, nicht nur durch die Frankfurter Schule. Niemand soll denken, dass er mit solchen Gestalten das Geringste zu tun hat. Politisch muss er dafür nicht eigens aufrüsten, seit seiner Jugend bewegt er sich in rechten Kreisen. Als Student tritt er in eine nationalistische Verbindung ein, einen Teil seines geistigen Rüstzeugs verdankt er Carl Schmitt, der ihm zu einem Rockefeller-Stipendium verholfen hat. Im März 1932 drückt er ihm in einem Brief seine Bewunderung aus für dessen jüngst erschienene Schrift »Der Begriff des Politischen«. Kurz darauf rezensiert er sie ausführlich, moniert jedoch, dass Schmitts Urteil über den Liberalismus zu milde ausfällt und der Radikalisierung harrt. »Die von Schmitt eingeleitete Kritik am Liberalismus kann … nur dann zur Vollendung kommen, wenn es gelingt, einen Horizont jenseits des Liberalismus zu gewinnen«, lautet Strauss' Fazit.[2] Konkret heißt das, es genügt nicht, nach einem starken Staat zu rufen, dieser Staat muss auch ideell gefüllt sein – mit rigiden Prinzipien und zeitlosen Regeln.

Während Schmitt an Hobbes' Staatsmodell anknüpft, das er autoritär auslegt, hält Strauss bereits Hobbes' Ansatz für grundfalsch. Sofern der Staat eine bloße Ordnungsfunktion ausübt und seinen Bürgern alle Glaubensfreiheiten lässt, existiert kein wirkliches Band zwischen ihnen. Was siegt, ist ein Individualismus, dem es zuerst einmal ums eigene Ego geht. Auch Schmitts Freund-Feind-Denken bleibt Strauss zu allgemein und austauschbar, man müsste es mit einem Tugendkatalog füllen, der vorgibt, was zu gelten hat und was nicht. Wer Hobbes zum Ausgangspunkt nimmt, ist schon viel zu sehr in die Neuzeit verstrickt. Mit seiner Überzeugung, dass die vorneuzeitliche Philosophie vor allem aus Galimathias besteht, reißt Hobbes schließlich alle Brücken hinter sich ab. Der Weg zur Wahrheit ist ihm dadurch versperrt.[3]

Ein Jahr nach der Schmitt-Rezension rühmt Strauss in seinem Brief vom 17. Mai 1933 an Löwith den Faschismus als die eigentlich richtige Regierungsform und zieht gegen den Liberalismus zu Felde.[4] Die meisten Emigranten finden damals Zuflucht in westlichen Ländern, vor allem in den USA. Einige orthodoxe Marxisten wie Lukács wählen den Weg nach Moskau, die Mehrzahl ahnt, dass man dort mit dem Leben spielt. Wohin hätte Strauss gehen sollen, nachdem man selbst in Paris und England nicht mehr vor den Nazis sicher war? Ein rechtes Regime, das nicht antisemitisch ist, wäre Strauss gelegen gekommen, doch wo gab es ein solches? Im Grunde blieben fast nur die USA.

Liberal angehauchte Straussianer werden nicht müde zu betonen, Strauss habe sich im Lauf der Jahre zum Liberalen gewandelt. Einige spärliche Sätze aus ein paar seiner Reden mag man dafür zwar anführen können, allerdings klingen sie derart defensiv, dass man den Eindruck gewinnt, es handle sich um matte, maliziöse Lippenbekenntnisse. Zuweilen frisst der Wolf bekanntlich Kreide. Noble Lügen spielen bei Strauss eine zentrale Rolle, nicht nur theoretisch. Verbergen und Verstecken gehören zu seinen philosophischen Kardinaltugenden, nur Eingeweihte dürfen wissen, worum es tatsächlich geht und worin die wahren Ziele bestehen. Mit Heidegger ist Strauss überzeugt, dass der Massenmensch nicht denkt, sondern bloß plappert. Reinen Wein darf man ihm nicht einschenken; entweder würde er nichts verstehen oder alles falsch. Um öffentlicher Hetze zu entgehen, muss man schweigen oder sich so ausdrücken, dass einem kein Strick daraus gedreht werden kann. Friedrich Kittler, dessen Medienanalysen Heideggers Technik-Kritik eine Menge verdanken, bekennt, er habe bei Strauss gelernt, »wie es geht, Heidegger treu zu bleiben, ohne ihn zu nennen«.[5]

Zuweilen redet Strauss aber auch Tacheles, ohne alle Umschweife. Aufschlussreich ist eine Rede, die er 1941 an der New School hält und die den Titel trägt: »Deutscher Nihilismus«. Wer glaubt, er meine damit die Nazi-Barbarei, sieht sich getäuscht. Denn nicht die Rechten sind in Strauss' Augen schuld, dass es zu dieser Barbarei gekommen ist, es sind die Liberalen und Linken. Ohne ihre Infragestellung aller klassischen Tugenden und ohne ihre Sittenlosigkeit hätte es nämlich keine Gründe gegeben, mit drastischen Mitteln gegensteuern zu müssen. »Niemand konnte mit dieser Nachkriegswelt zufrieden sein«, erklärt Strauss. »Die deutsche liberale Demokratie jeglicher Couleur erschien vielen als völlig untauglich für die Bewältigung der Schwierigkeiten, mit denen Deutschland konfrontiert war.«[6] Aus den Wirren der Weimarer Republik habe es nur zwei Auswege gegeben: den Weg zurück und den Weg des dekadenten Fortschritts. »Es war diese Perspektive, ... die zum Nihilismus führte. Die Aussicht auf einen befriedeten Planeten, ohne Herrscher und Beherrschte, auf eine planetarische Gesellschaft, die sich nur der Produktion und dem Konsum widmet, ... war für nicht wenige sehr intelligente und sehr anständige, wenn auch sehr junge Deutsche geradezu entsetzlich.«[7] Strauss verweist auf Ernst Jünger, der wie Heidegger in dräuendem Ton von einem planetarischen Denken spricht, das den Menschen immer heimatloser macht.

Während die Liberalen und Linken die Welt in den Abgrund reißen, arbeiten die »sehr intelligenten und sehr anständigen« Rechten an deren Rettung. Im rechten Widerstand erkennt Strauss einen notwendigen »moralischen Protest« gegen das libertinistische, sozialutopische Wüten einer Welt, die von allen guten Geistern verlassen ist. Das Niederträchtige der Liberalen und Linken besteht darin, dass sie ihr Zerstörungswerk im Namen von Freiheit und Gleichheit betreiben. Indem sie eine offene Gesellschaft propagieren, leugnen sie alle Grenzen, die dem Leben von der Natur gesetzt sind. Ihr Kosmopolitismus ist gleichbedeutend mit Realitätsverleugnung. Mit ihren so kindlichen wie kindischen Harmonie- und Friedensphantasien verwechseln sie das Leben mit einem Freizeitpark.

Laut Strauss muss man den Rechten dankbar sein für ihren Kampf gegen »die Errichtung einer vollkommen offenen Gesellschaft«, die zum »Tummelplatz von Vergnügungssüchtigen, Gewinnsüchtigen und verantwortungslosen Machtsüchtigen« werden soll und der »alles Ernsthafte abgeht«. Strauss erklärt: »Moralisches Leben ... bedeutet *ernsthaftes* Leben. Der Ernst und das Zeremoniell für eine solche Ernsthaftigkeit – die Fahne und der Eid auf die Fahne – sind die Kennzeichen einer *geschlossenen* Gesellschaft beziehungsweise einer Gesellschaft, die sich zuinnerst und jederzeit mit dem Gedanken an den *Ernstfall*, dem ernsten Moment, dem M-Day, dem Krieg konfrontiert und grundsätzlich mit ihm rechnet. Nur ein Leben in einer solch angespannten Atmosphäre ist wahrhaft menschlich, nur ein Leben, das auf dem immerwährenden Bewusstsein der Opferbereitschaft beruht, der es seine Existenz verdankt, und auf der Notwendigkeit, das eigene Leben und alle weltlichen Güter zu opfern: das Erhabene ist der offenen Gesellschaft unbekannt. Jene westlichen Gesellschaften, die eine solche offene Gesellschaft anstreben, sind in Wirklichkeit geschlossene Gesellschaften im Auflösungszustand.«[8] Kurzum: »Die offene Gesellschaft ist der geschlossenen Gesellschaft moralisch unterlegen.« Sie beruht auf Hypokrisie – auf Verlogenheit, Heuchelei, Selbstbetrug. Was diese Gesellschaft nicht kennt, sind »edle Tugenden«, wie die Antike sie anmahnt.

Auch in Carl Schmitts »Der Begriff des Politischen« heißt es: »Politisch ist ... immer die Gruppierung, die sich an dem Ernstfall orientiert. Sie ist deshalb immer die *maßgebende* menschliche Gruppierung.«[9] Auch Schmitt spottet über die Vision eines »pazifizierten Erdballs« mit ihrem realitätsfernen Gerede von der »Menschheit« und der Vorstellung, es könne »eine Welt ohne die Unterscheidung von Freund und Feind« geben – was er schlicht für idiotisch hält.[10] Strauss weiß sich nicht nur in bester Gesellschaft mit Platon und Schmitt, in gleicher Weise holt er sich Schützenhilfe bei zwei vollkommen konträren Dekadenzkritikern der Neuzeit, wenn er schreibt: »Wir wissen auch von Jean-Jacques Rousseau, wie leidenschaftlich sein Aufschrei gegen das Easy-going war und gegen die weithin verrottete Zivilisation eines Jahrhunderts, in dem der Geschmack regiert, und wir wissen es ebenso von Friedrich Nietzsches leidenschaftlichem Aufschrei gegen dieses Easy-going und die weithin verrottete Zivilisation des Industriezeitalters.«[11]

Was Strauss' Hohn auf Utopien im Allgemeinen angeht und auf Kojèves Weltstaat im Besonderen, so bemerkt dazu Löwith in einem Brief vom 18. August 1949: »Der Weltstaat ist gewiss Unsinn und contra naturam, aber die polis ist auch contra naturam, wie alle von Menschen geschaffenen geschichtlichen Institutionen.«[12] Solche Argumente prallen an Strauss allerdings so vollkommen ab, als existierten sie überhaupt nicht. Er ist vernarrt in den Kampf gegen ein demokratisches Unwesen, in dem Verweichlichung als Tugend gilt. An den Rechtsnationalen beeindruckt ihn ihr Opferwille, der keinen Spaß kennt: »Was sie hassten, war die Aussicht auf eine Welt, in der jeder glücklich und zufrieden wäre, in der jeder sein kleines Vergnügen am Tag und sein kleines Vergnügen in der Nacht hätte, eine Welt, in der kein großes Herz schlagen und keine große Seele atmen könnte, eine Welt ohne wirkliche, unmetaphorische Opfer, d.h. eine Welt ohne Blut, Schweiß und Tränen. Was den Kommunisten als die Erfüllung des Menschheitstraums erschien, erschien jenen jungen Deutschen als die größte Entwürdigung der Menschheit, als der Anfang vom Ende der Menschheit, als die Heraufkunft des Letzten Menschen.«[13]

Das Einzige, was er zu bedenken gibt, ist: »Sie hätten altmodische Lehrer gebraucht ... Leider ist der Glaube an den altmodischen Unterricht im Nachkriegsdeutschland stark zurückgegangen.« Weil diese altmodischen Lehrer von liberalen oder fortschrittsversessenen verdrängt worden waren, musste es kommen, wie es gekommen ist. »Die Heranwachsenden, von denen ich spreche, hätten Lehrer gebraucht, die ihnen in verständlicher Sprache die positive und nicht nur destruktive Bedeutung ihrer Bestrebungen hätten erklären können. Sie glaubten, solche Lehrer in der Gruppe von Professoren und Schriftstellern gefunden zu haben, die wissentlich oder unwissentlich den Weg für Hitler ebneten (Spengler, Moeller van den Bruck, Carl Schmitt, Baeumler, Ernst Jünger, Heidegger).«[14]

Es gibt gute Gründe, dass Strauss diese Rede nie veröffentlicht hat. Sie blieb so lange in der Schublade, bis man sie ein Vierteljahrhundert nach seinem Tod im Straussianer-Periodikum »Interpretation« abgedruckt hat. Angesichts seiner unverblümten Sympathiebekundung konnte es ihm nur recht sein, dass sie in den Wind gesprochen war, schließlich hatte er illustre Nazis wie Schmitt und Baeumler als sehr anständige Männer charakterisiert. Baeumler war der philosophische Hohepriester des Nationalsozialismus und Leiter des »Amts für die Überwachung der gesamten geistigen und weltanschaulichen Schulung und Erziehung der NSDAP«, genannt Dienststelle Rosenberg. Baeumlers Hassgesänge gegen den Amerikanismus klingen nicht weniger radikal als die gegen den Bolschewismus. Moeller van den Bruck, der den Nazis den Begriff des Dritten Reichs serviert hat, hatte sich 1925 das Leben genommen; Hitler wollte ihn bereits 1922 als weltanschaulichen Einflüsterer für seine Bewegung gewinnen. Strauss konnte Gott danken, dass sich nach dem Zweiten Weltkrieg die McCarthy'sche Säuberungswelle nicht gegen Rechte gerichtet hat. Er hätte Mühe gehabt, sich ein demokratisches Mäntelchen umzuhängen.

NIHILISTISCHER RELATIVISMUS

Auf Schritt und Tritt steht der Relativismus auf der Anklagebank, immer mit der Begründung, er sei identisch mit Prinzipienlosigkeit und Indifferenz. Relativismus bedeutet Abschied von unantastbaren Wahrheiten. Sofern jemand überhaupt noch Überzeugungen besitzt, kann er nur mit angezogener Handbremse für sie eintreten, schließlich fordert das Toleranzgebot, dass andere Überzeugungen ebenso ihr Recht besitzen. Was fehlt, ist jeder Grund und Boden, alles gerät ins Schwimmen. Am Ende laufen der Relativismus, Liberalismus und Pluralismus allesamt auf Nihilismus hinaus.

Strauss fügt diesen durchweg pejorativ benutzten Begriffen noch den des Historismus hinzu. Er verwendet ihn anders als üblich, schließlich meint er damit nicht die im 19. Jahrhundert aufkommende neoklassizistische oder neogotische Architektur, er meint jede Art von geschichtlichem Denken. Inkarniert sieht er dieses Denken nicht nur bei Hegel, sondern radikaler noch bei Max Weber, dessen Soziologie alles in kulturhistorische Kontexte auflöst. Dadurch, dass Weber bloß noch geschichtlich-gesellschaftliche Prozesse kennt, verabschiedet er sich von jeder objektiven Wahrheit und allen zeitlosen Normen – ob er will oder nicht. Da Strauss ihn persönlich jedoch für integer hält und ihm keine bösen Absichten unterstellt, bescheinigt er ihm einen »noblen Nihilismus«.[1] Als Wissenschaftler lässt sich ihm weder ein Mangel an Fleiß vorwerfen noch an Redlichkeit, weil für ihn jedoch der höchste Lebenswert in der »absoluten Hingabe an eine ›Sache‹« besteht, verkehrt er den »kategorischen Imperativ ›Du sollst Ideale haben‹ in das Gebot ›Du sollst leidenschaftlich leben‹«, behauptet Strauss.[2]

Ohne objektive Wahrheit führt jede Forschung ins Sinnlose: »Der Historismus gipfelte im Nihilismus. Der Versuch, den Menschen in dieser Welt absolut heimisch zu machen, endete damit, dass der Mensch absolut heimatlos wurde«, stellt Strauss voller Bedauern fest.[3] Man kann diese Sinnlosigkeit mit einer Menge Wissen füllen und durch akademische Umtriebigkeit kompensieren, damit aber keinerlei Fehlentwicklung verhindern und zu keinem einzigen höheren Ziel zurückfinden. Wohin man blickt, überall klafft das Nichts. Das neuzeitliche Subjekt strampelt in einer Leere umher, die es für Fülle hält. Es fehlt ihm jeder panoramische Blick, alles entgleitet. Statt in den Niederungen des Sozialen herumzuwühlen, müsste man sich zuerst einmal um das ontologische Gesamtgerüst kümmern: »Nur eine solche umfassende Sicht ermöglicht irgendeine Art von Erkenntnis, Wahrnehmung, Orientierung.«[4]

Obwohl Strauss sich für einen großen Philosophen hält, scheint er kaum wahrgenommen zu haben, dass es vor zweihundert Jahren einen Kant gab, der nach den Grundlagen unserer Erkenntnis gefragt hat. Philosophieren heißt für Kant: »sich im Denken orientieren«.[5] Statt dogmatische Behauptungen über Gott und die Welt aufzustellen, sollten wir uns fragen, ob ein solches Philosophieren nicht auf tönernen Füßen steht. Schließlich könnte es sein, dass unsere Theorien vor allem etwas über unsere eigene Gedankengrammatik aussagen und weniger über die Welt als solche. Metaphysische Generalaussagen über eine ewig gültige Ordnung entspringen in Kants Augen reiner Spekulation, beweisen lässt sich daran nichts. Sich im Denken orientieren bedeutet, den Blick auf die Mechanismen unserer zerebralen Gerätschaften zu richten, statt Aussagen zu treffen, die wir mit dem Wesen der Welt verwechseln.

Doch was soll's? Kants Metaphysikkritik gibt in den Augen von Strauss ein besonders eklatantes Beispiel ab für die tiefe Krise der Neuzeit. Immerhin behauptet Kant, so gut wie alle bisherige Philosophie sei in »dogmatischem Schlummer« verharrt, was bedeutet, dass Platon allenfalls noch unter literarischen Gesichtspunkten interessant ist oder unter kulturgeschichtlichen.[6] Max Weber ist für Strauss das Kind des Neukantianismus und der historischen Schule. Vom Absoluten haben beide Abschied genommen.[7] Sie bewegen sich nicht mehr in den Sphären der Seinsordnung, sie waten in den Sümpfen der Empirie und vergänglicher Phänomene umher. Weber blickt auf die Geschichte der

Landwirtschaft gleich distanziert wie auf die Ideen der Reformation, wissenschaftliche Erkenntnis und Werturteile haben in seinen Augen als zwei Paar Stiefel zu gelten. Glauben und Wissen, persönliche Meinung und akademische Forschung, politische Überzeugung und intellektuelle Sachlichkeit darf man seines Erachtens nicht vermengen. Und genau daran entzündet sich Strauss' Kritik. Denn wer den Menschen in zwei Teile reißt und das Normative vom Kognitiven trennt, zerstört, worauf es einzig ankommt – nämlich aufs Große und Ganze.

Nicht nur Straussianer bekämpfen die von Weber eingeklagte Wertfreiheit der Wissenschaft, auch auf linker Seite entlarvt man sie als bürgerliche Ideologie. Wer an Wertfreiheit glaubt, stellt sich in den Dienst des Faktischen und gibt jeden Wahrheitsanspruch auf und jeden Willen, die Dinge in ein wünschenswertes Gleis zu bringen. Bei keinem Wissen handelt es sich um etwas Neutrales, überall spielen Interessen mit, alles steht mit allem in Zusammenhang. Nicht nur die 68er wollen die Welt verändern, nicht minder wollen es die Straussianer, wenngleich in konträrer Richtung. Wissenschaft dient ihnen als Mittel zum Zweck, ohne vorgegebenes Ziel bleibt sie wertlos.

Während jedoch ein existentialistischer Marxist wie Sartre davon ausgeht, dass jedes Ziel, das wir uns setzen, auch anders ausfallen könnte, ist Strauss überzeugt, dass es fern aller historischen Umstände und subjektiven Bedingungen etwas Objektives gibt. Als Strauss während der Hochphase des Existentialismus seine Schrift »Naturrecht und Geschichte« veröffentlicht, bemerkt er im Vorwort: »Sobald wir uns bewusst werden, dass die Prinzipien unseres Handelns keine andere Stütze besitzen als unsere blinde Wahl, glauben wir in Wahrheit nicht mehr an sie. Wir können nicht mehr von ganzem Herzen nach ihnen handeln. Wir können nicht mehr als verantwortungsbewusste Wesen leben. Um leben zu können, müssen wir die leicht zu unterdrückende Stimme der Vernunft zum Schweigen bringen, die uns sagt, dass alle unsere Prinzipien ebenso gut sind und ebenso schlecht sind wie alle anderen Prinzipien auch. Je mehr wir eine solche Vernunft kultivieren, desto mehr kultivieren wir den Nihilismus.«[8]

Strauss glaubt, es gebe auf der einen Seite die Stimme der wahren Vernunft und auf der andern die falsche des jeweils herrschenden Zeitgeists. Er ist überzeugt, dass es im Kopf richtiger Philosophen einen Knopf gibt, mit dem sie das Absolute anknipsen können. Dieser Knopf bringt Licht ins Dunkel, in ihrem Innern erstrahlen Platons Ideen. Weder irren sie fortan in einem relativistischen Wirrwarr umher, noch müssen sie diesen Wirrwarr mit einem Toleranzgesäusel beschönigen, das von nichts als Desorientierung kündet. Relativismus, Toleranz und Nihilismus sind aneinander gekoppelt, auf bedauernswerte Weise. Toleranz bedeutet, Angst zu haben vor der Wahrheit und davor, für sie einstehen zu müssen. Wer auf die Toleranztube drückt, hat jeden Wahrheitsanspruch an den Nagel gehängt. Er redet sich ein, »daß unsere Prinzipien genau so gut oder schlecht sind wie etwelche anderen Prinzipien«.[9]

Für Strauss bedeuten Relativismus und Toleranz, dass jeder denken, tun und lassen kann, was er will, und dass das auch alle anderen akzeptieren müssen. Wie absurd diese Vorstellung ist, beweisen überall auf der Welt Verhältnisse, die den Namen Demokratie verdienen. Nirgends gilt dort, dass alles erlaubt ist und jeder alles hinzunehmen hat. Unter dem Lemma »Toleranz« heißt es in Diderots Enzyklopädie: »Tausend Wege führen zum Irrtum, nur einer führt zur Wahrheit: glücklich ist, wer ihn zu erkennen weiß!«[10] An keiner einzigen Stelle in diesem Artikel ist davon die Rede, dass tolerante Leute alles abnicken. Voltaire war im Namen der Toleranz kirchlichen Machtansprüchen entgegengetreten. Sein Ruf nach Toleranz lief darauf hinaus, dass man sich nicht mehr alles gefallen lässt, was einem von oben diktiert wird. Mit dem Ruf nach Toleranz wurde das Ende des Feudalismus eingeläutet. Toleranz bedeutete, dass man mit dem Begriff Wahrheit fortan sorgfältiger umzugehen hat. Mit Indifferenz hat das alles wenig zu tun.

Wo der Pluralismus, das Toleranzgebot und der Relativismus als nihilistisch diffamiert werden, ist auch Carl Schmitt nie weit. Während Strauss das Menetekel einer entsetzlichen Haltlosigkeit an die Wand malt, sieht Schmitt den Krieg aller gegen alle heraufziehen, wo nicht ein Souverän bestimmt, was zu gelten hat und was nicht. Für beide führt die Idolatrisierung der Toleranz in ihr genaues Gegenteil, nämlich zu einem verbissenen Kampf gegen alles Standfeste. Wer Toleranz predigt, hängt einem Weltverbesserungsprogramm an, das nur akzeptiert, was einer antikonservativen Linie entspricht. Unkriegerisch sei am Liberalismus lediglich dessen Vokabular, behauptet Schmitt. Der Gegner heiße nun nicht mehr Feind, man diffamiere ihn als Friedensstörer.[11]

POLITISCHE ENTPOLITISIERUNG

Am 23. November 1932 hält Carl Schmitt vor deutschen Industriellen eine Rede mit dem Titel: »Starker Staat und gesunde Wirtschaft«. Er erklärt dort: »Wir erlebten in Deutschland eine Politisierung aller wirtschaftlichen, kulturellen, religiösen und sonstigen Fragen des menschlichen Daseins, die vor dem 19. Jahrhundert unbegreiflich gewesen wäre.« Am liebsten würde Schmitt diese Entwicklung rückgängig machen.[1] Schließlich gipfelt sie in dem linken Gerede, dass alles politisch ist, auch das sogenannte Private. Was wiederum heißt, dass es sich um keine Privatangelegenheit handelt, wenn ein Mann seine Frau schlägt oder seine Kinder, zumal dahinter ein ganzer Wust aus tradierten Vorstellungen und Rollenbildern steckt, die auch anderswo Auswirkung zeigen und die es zu ändern gilt.

Genau das aber ist Schmitt zuwider. Dass Moralisten sich der Politik bemächtigen, um ihre Weltbilder durchzudrücken, widerstrebt ihm. Ein Staat, der das zulässt, gibt sich selbst auf. Tritt er einem derartigen Unwesen nicht schon früh entgegen, hält er dem Ansturm von allerlei Parolen und Postulaten bald nicht mehr stand: »Er muß jedem nachgeben, jeden zufriedenstellen und den widersprechendsten Interessen gleichzeitig zu Gefallen sein. … Der Zwang zur totalen Politisierung scheint unentrinnbar.« Jeder Dahergelaufene fühlt sich berufen, Forderungen zu stellen, in dem Irrglauben, der Staat müsse ihm zuhören. Nicht nur größere Verbände, auch zahllose Splittergruppen können ihn bloß noch »unter der Bedingung tolerieren, daß dieser Staat ihr Ausbeutungsobjekt ist«.[2]

Was dagegen tun? Der Ausweg kann nur in forcierter Entpolitisierung bestehen. Man muss die Familie wieder Familie sein lassen, den Sport wieder Sport, die Kultur wieder Kultur, die Tradition wieder Tradition. Das soziale Miteinander darf man nicht mit politischer Bedeutung überfrachten, es hat als eigener Bereich zu gelten, vom Stammtisch bis zum sonntäglichen Kirchgang. Erst in dem Moment, wo alles wieder an seinem Platz ist, erhält die Welt ihre organische Ordnung zurück. Vor allem aber muss man aufhören, das gesamte Wirtschafts- und Geschäftsleben mit politischen Kategorien zu beschweren – wie es seit dem 19. Jahrhundert leider üblich ist, man denke nur an Marx. Um gegen diese Vermischung von allem und jedem anzugehen, bedarf es, wie Schmitt formuliert, »als des ersten einer sauberen, klaren Unterscheidung der staatlichen und der staatsfreien Sphäre«. Konkret heißt das: »Nur ein sehr starker Staat könnte die furchtbare Verfilzung mit allen möglichen, der Sache nach nicht staatlichen Angelegenheiten und Interessen lösen. Das wäre ein schmerzhafter chirurgischer Eingriff.«

Schmerzhaft wäre er, weil wir inzwischen gewohnt sind, auf alles einen weltverbesserischen Blick zu werfen. Darin besteht das heutige Unheil. »Die Loslösung von der Politik ist bei dem heutigen Stand der Dinge ein spezifisch politischer Akt. Sie kann nicht aus parteipolitischen Motiven, … sondern nur von der Seite des staatlichen Ganzen her kommen«, erklärt Schmitt und fügt hinzu: »Nur ein starker Staat kann entpolitisieren, nur ein starker Staat kann offen und wirksam anordnen, daß gewisse Angelegenheiten, wie Verkehr oder Rundfunk, sein Regal sind … und alles übrige der Sphäre der freien Wirtschaft überlassen wird.«[3]

In seltener Deutlichkeit spricht hier aus Schmitt der Apologet eines kapitalistischen Unternehmertums, das sich von Gerechtigkeitsfanatikern nicht in die Schranken weisen lassen will, egal, ob sie sozialistisch angesäuselt sind oder kirchlich oder sonst wie. So platt jene marxistische Allround-Erklärung für den Faschismus anmutet, derzufolge er nichts ist als eine brutale Machtsicherung kapitalistischer Interessen, so ungeschminkt erweist Schmitt sich als deren Advokat. Ginge es nach ihm, müsste der Staat dafür sorgen, dass die Wirtschaft ungebremst dem Laissez-faire-Prinzip huldigen kann. Die Stärke des starken Staats erweist sich für ihn darin, dass die Wirtschaft frei schalten und walten können muss, während demokratieselige Partizipationskrakeeler das Maul zu halten haben. Je weniger Staat auf der einen Seite, desto mehr auf der andern: Ökonomische Deregulierung wird durch politische Reglementierung garantiert. Der starke Staat kann nicht erlauben, dass politische Gegensätze das öffentliche Leben aufmischen und allerlei konkurrierende Interessengruppen das größtmögliche Stück vom Kuchen erhaschen wollen, angefangen von den Parteien über die Gewerkschaften bis zu zig anderen Akteuren, die sich alle furchtbar wichtig nehmen. Das parlamentarische Zankgeschrei trägt so wenig zum Funktionieren des Ganzen bei wie ein zersetzerischer Pluralismus. Weder linke Moralisten noch liberale Freiheitsheuler stützen den Staat und schon zweimal keine Medien, die ihr Hauptgeschäft im Kritisieren sehen. Was nottut, sind Führungsfiguren, die ihre Sache durchziehen.

Solange sich der Staat als öffentliches Streitforum missversteht, untergräbt er sich selbst. Wo Entscheidung nottut, muss von jetzt auf gleich entschieden werden, ohne Wenn und Aber. Obwohl das Politische für Schmitt das A und O bildet, plädiert er für einen Staat, der das Gegenteil dessen betreibt, was man Politisierung nennt. Politik besteht für ihn nicht darin, dass möglichst viele ihren Senf dazugeben, ihre Aufgabe besteht darin, die Massen in den Griff zu kriegen – was ohne Zwang schwerlich geht. Statt ständig Kompromisse auszuhandeln, muss der Staat Tatsachen schaffen. Er ist nicht dazu da, permanent Krisen zu lösen, er sollte sie erst gar nicht aufkommen lassen oder von vornherein im Keim ersticken. Am besten lässt der Staat sein Volk vergessen, dass

Politik etwas Wichtiges ist. Das Volk soll seiner Arbeit nachgehen und sich in der restlichen Zeit unterhaltsameren Dingen hingeben. Warum sich in Angelegenheiten einmischen, die andere regeln?

»Wo die politische Aktivität beginnt, hört die politische Romantik auf«, lautet ein markanter Satz von Schmitt.[4] Widersprechen lässt sich dem schlecht, das Gegenteil ist aber auch nicht unwahr. Wie stets operiert Schmitt mit strikten Gegensätzen, die nicht zwingend Gegensätze sein müssen. Schließlich speist jeglicher weitreichende Veränderungswille sich aus Hoffnungen, die auf den ersten Blick abwegig erscheinen. Wer jedoch am liebsten in konträren Kategorien denkt und nur den Ausnahmezustand auf der einen Seite kennt und eine erzwungene Ordnung auf der andern, wischt alles weg, was sich an Möglichkeiten dazwischen eröffnet. Die Vorstellung, dass Interessenkämpfe automatisch im Krieg aller gegen alle enden, grenzt ans Absurde. Sie machen unsere Normalität aus, Tag für Tag, jedenfalls in demokratischen Staaten. Schmitt aber ist ins Absolute vernarrt, alles Kompromisslerische mag er nicht. Nur wer radikal antithetisch denkt, behält in seinen Augen die Übersicht.

SCHMITTS BRILLANZ

Immer wieder werden Schmitts Klarheit, seine gedankliche Schärfe, seine geistige Brillanz gerühmt, selbst von solchen, die ihm politisch nicht nahestehen. Im Vergleich mit manch anderen zeitkritischen Stimmführern des 20. Jahrhunderts zeichnet Schmitt sich tatsächlich durch eine kristalline Diktion aus. Man muss seine Sätze nicht drei Mal lesen, sie sind nicht schwer zu verstehen. Im Grunde besteht alles aus Oppositionspaaren: hier die Kategorie X, dort die Gegenkategorie Y, hier Freund, dort Feind. Zuweilen fügt Schmitt in seine Texte sogar Tabellen ein: links die eine Begriffsgruppe, rechts die entgegengesetzte.

Man fühlt sich wie in der Schule, auf diese Weise lassen sich Sachen leicht einprägen.

Wer ein klares Koordinatensystem besitzt, kann mühelos Scharfsinn beweisen, er ordnet alles in ein Schema ein. Ob solche Schemata selbst brillant sind, steht auf einem anderen Blatt; das Wichtigste, es herrscht Übersicht: die guten ins Töpfchen, die schlechten ins Kröpfchen. Schmitt geht es keineswegs nur um sachliche Einteilungen, er liefert meist auch gleich eine Wertung mit. Wo immer bei ihm Oppositionspaare auftauchen, geht es um Plus und Minus und Pro und Contra. Vordergründig gibt er den akribischen Definitionsspezialisten, de facto spielt überall Polemik mit. Was Schmitt am allerwenigsten erträgt, ist ein schwiemeliges Einerseits-andrerseits, ein zögerliches Sowohl-als auch, ein feiges Ja-aber. In Gegensätzen denkt sich leichter als in krummen Windungen. In gleicher Weise, wie Schmitt das parlamentarische Diskussionstheater verachtet, verachtet er ein ewiges Hin-und-her-Reflektieren, dem jede Entschlusskraft fehlt. Diplomatie war Schmitts Sache nie, er hatte es gern direkt, jedenfalls in Zeiten, als er sich das leisten konnte. Dass so etwas Vorteile besitzt, lässt sich schwer leugnen – man weiß, woran man ist. Dezisionismus heißt sich entscheiden, es ist das Gegenteil von Lavieren.

Man muss die Dinge nur entschlossen sortieren. Darin ist Schmitt Meister. So sorgt man für Reduktion von Komplexität. Derrida macht das Gegenteil. Er schaut alle Begriffe von hunderterlei Seiten an, so lange, bis jede Klarheit schwindet. Derrida betreibt die Verhinderung von Eindeutigkeit. Wo Schmitt Grenzen zieht, reißt Derrida sie ein. Bei dem einen treffen wir immerzu auf Demarkationslinien, beim andern weist alles ins Uferlose. In seinem »Glossarium« bemerkt Schmitt: »Die erste Voraussetzung für die Fähigkeit zu guten Definitionen ist eine seltene Fähigkeit: die Ausgrenzung des Unausgrenzbaren.«[1] Diese Bemerkung klingt umso erstaunlicher, als Schmitt damit explizit hervorhebt, dass Grenzen willkürlich gezogen werden; anders könnte er nicht vom Unausgrenzbaren reden. Mit Definitionen errichten wir Gartenzäune, nicht selten auch Mauern.

Derrida hat sich immer wieder mit Schmitt auseinandergesetzt, vor allem in seinen späteren Schriften. Er hält ihm keineswegs vor, dass er Unterscheidungen trifft, ihn stört das Klobige und Naive. Um Unterscheidungen kommt niemand herum, es fragt sich nur, wie man sie trifft und zu welchem Zweck. Niemand ist nur der, als den er sich selbst definiert und oder als der er definiert wird. Definitionen sind Definitionen, das Leben ist etwas anderes. Selbst wenn Definitionen nicht falsch sind, sind sie nicht alles. Man muss nicht gleich Rimbauds vielzitierten Satz bemühen »Ich ist ein anderer«, um die Vorstellung von einem festen Selbst in Frage zu stellen. Nichts kann schlimmer sein, als in einer Schublade zu stecken, aus der man nicht herauskommt. »Das Gesicht des Verrückten kann eine Maske sein; und hinter der Maske mag, weiser als der Weise, ein Weiser verborgen sein«, gibt Derrida mit Blick auf Schmitts Identifizierungsdrang zu bedenken.[2] Nicht nur bewegen wir alle uns in unterschiedlichen Zusammenhängen, auch leben und sprechen wir in Anführungsstrichen, wie es bei Derrida heißt. Jeder spielt Theater, vor sich selbst und vor andern; wo das Theater beginnt und wo es endet, wissen wir meist nicht. Wer welche Rollen spielt, liegt nie allein an ihm selbst, zuweilen hat man nicht die geringste Wahl. Auch können Rollen sich ändern, je nach Umständen und Umgebung.

Welche Kosten Schmitts Übersichtlichkeit mit sich bringt, zeigt allein seine obsessive Fixierung auf den Staat. Alles Gesellschaftliche spielt bei ihm nicht nur keine Rolle, es stört regelrecht. Während das Kräftespiel zwischen Gesellschaft und Staat bei Hobbes, Hegel und Habermas im Zentrum steht, gewährt Schmitt der Gesellschaft so gut wie keinen Raum. In seinen Augen hat die Gesellschaft sich dem Staat zu fügen und zu funktionieren; tritt sie als Störfaktor auf, wandeln Schmitt Strafgedanken an. Als in der noch jungen Bundesrepublik der Protest gegen die Notstandsgesetzgebung immer lauter wird, kann er nur den Kopf darüber schütteln, dass der Staat es so weit hat kommen lassen, schließlich darf das Volk dem Souverän niemals auf der Nase herumtanzen. Wie Strauss kultiviert auch Schmitt einen Degout gegen eine Soziologie, die ständig verstehen will, was in der Gesellschaft rumort. Würde der Staat für strenge Regeln sorgen und sie mit der nötigen Entschiedenheit durchsetzen, müsste man nicht ständig das Hörrohr an Volkes Brust halten, um sein Röcheln zu vernehmen. Man könnte sich das viele Nachdenken über soziale Strömungen, zeitgeistige Veränderungen und rebellische Anwandlungen ersparen.

Nach allem, was man über Schmitts Leben weiß, strahlte es wenig von der ehernen Ordnung aus, die sich in den Koordinatensystemen seiner Schriften findet. In jungen Jahren schwankt er zwischen Dichtung, Jura und Politik, bis zuletzt bleiben seine Interessen breit gefächert. Seine juristisch klare Sprache ist durchzuckt von expressiver Wucht, sein Sachlichkeitston kippt immer wieder ins Dramatische um, inmitten diagnostischer Nüchternheit blitzt jäh der unheilkündende Augur in Schmitt auf. Nicht zufällig freundet er sich während des Studiums mit Theodor Däubler an, den er für den bedeutendsten deutschen Dichter hält und dessen donnerndem Versepos »Das Nordlicht« er den »Sieg des Geistes, die Ueberwindung aller Relativität, die Erringung der Transzendenz« bescheinigt. Bei Däubler sieht er all die schicksalsschweren, jahrtausendealten Grundsatzfragen behandelt, welche da lauten: »Was wird aus der Menschheit? … was bedeutet der Gegensatz von Mann und Weib? was bedeutet das Böse in der Welt? was die schauerlichen Orgien, die immer wiederkehren?«[3]

Wenn Schmitt in seiner 1919 erschienenen Schrift »Politische Romantik« gegen alles Gefühlige und Subjektivistische polemisiert, könnte man meinen, ihm sei all das fremd. Dass sein politischer Dezisionismus sich jedoch einem existentialistischen Pathos verdankt, das mit den Haltlosigkeiten eines schwankenden Ichs nur schwer zurechtkommt, darauf weist Herbert Marcuse bereits in seinem 1932 erschienenen Artikel »Der Kampf gegen den Liberalismus in der totalitären Staatsauffassung« hin, wo es heißt: »Wir sahen, dass das Existenzielle als solches jeder über es hinausgehenden Rationalisierung und Normierung enthoben wird: es ist sich selbst absolute Norm und keiner rationalen Kritik und Rechtfertigung zugänglich.«[4] Dezisionismus setzt einen schwankenden Willen voraus, der sich willkürlich für dies entscheidet und gegen jenes. Es geht um Entschlusskraft und Tat, in welcher Weise auch immer. Paradoxerweise hält Schmitt just diesen neuzeitlichen Subjektivismus für ein Grundübel, das zur Gefährdung jeglicher Ordnung führt.

Allein der Entschluss, die Welt in Freund und Feind einzuteilen, entspringt einem voluntaristischen Hauruck. Dass Schmitt sich dessen bewusst ist, bezeugt ein Eintrag vom 23.9.1948 in seinem »Glossarium«, wo es heißt: »Die einzige konkrete Kategorie des Existentialismus habe ich gefunden: Freund und Feind.«[5] Für Marcuse ist Schmitt *der* politische Existentialist par excellence. Anders ließe sich auch schwerlich seine Begeisterung für den absoluten Souverän verstehen, zu dessen Hauptmerkmal rücksichtlose Entscheidungsfreiheit gehört. Der Souverän ist souverän, weil er sich an nichts halten muss; genau das fasziniert Schmitt. Im Souverän verwirklicht sich das absolut gewordene Subjekt. »Wesentlich ist nur, *daß* eine Richtung eingeschlagen, *daß* Partei genommen wird«, heißt es bei Marcuse; wofür und wogegen ist zweitrangig.[6]

Schmitt hat sich für den Faschismus entschieden, er hätte sich auch für den Bolschewismus entscheiden können – das Wichtigste, man legt sich fest. Hat man einen Feind, hat man ein Ziel; hat man ein Ziel, weiß man, wer man ist. Der Feind verhilft einem zu einer eigenen Kontur: Man weiß nun, wer man nicht sein will.[7] Leitmotivisch zitiert Schmitt die Verse von Theodor Däubler: »Der Feind ist unsere eigene Frage als Gestalt./Und er wird uns, wir ihn zum selben Ende hetzen.«[8] Wer einen Feind hat, steht stramm, er verliert sich nicht in subjektivistischer Verzettelung. Alle Wirrniss hat ein Ende: Der Andere ist der Andere, wir sind wir. Es geht nicht mehr wie bei Hegel um Vermittlung, es geht um glasklare Grenzen.

Gewiss gibt es biographische Gründe, warum Schmitt sich dem Faschismus nahefühlt und nicht dem Bolschewismus. Bereits seine frühe Schwärmerei für den mittelalterlichen Katholizismus lässt eine Nähe zur romantischen Tradition eines Novalis und Eichendorff erkennen. Schmitts politische Aversion gegen die Romantik bleibt zutiefst romantisch geprägt. Hinter seinem Gegeifer gegen das demokratische Gewusel und Gewese verbirgt sich eine antibürgerliche Sehnsucht nach Größerem und Höherem. Zum Großen und Grandiosen gehört eine machtvolle Ordnung, die einen erschauern lässt, voller Demut und Bewunderung. Zittern und Jubeln gehören zusammen. Der Romantiker in Schmitt sehnt sich nach dem Tremendum.

Allerdings steckt in ihm auch ein frei flottierender Kolumnist, der tagespolitisch austeilt. Und zugleich ein Katasterbeamter, der auf die Welt mit Zirkel und Lineal losgeht. Das Essayistische und Ordnungsversessene, Subjektivistische und Prinzipienreiterische greifen bei ihm querbeet ineinander. Auch das kennt man von den Romantikern. Sie alle gieren in ihrem Entgrenzungsdrang immer auch nach Grenzen. Einerseits beschwören sie unaufhörlich das Unendliche, andrerseits wollen sie ständig eine Heimat finden. Friedrich Schlegel besingt in jungen Jahren die freie Liebe und versucht alle Schranken einzureißen, bald aber schon kriegt er Angst vor seiner vielbesungenen Haltlosigkeit und sucht Zuflucht im Schoß der katholischen Kirche. Schmitt muss nicht erst wie Schlegel Mitte dreißig werden, um in sich ein tiefes Verlangen nach Ordnung zu verspüren.

Die Hoffnung, dass solche Konversionen vom vermaledeiten Subjektivismus befreien, muss freilich Illusion bleiben. Schließlich kann man jederzeit nochmals eine andere Wahl treffen oder auch alles wieder rückgängig machen. Das subjektivistische Dilemma besteht fort, ob es einem gefällt oder nicht. Der Glaube, man entscheide sich für etwas Objektives oder gar Absolutes, entspringt einer arbiträren Wahl. Sinnangebote gibt es so viele wie Artikel im Supermarkt. Auch fundamentalistische Modernekritiker entkommen der Moderne nicht. Ihr Ruf nach Entschlossenheit und Entscheidung zeigt nur, wie sehr sie in ihr gefangen sind. Der existentialistisch gepredigte Selbstentwurf lebt vom Sprung in eine Eigentlichkeit, die bei Kierkegaard die Gestalt eines ichversessenen Christentums annimmt und bei Sartre die eines voluntaristischen Marxismus. Beides bildet einen Widerspruch in sich. Die Möglichkeit, sich selbst zu entwerfen, setzt eine Freiheit voraus, wie es sie nur in einer Welt gibt, die kein einigendes Firmament mehr kennt. Freiheit ist nur möglich, wo kein absoluter Sinn uns erdrückt. Wer diese Freiheit schlecht aushält, ruft nach dem Absoluten. Worin dieses Absolute besteht, bestimmt jedoch er allein, als ein einzelnes Subjekt unter Millionen. Was aber, wenn ihm morgen anderes in den Sinn kommt? Und übermorgen wieder anderes? So wie Garaudy, bei dem das eine Absolute das andere jagt, in lebenslänglicher Hysterie, die nichts mehr hasst als alles Lauwarme und Ungewisse.

Schmitts Drang zur Entschlossenheit findet seine philosophische Ausformulierung in Heideggers »Sein und Zeit«, wo es heißt: »Der Unentschlossene versteht sich aus den ... wechselnd sich andrängenden nächsten Begebenheiten und Zufällen.« Wer sich nicht dem Gewirr von Zufällen überlassen will, muss eine Wahl treffen, mit der er festlegt, was für ihn künftig gelten soll und was nicht. Das Wichtigste, man schlingert nicht mehr. Der Entschlossene, heißt es bei Heidegger, werde nie mehr »unentschlossen seine Zeit verlieren«.[9] Auch Heidegger macht den relativistischen Liberalismus verantwortlich für eine Zerstreuungssucht, die in »selbstvergessene Verlorenheit« führt.[10] Demgegenüber kann der zur Entschlossenheit Entschlossene von sich behaupten, dass er »die Verlorenheit in die Unentschlossenheit existentiell untergraben« hat.[11] Unentschlossenheit setzt Heidegger gleich mit »Unständigkeit«, was heißen soll, dass sie keinen Stand hat.[12] Entschlossenheit setzt er dagegen mit einer Ständigkeit gleich, die Beständigkeit verspricht. Heidegger spricht von einer verlorenen Bodenständigkeit, die durchs Entschlossene wieder an Boden gewinnt.[13] Auch hier muss das Etymologisieren wieder einmal alles richten. Könnte jedoch etwas paradoxer sein, als sich per Entschlossenheitsbeschluss eine neue Bodenständigkeit zu verschaffen?

Unter dem 22.6.1948 heißt es in Schmitts »Glossarium«: »Ernst Jünger spricht öfters ... von der ordnenden Kraft meiner Gedanken und meiner Fähigkeit zu definieren. Viele haben diese Kraft bemerkt und auch davon gesprochen. Aber sie sahen mich nur in der Öffentlichkeit, in der Darbietung und Darstellung meines Faches und Berufes.

Sie sahen nicht mein hartes, zerstörtes Privatleben, das ich jener Ordnungsaufgabe geopfert habe.« Es folgt der Zusatz: »Das sind aber erst die antithetisch-vordergründigen Aspekte. Etwas weiter zurück würde man wohl auf eine Wüste stoßen …« Schmitt zitiert einen Geheimrat am Zehnthoff, der zu ihm gesagt hat: »Ich habe in meinem langen Juristenleben keinen Menschen kennengelernt, der mehr Ordnung in seinen Gedanken und Begriffen hatte als Sie, aber auch keinen, der mehr Unordnung und Durcheinander in seinem Privatleben gehabt hätte.«[14]

In Schmitts Tagebüchern aus den 1920er Jahren begegnen wir einem zerknirschten Sinnsucher. Er charakterisiert sich dort als »immer sehr überreizt und nervös«, als rast- und ruhelos, als selbstmordgefährdet. »Mein Geist sucht nichts als Konsequenz«, heißt es an einer Stelle, und an einer andern: »Käme ich doch nur einmal aus diesem elenden Gefühlschaos heraus.«[15] Was wir erleben, ist der Kampf des modernen Subjekts gegen seine eigene Wirrnis. Weil Schmitt jedoch nichts vom Psychologisieren hält, sucht er Erlösung in einer Ordnung, die alles Subjektive zermalmt. Einerseits achtet er akribisch auf seine inneren Turbulenzen, andererseits will er von ihnen nichts wissen. Es muss ein Ausweg her, ein totaler. Er setzt alle Hoffnung in einen Befreiungsschlag, zu dem es einzig kommen kann durch eine radikale Entscheidung. Hätte er im Mittelalter gelebt, wäre er in einen Kosmos eingebettet gewesen, der durch die imperiale Macht der römischen Kirche präetabliert war.

Selten lässt sich deutlicher sehen als an Schmitt, wie die Conditio moderna sich mit aller Macht gegen sich selbst wendet und damit gegen das, was sie ausmacht. Wir erleben den Kampf des Subjektivismus gegen den Subjektivismus, der Willkür gegen die Willkür, der Freiheit gegen die Freiheit. Dieser Paradoxie begegnen wir in jeder fundamentalistischen Modernitätskritik: Sie will die Grundlagen zerstören, auf die sie baut, da ihr an diesen Grundlagen das Absolute fehlt. Wollte man diesen Absolutheitsverlust auf konkrete historische Umstände herunterbrechen und nicht nur den Tod Gottes dafür verantwortlich machen, könnte man auf das Ende des Kaiserreichs verweisen und auf die Lücke, die es hinterlässt – eine Lücke, unter der nicht nur Schmitt leidet. Diese Lücke wird als reinstes Chaos empfunden. Es trägt den Namen Weimarer Republik. Wohin aber soll die Reise gehen, wenn man die Demokratie genauso für des Teufels hält wie den Kommunismus? Es bleibt die Rückkehr zum Kaisertum oder die Erlösung durch Hitler.

Auch Schmitts Antisemitismus, den er nie zu verbergen sucht, hängt mit dem Horror vor allem Ungeordneten zusammen. Gibt es Schlimmeres als den umherirrenden Juden, der die ganze Welt in Unruhe versetzt, weil er selbst keine Heimat hat? Der mit seiner freischwebenden Intellektualität jeden geistigen Boden erodieren lässt? Der keine Grenzen kennt und überall mitmischt, rund um den Erdball? Am 12.9.1928 notiert Schmitt: »Ist das nicht alles lächerlich: Ich spreche von Dezision und kann mich nicht entscheiden; Ich spreche von Freund und Feind und möchte alle Welt zum Freund haben. Ich spreche von der Öffentlichkeit und der Repräsentation und sehne mich nach einer pastoralen Idylle. Trotzdem ist Dezision, Freund- und Feindunterscheidung … in mir; ich bin sicherlich noch der einzige Träger dieser Begriffe in einer verjudeten … und verhurten Welt. Armes Kerlchen.«[16]

SCHMITTS GROSSINQUISITOR

Schmitt hat am Katholizismus nie das Christliche interessiert, es war immer das Mächtige. Sein Christentum stammt nicht aus dem Evangelium, es findet seinen Rückhalt in Dostojewskis Großinquisitor, der Jesus als Aufwiegler verdammt. Dem Großinquisitor kommt es allein auf eines an: auf absolute Ordnung. Wem ein solcher Gedanke fremd ist, muss nur ans heutige China denken. Wie soll man Heerscharen aus Egos zusammenfügen? Es funktioniert nicht, außer man unterdrückt ihren Eigensinn.

Was aber ist eigentlich christlich an Schmitts Berufung aufs Christentum? Was meinen die Barrs, Legutkos, Kaczyńskis, Orbáns, wenn auch sie es im Mund führen? Mit welchem Recht nehmen sie es in Anspruch? Wo lässt sich ein zwingender Zusammenhang ausmachen? Sie alle beschwören gern das Abendland und warnen vor seinem Untergang. Christentum bedeutet für sie vor allem Abwehr des Islam. Gleichzeitig warnen sie vor dem grassierenden Atheismus, Agnostizismus und Liberalismus; all das raubt uns Westlern den Kampfgeist. Wie aber lässt sich das Christentum mit Freund-Feind-Schemata in Einklang bringen?

Carl Schmitt liefert die Antwort, in allem Freimut. Anders als Strauss setzt er nicht auf Versteckspiele. Schon in seiner frühen Schrift »Römischer Katholizismus und politische Form« kommt er auf Dostojewskis Großinquisitor zu sprechen, der Jesus vorhält, alles falsch zu machen, was man nur falsch machen kann. Schmitt bemerkt dazu: »Dostojewskis Großinquisitor bekennt, den Versuchungen des Satans gefolgt zu sein, in vollem Bewußtsein, weil er weiß, daß der Mensch von Natur böse und niedrig ist, ein feiger Rebell, der eines Herren bedarf, und weil niemand anders als der römische Priester den Mut findet, alle die Verdammnis auf sich zu nehmen, die zu solcher Macht gehört.«[1] Indem Jesus die weltliche Sphäre von der religiösen trennt, entwertet er den Staat, was beim Großinquisitor heiligen Zorn verursacht. Der Großinquisitor macht sich zum Fürsprecher einer Theokratie, wie man sie heute von den iranischen Mullahs kennt. Der Staat muss mit aller Rigidität seine Gebote und Verbote durchsetzen, über die es nichts zu diskutieren gibt. Wogegen der Großinquisitor sich stemmt, ist die neuzeitliche Gewissensfreiheit. Nie hätte es einen Luther geben dürfen. Mit ihm gewinnen wir ein Verhältnis zur Welt und zu uns selbst, das Schmitt als »subjektivierten Occasionalismus« charakterisiert.[2] Es regiert dort die innere Stimme, mit allem Volatilen. Diese Stimme besteht aus vielen Stimmen; sie alle reden durcheinander.

Schiller lässt seinen »Don Carlos« mit dem Auftritt eines greisen Großinquisitors enden, der die in Auflösung begriffene Ordnung wiederherstellt. Das Stück spielt im Spanien des 16. Jahrhunderts, am Beginn der Neuzeit, als die Gegenreformation mit aller Macht die protestantischen Umtriebe bekämpft. Der Großinquisitor verkörpert die Gnadenlosigkeit der allein seligmachenden Kirche. Er repräsentiert einen Kosmos, in dem Unterordnung und Strafe das Regiment führen und es keine Freiheit des Gewissens gibt. Als Luther die Beichte abschafft, bedeutet das nicht nur, dass man dem Pfarrer keine Sünden mehr bekennen muss, es läuft auf die Beseitigung des Geständniszwangs hinaus. Damit bricht ein Herrschaftsinstrument weg, ohne das keine einzige Diktatur auskommt, bis heute nicht.

Auch Dostojewskis Geschichte spielt im Spanien der beginnenden Neuzeit. Dostojewski lässt seinen Großinquisitor zu Jesus sagen: »Glaubensfreiheit … war Dir doch das Teuerste, damals vor anderthalb Jahrtausenden. Hast du nicht damals so oft gesagt: ›Ich will euch frei machen?‹ Jetzt hast Du sie gesehen, diese ›freien‹ Menschen!‹« Der Großinquisitor bekennt: »Ja, die Sache ist uns teuer zu stehen gekommen, … aber wir haben das Werk schließlich zu Ende geführt; in Deinem Namen. Anderthalb Jahrtausende haben wir uns mit dieser Freiheit abgequält, doch jetzt ist das überwunden, und zwar endgültig!«[3] Freiheit bringt dem Menschen nicht nur nichts, sie löst alles auf. »Der Mensch war als Rebell geschaffen; aber können denn Rebellen glücklich sein?«, fragt der Großinquisitor.[4] »Für den Menschen und die menschliche Gemeinschaft hat es niemals und nirgends etwas Unerträglicheres gegeben als die Freiheit! … Oder hattest Du vergessen, daß Ruhe und selbst der Tod den Menschen lieber sind als freie Wahl in der Erkenntnis von Gut und Böse? Es gibt nichts Verführerischeres für den Menschen als die Freiheit seines Gewissens, aber es gibt auch nichts Quälenderes für ihn.«[5]

Doch statt dem Volk reinen Wein einzuschenken, reizt man es mit Versprechungen, die in die Hölle führen. Wir leben im Zeitalter des zweiten Turmbaus zu Babel, stellt der Großinquisitor fest. Der Mensch will immer höher hinaus, ohne zu merken, dass sein Größenwahn von vollkommener Verlorenheit zeugt. Schon in der anti-rousseauistischen Kampfschrift »Von der Souveränität« von Joseph de Maistre, dem berühmtesten Radikalkritiker der Französischen Revolution, heißt es: »Der Turm zu Babel stellt die einfältige Vorstellung einer Menschenmenge dar, die sich versammelt, um eine Verfassung zu ersinnen.«[6] Victor Hugo wiederum sieht in seinem Roman »Der Glöckner von Notre-Dame« das neue Babel bereits mit der Erfindung des Buchdrucks heraufziehen. Seit ein jeder veröffentlichen kann, was er will, erstickt die Welt in einem Durcheinander, das sie als Vielfalt verherrlicht.[7] Seit wir nicht mehr in den mittelalterlichen Kathedralen die Inbilder des göttlichen Weltbaus erkennen, schwindet jede Orientierung. Doch Dostojewskis Großinquisitor weiß, dass die Menschen, wenn sie eines Tages an ihrer Freiheit verzweifeln, voller Demut zu ihm gekrochen kommen und ihn um Beistand anflehen.[8]

Er denke an das Glück *aller*, behauptet der Großinquisitor, nicht bloß an das einiger Empörer. Er sieht sich verpflichtet, »endlich alle Menschen zu einem einzigen, einstimmigen Ameisenhaufen zu vereinigen«.[9] Sobald dieses Ziel erreicht sei, würden alle spüren, dass nur ein solches Leben Erfüllung bringt: »Sie werden sich rühren und uns scheu anstaunen und werden stolz darauf sein, daß wir so mächtig und so klug sind, da wir doch eine so wilde, tausendmillionenköpfige Herde haben bändigen können.« Er fügt hinzu: »Und sie werden vor uns keinerlei Geheimnisse haben.«[10] Einheit ist das Wichtigste, Freiheit nichts. Der Großinquisitor träumt den Traum aller totalitären Regime.

Auch Carl Schmitt stellt sich auf die Seite absolutistischer Gewalten, wenn er über die mittelalterliche Kirche sagt: »Daß sie Christus nicht als einen Privatmann und das Christentum nicht als Privatsache und eine Innerlichkeit auffaßt, sondern zu einer sichtbaren Institution gestaltet, das ist der große Verrat, den man der römischen Kirche zum Vorwurf macht.« Auch in den Augen von Schmitt musste die Kirche sich auf die Seite des – scheinbar – Bösen schlagen mit ihren imperialen Machtansprüchen, anders hätte sie keine Einheit herstellen können. Für Schmitt gehören all jene zur Fraktion des Antichrist, die sich auf die Seite von Christus stellen und die Freiheit des Gewissens predigen. Am 23. Mai 1949 notiert er in seinem »Glossarium«, der Großinquisitor habe »die Wirkung Christi im sozialen und politischen Bereich unschädlich« gemacht, der »Verkultung Christi« entgegengewirkt und das Christentum »ent-anarchisiert«.[11]

Schmitts Widerwille gegen individualistische Wichtigtuereien spricht aus den meisten seiner Schriften, allen voran aus seiner Diatribe gegen die »Politische Romantik«, wo er mit Genugtuung feststellt, dass so mancher Vorkämpfer des romantischen Subjektivismus später Zuflucht gesucht hat im Schoß der Kirche. Schließlich lässt sich aus den Idolatrien des Selbst keinerlei haltbarer Sinn gewinnen. Mit Blick auf Schlegel und Konsorten bemerkt er: »In der katholischen Kirche fanden sie, was sie suchten: eine große irrationale Gemeinschaft, eine weltgeschichtliche Tradition und den persönlichen Gott der alten Metaphysik. Alles zusammen; sie konnten deshalb Katholiken werden, ohne sich entscheiden zu müssen. Darin lag das Geheimnis und die via attractiva des Katholizismus. Aber als sie auch innerlich von ihm überwältigt wurden und im Ernst fromme Katholiken sein wollten, mußten sie ihren Subjektivismus aufgeben. Sie taten es, nachdem sie eine Zeit lang versucht hatten, auch der Kirche gegenüber das geniale Subjekt zu spielen.«[12] Was in diesen Sätzen heraussticht, ist die Formulierung: »ohne sich entscheiden zu müssen«. Eines Tages fühlten sie sich erlöst von der Freiheit, selbst entscheiden zu müssen; sie konnten sich Größerem, Höherem, Allmächtigem überlassen.

Weil aber ohne wegweisende Entscheidungen in der Welt nichts vonstattengeht, sollten sie laut Schmitt von einer obersten Autorität getroffen werden. Wer sich ihren Weisungen fügt, muss sich keine grundsätzlichen Gedanken mehr machen. Er darf sich aufgehoben fühlen in einem Ganzen, das keine Fragen offenlässt, zumindest keine elementaren. Wo alle durcheinanderreden, herrscht Konfusion. Auch muss früher oder später an sich selbst verzweifeln, wer nur die eigenen Phantasien und Wünsche anbetet und jedes Seelenwehwechen narzisstisch umhegt, wie wir es von den Romantikern kennen. Voller Hohn urteilt Schmitt über die Schlegels, sie hätten ihre Wallungen »in der sichern Ruhe des Polizeistaats« ausgelebt, ohne alle Gefahr, ohne jedes Risiko;

außer hochfahrenden Ideen sei nichts gewesen: »Ihre Taten waren Zeitschriften.«[13] Amüsiert fügt er hinzu: »Die weitgereiste Frau von Staël drückte einmal ihre Verwunderung darüber aus, daß man in Deutschland die kühnsten revolutionären Gedanken frei vortragen dürfe, sie erklärte es freilich daraus, dass sich eben niemand im Ernst darum kümmere.« Schmitts Kommentar: »Die politisch maßgebende Schicht, der Adel und die hohe Bürokratie, brauchten sich in ihrer Überlegenheit nicht irre machen zu lassen von einigen Schriftstellern.«[14]

Dostojewski sagt von seinem Großinquisitor, er habe Jesus während seiner Rede immer wieder angelächelt, so böse wie überlegen. Der Starke weiß, dass der Schwache schwach ist. Und dass er insgeheim erlöst werden will von seinem erbärmlichen Eigensinn. Auch Hitler hat das deutsche Volk von einer Freiheit befreit, die zu einem Chaos geführt hatte, das den Namen Weimar trug. Dass ein Volk die Befreiung von der Freiheit nicht ohne Blessuren übersteht, versteht sich von selbst. Wer das Ganze im Blick hat, darf nicht zartbesaitet sein. Auch heute kann man bei rechten Demonstrationen Plakate entdecken mit der Parole: »Scheiß Freiheit!«

Im gleichen Jahr, als die Rede des Großinquisitors in »Die Brüder Karamasoff« erscheint, hält Dostojewski seine berühmt gewordene »Puschkin-Rede«, in der er die umfassende Einheit von Staat und Religion beschwört, mit dem Ziel, »Ruhe und Erlösung von dem sinnlosen, verwirrenden Leben« zu finden.[15] Was ihm vorschwebt, ist die »Wiedervereinigung aller Völker der großen arischen Rasse«[16] – im Namen eines orthodoxen Christentums. Jahrzehntelang haben Spielschulden Dostojewski das Leben zur Hölle gemacht, und nicht nur seines, sondern das der ganzen Familie. Zudem ist er nikotinsüchtig und leidet an Tuberkulose. Während er in »Die Brüder Karamasoff« jeden frommen Sermon durch einen defätistischen konterkariert, tritt er uns in der Puschkin-Rede als ein Prediger entgegen, der eine Welt anstrebt, die frei ist von Katastrophen. Im Roman nimmt Dostojewski sich alle nihilistischen Freiheiten, in der Puschkin-Rede spricht ein Pope aus ihm, der viel von Frieden redet, damit aber vor allem Ordnung meint.

Im Roman bricht der vielstimmige Anarchist durch, in der Rede kommt ein kleiner Großinquisitor zu Wort. Wozu aber braucht der Großinquisitor überhaupt das Christentum? Bei Dostojewski sagt er Jesus frank und frei ins Gesicht: »Wir werden lügen, daß es in deinem Namen geschieht.«[17] Und er fügt hinzu: »Und in diesem Betrug wird unsere Pein bestehen, denn wir werden lügen müssen.« Diese Lügen dienen dem höchsten Ziel, das es auf Erden zu verwirklichen gilt, nämlich Einheitlichkeit. In dem Augenblick, wo Staat und Religion getrennt werden, zerbricht alles. Etwas Ganzes, Absolutes, Umfassendes kann nicht aus Getrenntem bestehen. Entweder ist das Absolute absolut oder es ist in Stücke zerschlagen und damit nichts Absolutes mehr. Der Großinquisitor erklärt: »Es gibt drei Mächte, die das Gewissen dieser kraftlosen Empörer zu ihrem Glück auf ewig besiegen und bannen können, – das sind: das Wunder, das Geheimnis und die Autorität.«[18] Um die Welt zu retten, muss er die Rolle des Satans übernehmen, wie er selbst bekennt. Das Christentum dient ihm als Kitt, auch wenn es ein verlogener Kitt ist. Noble Lügen.

Im Gegensatz zum Großinquisitor wähnt Schmitt sich selbst seltsamerweise auf der Seite des Christentums, schließlich steht für ihn fest, dass der Antichrist das Lager der Liberalen und Linken anführt. Der Großinquisitor gibt sich dagegen keinerlei Illusionen hin. Er weiß, dass sein Christentum nur vorgeschoben ist. Über das Volk sagt er zu Jesus: »Wir, die ihre Sünden auf uns genommen haben, um sie glücklich zu machen, wir werden dann vor Dich hintreten und Dir sagen: ›Verurteile uns, wenn Du es kannst und magst. Wisse, daß ich keine Furcht vor Dir habe.‹«[19] Schmitt schmuggelt sich auf die Seite des Christentums; der Großinquisitor weiß, dass er auf der andern steht.

»Kein moderner politischer Geschichtsschreiber würde politische Geschichte schreiben wie Thukydides«, erklärt Strauss und fährt fort: »Ich nehme als Beispiel den besten amerikanischen Historiker, den ich kenne, Henry Adams. Seine Geschichte der ersten Jefferson-Administration beginnt naheliegenderweise mit einer Schilderung der Lage in den Vereinigten Staaten, als Jefferson sein Amt antrat. Adams beschreibt in gebührender Ausführlichkeit die damaligen intellektuellen, gesellschaftlichen, kulturellen und wirtschaftlichen Verhältnisse. Thukydides schweigt sich über solche Dinge aus. Er beschränkt sich strikt auf Politik – auf Krieg, Diplomatie und Bürgerkrieg. War er blind für diese anderen Dinge? Das dürfte wohl kaum der Fall gewesen sein. Hält er diese anderen Dinge – Tragödie, Komödie, Philosophie, Malerei, Bildhauerei usw. – für irrelevant oder zumindest für unbedeutender als das Politische? Ganz offensichtlich.«

»Wie aber begründete er diese Haltung?«, fragt Strauss und stellt fest: »Er sagt dazu nichts.« Für Strauss lautet die Antwort: »Was die von ihm wiedergegebenen Reden betrifft, so verfasst er sie selbst. Er behauptet, dass die von ihm verfassten Reden im Kern mit den Reden übereinstimmen, wie sie gehalten wurden. Doch Thukydides bearbeitet sie. Aus der Sicht heutiger Historiker handelt es sich um eine Art Fälschung. Schließlich baut Thukydides diese Reden nach ganz bestimmten rhetorischen Regeln auf: Alle seine Redner sprechen, wie Thukydides selbst gesprochen hätte; es fehlt diesen Rednern alles Individuelle, jedes Lokalkolorit usw. Diese Reden sind nicht ›natürlich‹. Es sind keine Reden von leidenschaftlichen und ungelehrten Männern, sondern die eines perfekten Redners, der alle Zeit der Welt hatte und die beste Ausbildung, um erstklassige Reden zu verfassen, die allen Regeln der Kunst gehorchen und den Anspruch erheben, universell gültig zu sein.«[1]

Dieses Ziel, erklärt Strauss, verfolge Thukydides nicht nur in seinen Reden, er halte es so mit seiner gesamten Geschichtsschreibung. Statt sich dem Situativen, Zufälligen, Individuellen hinzugeben, konzentriert sie sich aufs Exemplarische, immerzu Gültige: »Sie will den ewigen, unvergänglichen Charakter des politischen Lebens als solchen zum Ausdruck bringen.... Thukydides vermittelt einen Überblick über Dinge, die sich einmal an einem bestimmten Ort der Welt zugetragen haben, allerdings in der festen Überzeugung, dass dieser Überblick begreiflich macht, was jederzeit und überall geschieht.«[2] In den Augen von Strauss führt Thukydides vor, dass nie wirklich Neues unter der Sonne geschieht. Was einzig sich ändert, sind die Kulissen und Kleider. Erst die Neuzeit will nicht wahrhaben, dass sich seit Jahrtausenden immer das Gleiche abspielt, mit eherner Notwendigkeit.

Strauss' Botschaft an uns Heutige lautet: Schüttelt alles ab, was bloß subjektiv ist und bloß zeitbedingt; hört auf, euch in eurer Besonderheit wichtig zu nehmen und soziale Umstände für etwas Bedeutsames zu halten. Haltet euch ans Ewige, nicht ans Ephemere! Werdet antik, werdet mannhaft, werdet klassisch! Kümmert euch nicht um Bettgeschichten und sonstige Bagatellen, denkt groß!

Dass das Private nie nur privat ist, gehört zu den Grundüberzeugungen der 68er. Schlägt der Mann seine Frau in den eigenen vier Wänden, darf das nicht als Privatsache gelten; es geht um mehr als nur familiäre Verwicklungen, die sich im heimischen Abseits abspielen. Zur Disposition steht eine patriarchale Tradition, die bis in die letzten Ritzen des Lebens reicht und unser ganzes Denken und Fühlen durchherrscht. Für Strauss haben solche Fragen keine Rolle zu spielen, schließlich geht er davon aus, dass die Geschichte von großen Männern gemacht wird, denen man im Privaten nicht auf die Finger zu schauen hat.

Gerade heute, wo in Strauss' Augen alles von einem relativistischen Historisieren durchseucht ist, muss man von Thukydides lernen, dass wahre Geschichtsschreibung sich nicht dem Ringelreihen beliebiger Ereignisse hingibt, sondern das Wesentliche vom Unwesentlichen trennt und aus dem Zeitlichen das Zeitlose herausschält. »Da die Gefahr für die Philosophie von der Geschichte ausgeht, sehen wir uns gezwungen, das gesamte Problem der Geschichte nochmals neu aufzurollen«, heißt es bei Strauss. »Um dieses Problem zu beleuchten, müssen wir zum Ursprung der Geschichtstradition zurückgehen: ... Wir müssen uns die Frage stellen: Was hat weise Männer ursprünglich dazu verleitet, Geschichtsschreiber zu werden? In diesem Sinne wenden wir uns an Thukydides.«[3]

Warum ausgerechnet an ihn und nicht an Herodot, den frühesten Geschichtsschreiber der abendländischen Welt? Die Antwort: Weil Herodot sich für die Vielfalt der Sitten, Bräuche und Mythen aller erdenklichen Völker interessiert und sich nicht wie Thukydides auf die Politik konzentriert. Von Herodot erfahren wir, wie unterschiedlich die ärztlichen Behandlungsmethoden, die Beerdigungsriten, die Kleidungs- und Essgewohnheiten und Hygienevorschriften bei den Athenern, Assyrern und Ägyptern sind. Nicht nur entfaltet Herodot eine vor Diversität strotzende Welt, er hält sich auch mit dem eigenen Urteil zurück und gesteht, dass er manches nur vom Hörensagen weiß und die Berichte nicht selten voller Widersprüche sind. »Den Raub der Io ... erzählen die Phoiniker anders als die Perser«, heißt es bei ihm gleich in den ersten Abschnitten, mit dem Zusatz: »Ich selber will nicht entscheiden, ob es so oder anders gewesen ist.«[4] Lässt er sich selten einmal zu summarischen Aussagen hinreißen, relativiert er sie sogleich wieder. Fest steht für ihn lediglich: »Von den Göttern wissen alle Menschen gleich wenig.«[5]

Auf solche Weise präsentiert Herodot im fünften vorchristlichen Jahrhundert zahllose Geschichten, aus denen sich Geschichte ergibt. Zwei Generationen später schlägt Thukydides ganz andere Töne an. Gleich zum Auftakt seiner »Geschichte des Peloponnesischen Krieges« bemerkt er mit einem Seitenhieb gegen Herodot, sein eigenes Werk sei verfasst »zum dauernden Besitz, nicht als Prunkstück fürs einmalige Hören«.[6] Nicht nur ist Herodot der erste abendländische Geschichtsschreiber, er ist auch der erste Relativist und Pluralist. Er weiß, wie unterschiedlich die Dinge zwischen dem Schwarzen Meer und Äthiopien sind und wie unterschiedlich die Ursachen für Kriege veranschlagt werden. Aus Thukydides' Sicht jedoch bewegt sich Herodots Histörchen-Relativismus auf Illustriertenniveau.

Am 17. Juli 1935 schreibt Strauss an Löwith: »Kein antiker Philosoph war Historiker.«[7] Fangen Philosophen an, historisch zu denken, sind es keine Philosophen mehr.

DIE HEXE HEGEL

Eric Voegelin zitiert mit Vorliebe Jacob Burckhardts giftige Sentenzen gegen die Neuzeit. »Unsern Ausgang nehmen wir von unserm Knirpsturm, unserer Zerfahrenheit und Zerstreuung. Größe ist, was *wir nicht* sind«, trompetet Burckhardt in seinen »Weltgeschichtlichen Betrachtungen«.[1] Wie Burckhardt bewundert auch Voegelin die übermenschlichen Leistungen von Imperien, die dem Erdkreis machtvolle Ordnungsgefüge eingebrannt haben. Hätte man sich schon früher – wie heute üblich – um das Wohl und Wehe der zahllosen Einzelnen gesorgt, wäre niemals Bedeutendes entstanden. Die Wehleidigkeit des modernen Subjekts, das sich im Moralisieren eingerichtet hat, verhindert alles Epochemachende. Wer dagegen das Umfassende im Blick behält, gilt als Unmensch. Man beklagt den Gang der Weltgeschichte, als hätte nichts so sein dürfen, wie es gewesen ist. Walter Benjamins Satz »Es ist niemals ein Dokument der Kultur, ohne zugleich ein solches der Barbarei zu sein« würden Voegelin und Burckhardt vermutlich nicht widersprechen, sich ihn aber auch nicht ins Stammbuch schreiben.[2] Wer Größe mit Opfern aufrechnet, hat sich von allem Grandiosen verabschiedet. Wir würden heute noch in Sümpfen leben, hätte es nie rücksichtslose Machtfiguren gegeben.

Meist macht die Kultur erst einen Sprung, »wo ein Einzelner sich und sein Dasein völlig über einem Allgemeinen vergißt«, behauptet Burckhardt.[3] Geschichte wird von Ausnahmefiguren gemacht, nicht durchs Gewusel der Vielen. Die meisten von uns sind ersetzbar, wichtig ist, dass es immer wieder einen Cäsar und Napoleon gibt. »Wo Einer oder eine Partei müde zusammensinkt oder untergeht, steht gleich ein Anderer da«, heißt es bei Burckhardt.[4] Für Voegelin gehört Burckhardt zu den Wenigen, die gegen den modernen Irrglauben angekämpft haben, demzufolge »die Weltgeschichte zum Nutzen desjenigen betrieben wird, der sich dem Abwägen hingibt«.[5] Der heutige Empörungsgestus besitzt in ihrer beider Augen etwas Erbärmliches.

Für Burckhardt und Voegelin zeigt sich in Hegels Denken alles Kranke unserer neuzeitlichen Geschichtsauffassung. Hegel ist für sie der Hohepriester einer Fortschrittsreligion, die ins Nichts führt. Dabei stammt von Hegel der vielzitierte Satz: »Die Weltgeschichte ist nicht der Boden des Glücks. Die Perioden des Glücks sind leere Blätter in ihr.« Allerdings fügt Hegel hinzu: »Denn sie sind die Perioden ... des fehlenden Gegensatzes.«[6] Hegel redet das Elend der Geschichte in keiner Weise klein, allerdings besitzt es für ihn den Sinn, dass die Dinge ins Wanken geraten und überlebten Herrschaftsformen den Garaus machen. Während Voegelin und Burckhardt am liebsten in Zeiten leben würden, die noch Heldentum kannten, geht es Hegel nicht um Größe, sondern darum, den »Weltgeist« voranzutreiben – dessen Motor die Idee einer Freiheit ist, mit der wir unsere Interessen zu verwirklichen trachten, auf breiter Basis.

In den Augen von Voegelin entblödet Hegel sich nicht, den »Infantilismus im öffentlichen Unbewussten unserer Zeit« mit philosophischer Würde aufzupumpen. Mit dem Glauben, es stehe heute besser um die Welt als früher, entpuppen die meisten von uns sich als Vulgär-Hegelianer. Für Voegelin dagegen gab es nie eine unreifere Epoche als die jetzige und nie eine Menschheit, die sich den Realitäten des Lebens so vehement verweigert und in einem Eskapismus gefällt, den sie nicht als solchen erkennt. Was sich Säkularisierung nennt, ist lediglich »ein höfliches Wort für ›Dekulturation‹«. Nicht nur sind die großen Zeiten vorbei, es fehlt jeder Wille, sie wiederzugewinnen. Wir alle sind dem »Newspeak of Enlightenment« verfallen: dem Neusprech der Aufklärung.[7] Womit wir es zu tun haben, ist eine »intellektuell und moralisch ruinierte Gesellschaft«, in der »groteske Randgestalten in höchste Staatsämter gelangen, die ganz genau denen gleichen, die sie bewundern«.[8] Voegelin verweist auf Hitler, inzwischen fallen einem dazu eine Menge weiterer Gestalten ein, heute mehr denn je. Unrecht hat Voegelin nicht, auch wenn er vergisst, dass es solche Figuren zu allen Zeiten gegeben hat. Suetons »Leben der Cäsaren« bietet eine bizarre Fundgrube, die Renaissance ist ebenfalls nicht arm an ihnen.

Für Voegelin jedoch steht fest: Seit der Neuzeit regieren nur noch Ideologien. Davor hatte die Menschheit ein Bild von der ewigen Ordnung des Kosmos und der Welt besessen. Seit wir diese Ordnung nicht mehr vor Augen haben, entgleiten uns alle Maßstäbe. Allerdings weiß Voegelin zu berichten, eine solche Orientierungslosigkeit habe es im dritten Jahrtausend vor Christus schon einmal gegeben. Danach aber habe die Welt sich wieder gefangen, dank der Erkenntnis, dass es eine Ordnung gibt, die unendlich viel größer ist als alles Sinnen von uns Einzelnen. Auf diese Weise konnten auch wieder Reiche entstehen, in denen sich das Transzendente spiegelt. Voegelin spricht in diesem Zusammenhang von einem ökumenischen Zeitalter, das für Zusammenhalt gesorgt hat und für Kontinuität. Gefahr droht immer dort, wo sich Machtvakuen bilden. Wo es an Ordnung mangelt, mangelt es an Sinn. Was dabei herauskommt, erleben wir heute, wo nur noch individuelle Begehrlichkeiten obwalten und biologische Triebe. Der Name Freud liefert den besten Beweis, mit seiner Rede von der Libido und vom Über-Ich.

Dass Voegelin zentrale psychoanalytische Begriffe eklatant missversteht, fällt bei einem Denker, der sich in millenarischen Dimensionen bewegt, nicht ins Gewicht. Wer die transzendente Ordnung kennt, muss sich nicht um Quisquilien kümmern. Wer sich jedoch nicht zur Erkenntnis dieser Ordnung durchringen kann, ist von einer »intellektuellen Krankheit« befallen, »die sich nicht auf Journalisten und Fernsehreporter beschränkt, sondern tief in die akademische Welt eingedrungen ist und über die akademische Welt in die Erziehung der jüngeren Generation«. Laut Voegelin »sind wir heute mit einer gewaltigen gesellschaftlichen Macht aggressiver, intellektueller Unredlichkeit konfrontiert, die nicht nur die akademische Welt durchdringt, sondern auch andere Bereiche der Gesellschaft ...«[9]

Voegelins zentraler Vorwurf lautet: Das neuzeitliche Denken stülpt der Wirklichkeit ein falsches Bild über. Das zeigt sich nicht nur an unserem Geschichtsbild, es zeigt sich auch im allgegenwärtigen Psychologisieren, das für ihn aus abstrusen Konstruktionen besteht, die mit dem wirklichen Menschen nichts zu tun haben. Wie wenig Voegelin sich freilich mit Psychologie beschäftigt hat, zeigt allein die Tatsache, dass er Freud die Archetypen-Lehre von C.G. Jung anhängt. Offenbar hat er nicht mitbekommen, dass Freuds Bruch mit Jung sich dessen archaisierenden, esoterisch angehauchten Symbol- und Mythentheorien verdankt. Nicht weniger abenteuerlich mutet Voegelins Behauptung an, Freud setze die Begierden mit biologischen Trieben gleich und im Zentrum seiner Theorien stehe ein »doktrinäres Ich und Über-Ich«.[10]

Umso mehr erstaunt Voegelins eigene Küchenpsychologie, mit der er Hegels Denken jämmerliche Motive unterlegt. »Aus der Dunkelheit seines existentiellen Mangels erhebt sich bei ihm die libido dominandi und zwingt ihn in die imaginative Konstruktion eines falschen Selbst als Messias der neuen Zeit«, heißt es bei ihm.[11] Weil Hegel die Endlichkeit des Lebens nicht erträgt, bastelt er sich irre Ideengebäude zusammen: »Das Leiden am Dasein in der Unwirklichkeit, das Wissen um seinen Tod, ist das Grab, aus dem Hegel sich als Zauberer erhebt.«[12]

Voegelin erinnert an Hegels Diktum, wonach in der Neuzeit die Prosa des Lebens Einzug hält. Die Tage der poetischen Erderwärmung sind vorbei, fortan regiert der Verstand in nüchterner Weise. Obwohl Hegel diese Entwicklung sichtlich begrüßt, behauptet Voegelin, er leide furchtbar an der modernen Prosa des Lebens. »Nach der Französischen Revolution hat Hegel den *ennui* als das Syndrom dieser Geschichtsepoche erkannt. Anderthalb Jahrhunderte hatte es gedauert, bis die Verlorenheit in einer Welt ohne Gott sich von einer persönlichen Daseins-*Malaise* zu einer gesellschaftlichen Krankheit entwickeln sollte«, behauptet Voegelin.[13] Hegel spricht in der Tat von der Zerrissenheit des romantischen Subjekts, allerdings beginnt für ihn die Romantik nicht um 1800, sie setzt bei ihm vor zweitausend Jahren ein, mit dem Aufkommen des Christentums. Indem das Christentum den geschlossenen antiken Kosmos zerstört und an dessen Stelle eine Zwei-Welten-Lehre rückt, sorgt es für radikale Spaltungen zwischen dem Ewigen und dem Endlichen, dem Sinnlichen und dem Geistigen, dem Seelischen und dem Körperlichen. Dass Hegel sich nach der Antike zurücksehnt, lässt sich allerdings schwerlich behaupten, schließlich fehlt ihm dort das Element jener persönlichen Freiheit, die sich erst in der Neuzeit verwirklicht. Zwar träumt er in jungen Jahren mit Hölderlin und Schelling von einer neuen Mythologie, doch zum einen sollte es sich um eine »Mythologie der Vernunft« handeln, die nicht hinter die Aufklärung zurückfällt, zum andern trennen sich die Wege dieser drei schon bald, nicht bloß biographisch, auch intellektuell.

Voegelin indes ist überzeugt: Hegel leidet am neuzeitlichen *ennui*. Die Fadheit seiner Epoche macht ihm entsetzlich zu schaffen, die Langeweile des modernen Lebens hält er kaum aus. Voegelin scheint Hegel mit Baudelaire zu verwechseln, der fünfzig Jahre jünger ist. Weder finden sich in Hegels Werken noch in seinen Briefen Hinweise auf ein Leiden, das auf selbstquälerische Weise solche Geister beflügelt wie Pascal, Lord Byron, Baudelaire und Barbey d'Aurevilly. Was Hegel von einem kunstvoll zelebrierten Leiden an sich selbst hält, zeigt seine Kritik am romantischen Gefühlskult – nämlich rein gar nichts. Dennoch sei es Voegelin unbenommen, Hegel gravierende Sorgen anzudichten. Nur fragt sich, was er damit beweisen will.

Laut Voegelin leidet Hegel an einer Neuzeit, der es an Größe mangelt und Sinn. Auch er sehnt sich nach der Wiedervergöttlichung der Welt, nach der Resakralisierung des Säkularen, nach der Repoetisierung des Prosaischen. Weil der Weg zurück jedoch versperrt scheint, ersinnt Hegel sich eine Geschichtstheorie, durch die sich die Dinge umkehren. Kann das Alte nicht zurückgewonnen werden, hilft nur eines: Man muss es als etwas Vorläufiges, Unfertiges, erst noch zu Vollendendes ausgeben. Was am besten dadurch gelingt, dass man die Geschichte auf die Gegenwart zulaufen lässt, als ihrem Höhepunkt. Damit steht man plötzlich als Sieger da. Indem Hegel die Geschichte im Heute gipfeln lässt, kürt er seine eigene Generation zur fortgeschrittensten. In Voegelins Worten heißt das: »Hegel muss zu diesem Behuf ein imaginatives Projekt der immanenten Geschichte entwickeln, mit einer Konstruktion von Zeitaltern, die ein letztes Zeitalter umfasst, das von ihm selbst inauguriert wird.«[14]

Leopold von Ranke behauptet, alle Epochen seien gleich nah zu Gott. Keine sei besser, gerechter, schöner, jede besitze ihre eigene Vollkommenheit und Unvollkommenheit. Indem Hegel das Gegenteil behauptet, stellt er seiner eigenen Zeit das beste Zeugnis aus. Um den Glauben zu zerstören, dass Gott keine Vorlieben besitzt gegenüber den einzelnen Zeitaltern, löst Hegel Gott in Geschichte auf. Er macht ihn zum wandernden Weltgeist, dessen Reise im alten Orient einsetzt und sich über Ägypten, Griechenland und die römische Welt immer weiter Richtung Norden bewegt und Richtung Westen. Gott ist nur noch ein anderer Ausdruck für den Fortgang der Geschichte. Aus diesem Grund stammt der Satz »Gott ist tot« auch nicht von Nietzsche, sondern von Hegel. Im letzten Kapitel seiner »Phänomenologie« erklärt er, dass sich im Lauf der Geschichte immer deutlicher als Subjekt entpuppt, was wir für Substanz gehalten haben. Konkret heißt das, dass wir von den Göttern einst dachten, sie würden auf dem Olymp wohnen, während wir den monotheistischen Gott als alten rauschebärtigen Mann hoch droben über der Welt thronen ließen. Inzwischen wissen wir, dass es sich nur um Vorstellungen, Mythen, Phantasien handelt. Sie alle hatten in früheren Zeiten eine gemeinschaftsstiftende Funktion besessen, inzwischen leben sie nur mehr als Bildungsgüter fort, die etwas über unsere Geschichte erzählen und über unsere Weltbilder. In just diesem Sinne kann Hegel feststellen, »daß Gott gestorben ist«.[15]

Der Hegel'schen Geschichtsphilosophie vermag Voegelin nicht nur nichts abzugewinnen, es handelt sich für ihn um eine kranke, von Selbstüberheblichkeit getriebene Kopfgeburt. Den Tod Gottes versucht

Hegel laut Voegelin damit zu kompensieren, dass er die Geschichte vergöttlicht. In sie legt er allen Sinn, sie kürt er zum Vollzugsorgan des Absoluten. Voegelin hält eine solche Geschichtsphilosophie für den Ausfluss eines delirierenden, größenwahnsinnigen Geistes. Alles an ihr zeugt von dem Verlangen, das Elend der Neuzeit mit Gewalt schönzureden. Sie widerspricht jeder Erfahrung, jeder Vernunft, jeder Realität. Voegelin spricht von Hexerei, was er nur bedingt metaphorisch meint.

In seiner Schrift »On Hegel: A Study in Sorcery« – Über Hegel: Eine Studie über Hexerei – behauptet er, Hegel stülpe der Wirklichkeit eine zweite Wirklichkeit über, die mit der wirklichen Wirklichkeit nichts zu tun habe: »Die Genese von Hegels Zweiter Wirklichkeit wirkt nicht nur verworren und vollkommen unsinnig, wenn man sie mit den Erkenntniswegen konfrontiert, die zur ersten Wirklichkeit führen.«[16] Hegels Denken beruht auf reiner Erfindung, mit der Suche nach Wahrheit hat es nichts mehr zu tun: »Die wahre Realität wird verdunkelt und durch eine zweite Realität ersetzt, die aus imaginativen Entwürfen besteht.«[17] Für Voegelin handelt es sich um eine »zeitgeistige, spekulative Hexerei«, an deren Zaubertrank sich die Fortschrittssüchtigen laben.[18] Würde es sich lediglich um eine Droge für den Privatgebrauch handeln, müsste man sich weniger Sorgen machen, doch »Hegel will keine Spiele um ihrer selbst willen spielen, er will die Zauberworte finden, mit denen er Macht über die Wirklichkeit erlangt«. Er will mit seinem Gebräu »das Angesicht der Zukunft entwerfen«.[19]

Dass Hegels Opiate eine fatale Wirkung zeigen, sieht man an Marx und Kojève: Der eine will die Welt mit Gewalt kommunistisch machen, der andere vom Hochsitz der UN herab die Erde beherrschen. Dass Hegel in keiner Weise ein Utopist war, ignoriert Voegelin. Schließlich begreift er die Geschichte lediglich als einen Prozess, in dem die christlichen Ideale der Freiheit, Gleichheit und Brüderlichkeit nach Verwirklichung drängen. Dass wir eines Tages in einem irdischen Paradies anlangen, daran hat Hegel kein bisschen geglaubt. Sofern Kojève zu utopischer Überspanntheit neigt, lässt sich das nicht Hegel anlasten.

Dennoch hat auch Kojève nicht ans irdische Paradies geglaubt, dafür aber an eine Welt, in der Staaten sich nicht mehr gegenseitig zerbomben.

Will man Voegelin glauben, so betreibt Hegel Weltverfinsterung. Wenn Voegelin von *eclipse* spricht, ist weder Heideggers Seinsvergessenheit fern noch Hölderlins Götternacht. Statt Licht zu bringen, führt die Aufklärung in Düsternis. Hegel ist ein Obskurantist, der sich an die Stelle Gottes setzt. »Jene immanentistische Apokalypse, die sich der libido dominandi dieses Denkers verdankt, verfolgt den Zweck, das in der christlichen Symbolik des Heilsgeschehens zum Ausdruck gelangende Sinn-Mysterium geschichtlich zu verdunkeln«, behauptet Voegelin. Schlicht gesagt heißt das, für Hegel gibt es nur noch die hiesige Welt und keine andere mehr; er betreibt den Tod Gottes aus libidinöser Herrschsucht (libido dominandi). Weil aber zur Verwirklichung irdischer Vollkommenheit der Endkampf gehört zwischen Licht und Finsternis, führt der Weg mit Notwendigkeit in einen Zerstörungsfuror, wie man ihn beispielhaft während der Französischen Revolution erlebt hat. Der Mensch überlässt das Strafgericht nicht mehr Gott, er vollzieht es selbst. Die Weltverdunklung verdankt sich »messianischen Ambitionen«.[20]

So katastrophale Folgen diese Ambitionen zeitigen, so nichtig ist der programmatische Anspruch, den sie vor sich hertragen. Wir haben es mit Schimären zu tun, die Voegelin als »metastatische Imagination« eines »metastatischen Bewusstseins« charakterisiert, aus denen die heutige »Metastasis der Geschichte« resultiert.[21] Es handelt sich um ein Krebsgeschwür, das unsere Gehirne zerfrisst und unser Leben zerstört. Die meisten wollen es nur noch nicht wahrhaben. Sie klammern sich weiterhin an einen Fortschrittsglauben, der gegen die menschliche Natur rebelliert und nichts als Unheil bringt. Erst wenn wir uns wieder auf die Conditio humana besinnen und die Grenzen unserer Möglichkeiten anerkennen, ist Rettung in Sicht. »Weil die Beschaffenheit des Seins so ist, wie sie ist, lässt sie sich auch nicht durch menschliche Verrücktheit verändern«, erklärt Voegelin. »Weder kann die metastatische

Verleugnung der tatsächlichen Weltordnung philosophisch wahr sein, noch kann sie als Weltveränderungsprogramm taugen. Der Wille, die Realität in etwas zu verwandeln, was ihrem Wesen widerspricht, bedeutet, gegen die von Gott bestimmte Natur der Dinge zu rebellieren.«[22]

Voegelin stigmatisiert als geisteskrank, was nicht in sein Weltbild passt. Hegel ist für ihn ein Dämon, der uns mit einer blenderischen Geschichtsphilosophie angesteckt hat, die auf einer abartigen Konstruktion beruht. Dass sein eigenes, höchst eigenwilliges Geschichtsbild sich ebenfalls einer Konstruktion verdanken könnte, auf diesen Gedanken kommt Voegelin nie. Er ist wie Strauss überzeugt, dass die Neuzeit alle metaphysischen Wahrheiten mutwillig über den Haufen geworfen und durch hypnotisierende Ideologien ersetzt hat. Sein fünfbändiges, zwischen 1956 und 1987 erschienenes Hauptwerk »Ordnung und Geschichte« läutet Voegelin mit dem Satz ein: »Die Ordnung der Geschichte ergibt sich aus der Geschichte der Ordnung.«[23] Vorangestellt ist ein Zitat von Augustinus, das lautet: »Beim Studium der Kreaturen sollte man keine eitle und verderbliche Neugierde üben, sondern zu dem aufsteigen, was unsterblich ist und ewig.«[24] Dieses Zitat dient auch Voegelins posthum erschienenen »Autobiographischen Reflexionen« als Leitsatz.

Wer, fragt man sich, ist größenwahnsinniger: Hegel oder Voegelin? Jemand, der die ewige Ordnung des Seins zu kennen meint und alles für krank hält, was sich ihr nicht fügt, oder jemand, der Wahrheit und Geschichte nicht für zwei Paar Stiefel hält, sondern aneinanderbindet? Voegelin konstatiert: »Der Tod Gottes ist ein gefährlicher Spielball für epigonale Intellektuelle und verwirrte Theologen.«[25] Wer von Hexerei redet, bewegt sich in inquisitorischen Gefilden. Voegelin würde die vielen heutigen Hegels am liebsten wegsperren. Früher hätte man sie einfach verbrannt.

CURIOSITAS

Erst seit der Mensch sein Leben nicht mehr nur als mühselige Vorbereitung fürs Jenseits begreift, kann er ungehemmt seiner irdischen Neugier nachgeben. Was einst als Abkehr vom Wahren galt, ist plötzlich erlaubt. Die Welt steht ihm auf einmal offen. Augustinus fragt sich noch mit Rückgriff auf ein Hiob-Zitat: »Ist ›des Menschen Leben auf der Erde nicht Versuchung‹ ohne Unterlaß?«[1] Für Augustinus besteht unsere Hauptaufgabe darin, diesen unentwegten Versuchungen zu widerstehen. Dass es die fleischlichen Triebe zu zügeln gilt, steht ohnehin fest, allerdings gibt es auch Triebe, die wir heute gar nicht mehr als Triebe empfinden – was Augustinus erschrecken müsste. Es fängt schon damit an, dass wir ins Theater gehen und Bücher lesen, die unsere Phantasie anpeitschen, ohne erbaulich zu sein. Nicht anders verhält es sich mit Musik, die unsere Sinne erregt, um purer Erregung willen.

Zu den gefährlichsten Versuchungen indes gehört, was Augustinus *Curiositas* nennt: Neugierde. Gäbe es sie nicht, würden wir unsere Seelen nicht unnötig aufwühlen. In seinen »Bekenntnissen« zitiert er dazu folgende Stelle aus dem ersten Johannes-Brief: »Liebt nicht die Welt noch was zu ihr gehört. Wer die Welt liebt, in dem ist nicht die Liebe zum Vater. Denn alles, was in der Welt ist, des Fleisches und der Augen Lust und ein hoffärtiges Leben, ist nicht vom Vater, sondern von der Welt. Aber die Welt mit ihrer Lust wird vergehen.«[2] In »der Augen Lust« erkennt Augustinus den Ursprung so gut wie aller anderen Übel. Nicht nur erwecken die Augen erotische Begierden, sie gieren auch immer nach Neuem. Sie machen unersättlich, in vielerlei Hinsicht. Am Ende wollen wir die ganze Welt erforschen, nicht nur durch Reisen. Wir wollen allem auf die Spur kommen, selbst Gottes Geheimnissen.

Wer aus dem Schöpfungsplan ein Forschungsproblem macht, wendet sich bereits von Gott ab, behauptet Augustinus. Wer fragt, wie die Dinge bis ins Letzte miteinander zusammenhängen oder gar Zweifel an der Güte des Schöpfungsplans hegt, hat den Weg des Glaubens verlassen. »Denn es gibt Menschen, denen Deine Werke mißfallen«, heißt es in den »Bekenntnissen«, »und sie behaupten, Du habest viele davon in Notwehr erschaffen, so den Himmelsbau und das Sterngefüge, und solches nicht aus Eigenem, sondern es sei schon anderswo und von anderer Hand erschaffen gewesen und Du habest es nur zusammengeballt, ineinander gefügt, verflochten, als Du den Weltwall türmtest.«[3] Was sich Wissenschaft nennt, ist eitles Tun und damit verdammenswert. Wer das Irdische so wichtig nimmt wie das Ewige oder sogar noch wichtiger, konterkariert Gottes Heilsplan. Am Ende spinnt sich gar ein jeder seine eigene Kosmologie zusammen, der eine mit Hilfe von Fernrohren, der andere nach Lust und Laune.

Wohin das führt, sehen wir an jenem friaulischen Müller aus dem 16. Jahrhundert, von dem Carlo Ginzburg in seinem Buch »Der Käse und die Würmer« berichtet. Auch er konnte nicht seiner *Curiositas* widerstehen. Sie habe ihn ganz unruhig gemacht, gesteht er vor dem Inquisitionsgericht. Statt sich mit seinem Handwerk zufriedenzugeben, glaubte er Bücher lesen zu müssen. Diese Bücher haben ihm jeden inneren Frieden geraubt. Freimütig erzählt er den Richtern, pure Neugierde habe ihn zu einer italienischen Übersetzung des Koran greifen lassen. Hinzu kommen noch »Mandevilles Reisen«, die ihn vollends durcheinanderbringen. Hätte er sich mit seinem Leben als Müller beschieden, alles wäre gut gewesen. Doch er hat sich ins Unglück gestürzt, dank seiner Gier nach Dingen, die ihn nichts angingen.

Was treibt Don Quijote in die Welt hinaus, wo er nur Unfug treibt? Warum kann er nicht zu Hause bleiben? Weil er gelesen hat, dass es einst Ritter gab und das Leben damals viel abenteuerlicher war. Hätte er besser nicht angefangen zu lesen. Müßiggang ist aller Laster Anfang. Der spanische Name für Roman lautet *novela*, was dem englischen *novel* entspricht. Romane lesen bedeutet, der Lust auf Neues nachzugeben. Ist es Zufall, dass die Gattung des Romans ausgerechnet zu Beginn der Neuzeit entsteht und der »Don Quijote« zum meistgelesenen Buch wird? Ein Roman, der von nichts handelt als Hirngespinsten und einem irren Aufbruchsdrang.

Auch wenn Don Quijote sich einredet, er müsse das mittelalterliche Rittertum wiederherstellen, darf man zuvorderst annehmen, dass ihn nichts mehr zu Hause hält und er etwas von der Welt sehen will. Auch ihn macht sein vieles Lesen unruhig; auch ihn treibt eine Neugier, die sich nicht als Neugier ausgibt, sondern mit hehren Idealen schmückt. Wie sehr die Bücher ihn verwirrt haben, zeigt allein die Tatsache, dass er nun in jeder Kaschemme eine Burg erkennt, die von Feinden belagert ist. Die steinigen Weiten der Mancha mit ihren staubigen Landstraßen, verlorenen Käffern und Windmühlen verwandeln sich vor seinem Auge in ein von Feinden wimmelndes Land, dem er wieder Würde und Ordnung zurückgeben muss.

Einem gebildeten Landmann namens Don Diego, der sich statt in Ritterromane in nützliche Schriften vertieft, erklärt er: »Ich wette, … Ihr haltet mich für einen närrischen, verrückten Mann. Ein Wunder wäre es nicht, denn meine Werke lassen einen anderen Schluss nicht zu. Dennoch sollt Ihr wissen, dass ich so verrückt oder töricht nicht bin, wie es Euch erscheinen mag.« Es sei seine Berufung, durch die Welt zu ziehen, als fahrender Ritter müsse man »die fernsten Winkel der Welt aufsuchen, sich in die tiefsten Labyrinthe begeben, auf Schritt und Tritt das Unmögliche wagen, in der Einöde mitten im Sommer den glühenden Sonnenstrahlen widerstehen und mitten im Winter den unbarmherzigen, rauhen Winden und Frösten, ihn darf kein Löwe erschrecken, kein Ungeheuer entsetzen, kein Drache ängstigen«.[4]

Warum, fragt man sich, müssen Spanier sich in die Arena begeben, um Stiere zu bezwingen? Warum muss man den Himalaya besteigen? Warum mit einem Biwak die Arktis durchstapfen? Warum auf Brettern Alpenhänge hinabstürzen? Löwen, Ungeheuer und Drachen gibt es haufenweise, auch in anderer als tierischer Gestalt. Auf Don Quijote trifft man tausendfach. Und ein jeder behauptet, nicht so verrückt zu sein, wie es scheint. So wie für Don Quijote eine Windmühle keine Windmühle ist, sondern etwas, das man bezwingen muss, so ist für diese Leute ein Berg kein Berg, sondern eine Provokation.

Dass das nicht immer der Fall war, bezeugt Petrarcas Besteigung des

Mont Ventoux im Jahr 1336. Das Mittelalter ist noch nicht zu Ende, doch schon in Dämmerstimmung. Als der preisgekrönte Petrarca mit seinem Bruder am Fuß des Mont Ventoux einem Hirten erklärt, sie wollten zum Gipfel hinauf, kann dieser Mann nur den Kopf schütteln. Wozu? Aus Lust und Tollerei müht sich damals kein einziger Mensch auf einen Berg hinauf, schlimm genug, dass solche Gesteinsmassen zwischen Äckern und Feldern aufragen und für den Anbau nichts hergeben. Warum sich dort hinaufquälen? Hat man sonst nichts zu tun? Er selbst, erzählt dieser Hirt, sei vor fünfzig Jahren einmal bergan gekeucht, in jugendlichem Übermut; es lohne nicht, man komme voller Beulen und Schrunden zurück, gar nicht zu reden von den Kleidern, die zerschlissen seien von Dornen. Der reinste Wahnwitz, ohne jeden Sinn, ohne jeden Zweck.

Doch die beiden sind nicht umzustimmen, was sein muss, muss sein, warum auch immer. »Dabei trieb mich einzig die Begierde, die ungewöhnliche Höhe dieses Flecks Erde durch Augenschein kennenzulernen«, erklärt Petrarca. Dass der Hirte sie mit allen Mitteln von ihrem Plan abbringen will, macht die Sache nur umso spannender: »Da jener dies uns zuschrie, wuchs uns am Verbote das Verlangen.«[5] Bald aber geraten die beiden Brüder aneinander. Petrarca will durch Umwege Kräfte sparen, sein Bruder eilt himmelwärts voran: Geistesmensch gegen Tatmensch. Der eine gerät ins Sinnieren, der andere zeigt, wie viel Energie in ihm steckt. Er macht sich lustig über den Herrn Dichter, die Sache gerät ins Kippen. Petrarca fängt an, den Unsinn dieses Unternehmens zu bereuen.

Als aber auch er oben anlangt, kommt er aus dem Staunen nicht mehr heraus: »Zuerst stand ich, durch einen ungewohnten Hauch und durch einen ganz freien Rundblick bewegt, einem Betäubten gleich. … Wolken lagerten zu meinen Füßen … Ich richte … meine Augen nach der Seite, wo Italien liegt, nach dort, wohin mein Geist sich so sehr gezogen fühlt. Die Alpen selber – eisstarrend und schneebedeckt – … erschienen mir greifbar nahe. … Der Grenzwall der gallischen Lande und Hispaniens … ist von dort nicht zu sehen. … Hingegen sah ich sehr klar zur Rechten die Gebirge der Provinz von Lyon, zur Linken sogar den Golf von Marseille, und den, der gegen Aigues-Mortes brandet, wo doch all dies einige Tagesreisen entfernt ist. Die Rhone lag mir geradezu vor Augen.«[6]

Petrarcas Glück hält allerdings nicht lange, er bekommt Gewissensbisse. Was soll die Lust an solchen Weiten bezwecken, fragt er sich. Wozu soll sie gut sein? Warum tut ein Mensch sich so etwas an? Fragen über Fragen, die ihm das Glück, über die halbe Welt zu blicken, verleiden. Schließlich sagt er sich voller Reue: Es gibt wichtigere Gipfel zu besteigen als irdische! Zwei Seelen streiten sich in seiner Brust, mehr denn je. Er stellt fest: »Zwischen diesen beiden wird auf dem Schlachtfeld meiner Gedanken schon lange eine höchst mühselige und auch jetzt noch unentschiedene Schlacht geschlagen, darüber, wer herrschen soll von den beiden Menschen in mir.«[7]

Um sich zu beruhigen, beschließt Petrarca, seinen Blick nach innen zu wenden. Was soll die Natur uns schon sagen? Was uns beibringen? Er hat seiner Neugier nachgegeben, doch die Freuden der Augen können uns keinerlei Halt schenken. Zum Glück hat er in seiner Jackentasche die »Bekenntnisse« des Augustinus stecken. Augustinus schildert darin, wie er, zermürbt über sein Lotterleben, eines Tages nach der Bibel greift und durch Zufall eine Stelle aufschlägt, die zu seiner Bekehrung führt. Es handelt sich um Römer 13, 13 f., wo es heißt: »Lasst uns ein Leben führen, wie es zum lichten Tage passt, nicht in Fressen und Saufen, nicht in Unzucht und Ausschweifung, nicht in Hader und Eifersucht; vielmehr zieht den Herrn Jesus Christus an und ernährt nicht die Begierden, die in euch sind!« Auch Petrarca stößt in Augustinus' »Bekenntnissen« auf eine Stelle, die passender nicht sein könnte: »Und es gehen die Menschen, zu bestaunen die Gipfel der Berge und die ungeheuren Fluten des Meeres und die weit dahinfließenden Ströme und den Saum des Ozeans und die Kreisbahnen der Gestirne, und haben nicht acht ihrer selbst.«

Petrarca fordert seinen quasselnden Bruder auf, endlich den Mund zu halten und ihn in Ruhe zu lassen. Er will allein sein, allein mit seinen Gedanken und seinem Gott. All dieses Geglotze und Gegacker lenkt vom einzig Wichtigen ab. »Ich … schloß das Buch im Zorne mit mir selbst darüber, daß ich noch jetzt Irdisches bewunderte. Hätte ich doch schon zuvor – selbst von den Philosophen der Heiden – lernen müssen, daß nichts bewundernswerter ist außer der Seele: Neben ihrer Größe ist nichts groß.«[8] Petrarca begibt sich nochmals zurück in jene gottesfürchtige Welt, die bald ihr Ende findet. Bald schon grämt sich niemand mehr, wenn er seiner Augenlust nachgibt – jedenfalls nicht, wenn sie sich an den Schönheiten der Natur berauscht.

Mit dem Abschied vom theologischen Kosmos des Mittelalters gewinnt das Gegenteil des Transzendenten immer mehr an Gewicht: die hiesige, irdische, sichtbare Welt. Und mit ihr die *Curiositas*. Für Blumenberg macht sie gar das Proprium der Neuzeit aus: Ohne sie bekämen die Naturwissenschaften nicht jenen immensen Auftrieb, der unsere heutige Welt prägt. Augustinus hat ausgedient, zumindest in dieser Hinsicht. Nicht mehr das Jenseits bannt unseren Blick, es ist das Diesseits, in all seiner Sinnlichkeit. Wer den Mont Ventoux besteigt, muss keine Gewissensbisse mehr bekommen. Wollte man im Mittelalter wissen, was die Welt im Innersten zusammenhält, griff man zur Bibel oder ließ es sich vom Pfarrer erklären. Zwar fanden sich in den Klosterbibliotheken auch schon damals Schriften, die den Blick zur Erde neigten, doch der Weltenbau als Ganzer galt als das Werk Gottes, mit aller dazugehörigen Ordnung. Alles hatte seinen Platz, von oben bis unten. Im Grunde kannte das Auge nur eine einzige Richtung: hinauf zu Gott. Das alles ändert sich rasant. Galileis Blick ins Fernrohr gilt nicht Gott, er will wissen, wie sich die Dinge dort draußen verhalten. Was er entdeckt, gefällt der Kirche nicht, aus naheliegenden Gründen. Ihn hat die Neugier gepackt. Er will alles genauer wissen.

Wohin das führt, davon kündet auch der »Don Quijote«. Nicht nur steigt der Ritter von der traurigen Gestalt eines Tages mit seinem Knappen in eine Höhle hinab, die ihnen Sehen und Hören vergehen lässt, bald darauf lassen sie sich mit einer Höllenmaschine in die Lüfte schießen, was zwar auf ausgeklügelter Schwindelei beruht, jedoch bereits auf Jules Verne vorausweist und die Raumfahrt. Das Maschinenzeitalter winkt am nahen Horizont, technische Erfindungen spielen im »Don Quijote« keine kleine Rolle. Statt sich zufriedenzugeben mit dem, was auf den Feldern wächst, wühlt man die Erde um und forscht nach Dingen, die Wohlstand und Luxus versprechen: Gold, Silber, Erze. Was morgens noch Staunen erregt, gehört abends zu den alten Hüten. Wie sorglos wir mit unserer entfesselten Curiositas die Büchse der Pandora geöffnet haben, sehen wir spätestens jetzt, wo der ökologische Kollaps droht.

Schon Mitte des 17. Jahrhunderts versucht Rousseau der Welt beizubringen, dass es so nicht weitergehen kann. Je mehr Fortschritt die Welt beglückt, desto mehr verkümmert der Mensch; je mehr technische Annehmlichkeiten ihn entzücken, desto dekadenter wird er. Für Rousseau gibt es nur noch einen einzigen Ausweg: den Weg zurück. Zurück heißt nicht, dass wir wieder Jäger und Sammler werden, es heißt, dass wir uns eine Welt erschaffen, die wie früher Übersicht bietet und uns nicht zu Sklaven unserer technischen Errungenschaften macht.

Voraussetzung dafür ist, dass wir unsere Neugier zügeln. Nicht zufällig knüpft Rousseau mit seinen »Bekenntnissen« an den gleichnamigen Titel von Augustinus an. Wie dieser beklagt auch Rousseau unsere immer heilloseren Zerstreuungen, die uns alle Ruhe und Festigkeit rauben. Allerdings will der moderne Mensch von solchen Predigten noch weniger hören als zu Augustinus' Zeiten. Dabei führt die Hast nach irdischem Glück geradewegs in die Hölle. Rousseau will retten, was noch zu retten ist. Sein Maßnahmenkatalog ist lang – und durchaus rabiat. In seiner Erziehungsschrift »Émile« verbietet er sogar das Lesen von Büchern, jedenfalls für Kinder, bevor sie fünfzehn sind.[9] Aber auch danach hält er nur ein einziges Buch für nützlich: »Robinson Crusoe«. Schließlich führt es vor, wie der Mensch sich wieder aufs Eigentliche besinnt, wenn er von jeder Gesellschaft abgeschnitten ist. Was für Augustinus der Gottesbezug, ist für Rousseau der Bezug zum eigenen Selbst. Beides soll rein sein, so rein wie möglich.

Auch in Defoes »Robinson Crusoe« warnt der Vater seinen Sohn vor dem Übel der Abenteuersucht. Er mahnt ihn zu Mäßigung und Ruhe, in allen Belangen, mit dem Argument, dass es ohne diese beiden keine Gesundheit gibt, weder eine seelische noch eine körperliche. Der Sohn will solche Reden nicht hören, eines Tages haut er einfach ab. Zuvor erklärt er der Mutter, er müsse die Welt sehen, für alles andere besitze er keine Geduld. »Der Junge könnte glücklich werden, wenn er zu Hause bliebe; wenn er aber wegläuft, wird er das unglückseligste Menschenkind werden, das je geboren wurde«, klagt der Vater.[10] Es kommt, wie es kommen muss: Schiffbruch in jeder Hinsicht. Man hat es ihm prophezeit. Wer nicht hören will, muss sich nicht wundern, wenn er sich eines Tages auf einer einsamen Insel wiederfindet, mutterseelenallein. Rousseau findet das großartig. Nur so kann der Mensch wieder zu sich selbst finden, zurückgeworfen aufs Allernötigste, ohne verderbliche Gesellschaft um sich herum. Auf einsamen Inseln kommt der Mensch weder auf dumme Gedanken, noch ahmt er dort das falsche Leben der andern nach.

Eines Tages bekommt Rousseau Post von einer Frau, die sich Henriette nennt. Sie wehrt sich gegen seine Behauptung, dass der Mensch sich in Gesellschaft zum Schlechten entwickelt. Sie bekennt, zwei Seelen in ihrer Brust zu haben: Die eine sehnt sich nach einem ruhigen Leben auf dem Land, die andere nach geistiger Anregung. Sie interessiert sich für Philosophie, auch hat sie Lust zu schreiben. »Was soll ich tun?«, fragt sie. Rousseau gibt ihr den Rat, nicht gebildeter sein zu wollen, als sie ist. Einer Frau gebühre es nicht, sich ins Getümmel zu stürzen wie die Männer. Weil ihre Briefe ihm beweisen, dass sie auf Anerkennung aus ist, trägt er ihr auf, sich zu bescheiden und Halt zu finden in sich selbst. »Suchen Sie die Wahrheit im Innern, nicht draußen!«, schreibt er ihr ungehalten. »Zehren Sie Ihre Kräfte nicht im Widerstand gegen ein Leben auf, das Ihnen die Natur zugewiesen hat!« Henriette erwidert: »Ohne Literatur und Bildung möchte ich nicht leben.« Und fügt hinzu: »Je mehr ich darüber nachdenke, desto mehr komme ich zu dem Schluss, dass wahres Glück nicht darin bestehen kann, sich in sich selbst einzuschließen, denn so viel Eigenes besitzt man überhaupt nicht.«[11]

Nicht nur Rousseau knüpft an Augustinus an, auch in Heideggers »Sein und Zeit« spielt er eine entscheidende Rolle. Während Descartes und Hegel für Heidegger aufs Schlimmste die Seinsvergessenheit vorantreiben, liefert Augustinus mit seiner abwertenden Rede von der »Augenlust« ein zentrales Stichwort für Heideggers Kritik an der heutigen Zerstreuungssucht. Laut Heidegger geht es der Augenlust nämlich nicht um Erkenntnis, sondern um die Gier nach immer Neuem: »Sie sucht das Neue nur, um von ihm erneut zu Neuem abzuspringen. Nicht um zu erfassen und um wissend in der Wahrheit zu sein.«[12] Sie stellt sich nicht in den Dienst des Lebensnotwendigen, viel wichtiger ist ihr alles Unwichtige. Statt sich aufs Wesentliche zu konzentrieren, sucht sie Ablenkung. Wo Augustinus von Sünde spricht, spricht Heidegger von der Verfallenheit an die Welt.[13] Was für den einen Gottverlassenheit, ist für den andern Seinsvergessenheit.

Dank seiner Zerstreuungssucht fühlt der heutige Mensch sich nirgends mehr heimisch. Sie führt zum »Unverweilen« und zur »Aufenthaltslosigkeit«.[14] Seine Neugier wird vor allem durch jenes »Gerede« bewirtschaftet, dem Heidegger in »Sein und Zeit« eines seiner berühmtesten Kapitel widmet. »Die Neugier ist überall und nirgends«, heißt es dort, und ebenso: »Das Gerede regiert auch die Wege der Neugier, es sagt, was man gelesen und gesehen haben muß. Das Überall-und-nirgends-sein der Neugier ist dem Gerede überantwortet. Diese beiden alltäglichen Seinsmodi der Rede und der Sicht sind in ihrer Entwurzelungstendenz nicht lediglich nebeneinander vorhanden, sondern *eine* Weise zu sein reißt die *andere* mit sich.«[15] Gerede und Neugier drücken sich in Geschwätz, Gequassel, Getuschel aus. Was regiert, ist das Hörensagen, Meinen, Nachplappern. Viel mehr hat der neuzeitliche Mensch nicht zu bieten, weder sich selbst noch andern.

KRITIK MACHT KARRIERE

Die Kritik der Moderne gehört zur Moderne, wie der Begriff Kritik zur Moderne gehört. Zwar gibt es ihn schon lange, doch in der Philosophiegeschichte taucht er erstmals bei Kant in Buchtiteln auf. Kritik bedeutet dort allerdings nichts anderes als Abhandlung, Kant hätte auch den Begriff Traktat verwenden können. Im Griechischen heißt *krinein* unterscheiden. Wer eine Abhandlung verfasst, führt Unterscheidungen ein: Dies gehört zu jenem, jenes zu diesem. Wer die Dinge fein säuberlich trennt, sorgt für Übersichtlichkeit. In seiner »Kritik der reinen Vernunft« erläutert Kant, wofür die reine Vernunft zuständig ist und wofür nicht. Gleiches gilt für die praktische Vernunft und für die Urteilskraft. Mit Verneinung hat das alles nichts zu tun und schon gar nicht mit Niedermachen.

Erst seit dem 20. Jahrhundert beginnt der Begriff Kritik sich mit dem der Negation zu überlappen, nicht zuletzt dank der Frankfurter Schule. Dabei weiß jeder, dass eine Theaterkritik nicht per se auf einen Verriss hinausläuft, es kann sich auch um eine Hymne handeln. Kritik bedeutet Besprechung, zumindest in diesem Fall. Bei der Frankfurter Schule und ihrer Kritischen Theorie denken wir jedoch automatisch an Negation – oder richtiger gesagt an die Negation des Bestehenden, wie die berühmt gewordene Formel von Adorno lautet. Ihr entspricht sein nicht weniger berühmtes Diktum »Das Ganze ist das Unwahre«. Allerdings fragt sich, ob in diesem Fall auch der Satz »Das Ganze ist das Unwahre« ein unwahrer Satz ist. Denn er ist ja Teil des umfassenden Unwahren, so wie auch Adorno selbst, der nicht aus himmlischer Distanz auf unser irdisches Treiben geblickt hat, sondern ins Gewühl verwickelt war wie jeder andere auch. Wir sehen uns dem gleichen Dilemma gegenüber wie bei jenem Kreter, der von den Kretern sagt, dass alle Kreter lügen. Lügt auch er? Oder ist er der Einzige, der die Wahrheit sagt? Spräche er die Wahrheit, könnte er kein wirklicher Kreter sein, denn alle Kreter lügen ja.

Man weiß, was mit Adornos Satz gemeint ist, auch wenn er in logischer Hinsicht wackelt. Im Grunde hat er mehr mit einem Gefühl zu tun als mit einem in sich stimmigen Gedanken. Gefühlsmäßig können wir schnell den Eindruck gewinnen, dass das Ganze irgendwie beschissen ist. Wer möchte da widersprechen? Entfremdung, Leiden, Sterben, Ungerechtigkeit – wo soll man anfangen, wo aufhören? Und das alles auch noch unter kapitalistischen Bedingungen! Doch immerhin bereitet es intellektuellen Genuss, sich der radikalen Negation von so vielem Negativen hinzugeben, mit immer neuen Formulierungen. Schließlich kommen dabei solche gedrechselten Sätze heraus wie: »Die Macht des Bestehenden errichtet die Fassaden, auf welche das Bewußtsein aufprallt.«[1] Oder: »Aus der Dialektik des Bestehenden ist nicht auszuscheiden, was das Bewußtsein als dinghaft fremd erfährt: negativ Zwang und Heteronomie, doch auch die verunstaltete Figur dessen, was zu lieben wäre und was zu lieben der Bann, die Endogamie des Bewußtseins nicht gestattet.«[2] Oder kurz und bündig: »Die Negation der Negation wäre wiederum Identität, erneute Verblendung.«[3] Nicht nur in Adornos »Negativer Dialektik« geht es so von Seite zu Seite, man könnte jedes andere Werk von ihm aufschlagen, an beliebiger Stelle.

Die Negation feiert wahre Feste, unablässig, mit grimmer Miene. Und im Saal nebenan tanzen die Verblendeten, die nicht wissen, wie verblendet sie sind. Hier die Kritischen, dort die Konformistischen. Marcuse zieht im Namen des kritischen Denkens gegen das affirmative Denken ins Feld; dazwischen klafft die reinste Leere, Entweder-oder. Alles andere ist nicht Fisch, nicht Fleisch. Man muss wissen, wo man steht, zwischen den Stühlen wird man zerquetscht. Schon Marx erkennt im typischen Zwischen-den-Stühlen-Sitzer den Kleinbürger par excellence. Dieser Kleinbürger will kein Proletarier sein, bringt es aber auch nicht zum Kapitalisten. Er streckt sich nach oben und tritt nach unten. Eine unangenehme Sorte Mensch. Inzwischen gehören ihr die meisten von uns an. Aus Ängstlichkeit sind wir tolerant.

Für Marx sind Kleinbürger das Schlimmste, was auf der Welt herumkreucht. Jahrelang beschäftigt er sich nicht so sehr mit der Kritik der politischen Ökonomie, sondern mit der Kritik jener Kritik, die Kleinbürger für Kritik halten. In seiner mit Engels verfassten Schrift »Die heilige Familie oder Kritik der kritischen Kritiker« knallt er diese Spezies regelrecht ab. Er zeigt ihr, wie richtige Kritik geht. Sobald der Kleinbürger sich kritisch dünkt, sorgt er dafür, dass alles bleibt, wie es ist. Er kommt sich unangepasst vor, zeigt damit aber nur, dass zur Angepasstheit auch ein kleines Kritischsein gehört. Man will ja nicht als Langweiler dastehen. Kritik zeigt, dass man Bewusstsein besitzt. Auch der Begriff Bewusstsein macht während der Moderne mächtig Karriere. Seit den 68er-Tagen bedeutet »Bewusstsein haben«, dass man nicht einverstanden, dass man nicht stumpf, dass man nicht dumm ist. Dass man den ganzen Lug und Trug durchschaut. Und dass man ein Gesicht aufzusetzen weiß, bei dem es nichts mehr zu lachen gibt.

Marx hätte seine wahre Freude gehabt an so vielen Bewusstseinshelden. Er hätte in ihnen einen gewissen Herrn Hirzel wiedererkannt, einen Zeitungsschreiber aus Zürich, der in jedem zweiten Satz das Wörtlein *kritisch* bemüht hat, bis zum Erbrechen: kritisches Denken, kritisches Bewusstsein, kritische Gesinnung. Lauter weiße Schimmel. Anders als Herr Hirzel spricht man heute nicht mehr von der Kritik der Herrschaft und von der Kritik der Gesellschaft, man bevorzugt Komposita: Herrschaftskritik, Gesellschaftskritik, Ideologiekritik, Kapitalismuskritik, Systemkritik, Religionskritik, Wissenschaftskritik, Kolonialismuskritik, Diskurskritik, Vernunftkritik, Heteronormativitätskritik. Im Stalinismus gab es noch die berühmte Selbstkritik, die meist tödlich endete, obwohl sie die einzige Möglichkeit bot, noch einmal davonzukommen. Womit bewiesen ist, dass Kritik alles Erdenkliche bedeuten kann, auch das Gegenteil dessen, was man gewöhnlich darunter versteht.

Selbst bei Kant ist die Sache nicht so einfach, wie es auf den ersten Blick scheint. Dass bei ihm der Begriff Kritik zuerst einmal nichts anderes als Abhandlung meint, ist so richtig wie untertrieben. Immerhin begegnen wir gleich auf den ersten Seiten der »Kritik der reinen Vernunft« einer Fußnote, in der es heißt: »Unser Zeitalter ist das eigentliche

Zeitalter der Kritik, der sich alles unterwerfen muß.« Der Unmissverständlichkeit halber fügt Kant hinzu: »Religion durch ihre Heiligkeit und Gesetzgebung durch ihre Majestät wollen sich gemeiniglich derselben entziehen. Aber alsdann erregen sie gerechten Verdacht wider sich und können auf unverstellte Achtung nicht Anspruch machen, die die Vernunft nur demjenigen bewilligt, was ihre freie und öffentliche Prüfung hat aushalten können.«[4] Was Kant sagen will, ist: Nichts und niemand darf von der Kritik ausgenommen werden, weder weltliche Mächte noch kirchliche. Kant vergleicht die Vernunft sogar mit der Polizei, deren »positiven Nutzen« wohl kein einziger einsichtiger Mensch abstreiten könne, wie er bemerkt.[5] An späterer Stelle spricht er sogar vom »Gerichtshof der Vernunft«, wobei er hervorhebt, dass dieser Gerichtshof ohne jede Polemik auskommt, denn es sei ihm weder um bloße Ansichten zu tun noch um irgendwelche Vorlieben, sondern allein darum, jede Art von Glaubens- und Gedankengebäude vor dem Gerichtshof der Vernunft auf seine Belastbarkeit hin zu überprüfen.[6] Die Vernunft untersucht allein deren Statik; stimmt daran etwas nicht, verweigert sie ihr Plazet.

Für Kant steht fest, dass die Vernunft keiner einzigen Religion und keinem einzigen theologischen System ihren Segen geben kann. Man muss dazu kein Atheist sein, es genügt festzustellen, dass Glaubensdinge sich nichts beweisen lassen und ein jeder Glaube mit anderen Glaubenshaltungen in Widerspruch gerät. Allerdings zielt Kant nicht nur auf die Religionen, auch die bisherige Philosophie kann in seinen Augen nicht mehr bestehen. Nicht nur die mittelalterliche Scholastik ergeht sich in bloßen Spekulationen, auch mit antiken Ideengebilden lohnt die Beschäftigung kaum. Bei alledem handelt es sich um eine Metaphysik, die meilenweit über den Gefilden der Wirklichkeit schwebt. Kant schubst sie in den Orkus des Überwundenen, wenn er erklärt: »Aufklärung ist der Ausgang des Menschen aus seiner selbst verschuldeten Unmündigkeit.«[7]

Dieses Verdikt zeigt in aller Deutlichkeit, dass die »Kritik der reinen Vernunft« weit mehr ist als eine leidenschaftslose Abhandlung –

auch wenn ihr quasi-juristischer Sachlichkeitston anderes suggeriert. Sie macht Schluss mit allem, was nach bloßen Behauptungen riecht und sich in wilden Sinnkonstruktionen ergeht. Dass sich gegen Kants Kahlschlag Widerstand regt, versteht sich von selbst, nicht nur von religiöser Seite. Wer fast alles bisherige Denken ins Reich der Märchen verbannt, muss sich den Vorwurf gefallen lassen, auf hohem Ross zu sitzen. Dieser Vorwurf richtet sich weniger gegen Kant persönlich als gegen die Arroganz einer Aufklärung, die mit sich selbst eine neue Zeitrechnung beginnen lässt. Aus heutiger Sicht liefert Kant die ideologische Begleitmusik für einen Kolonialismus, der die ganze Welt mit einer Wahrheit beglücken will, die aus gewaltsamer Überheblichkeit besteht. Der wohlmeinende Einwand, Kant predige einen wunderbaren Menschenrechtsuniversalismus, widerlegt diesen Vorwurf nicht, er bestätigt ihn vielmehr. Dass es an Kants Gerichtshof neutral zugeht, glaubt inzwischen kaum noch jemand.

Schon Hegels Denken gründet auf einer Kritik am kantischen Kritikunternehmen. Zwar will Hegel Kants kritischen Anspruch nicht aufgegeben, doch er will auch nicht alles Denken und Sinnen früherer Zeiten als Unsinn abkanzeln. Hegel gibt zu bedenken, dass wir nichts mehr in Händen halten, wenn wir Tabula rasa machen. Für ihn zeigt sich die Wahrheit allen Denkens darin, dass es Widersprüche aus sich hervortreibt, mit denen es sich auseinandersetzen muss. Der absolute Geist offenbart sich für Hegel im konfrontativen Zusammenspiel der seit Jahrtausenden brodelnden Debatten und Diskussionen. Wir alle sind darin verwoben, ob es uns bewusst ist oder nicht. Es gibt kein Außerhalb und keinen Beobachtungsposten, von dem man auf dieses Getümmel blicken könnte, wir befinden uns mitten im Gewühl, wie jeder andere auch, seit Menschengedenken. In seiner Vorrede zur »Phänomenologie« spricht Hegel von einem »bacchantischen Taumel, an dem kein Glied nicht trunken ist«.[8]

Anders als Hegel, der den Fortgang des Geistes für unaufhaltsam hält, wollen rigorose Kritiker der Moderne das Projekt der Moderne beenden. Die einen recken dabei die Bibel hoch, die andern Platons

»Staat«, die dritten den Koran. Wieder andere weisen auf die Blindheiten der neuzeitlichen Vernunftherrlichkeit hin und auf die metaphyische Dürre einer Welt, in der Produktion und Konsum das Ein und Alles ist, wollen jedoch nicht das Kind mit dem Bade ausschütten. Wie diese beiden Linien auseinanderdriften, zeigt sich schon an so manchen Romantikern: Novalis und Eichendorff blicken nostalgisch ins Mittelalter zurück, Friedrich Schlegel liefert bereits die Stichworte für Derridas Dekonstruktion. Dass Schlegel später unters Dach der katholischen Kirche flieht, steht auf einem anderen Blatt. An Hölderlin dagegen lässt sich sehen, wie Griechensehnsucht und Jakobinertum durchaus unter einen Hut passen. Die Kritik an der Moderne wird nie verklingen, sie gehört zu ihr wie die Romantik zur Aufklärung.

Wie sehr die Moderne unauflösbare Ambivalenzen mit sich bringt, führen Adorno und Horkheimer mit ihrer »Dialektik der Aufklärung« vor. Wer an heilsame Lösungen glaubt und immer nur über die neuzeitliche Bodenlosigkeit klagt, scheint wenig von den damit gewonnenen Freiheiten zu halten. Immerhin gibt Adorno zu bedenken, »ob nicht der Zustand, in dem man an nichts mehr sich halten könnte, erst der menschenwürdige wäre«. Und er fügt hinzu: »Überwindungen, auch die des Nihilismus samt der Nietzscheschen, die es anders meinte und doch dem Faschismus Parolen lieferte, sind allemal schlimmer als das Überwundene.«[9]

SCHWARZWALD UND WÜSTE

Bei Debatten, die sich um eine radikale Modernitätskritik ranken, ist die Präsenz jüdischer Denker schwer zu übersehen. Ebenso wenig lässt sich übersehen, dass deren Positionen weit auseinanderliegen. Leo Strauss und Karl Löwith tendieren in entgegengesetzte Richtungen, obwohl beide dem neuzeitlichen Fortschrittsglauben wenig abgewinnen können. Auf der anderen Seite kann Hannah Arendt über die halb mystisch, halb marxistisch angehauchten Visionen ihres Pariser Exilgenossen Walter Benjamin nur ungläubig staunen. Gershom Scholem wiederum kämpft mit Adorno ums Vorrecht an Benjamin; der eine will ihn nach Jerusalem locken, der andere der Frankfurter Schule einverleiben, auch wenn er ihn für einen unsicheren Kantonisten hält. Jacob Taubes wiederum hat seine wahre Freude daran, Adorno in die Parade zu fahren, mit Carl Schmitt im Gepäck, dem ausgemachten Antisemiten.

Derrida schließlich treibt mit seiner Dekonstruktion allen Konservativen die Zornesröte ins Gesicht. Nicht nur Allan Bloom, der berühmteste Schüler von Leo Strauss, sieht mit der Dekonstruktion die endgültige Erosion des Geistes gekommen. Der immer reaktionärer röhrende Literaturnobelpreisträger Saul Bellow setzt seinem Freund Allan Bloom in seinem letzten Roman »Ravelstein« ein Denkmal. In ihren letzten Jahren wettern die beiden berserkerhaft gegen alles, was nur im Entferntesten nach Links riecht. Die Gegensätze zwischen diesen jüdischen Schriftstellern, Philologen und Philosophen könnte größer nicht sein, und auch nicht die Entschiedenheit, mit der sie ihre konträren Positionen vertreten. Feststeht, dass unsere geistigen Bühnen ohne sie reichlich öd aussähen. Zwar nehmen an diesen Diskussionen viele weitere Stimmen teil, doch häufig hallt dabei etwas nach, das sich wie Sekundäres zu Primärem verhält. Das Original findet sich meist schon woanders.

Heideggers antijüdischer Affekt verdankt sich keinem markigen Germanentum, er entspringt der Überzeugung, dass Juden nirgends Wurzeln schlagen und nicht wissen, was Heimat ist. Wie Ahasver finden sie nirgends Ruhe, gönnen aber auch den anderen keine. Überall drängen sie sich dazwischen und bringen die Dinge durcheinander, in jeder Hinsicht. Weil sie selbst keinen Halt besitzen, wollen sie nicht, dass andere welchen besitzen. Mangelnde Sesshaftigkeit erträgt nicht, dass andere sesshaft sind. Der Jude ist ein Nomade, dessen ureigenster Ort aus den ortlosen Weiten der Wüste besteht. Würde er sich in die wirkliche Wüste zurückziehen, wäre alles in Ordnung, doch durch sein globales Umherziehen verwandelt er die ganze Erde in eine einzige Wüstenei. Er treibt jene planetarische Entwurzelung voran, in der die Seinsvergessenheit gipfelt, in fürchterlicher Weise.

Ob Heidegger Werner Sombarts 1911 erschienene Schrift »Die Juden und das Wirtschaftsleben« zur Kenntnis genommen hat, spielt insofern keine Rolle, als sich dort Gedanken finden, die ohnehin im Schwange sind. Sombart bringt auf den Punkt, was nicht nur bei der rechten Kapitalismuskritik zum geläufigen Argumentationsmuster gehört, wenn er schreibt, die Juden seien als »ein Wüstenvolk und ein Wandervolk ... ein heißes Volk«, das unter »wesensverschiedene ... naß-kalte, schwerblütige, bodenständige Völker verschlagen worden ist«. Was weitreichende Folgen haben sollte: »Wären sie alle im Orient geblieben oder in andere heiße Länder verschlagen worden, ... es wäre niemals zu dem Knalleffekt der menschlichen Kultur: dem modernen Kapitalismus gekommen.«[1] Der Jude ist für die Verstädterung der Welt verantwortlich und damit für die zunehmende Anonymität und den Zerfall aller Bindungen. »Aus der unendlichen Wüste ... erwächst ... der Kapitalismus«, heißt es zum Ende von Sombarts Schrift: »Das Wirtschaften hat hier keinen umfriedeten Bezirk, keinen abgegrenzten Tätigkeitskreis mehr.« Kurzum: »Wüste und Wald, Sand und Sumpf: das sind die großen Gegensätze der Menschheit, die letzten Endes ... alle ... für das Menschendasein ... so entscheidenden Bedingungen schaffen: hier ... die Fata Morgana, dort der Nebelstreif.«[2]

In Heideggers »Schwarzen Heften« lesen wir: »Die Frage nach der Rolle des Weltjudentums ist keine rassische, sondern die metaphysische Frage nach der Art von Menschentümlichkeit, die schlechthin ungebunden die Entwurzelung alles Seienden aus dem Sein als ›weltgeschichtliche‹ Aufgabe übernehmen kann.«[3] Ein Begriff wie Weltdeutschtum oder Weltitalienertum klänge vollkommen absurd, auf Juden jedoch wendet man dieses Kompositum mit der größten Selbstverständlichkeit an. Wo es keine Wurzeln gibt, wächst auch nichts. Das gilt nicht nur für Bäume, es gilt auch fürs Denken. Denken muss in die

Tiefe gehen, um von dort in die Höhe zu streben. Der zügellose Geist bloßer Intellektualität schweift dagegen im Flachen umher. Weil Zügellosigkeit, Ziellosigkeit und Bodenlosigkeit eins sind, sagt Heidegger übers Judentum, es sei »an nichts gebunden«, mache sich aber alles »dienstbar«.[4] Sein Fazit: »Das Weltjudentum … ist überall unfaßbar und braucht sich bei aller Machtentfaltung nirgends an kriegerischen Handlungen zu beteiligen, wogegen uns nur bleibt, das beste Blut der Besten des eigenen Volkes zu opfern.«[5] Zum Boden gehört Blut, zur Haltlosigkeit leere Intellektualität. Der Jude kennt kein Wozu und kein Wohin, denn er kennt auch keinen Ursprung, keinen Anfang, keinen Grund; er kennt nur das Gemache, das Geschäft, die Berechnung. In welche Welt das führt, sehen wir überall: in eine Welt, die nur noch aus »Schnelligkeit, Augenblicklichkeit und Gleichzeitigkeit« besteht. Was sich dabei vollendet, ist »die Verdüsterung der Welt, die Flucht der Götter, die Zerstörung der Erde, die Vermassung des Menschen«.[6]

In keiner anderen Dichtung drückt sich das Nomadische deutlicher aus als in der des in Kairo geborenen jüdisch-französischen Dichters Edmond Jabès. Nirgends begegnen wir dort der sonst so vertrauten Klage über den Verlust von etwas Verlorenem, Authentischem, Ursprünglichem, Großem. Jabès' Sprache umkreist die Wüste, den Nicht-Ort und ein Nirgendwohin, in das Spuren führen, die nur zu weiteren Spuren führen, ohne jedes Ziel, ohne jede Ankunft. Weder gibt es bei Jabès eine verborgene Wahrheit, die in einer bedeutungsvollen Tiefe wurzelt oder in einer sagenumwobenen Vergangenheit, noch eine, die aus der Zukunft herüberwinkt. Die Wahrheit ist die Wüste selbst, nichts anderes. Es gibt dort auch nichts zu verstehen, es gibt nur Weite. Alles ist da, alles ist fern, in reiner Gleichzeitigkeit.

Auf diese Weise gibt die Wüste auch das Bild ab für die Endlosigkeit des Geschriebenen, das ebenfalls nirgends anfängt und nirgends aufhört. In Jabès' Schrift »Ein Fremder mit einem kleinen Buch unterm Arm« heißt es vom Menschen: »Man hat ihn geschätzt, gewürdigt und zuweilen gefeiert, und doch hat er immer am Rande gelebt. An den Rändern eines unerschöpflichen Buches.«[7] In »Es nimmt seinen Lauf«

lesen wir: »Wäre meine Freiheit nicht im Buch, wo wäre sie sonst? Wäre mein Buch nicht meine Freiheit, was wäre es sonst?«[8]

Das bedeutet mitnichten, dass es kein Leiden gibt. Allerdings ist es ein anderes Leiden als das Leiden an verlorenen Ursprüngen und an der viel beklagten Entfremdung. Es ist ein Leiden, das keine Arznei anpreist, die von diesem Leiden erlöst. Selbst wenn vom Messianischen die Rede ist, handelt es sich um einen Messianismus ohne Messias, wie Derrida formuliert.[9] Alles ist da und nichts zugleich, wie man es beim Lesen von Büchern kennt, wo eine Fülle von Phantasien, Gedanken, Gefühlen aufsteigt, bei vollkommener Abwesenheit dessen, wovon diese Bücher handeln. Was in unserem Inneren vorbeischwirrt, gleicht einer unablässigen, immer anderen Fata Morgana. Abwesenheit und Anwesenheit werden eins, als existiere das eine nicht ohne das andere. Von Jabès' Dichtung sagt Derrida, es finde sich in ihr »keine Insel und kein Gelobtes Land«, nur »eine Wüste in der Wüste, … ins Unendliche verlängert«.[10] Weder für Jabès noch für Derrida gibt es ein Draußen, Drüben, Drunten oder Droben, wo unser viel gesuchter Sinn sitzt und wir zu unserer Eigentlichkeit finden. »Il n'y a pas de hors-texte« – es gibt kein Außerhalb des Textes, lautet der zentrale Satz seiner »Grammatologie«.[11] Mit Blick auf Jabès bemerkt Derrida: »Der Dichter – oder der Jude – beschützt die Wüste, die seine Rede … beschützt.«[12]

Zeitlebens treibt Derrida die Frage um, warum Schrift und Buch in unserer abendländischen Kultur als zweitrangig gelten gegenüber dem gesprochenen Wort – als existiere zwischen den beiden eine naturwüchsige Hierarchie. Wer sich fragt, warum Derrida darum ein solches Aufheben macht, findet die Antwort vermutlich in seinem Judentum. Auch wenn er sich selbst nicht als spezifisch jüdischen Denker sehen will, opponiert er gegen die Entwertung der Schrift im Namen einer Sache oder Essenz, die ihr vorausgeht, sei es im Denken, Reden oder Sein. In Derridas Augen bildet die Schrift nichts ab, was vor ihr existiert und außerhalb von ihr. Die Schrift bildet eine eigene Welt, mit endlosen Weiten, wie die Wüste.

Immer wieder kommt Derrida auf Platons Schriftkritik im »Phaidros« zurück, die auf folgender Geschichte beruht: Der ägyptische Gott Theuth verkündet König Thamus, er habe etwas erfunden, was dem Gedächtnis Erleichterung verschafft und alles Wissen speichert – nämlich die Schrift. Anders als erwartet freut König Thamus sich darüber jedoch nicht, im Gegenteil. Er hält diese Erfindung für abwegig und gefährlich. Sie führt in seinen Augen dazu, dass wir unser Gedächtnis vernachlässigen und uns auf Buchstaben verlassen oder sonstige Zeichen, denen jedes Leben fehlt, ganz anders, als man es von Gesprächen kennt. Nicht nur lassen Buchstaben den Geist zu einem toten Wissen gerinnen, wir können nicht einmal beurteilen, ob es sich um bloßes Scheinwissen handelt.[13] Papier kennt keine Widerrede.

Mit dieser Geschichte manövriert Platon sich in eine höchst paradoxe Situation hinein. Denn er führt mit seinen sokratischen Dialogen vor, wie der Geist sich im Gespräch entfaltet, gleichzeitig bannt er ihn in eine unverrückbare Buchstabenform. Bei Leo Strauss begegnen wir der These, dass Platons wahres Denken sich nicht in seinen Dialogen findet, sondern in einer ungeschriebenen Lehre. An dieser Art von Skepsis gegenüber dem Schriftlichen entzündet sich Derridas Denken. Indem Strauss die eigentliche Wahrheit von Platons Schriften abkappt, erweist er sich als paradigmatischer Vertreter jener Metaphysik, die alles fein übersichtlich trennt: die Ideen von den Sinnen, den Geist vom Leib, das Echte vom Unechten, das Wesentliche vom Unwesentlichen, das Essentielle vom Akzidentiellen, das Authentische vom Künstlichen, das Eigentliche vom Uneigentlichen, das Wahre vom Talmi. In dieser Trennung liegt immer auch eine Wertung zu Gunsten des einen und zu Ungunsten des andern. Das Sinnliche ist minderwertiger als das Geistige, das Echte besser als das Unechte, das Ungeschriebene beseelter als das in Büchern Fixierte.

Anders als man denken könnte, erwartet uns in Derridas »Grammatologie« keine linguistische Abhandlung, sondern eine radikale Kritik an dieser dualistischen Struktur unseres abendländischen Denkens. Dass dabei Rousseau im Mittelpunkt steht, verwundert nicht, denn für ihn besteht unser Leben fast nur noch aus Dingen, die einen schlechten

Ersatz bieten für etwas Verlorenes. In Rousseaus Augen lassen wir uns mit immer neuen Substituten abspeisen, die das verschwundene Echte nicht nur nicht aufwiegen können, sondern uns nach immer weiteren Substituten schmachten lassen. Allerdings findet sich bei Rousseau dieselbe Paradoxie wie bei Platon, schließlich schreibt er ein Buch nach dem andern, um der Welt kundzutun, dass die Existenz von Büchern beweist, wie entfremdet wir dem Leben sind. Nicht nur erklärt er in der Vorrede zu seinem Briefroman »Die neue Héloïse«, dass dieses Werk bei Frauen, die schon verdorben sind, keinen Schaden mehr anrichten kann, während unverdorbene es vermutlich nie in die Hände bekommen. Rousseau versucht sich auch an Bühnenstücken, obwohl er das Theater verbieten lassen will, so wie es seine Heimatstadt Genf vormacht, wo die Calvinisten keinerlei Schauspiele dulden. Eines Tages verteilt Rousseau vor Notre-Dame in Paris Flugblätter, auf denen er der Welt verkündet, er werde sich vom Treiben der Welt zurückziehen, und zwar für immer, nie wieder werde man von ihm hören. Doch er verfasst weiter Schrift um Schrift, schließlich muss die Welt wissen, für wie verrottet er sie hält.

Während Platon sich in dem Widerspruch einrichtet zwischen Schriftkritik und Schriftproduktion, bildet die Tora seit der ersten Zerstörung des Tempels das Zentrum des Judentums. Sie garantiert in der babylonischen Gefangenschaft wie nichts sonst den Zusammenhalt. Das Buch der Bücher ist seine einzige Heimat – sollte der Begriff Heimat dafür in irgendeiner Weise angemessen sein. Zwar gibt es inzwischen den Staat Israel, den orthodoxe Juden jedoch nicht anerkennen, solange der Messias nicht erschienen ist. Das Judentum bezieht seinen Glauben und seine Kraft aus Schriftzeichen, während andere Boden und Scholle beschwören. Seit Jahrtausenden kommentieren Juden die Tora, in endlosen Deutungen, die sich immer weiter verzweigen. Schrift häuft sich auf Schrift.

Wer meint, es handle sich bei Derridas dekonstruktiven Lektüren lediglich um ein assoziatives Mäandern, blendet den jüdischen Hintergrund aus. Von Anfang an rennt er gegen den Glauben an, dass die

Wahrheit sich an einem bestimmten Ort befindet, sei es in einem geschichtlichen Zurück oder in einer Wesenheit wie dem Seyn oder überzeitlichen Ideen. Ahasver irrt nicht nur in der Welt umher, weil er nirgends eine Bleibe findet, man kann in ihm auch ein Sinnbild erkennen für das ewige Umherirren der Wahrheit.

Für Heidegger dagegen führt der wahre Dichter ins »Unversehrte« und in die »neu erfahrene Natürlichkeit der Natur«.[14] Er weist den Weg ins Heimische und Eigenste. Der Dichter gründet und stiftet, wie Heidegger sich mit Anleihen bei Hölderlin ausdrückt. Er lässt in seiner Sprache jenes Seyn aufscheinen, in dem wir wohnen. »Alles, was die großen Dichter singen und sagen, ist aus dem Heimweh erblickt«, heißt es bei Heidegger.[15] »Sprache ist, aus ihrem Walten und Wesen gesprochen, jeweils Sprache einer Heimat, Sprache, die einheimisch erwacht und im Zuhaus des Elternhauses spricht. Sprache ist Sprache als Muttersprache«, erklärt er in »Sprache und Heimat«, wo er im gleichen Atemzug das Gespenst einer »Weltsprache« beschwört, die »sich zur Herrschaft rüstet«.[16] Wer wie Heidegger überzeugt ist, dass wahres Denken nur im Griechischen und Deutschen »anfänglich« sein kann, muss den blanken Horror bekommen vor dem Englischen, das sich zur Weltsprache emporgeschwungen hat und einen Großteil der Erdenbewohner zwingt, sich im Unheimischen zu bewegen.

Daraus die Schlussfolgerung zu ziehen, dass jüdische Denker nomadisch denken und andere in ontologischen Kategorien, widerspräche jeder Erfahrung. Die Scheidelinie verläuft ganz woanders, sie hat wenig mit irgendeiner Herkunft zu tun. Leo Strauss glaubt nicht nur an die zeitlose Wahrheit von Platons Metaphysik, er rümpft wie Heidegger die Nase über den aufklärerischen Kehricht solcher modernen Sophisten, die sich Intellektuelle schimpfen. Er ist wie Heidegger überzeugt, dass es in der Neuzeit nur noch wenige wirkliche Denker gibt. Beide sehen sich von hochgestochenen linken Predigern umringt, die zeitgeistige Phrasen dreschen. Es handelt sich um Diskurshelden, die geschliffen daherreden und sich auf den Feldern der Kunst und Kultur tummeln. Statt Philosophie betreiben sie Sozialkritik, unter Politik verstehen sie

Weltverbesserung. Sie kommen sich klug vor, besitzen aber weder Tiefe noch sonst etwas.

Der Begriff Intellektueller findet erstmals Verbreitung, als der jüdische Offizier Dreyfus wegen Hochverrats auf die Teufelsinsel verbannt ist. Niemand soll ihn dort besuchen können, das Urteil lautet auf lebenslänglich. Jahrelang wüten in Frankreich rechte Anti-Dreyfusianer gegen linke Dreyfusianer; ihr prominentester ist Émile Zola. Ihm schlägt ein Hass entgegen, der in juristischen Anklagen gipfelt, die ihn nach England fliehen lassen. Durch immer neue gerichtliche Eingaben und Aufrufe erreichen die Dreyfusianer nach einigen Jahren, dass das Verfahren wiederaufgenommen wird. Nach endlosem Hin und Her wird Dreyfus freigesprochen – was Zola nicht mehr erlebt. 1902 stirbt er im Schlaf an einer Rauchvergiftung. Der Kamin war verstopft, vermutlich hat es sich um Mord gehandelt. Seine Gegner hatten für ihn ein neues Schimpfwort bereitgelegt: Intellektueller. Man wendet es fortan auf alle an, denen das Kritisieren wichtiger ist als Anstand, Ehre, Nation und Vaterland.

Mit der Bücherverbrennung wollen die Nazis wenige Monate nach ihrem Machtantritt den intellektuellen Ungeist zu Asche machen, nach dem Motto: Wo es keine falschen Bücher gibt, gibt es keine falschen Gedanken und kein falsches Leben. Bald darauf werden die Universitäten von jüdischen Professoren gesäubert. Die Bücherverbrennung ist der Vorbote zu den Krematorien. Schon bei Zola hat ein Ofen ganze Arbeit geleistet.

Bereits Heideggers frühe Texte aus der Studienzeit kennzeichnet ein markanter anti-intellektueller Affekt, der sich durchhält bis zuletzt. Er paart sich mit dem Widerwillen gegen ein bestimmtes Künstler-Flair, das er mit Namen wie Oscar Wilde, Paul Verlaine, Maxim Gorki und auch Émile Zola in Verbindung bringt, wie eine 1910 erschienene Buchbesprechung zeigt, in der Heidegger heutige Lebenslügen brandmarkt.[17] Mit einem wirklich freien Denken haben alle diese Gestalten nichts zu tun, für Heidegger sind sie Gefangene modischer Weltanschauungen. Sie bellen gegen alles Sittliche an und gegen alles, was nach Autorität riecht, ohne sich noch an etwas aufrichten zu können. Zersetzung bedeutet ihnen alles, auch wenn sie es nicht zugeben. Sie wissen nur, was sie *nicht* wollen; was sie wollen, wissen sie nicht. Was ihnen fehlt, ist jede Art von Verwurzelung. Dass sie sich nicht einmal mehr danach sehnen, zeigt, wie leer sie sind und wie verstört.

In seiner Schrift »Vom Geist« weist Derrida darauf hin, dass der Begriff Geist bei Heidegger nahezu keine Rolle spielt. Lieber spricht er vom Denken, vom Dichten, vom Seienden, vom Seyn, vom Ereignis, von der Frage. Zum Geist hält Heidegger Distanz. Derrida dagegen erklärt gleich zu Beginn: »Ich werde vom wiederkehrenden Geist, von der Flamme und von der Asche sprechen. Und von dem, was bei Heidegger *vermeiden* heißt.« Schon in »Sein und Zeit« warnt Heidegger vor der Benutzung verschiedentlicher Begriffe, zu denen auch der des Geistes gehört.[18] Während Hegel den Geist regelrecht umkreist, verbannt Heidegger ihn weitgehend aus seinem Gesichtskreis. Was ihn dazu bringt, lässt sich ein Stück weit mit dem französischen Titel von Derridas Schrift erklären, der lautet: »De l'esprit«. Diesen Titel trägt bereits eine 1758 erschienene Schrift des Aufklärers Helvétius, die verboten worden ist. Wie wenig Heidegger von den Voltaires und seinesgleichen hält, ist bekannt. Wer Esprit besitzt, will geistreich sein. Er kultiviert ein blasiertes Palaver, mit dem er vorführt, wie geschwind seine Gedanken nach allen Seiten hin und her hüpfen können. Esprit läuft auf Gewitztheit hinaus – Tiefe ist etwas ganz anderes. Wer sich wie Heidegger mit einem erdenschweren Etymologisieren auf die Suche nach dem Seyn begibt, verträgt keinen Witz. Esprit bedeutet Oberflächlichkeit.

Was genau am Geist ihm nicht passt, erklärt Heidegger nicht ausdrücklich. Vermutlich klebt er ihm zu sehr am cartesianischen Cogito und dem damit verknüpften Begriff des Bewusstseins, der erst mit dem neuzeitlichen Subjekt ins Zentrum rückt. Schließlich könnte Hegels »Phänomenologie des Geistes« ebenso gut den Titel tragen: »Phänomenologie des Bewusstseins«. Es geht dort um nichts anderes als die diversen Stufen des Denkens, die wir durchwandern. Indem Hegel »das absolute Selbstbewußtsein zum Prinzip des Denkens« erhebt – wie

Heidegger formuliert –, entthront er unweigerlich das Seyn.[19] Dem modernen Menschen ist sein Bewusstsein tausendmal wichtiger als das Sein des Seyns. Statt an das einzig Tragende und Wahre denkt er nur an sich selbst. Er ist nicht mehr bereit, sich als »Hirten des Seins« zu begreifen, er schwingt sich zu dessen Herrscher auf.[20]

Die cartesianisch geprägte Bewusstseinsphilosophie kennt nur zweierlei: hier den Geist, dort die Welt; hier das Denken, dort die Dinge; hier das Subjekt, dort das Objekt; hier das Ich, dort die Sachen; hier den Erkennenden, dort das Erkannte; hier den Macher, dort das Gemachte. Ganz anders verhält es sich mit Heideggers Seyn, das keinerlei Trennung kennt und als das Allwebende und Allschwebende alles übersteigt, umfasst und durchdringt. Von den wenigen Seins-Hirten, die es noch gibt, sagt Heidegger, sie wohnten »unsichtbar und außerhalb des Ödlands der verwüsteten Erde, die nur noch der Sicherung der Herrschaft des Menschen nützen soll, dessen Wirken sich darauf beschränkt abzuschätzen, ob etwas wichtig oder unwichtig sei für das Leben«, im Sinne »des sichernden Rechnens und Wertens«.[21]

Im Sommersemester 1933 hält Heidegger eine Vorlesung mit dem Titel »Die Grundfrage der Philosophie«, in der er das von Descartes ausgehende Denken als geistig verlottert brandmarkt.[22] Während der Nazizeit streicht er in »Sein und Zeit« die Widmung für seinen Lehrer, den Juden Edmund Husserl, dessen Hauptaugenmerk der phänomenologischen Erforschung des Bewusstseins gilt. Husserl knüpft ausdrücklich an Descartes an, in dessen Linie er sich sieht. Warum aber hatte Heidegger ihm »Sein und Zeit« überhaupt gewidmet? Aus bloßer Dankbarkeit einem Lehrer gegenüber, dem er seinen Freiburger Lehrstuhl verdankt? Wie wenig Husserl mit Heideggers fundamentalontologischem Ansatz anzufangen weiß, zeigen die – inzwischen veröffentlichten – Randbemerkungen in seinem Exemplar. Sein ehemaliger Schüler betreibt nicht mehr Bewusstseinsforschung, er ist in ein dräuendes Schwadronieren abgedriftet, bei dem es immer um Dinge wie Angst und Sorge, Eigentlichkeit und Entschlossenheit geht.[23]

Während seiner Arbeit an »Sein und Zeit« schreibt Heidegger an

Jaspers: »Es ist schon tiefe Nacht – der Sturm fegt über die Höhen, in der Hütte knarren die Balken, das Leben liegt rein, einfach und groß vor der Seele.«[24] Und an anderer Stelle: »Wenn in tiefer Winternacht ein wilder Schneesturm mit seinen Stößen um die Hütte rast und alles verhängt und verhüllt, *dann* ist die hohe Zeit der Philosophie. Ihr Fragen muß *dann* einfach und wesentlich werden. Die Durcharbeitung jedes Gedankens kann nicht anders denn hart und scharf sein. Die Mühe der sprachlichen Prägung ist wie der Widerstand der ragenden Tannen gegen den Sturm.«[25] Drei Wochen vor seiner Rektoratsrede hält Heidegger am 6. Mai 1933 eine Rede anlässlich der Immatrikulation neuer Studenten, mit der er die falsche heutige Freiheit anprangert. Diese Freiheit wolle immer nur frei sein *von* etwas, statt sich für den Kampf zu rüsten. Sie kenne keinen Halt, sie kenne nur Zügellosigkeit. Was nottue, sei die »Entschlossenheit zu gemeinsamem geistigem Einsatz für das deutsche Schicksal«. Es müsse Schluss sein mit einer »›akademischen Freiheit‹«, die lediglich ein anderer Ausdruck sei für »Sorglosigkeit, Beliebigkeit der Absichten und Neigungen« und »Ungebundenheit im Tun und Lassen«. Zucht sei nun angesagt und Führerschaft.

Zum Ende hin erklärt er: »All dieses aber, was zum akademischen Leben gehören muß, brauchen Sie nicht künstlich zu schaffen und zu suchen. Es ist da und wartet auf Sie: die herrliche Stadt, das alemannische Land, die Berge und der Rhein, das alemannische Volkstum. All das sollten Sie nicht nur gelegentlich ›ansehen‹, sondern hineinnehmen und hineinklingen lassen in die Stimmung Ihres ganzen Daseins. Volkstum – Wurzel des Geistes, beherrscht und durchstimmt vom Schwarzwald.« Dieser Schwarzwald, erläutert Heidegger, sei »nicht nur erregendes Wintersportgelände und Wandergebiet für Sommerfahrten und Märsche. Er ist künftig … und vor allem: Heimatberge, Heimatwälder und Heimattäler des Albert Leo Schlageter.«[26] Schlageter stammt aus dem Schwarzwald, hat in Freiburg studiert und wird zum ersten Säulenheiligen der Nazis, nachdem ein französisches Militärgericht ihn aufgrund verschiedener Terrorakte hinrichten lässt.

Ein Gutachten von Jaspers trägt nach dem Ende der Hitlerzeit dazu bei, dass Heidegger Lehrverbot bekommt. Heidegger verleiht seiner Rachsucht nicht in persönlichem Ton Ausdruck, er denkt in millenarischen Dimensionen. 1946 erscheint von ihm der Aufsatz »Wozu Dichter?«, in dem es heißt, die ganze Welt sei inzwischen ins »Ungeschütztsein« verstoßen. Dieses Ungeschütztsein drückt sich aus in »der Unrast der Raserei«, in der Herrschaft der »Meinung«, in ihren »Selbsttäuschungen«. Wie nie zuvor hat der Mensch sich in die »Weltnacht« gestürzt. Diese Weltnacht ist, wie Heidegger formuliert, »der kürzeste Tag«; ein Tag, an dem kein Licht mehr aufkommt. Von diesem kürzesten, dunkelsten Tag sagt er: »Ihm droht ein endloser Winter. Jetzt versagt sich der Mensch nicht nur der Schutz, sondern das Unversehrte des ganzen Seienden bleibt im Finstern. Das Heil entzieht sich. Die Welt wird heil-los.«[27] Ein anderes Wort für »Weltnacht« lautet bei ihm: »Weltdemokratie«.[28]

Gegen Ende seiner Schrift »Vom Geist« heißt es bei Derrida: »Der Nazismus kommt nicht aus dem Nichts, er ist nicht in einer Wüste entstanden. Es ist zwar bekannt, man muss jedoch immer wieder daran erinnern. Und selbst wenn der Nazismus aus dem Nichts kommt, selbst wenn er, fernab aller Wüsten, wie ein Pilz in der Abgeschiedenheit, in der Stille, im Schweigen eines europäischen Waldes gewachsen ist, so ist er doch im Schatten großer Bäume, von deren Schweigen oder von deren Gleichgültigkeit behütet, in jedem Fall aber auf demselben Boden gewachsen.«[29] Spricht Derrida von der Wüste, spricht er von einer Welt, in der es keinerlei Gewissheiten gibt, weder metaphysische noch religiöse. »Die Chance dieser Wüste in der Wüste«, heißt es bei ihm, »liegt in dem Umstand, daß man nur die Überlieferung zu entwurzeln und zu enttheologisieren braucht« – und zwar mit dem Ziel, dass diese Wüste »eine universale Rationalität und eine von ihr untrennbare politische Demokratie freilegt«.[30]

LEGITIMATIONSPROBLEME

Während Hans Blumenberg in seinem 1966 erschienenen Werk »Die Legitimität der Neuzeit« in großen philosophisch-theologischen Bögen der Frage nachgeht, warum die Moderne ständig an sich selbst zweifelt, rückt Habermas weitaus realere Dinge in den Blick, wenn er von Legitimationsproblemen spricht. Ihn treibt die Frage um, was eine Gesellschaft zusammenhält, wenn keinerlei Normen mehr Ewigkeitswert besitzen. Statt von Gott redet Habermas von Politik, an die Stelle der Transzendenz rückt bei ihm die Macht der Ökonomie. Seine vor fünfzig Jahren erschienene Schrift »Legitimationsprobleme im Spätkapitalismus« liest sich aktueller denn je. Zwar kostet es nach wie vor Mühe, aus Habermas' terminologischen Trockenübungen etwas Anschauliches herauszupressen, wenn er jedoch von der Krise der liberalen Demokratie spricht, weiß inzwischen jeder, worum es geht, egal, wo er politisch steht. Der wohlfahrtsstaatlich eingehegte Kapitalismus der 1970er Jahre erscheint aus heutiger Sicht als eine samtige Phase, die sich so mancher damalige Demonstrant gegen soziale Ungerechtigkeit fast sehnlich zurückwünscht. Ein Großteil der Bevölkerung hatte damals wenig von Legitimationsproblemen verspürt, eher hatte er Angst vor kommunistischen Alternativen und vor notorischen Weltverbesserern. Was Habermas diagnostiziert, tritt in den letzten zwanzig Jahren deutlicher zutage denn je.

Allerdings zielt Habermas nicht nur auf aktuelle Entwicklungen, seine vergleichsweise kurze, jedoch äußerst kompakte Schrift rückt in gewisser Weise die gesamte Moderne in den Blick. Drei Dinge sind aus seiner Sicht prägend fürs heutige Leben: eine universalistische Moral, eine nicht mehr auratische Kunst und das Vertrauen auf die Segnungen der Wissenschaft. In diesen drei Errungenschaften erkennt er »kulturelle Sperren«, hinter die wir nicht mehr zurück können, es sei denn »um den psychologischen Preis von Regressionen«, wie man sie beispielhaft im Faschismus erlebt hat.[1] Die Wissenschaft, die Menschenrechte und eine Kultur, die allen zugänglich ist, haben der »Erosion des vorbürgerlichen wie des bürgerlichen Traditionsbestandes« neue Orientierungen entgegengesetzt, an die wir uns halten können wie einst an die Religion. Allerdings gibt Habermas zu bedenken, dass darauf keineswegs automatisch Verlass ist. Seit unsere weltlichen Angelegenheiten keine theologische Stütze mehr besitzen, haben sie ihren absoluten Wert verloren. Jeder kann nun jede Art von Wahrheit in Frage stellen. Freiheit bedeutet, dass man nichts anerkennen muss. Das gilt selbst für die Menschenrechte. Wer sie nicht für der Güter höchstes hält, kann nicht wegen Häresie belangt werden.

Solange es der Mehrheit materiell gut geht, bleibt die Gefahr gering, dass man alles zur Disposition stellt. Fangen die Verhältnisse aber an zu wanken, kann es um den stillschweigenden Konsens schnell getan sein. »Es gibt keine administrative Erzeugung von Sinn«, heißt es bei Habermas.[2] Keine einzige Macht kann ihn verbürgen, keine einzige ihn erzwingen, weder die Regierung noch die Kirche und auch nicht irgendeine Tradition. Jedes kleine Beben kann sich zur Katastrophe ausweiten, schlimmstenfalls bleibt am Ende kein einziger Stein auf dem andern. Die bürgerliche, liberale, kapitalistische Gesellschaft besitzt kein Weltbild, das alle zu akzeptieren haben. Nicht erst durch die 68er, sondern schon durch Descartes haben wir gelernt, dass wir alles einem kritischen Bewusstsein unterwerfen müssen, bevor wir es akzeptieren. Als ausgemacht gilt lediglich eine einzige Sache: dass man alles in Frage stellen kann und darf.

Als Habermas seine »Legitimationsprobleme im Spätkapitalismus« veröffentlicht, steht der Geist noch links. Dass es rechts überhaupt Intellektualität gibt, hält man damals für nahezu ausgeschlossen. Inzwischen hat das Blatt sich gewendet. Habermas konnte noch auf eine Gegenöffentlichkeit setzen, die sich als progressiv empfand. Nicht nur in akademischen Kreisen glaubten damals die meisten, der Kapitalismus lasse sich allein aus sozialistischer Perspektive sinnvoll kritisieren. Mittlerweile prägen nicht mehr die Klugheiten der Frankfurter Schule die Debatten, es weht ein rauerer Wind. Auf der Straße werden erneut Parolen geschwungen, allerdings andere als zu 68er-Zeiten. Mit Trump hat man gesehen, dass in den USA jene »kulturellen Sperren« nicht mehr gelten, die Habermas für unhintergehbar hält. Der Menschenrechtsuniversalismus kann inzwischen vielen gestohlen bleiben. Verlautbarungen von Wissenschaftlern, die nicht genehm sind, verhöhnt man als Fake News.

»Sinn ist eine knappe und immer knapper werdende Ressource«, lautet eine berühmte Formulierung in den »Legitimationsproblemen«.[3] In ihr schwingt ein ökonomischer Ton mit, der an Rohstoffe denken lässt wie Öl oder Kobalt, die eines Tages versiegen. Entsprechend heißt es bei Habermas: »Im Atheismus der Massen drohen auch die utopischen Gehalte der Überlieferung unterzugehen.«[4] Sieht man einmal ab von erzkatholischen Polen oder amerikanischen Evangelikalen, die sich an ein Christentum klammern, das selbst im Vatikan kaum noch Befürworter findet, so hat man es bei texanischen Waffenbrüdern, Pegida-Marschierern und Brexit-Eiferern vermutlich selten mit Leuten zu tun, die hehren Idealen anhängen. Ihren Parolen fehlt alles Utopische, sie streben zurück in eine Welt, wo das Eigene noch klar geschieden war vom Fremden: hier Schwarz, dort Weiß, hier Christen, dort Mohammedaner, hier wir, dort ihr.

Längst rumort es nicht mehr nur an rechten und linken Rändern, wo die Infragestellung des Systems ohnehin zur Raison d'être gehört. Man hat es mit Turbulenzen zu tun, die weit hinausreichen über periphere Unruhen. Hinter den Mikrophonen stehen nicht mehr die sogenannten Intellektuellen; man bekämpft sie als Repräsentanten einer linksliberalen Elite, die verantwortlich zeichnet für alle Übel der Welt. Schon viel zu lange musste man unter ihrer Ägide auf immer neue Minderheiten Rücksicht nehmen und sich ihre herrischen Moralpostulate anhören, die sich in politischer Correctness kundtun. Man will auch keine Arbeitsplätze mehr der heiligen Kuh Klimaschutz opfern und hat genug von den ständigen Veränderungen, die nicht nur berufliche Mobilität erzwingen, sondern eine andere Sprache, ein anderes Denken, ein anderes Fühlen. Man will nicht mehr mit immer neuen Infragestellungen belästigt werden, man will seine Ruhe haben und eine Heimat besitzen und Glaubensgewissheiten – wenn es sein muss auch ohne Demokratie, zumindest ohne jene linksliberale, von der vor allem kosmopolitische Jetsetter, polyglotte Globetrotter und Harvard-Abgänger profitieren.

Habermas bringt den Begriff Krise in Verbindung mit Krankheitsprozessen, bei denen ungewiss ist, »ob die Selbstheilungskräfte des Organismus zur Gesundung ausreichen«.[5] Schließlich liegt es nicht nur an unserem subjektiven Willen, ob alles wieder gut wird, es hängt von zahllosen Faktoren ab. Die weltweiten Verflechtungen erweisen sich als zunehmend komplexer, man kann nicht einfach irgendeinen gordischen Knoten durchschlagen. Auch der Appell an gemeinsame Werte nützt nicht mehr viel. Das Grundgesetz oder sonst eine Verfassung macht niemanden satt, am allerwenigsten materiell. Seit einigen Jahren hat man es tatsächlich mit solchen »anhaltenden Störungen der Systemintegration« zu tun, wie Habermas sie vor einem halben Jahrhundert diagnostiziert.[6]

Solange der Kapitalismus mit seinem Wohlstand punkten konnte, standen Demokratien unter keinem prinzipiellen Rechtfertigungsdruck. Die kommunistische Welt konnte nicht mithalten. Mittlerweile führt nicht bloß China vor, dass auch unter repressiven Verhältnissen Wohlstand gedeiht – was der so autoritäre wie luxuriöse Stadtstaat Singapur schon lange vormacht. Anders als erhofft hat der Mauerfall nicht die ganze Welt in eine Demokratie verwandelt, er hat die westliche Welt nach wenigen Jahren in immer größere Gefahr gebracht, und zwar weniger von außen als von innen. Plötzlich sitzen die linksliberalen Eliten auf der Anklagebank, während rechte Strömungen Zulauf bekommen, auch von Leuten, die sich lange auf der anderen Seite daheim gefühlt haben. Sie jubeln Gestalten zu, die in keiner Weise zu wissen scheinen, was Verantwortung und Verlässlichkeit bedeuten. Mit Berlusconi hat es angefangen, den jüngsten Höhepunkt bildet Trump. Sie alle wollen das Volk von einer linksmoralischen Bevormundung erlösen, die uns ein schlechtes Gewissen macht wegen irgendwelcher kolonialistischer, ökologischer und sonstiger Sünden. Die Trumps und Berlusconis setzen auf eine mediale Spektakelkultur, die den Gegenpol bildet zu all dem, was man unter Kunst und Bildung versteht. Sie bestärken ihre Anhänger in dem Gefühl, dass Demokratie nichts wirklich Wichtiges ist und im Grunde auf Betrug hinausläuft.

Leo Strauss hat schon immer gewusst, dass Demokratien sich selbst zerstören. Er hat es gewusst, weil schon Platon es wusste. Man wollte es nur nicht wahrhaben, weder auf konservativer Seite noch auf der andern. Das Volk giert nach einfachen Lösungen. Bekommt es sie nicht serviert, ruft es nach dem starken Mann. Das sieht auch Carl Schmitt so, nur dass er gegen den starken Mann nicht das Geringste einzuwenden hat. Wo Strauss sich nach philosophischer Weisheit sehnt, sehnt Schmitt sich nach Macht. Ganz gewiss würde er Habermas' Diagnose zustimmen, dass Krisen »aus ungelösten Steuerungsproblemen hervorgehen«.[7] Wo der eine jedoch Diskussionsbedarf sieht, erkennt der andere die Lösung im genauen Gegenteil: im Souverän, im Führer, in strikter Ordnung.

SUBJEKT UND METHODE

Längst gehört es zum diskurskritischen Ritual, Descartes für die Subjektherrschaft der Neuzeit verantwortlich zu machen. Mit Nietzsche, Heidegger, Deleuze und Foucault beten wir dieses Glaubensbekenntnis schon eine ganze Weile beflissen daher. Wie resolut Deleuze mit unserer cartesianischen Subjektidolatrie aufräumen möchte, zeigt allein sein Satz: »Gott bleibt erhalten, solange man das Ich bewahrt.«[1] Ob Gott oder Ich, es handelt sich um aufgeblähte Illusionspuppen, die für Macht und Autorität stehen. Freilich fragt man sich, warum bei Descartes eigentlich so viel von Methode die Rede ist, obwohl wir ihn vor allem mit der Forderung verbinden, alles mit dem eigenen Verstand zu prüfen, bevor wir an etwas glauben.

Gewöhnlich denken wir beim Begriff Subjektivität an Gefühle und nicht an wissenschaftliche Methodik. Subjektivität scheint mehr mit Romantik zu tun zu haben als mit Rationalismus. Während Assoziationen, Phantasien und Träume subjektiv sind, lässt sich das von mathematischen Regeln schwerlich behaupten. Wer beim Anblick einer Rose an ein Pferd denkt, muss nicht nachweisen, dass dahinter eine zwingende Logik steckt, es wird dafür individuelle Gründe geben. Behauptet dagegen jemand, dass 2 + 2 = 5 sind, könnte es mit der Berufswahl eng werden.

Spricht Descartes vom Subjekt, geht es keineswegs um Gefühle, zumindest nicht in erster Linie. Zwar ist auch bei ihm von Affekten die Rede und sogar von Leidenschaften und Wahnsinn, allerdings zielt Descartes darauf ab, dem Irrationalen so wenig Raum wie nur möglich zu gewähren, wenn es ums Denken geht und um Wahrheitsfragen. Sofern er dazu auffordert, alles in Frage zu stellen, was traditionellerweise als Wahrheit gilt, heißt das mitnichten, dass wir auf unsere Gefühle hören sollen oder irgendwelche inneren Stimmen. Wer Descartes vorhält, dass er das Subjekt zum neuzeitlichen Gott erhebt, übersieht geflissentlich, dass er vor allem logisches Denken anmahnt. Und doch hängt beides miteinander zusammen, sogar aufs Engste. Descartes ruft nicht: Lasst euch von niemanden mehr etwas sagen!, vielmehr postuliert er einen methodischen Zweifel, der nicht um des Zweifels willen zweifelt, sondern mit dem Ziel, die Wahrheit zu erkennen. Dass die Wahrheit selbst etwas Relatives sein könnte, davon geht Descartes keinen einzigen Augenblick aus. Sofern etwas wahr ist, kann es nicht gleichzeitig falsch sein oder bloß halb wahr. Entweder – oder.

Einerseits darf sich seit Descartes jedes einzelne Subjekt – sprich du und ich – wichtig vorkommen wie nie zuvor, andererseits nimmt er es sofort wieder an die Kandare des logischen Denkens. Im Nu schränkt er seine Freiheit wieder ein. Logik lässt der Subjektivität so wenig Raum wie Mathematik. Dennoch bleibt für ihn das Subjekt die letztentscheidende Instanz. Von ihr geht alles aus, vor seinem Richtstuhl muss alles begründet werden. Begründen wiederum bedeutet nicht, dass wir beliebig mit Meinungen herumhüpfen, es bedeutet, dass wir argumentieren müssen. Wir müssen Schritt für Schritt erklären, warum wir woran zweifeln und wie wir gedenken, zu Lösungen zu gelangen. Wir müssen alles auseinandernehmen, wie ein Mechaniker einen Motor. Alles muss inspiziert werden: Kolben, Pleuel, Kurbelwelle, jedes Rädchen, jede Schraube. Das Subjektive daran beschränkt sich darauf, dass jedes einzelne Ich an allem zweifeln kann, nur nicht daran, dass es selbst jene Instanz ist, die an allem zweifelt. Mit persönlicher Freiheit hat das wenig zu tun, mit Willkür schon gar nichts. Entweder hat ein gleichschenkliges Dreieck zwei gleiche Seiten oder es ist kein gleichschenkliges Dreieck. Daran vermag kein einziges Ich etwas zu ändern.

Allerdings kommt bald schon die Frage auf, ob das Cogito tatsächlich so wasserdicht ist, wie Descartes glaubt. Immerhin hält Nietzsche dagegen, dass nicht Ich es bin, der denkt, sondern dass Gedanken gehen und kommen, wann und wie sie wollen, ohne zu fragen, ob sie genehm sind und in sich stimmig. Nietzsche ist der Meinung, dass das *-o* im Cogit*o* – also das *Ich* des Denkens – sich maßlos überschätzt – und gleichzeitig unterschätzt. »Seien wir vorsichtiger als Cartesius, welcher in dem Fallstrick der Worte hängen blieb. Cogito ist … nur Ein Wort: aber es bedeutet etwas Vielfaches …«, lautet eine Notiz in Nietzsches nachgelassenen Fragmenten.[2] Wie alle Begriffe besitzt auch das im Cogito steckende Ego mehrfache Bedeutungen, so wie auch das Cogitare. Wer oder was ist dieses Ich? Etwas stets Gleichbleibendes oder sich ständig Veränderndes? Und was bedeutet Denken?

Kaum hatte man gehofft, mit Descartes einen neuen, letzten, festen Grund allen Denkens gefunden zu haben, beginnen schon wieder die Haarspaltereien, die Ungewissheiten, die Zweifel. Die heutigen Diskurstheorien behaupten, dass nicht das Subjekt es ist, das denkt und spricht, sondern kulturell geprägte Sprachmuster uns so gut wie alles vorgeben. Wir sind bei weitem nicht so subjektiv, wie wir glauben. In Wirklichkeit bewegen wir uns – um einen Begriff von Wittgenstein zu benutzen – in vorgestanzten Sprachspielen. Auch Heidegger behauptet, dass es die Sprache ist, die spricht, und nicht wir selbst es sind. Sie spricht durch uns hindurch, wir sind nur ihre Anwender. Wer meint, er selbst sei Herr über die Sprache, müsste zurückscheuen vor jedem einzelnen Satz, der einer Grammatik gehorcht und einem Wortgebrauch, die er weder erfunden noch abgenickt hat. Welcher Anstrengung es bedarf, gegen die Sprachgepflogenheiten anzugehen, führen uns die Dadaisten vor. Indem sie die Syntax und Lexik künstlich durchbrechen, bestätigen sie die schiere Allmacht von Regeln, die ohne unsere Zustimmung unser ganzes Denken und unsere gesamte Kommunikation prägen. Wir sind gefangen in Rastern, die uns vergessen lassen, dass es sich um Raster handelt. Roland Barthes behauptet gar, die Sprache als solche sei faschistisch, und zwar deshalb, weil sie uns nicht die Freiheit lässt, Dinge zu denken und zu sagen, die nicht ins ratternde Gefüge passen.[3]

Die Demontage des Subjekts ist längst in vollem Gang, so sehr, dass einem ganz schwindlig werden kann. Nicht nur für Nietzsche, Heidegger und Strauss, auch für Deleuze und Foucault steht fest, dass dieser Schwindel sich der cartesianischen Anmaßung verdankt, im Ich ein letztes Fundament ausgemacht zu haben. Descartes ist an allem schuld, auch daran, dass das Subjekt sich am Ende selbst zerstört. Hätte er besser erst gar nicht angefangen, die Grundlagen des vorneuzeitlichen Denkens zu zertrümmern. Ginge es nach Nietzsche, müssten wir in ein antikes Denken zurückfinden, das noch keine Logik kennt und sich in dionysischer Vitalität entgrenzt. Ginge es nach Heidegger, müssten wir zu den kosmisch orientierten Vorsokratikern zurück, die noch nicht alles zersplittert haben mit sezierenden Begriffen. Ginge es nach Strauss, sollte ein kleinerer Teil der Menschheit sich an Platon halten und der größere an die Religion. Ginge es nach Carl Schmitt, müsste der cartesianische Rationalismus endlich als das erkannt werden, was er von Anfang an ist: eine radikale Illusion, zumindest in politischer Hinsicht. Ginge es nach Deleuze, müsste das Ich endlich von seiner Ich-Starre lassen und sich unentwegten Transformationen aussetzen. Ginge es nach Foucault, wäre es höchste Zeit, dass die Neuzeit ihr Ende findet und mit ihr der cartesianische Vernunftwahn. Foucault scheint kaum erwarten zu können, »daß der Mensch verschwindet wie am Meeresufer ein

Gesicht im Sand«, wie seine letzten Worte in »Die Ordnung der Dinge« lauten.[4] Gemeint ist damit nicht die Vernichtung des Menschengeschlechts, gemeint ist das Ende des neuzeitlichen Subjekts.

Woher rührt dieser Widerstand gegen Descartes? Gegen einen Denker, dessen Schriften sich von so manchem philosophischen Kauderwelsch durch wohltuende Klarheit unterscheiden? Was spricht gegen Descartes' Forderung, alles mit der Vernunft zu prüfen und nicht einfach Behauptungen für klug zu halten, nur weil sie von Platon stammen oder Aristoteles? Was ist gegen ein methodisches Denken zu sagen, das vor Beliebigkeit zurückscheut und vor Willkür?

Für Foucault gelangt mit Descartes eine Vernunft auf den Thron, die alles ausschließt, was nicht ihren Vorstellungen entspricht. Descartes zaubert eine Logik aus dem Hut, die alles absondert, was ihr nicht genehm ist. Mit ihr beginnt das gewaltsame Spiel von Inklusion und Exklusion. Was nicht in ihr Schema passt, wird als wahnsinnig deklariert und weggesperrt. Genau genommen gebiert diese Vernunft erst, was sie loswerden will: das Irre, Kranke, Abartige. Sie bildet die Negativfolie, von deren dunklem Grund sie sich abhebt, in scheinbar hellem Licht. Allerdings will Descartes nicht wahrhaben, dass beides aufeinander angewiesen bleibt. Wo der Wahnsinn ins Spiel kommt, »verschließt Descartes seine Augen und verstopft seine Ohren«, behauptet Foucault.[5]

Er beklagt, dass Descartes in seinen »Meditationen« nicht einmal den Versuch unternimmt, sich in ein Denken hineinzuversetzen, das als verrückt gilt. Was zugegebenermaßen auch nicht einfach ist, schließlich können wir nicht mir nichts dir nichts den einen Schalter anknipsen und den anderen aus. Die Eigenschaft des Wahnsinns besteht bekanntlich darin, dass ihm die Regeln der Vernunft schnuppe sind. Der Wahnsinn liegt nicht herum wie eine Schachtel Zigaretten, zu der man nach Belieben greifen oder es auch lassen kann. Im Übrigen sind Descartes' frühe Schriften voll des Zweifels, ob nicht hinter der Vernunft ein perfides Täuschungsmanöver steckt, mit dem ein böser Geist uns foppt. Der lauernde Wahnsinn ist bei Descartes allpräsent. Kein anderer als Derrida hält Foucault denn auch vor, dass er Descartes' bohrende Ratlosigkeit überhaupt nicht ernst nimmt. Ebenso hält er Foucault vor, dass seine Kritik im Lob einer Torheit stecken bleibt, die das duale Raster aus Vernunft und Wahnsinn nicht überwindet, sondern festschreibt.[6] Des Weiteren gibt Derrida zu bedenken, dass es sich auch bei Foucault um einen Akt der Vernunft handelt, wenn er die Vernunft dafür kritisiert, dass sie den Wahnsinn ausgrenzt.[7] So viel Hegel'sche Dialektik muss sein.

Für Foucault jedoch steht fest, dass mit dem Beginn der Neuzeit die wunderbare Buntheit der mittelalterlichen Welt an ihr Ende gelangt und fortan nur noch der Gegensatz gilt zwischen Licht und Dunkel, Vernunft und Wahnsinn, Richtig und Falsch. Man trennt nun alles ab, was als krank gilt: die Leprösen ebenso wie Verrückte, Bettler, Landstreicher, Vagabunden.[8] Es darf keine Übergänge mehr geben, keine fließenden Grenzen, keine Durchlässigkeiten. Für alles erschafft man Institutionen, die das Unerwünschte auffangen und wegsperren: vom Gefängnis über die Psychiatrie bis zu Hospitälern und Erziehungsanstalten. Die Welt wird katasterförmig eingekastelt, mit gnadenloser rationaler Klarheit. Alles besitzt seinen ihm zugewiesenen Ort. Auf solche Weise verwirklicht sich Descartes' Vernunft. Rationalität im neuzeitlichen Sinn bedeutet Diskriminierung. Davon lebt sie, dafür wirbt sie – in dem überheblichen Gefühl, auf der Seite des Guten und Gesunden zu stehen. Foucaults Kampf gegen den Humanismus findet hier seinen Grund.

Auch in den Augen von Heidegger und der Frankfurter Schule zeichnet Descartes' mathematisches Erkenntnisideal dafür verantwortlich, dass alles immer mehr auf ein Denken zuläuft, das nur noch rechnerisch funktioniert und instrumentell – mit Statistiken, Tabellen, Schablonen, Formeln. Was einzig noch gilt, ist Effizienz und Zweckmäßigkeit, alles andere stört. Für Adorno erzieht dieses Denken zu einer »intellektuellen Redlichkeit«, die in Biederkeit endet. Adorno entdeckt diese Biederkeit nicht an Descartes selbst, jedoch in einem Ordnungsbedürfnis, das sich aus seinem methodischen Denken ergibt und sich in einer Unduldsamkeit äußert gegen alles, was nicht auf Anhieb verständlich ist – wie etwa die moderne Kunst.[9] Alles Abwegige, Abseitige, Unergründliche hat es fortan schwer. Als Vater aller »szientifischen Objektivierung« und »triumphierenden Naturwissenschaft« ist Descartes für ihn ein »Patriarch der Moderne«.[10]

Auch für Carl Schmitt ist der »Discours de la Méthode« das »Dokument des neuen rationalistischen Geistes, der in allen Zweifeln eine Beruhigung darin findet, unbeirrt seinen Verstand zu gebrauchen«.[11] Dass der Mensch seinen Verstand gebraucht, hört sich zunächst einmal gut an. Was daran sollte auszusetzen sein? Schlimmer wäre, wenn wir unseren Verstand nicht gebrauchen. Dennoch folgt auch bei Schmitt die Kritik auf dem Fuß. Denn zum einen kürt Descartes das Ich zur richterlichen Letztinstanz, zum andern lässt er bloß noch ein Denken gelten, dessen Logik sich an naturwissenschaftlichen Kausalitätsprinzipien orientiert. Dass man damit nicht weit kommt, wenn es um Fragen des Staates, der Ordnung und Autorität geht, ist evident. Wer hier eine glasklare Logik einklagt, hat nicht begriffen, dass der Staat nur als ein Herrschaftsgefüge funktioniert, das dem Einzelnen keinerlei Rechenschaft schuldig ist – schon gar keine rationale.

Wo immer in Schmitts »Politischer Theologie« das Adjektiv »rationalistisch« auftaucht, geschieht es in pejorativem Zusammenhang. Das rationalistische Denken mag für alles Mögliche gut sein, nicht aber, wenn es um anthropologische, juristische, legitimistische Dinge geht. Die Tatsache, dass die Aufklärung an eine rational begründbare Staatsordnung glaubt, beweist für Schmitt, wie wenig der moderne Mensch von der Erbsünde begriffen hat und wie illusorisch der Glaube ist an eine Gesetzgebung, die von jedem Einzelnen akklamiert wird. Für Schmitt steht fest, dass jede Art von Ordnung die Ausnahme bildet vom Ausnahmezustand.[12] Normal ist nicht die Ordnung, normal ist der Krieg aller gegen alle. Nicht nur die Erbsündenlehre, sondern eine jahrtausendelange Erfahrung lässt keinen Zweifel daran, dass in uns animalische Triebe rumoren und Begierden, die rücksichtslos nach Eigennutz streben. Ausschließlich Verbote und Strafen helfen deshalb weiter, alles andere läuft auf utopischen Schwachsinn hinaus. Über Ordnung darf man nicht abstimmen, man muss sich ihr fügen. Wir haben einzig die Wahl zwischen der Willkür des Ausnahmezustands und einer willkürlichen Ordnung. Ein Drittes gibt es nicht, außer in den Köpfen rationalistisch besoffener Aufklärer.

Auch Leo Strauss macht Descartes für jenes neuzeitliche Denken verantwortlich, das wissenschaftliche Methoden höher wertet als die Weisheitslehren der Alten. Wohin soll das führen, fragt Strauss. Was kann ein mathematisches Erkenntnisideal zur Frage des Naturrechts beitragen? Wie sollten wir mit Descartes entscheiden, was besser ist: Die Demokratie oder ein Staat, in dem Philosophen regieren? Wie sollten wir logisch überprüfen, worin mehr Wahrheit liegt: in Platons Höhlengleichnis oder in der Funktionsweise einer Rechenmaschine? Mit seiner Verabsolutierung des logischen Denkens leitet Descartes eine Entwicklung ein, die nur das Beweisbare schätzt und alles andere verwirft – von Platons Ideen bis zu allen Arten von Prinzipien, die fern jeder Arithmetik Gültigkeit besitzen. Descartes bricht alle Brücken hinter sich ab. Seit der neuzeitliche Mensch Beweise einklagt für alles und jedes, hält er nichts mehr in der Hand. Letztlich läuft der Cartesianismus auf den zunehmenden Bedeutungsverlust der Geisteswissenschaften hinaus, zu Gunsten der Naturwissenschaften. Als wirklich nutzbringend gelten nur noch die einen, die andern dürfen lediglich als Orchideenfächer überleben. Lothar Späth, der frühere Ministerpräsident von Baden-Württemberg, hatte sie einmal als Diskussionsfächer bezeichnet, womit er – trotz des unüberhörbaren Spotts – keineswegs sagen wollte, dass sie wertlos sind. Inzwischen sieht das so mancher anders.

Dennoch fragt man sich, was Descartes mit dem Begriff Methode eigentlich genau meint. Ginge es tatsächlich um Mathematik, wäre die Sache eindeutig. Doch Mathematik ist das eine, das Leben etwas anderes. Dass man Mathematik fürs Statistikwesen braucht, leuchtet sofort ein, doch für die Gesetzgebung? Oder für die Frage nach dem Verhältnis von Kindergärten zu Theatern, wenn es um staatliche Subventionen geht? Sofern Geld mitspielt, hat alles mit Rechnen zu tun, nur berührt das nicht die Frage, was man für wichtiger erachtet: Die Aufrechterhaltung von Kulturtempeln oder soziale Belange? Was hat Mathematik mit Ethik zu tun? Was mit Politik? Wie lässt Gerechtigkeit sich geometrisch bemessen?

Obwohl Spinoza sich in entscheidenden Punkten von Descartes abgrenzt, macht er seinem mathematischen Erkenntnisideal schon im Titel seines Hauptwerks alle Ehre, der lautet: »Ethica more geometrico demonstrata«. Dass Spinozas Argumentationsweise etwas mit geometrischem Denken zu tun hat, glaubt heute so gut wie niemand mehr. Mathematiker konnten vermutlich schon damals bloß müde darüber lächeln. In erster Linie zeugt der viel bemühte Mos geometricus von einer Objektivitätsgläubigkeit, die sich frei von metaphysischen Spekulationen und theologischen Delirien dünkt. Spinoza fühlt sich in keiner Weise bemüßigt, auch nur ansatzweise zu erklären, was er unter »more geometrico« versteht. Im Scholium 1 zur Propositio 40 des Zweiten Teils seiner »Ethik«, wo es um »De mente« geht – also um den Verstand –, würgt er jede Diskussion darüber mit der Begründung ab, »nicht durch allzu große Weitschweifigkeit des Gegenstandes lästigfallen« zu wollen.[13] Stattdessen verweist er auf einen nicht näher genannten Traktat, in dem diese Frage eingehende Behandlung erfährt. Gemeint sein kann damit nur sein »Tractatus de intellectus emendatione«, der jedoch lediglich von unterschiedlichen Erkenntnisstufen handelt, nicht aber von Methodenfragen. Spinoza behauptet dort sogar, das Erkennen bedürfe überhaupt keiner eigenen Methode, schließlich bringe jegliche Erkenntnis durch sich selbst das Wahre an den Tag und damit auch das Falsche.[14] Entsprechend heißt es im Scholium zu Propositio 43: »Wie das Licht sich selbst und auch die Finsternis offenbart, so ist die Wahrheit die Norm ihrer selbst und des Falschen.«[15] In einem Brief an den Amsterdamer Bürgermeister Albert Burgh bringt er es auf die Formel: »Verum index sui et falsi« – das Wahre offenbart sich selbst und das Falsche.[16] Mit Rhomben und Sinuskurven hat das wenig zu tun. Wer sich auf den Mos geometricus beruft, will damit sagen, dass seine Gedanken vollkommen rational miteinander verknüpft sind.

Sarah Kofman lässt keinen Zweifel aufkommen, was sie von einer solchen Berufung auf den Geist der Geometrie hält, wenn sie in ihrem 1979 erschienenen Buch »Nietzsche et la scène philosophique« bemerkt: »Weil Spinoza ein verletzbarer Kranker ist, der nicht genug an seine eigene Weisheit glaubt, muss er einen ganzen mathematischen ›Apparat‹ errichten, um seine Weisheit mit ›Ratio‹ zu untermauern und unangreifbar zu machen. Dieses ›more geometrico‹, diese Starre einer spinnennetzartigen Ordnung, diese unangreifbare Art der ›demonstrationes‹ zeigt nur, dass es sich bei diesem System um ein Abwehrsystem handelt und um einen narzisstischen Schutzschild, der noch die kleinsten Schwachstellen abdichten und überdecken muss.«[17] Schon hundert Jahre vor Spinoza legt ein gewisser Nicolaus Hemming eine Schrift vor mit dem Titel »De lege naturae apodictice methodus concinnata«. Hemming glaubt more geometrico beweisen zu können, dass einzig die Herrschaft der Kirche den Gesetzen der Natur entspricht. Fast jeder beansprucht damals den Geist der Mathematik, selbst wenn er puren Humbug von sich gibt. Jeder will eine Art Galilei sein, egal, worum es geht. Schließlich behauptet Galilei vom »Großen Buch der Natur«: »Es ist in der Sprache der Mathematik geschrieben, deren Buchstaben Dreiecke, Kreise und andere geometrische Figuren sind; ohne diese Mittel ist es den Menschen unmöglich, auch nur ein einziges Wort zu verstehen.«[18]

Gegen diesen quasi-geometrischen Rationalitätsglauben wendet bereits der Mathematiker Leibniz ein, dass nichts in der Welt einem glatten Wahr-Falsch-Mechanismus gehorcht. Bei aller Liebe zu stringenter Beweisführung gibt Leibniz zu bedenken, dass unser Denk- und Wahrnehmungsapparat komplizierter gestrickt ist, als Descartes und Spinoza sich wünschen. »Man treibt in unseren Zeiten Missbrauch mit dem allseits im Munde geführten Prinzip: was ich klar und deutlich von irgendeiner Sache erfasse, das ist wahr beziehungsweise kann von ihr ausgesagt werden«, heißt es in Leibniz' »Betrachtungen über die Erkenntnis, die Wahrheit und die Ideen«. Weder gelange man damit zu differenzierten Erkenntnissen, noch werde damit etwas von der Struktur unseres Geistes begriffen. Klare Erkenntnisse können laut Leibniz sowohl konfus sein als auch klar, klare wiederum adäquat oder inadäquat, adäquate wiederum symbolisch oder intuitiv. Über die völlig adäquaten sagt er: »Ob die Menschen hierfür ein vollkommenes Beispiel bieten können, weiß ich nicht, doch kommt ihr das Wissen von den Zahlen sehr nahe.«[19] Zahlen verharren allerdings im Abstrakten, im wirklichen Leben sind die Dinge verwickelter. Dass wir nie zu einem Durchblick des Ganzen gelangen, liegt laut Leibniz daran, dass wir immer nur einzelne Gedanken fassen können und nie das Gesamte vor Augen bekommen. Rückt die eine Sache in den Vordergrund, entgleitet sofort die andere, in unentwegtem Hin und Her aus Erhellung und Verdunklung.

Erschwerend kommt hinzu, dass wir nicht über die Dinge selbst reden, sondern an ihrer Stelle Begriffe verwenden und Symbole. »In den meisten Fällen überschauen wir das ganze Wesen des Gegenstandes nicht auf einmal, sondern wir verwenden anstelle der Gegenstände Zeichen, deren Erklärung wir beim Denken für den Augenblick der Kürze halber zu unterlassen pflegen, wobei wir wissen oder glauben, dass wir sie beherrschen«, heißt es bei Leibniz.[20] Wir reden nicht über die Sache selbst, wir reden über Begriffe, Sätze, Thesen, Theorien. Denkt man Leibniz konsequent weiter, gelangt man irgendwann bei Derrida an. Je genauer man sich eine Sache anschaut, desto uferloser werden die Zusammenhänge – und desto mehr büßen wir jede Übersicht ein.

Fügt man all diese Kritik an Descartes zusammen, kann man leicht zu dem Schluss gelangen, dass er auf allen Feldern danebenliegt und überall Schlimmes anrichtet. In einer Rede aus dem Jahr 1981 erklärt Foucault: »Descartes ist überall, egal, wohin man blickt, egal, in welchem Augenblick.«[21] Lange sah es so aus, als würde Foucault sich in keiner Weise fürs Subjekt interessieren und sogar bezweifeln, dass es jenes neuzeitliche Subjekt, um das so viel Aufhebens gemacht wird, überhaupt gibt. Statt an die Eigenständigkeit des Subjekts zu glauben, hat Foucault immerzu seine Abhängigkeit von Diskurs- und Machtstrukturen hervorgehoben. Umso verwunderlicher mutet wenige Jahre vor seinem Tod Foucaults dezidierte Hinwendung zum Subjekt an. Nicht nur in seinen letzten Büchern, auch in zahlreichen Reden und Aufsätzen wird er auf einmal nicht müde zu betonen, seit je sei es ihm nur um die Frage gegangen, wie das Subjekt einen Weg finden kann aus den Zugriffen auf sein Selbst. In antiken Lebenskonzepten glaubt er nun zu entdecken, wie man den Fallstricken allgegenwärtiger Disziplinierung entgeht und sich selbst zu einer Art Körper-Kunstwerk formt.

Allerdings gerät auch dabei Descartes in ein negatives Licht. Foucault hält ihm jetzt vor, sich ums Subjekt gar nicht wirklich gekümmert zu haben, jedenfalls nicht im Sinne seiner Individualität. Indem Descartes Leib und Geist voneinander trennt, zerschlägt er es in zwei Teile, die verschiedenen Gesetzmäßigkeiten gehorchen: Der Leib funktioniert gleichsam animalisch, der Geist rational. Die einzig relevante Instanz bildet für ihn das Bewusstsein, wogegen alles Körperliche weitgehend auf der Stufe von Tieren verharrt. Und wieder zeugt der cartesianische Bewusstseinskult von der humanistischen Selbstüberschätzung des neuzeitlichen Menschen. Für Foucault dagegen besteht das Subjekt nicht aus Bewusstsein, es besteht aus Begehren, in vielfältiger Weise.

Foucaults Frage nach dem Gebrauch der Lüste zielt nicht auf die Kopfregion, sie hat vor allem mit Sexualität zu tun und damit, wie wir mit unserem Körper umgehen und was wir aus ihm machen. Es geht nicht um Erkenntnisse; worauf es ankommt, ist die Handhabung des Begehrens, in einem durch und durch praktischen Sinn. Foucault spricht von »Techniken des Selbst« und »der Ästhetik der Existenz«.[22] Weder interessiert ihn der Bewusstseinsbezirk noch irgendeine Seeleninspektion, seine ganze Aufmerksamkeit gilt der physischen Sphäre. Foucault, der ursprünglich Psychoanalytiker werden wollte, kämpft einen Kampf gegen die Psychoanalyse, der er vorhält, dass sie dem Individuum seine innersten Geheimnisse entreißen will – in der Nachfolge der katholischen Beichte. Alles Verborgene soll nach außen gezerrt werden, nichts darf mehr rätselhaft bleiben, so wie es der aufklärerische Ruf nach Transparenz verlangt.

Seit Foucault sich um »den Gebrauch der Lüste« sorgt, versucht er jeden Verdacht zu verscheuchen, es könnte ihm um die Aufdeckung einer versteckten Wahrheit gehen, im Sinne der Durchleuchtung verwinkelter Begierden. Diesen Eindruck will er mit allen Mitteln vermeiden. Zwar redet er – wie früher nie – von einer neu zu gewinnenden »Hermeneutik des Selbst« und »Sorge um sich selbst«,[23] was ihn jedoch umtreibt, ist nicht Seelenerforschung, sondern die Frage, wie Selbstbeherrschung und Lustgewinn in ein optimales Verhältnis zu bringen sind. Sein Begriff der Selbst-Technik hat mehr mit Yoga, Kamasutra, Sport und Ernährung zu tun als mit der Frage: Wer bin ich? Wozu lebe ich? Worin besteht der Sinn des Ganzen? Nicht das Innenleben steht im Mittelpunkt, sondern das Problem, wie man sich ein möglichst ideales Leibgefühl verschafft. Weder Descartes kann dabei Hilfe leisten noch Freud. Foucault findet sie bei den Stoikern, die in seinen Augen vorführen, »wie man aus dem eigenen Leben ein Kunstwerk macht, das bestimmten ästhetischen Werten entspricht und bestimmten Stilkriterien«.[24] Foucault spricht von »Subjektivierungsformen und Selbstpraktiken«, die es ermöglichen, »die eigene Seinsart zu transformieren«.[25]

Längst sind Stimmen laut geworden, die in Foucaults Wende zur ästhetischen Selbstpflege ein Selbstoptimierungsdiktat erkennen, das neoliberalistischen Maximierungsvorstellungen entspricht: Fitness und Egotrip. So sieht die befreiende Wende vom cartesianischen Bewusstsein zum Foucault'schen Körperkult aus. Foucault bleibt im Anti gefangen, wie meist. Derrida kann darin nichts Befreiendes entdecken. Dekonstruktion und Diskurskritik laufen nur auf den ersten Blick aufs Gleiche hinaus. Foucault sitzt in den Augen von Derrida in ebenjenen Dualismen fest, die er mit aller rhetorischen Vehemenz bekämpft. Er ist ein Cartesianer wider Willen, nur mit umgekehrten Vorzeichen.

POST-WAHRHEITEN

FORMLOSE ROMANE, FORMLOSES LEBEN

Der Roman ist nicht nur eine Erfindung der Neuzeit, er wird auch seit seinen Anfängen in Frage gestellt. Paul Valéry hält ihn überhaupt nicht für Kunst, er erschöpft sich für ihn in Geschwätz. Ganz anders als die gute alte Dichtung kennt er keinerlei Form und keinerlei Grenzen, am wenigsten die des guten Geschmacks. Als Spiegel des neuzeitlichen Flachsinns saugt er alles auf, was sich denken lässt, jede Banalität, jeden Dreck, jeden Müll. Weder nimmt er Rücksicht auf Stil noch sonst etwas, alles findet in ihm Platz. Nicht zufällig hat auch der Marquis de Sade Romane geschrieben. In der Brunschvicg-Ausgabe von Pascals »Pensées« findet sich zu dem Aphorismus »Alle großen Zerstreuungen sind gefährlich für das christliche Leben« eine Fußnote, die auf den Theologen Pierre Nicole verweist, aus dessen 1665 erschienenem »Lettre sur les hérésies« Pascal den Satz zitiert: »Ein Romancier … vergiftet nicht nur öffentlich die Leiber der Gläubigen, er vergiftet ihre Seelen; er macht sich zahlloser geistiger Morde schuldig, die ihren Grund in seinen verderblichen Schriften besitzen oder besitzen können.«[1]

Mit der neuen Gattung des Romans kehrt neben allem Alltäglichen auch das Bizarre ein und das Groteske, wie man gleich am »Don Quijote« sieht, der über Aberhunderte von Seiten hinweg lose Einfälle aneinanderreiht. Das einzige Zentrum bildet der skurrile Protagonist, an dessen Seite sich ein Bauer namens Sancho Panza befindet, der zwar gesunden Menschenverstand besitzt, sich aber nicht entblödet, seinem Herrn die Stange zu halten, bei allem Unsinn des ganzen Unternehmens. In welcher Reihenfolge der Leser die zahllosen Kapitel aufschlägt, spielt meist keine Rolle. Nach den ersten zweihundert Seiten klagt Sancho Panza: Wir trotten die ganze Zeit in immer ähnlichen Ödnissen umher, ohne dass eine Menschenseele etwas davon mitbekommt.[2] Ganz so fühlt sich auch der Leser, der genauso gut mit dem zweiten Band anfangen könnte, ohne Relevantes zu verpassen. Zwar spannt sich über manche Kapitel ein etwas größerer Bogen, was aber nichts daran ändert, dass fast alle Abenteuer katastrophal enden. Erst nach tausendfünfhundert Seiten fällt es dem seltsamen Helden wie Schuppen von den Augen, dass er wahnsinnig war – was der Leser von Anfang an weiß. Als Don Quijote mit einem Schlag aufgeht, welchen Irrsinn er veranstaltet hat, bittet er die kleine Gesellschaft an seinem Krankenbett um Verzeihung und stirbt dann auch sogleich.

Der erste berühmte Roman der Neuzeit handelt davon, dass das Lesen von Romanen nicht guttut. Keineswegs zufällig steht bereits in einem der ersten Kapitel eine Bücherverbrennung an. Der Dorfpfarrer inspiziert Don Quijotes Bibliothek, die zum größten Teil aus Ritterromanen besteht. Sie allein sind schuld, dass er die Wirklichkeit mit Phantasiewelten verwechselt. In Tavernen erkennt er seither keine Tavernen mehr, sondern Ritterburgen, in Windmühlen keine Windmühlen, sondern Feinde, die es zu schlagen gilt. Wenn wir über einen derartigen Unsinn den Kopf schütteln, müssen wir uns allerdings fragen, warum wir Heutigen ganze Tage den Kopf in den Laptop stecken und uns ganze Nächte in Serien verlieren, von denen wir uns nur mit Mühe losreißen können. Längst hat die mediale Wirklichkeit die Realität eingeholt. Welche von den beiden den größeren Einfluss besitzt, vermögen wir kaum noch zu beurteilen, schließlich ist die eine von der andern nur mehr schwer zu trennen. Man muss kein Baudrillard-Nachbeter sein, um zu erahnen, was er mit seiner Behauptung meint, dass das Wirkliche vom Medialen inzwischen vollkommen aufgesaugt ist.

Am Anfang des zweiten Teils erfährt Don Quijote, dass alle seine Taten bereits in einem Buch stehen. An den Dorfstraßen erwarten ihn schon seine Leser; mit eigenen Augen wollen sie sehen, ob der Ritter von der traurigen Gestalt tatsächlich so seltsam daherkommt, wie es geschrieben steht. Aus einer Romanfigur ist ein leibhaftiger Mythos geworden. Der erste Satz des Johannes-Evangeliums besitzt auf einmal überhaupt nichts Rätselhaftes mehr: »Am Anfang war das Wort und das Wort ist Fleisch geworden.« Viel kurioser geht es auch bei Italo Calvino nicht zu, vierhundert Jahre später. Bereits der »Don Quijote« liefert den Kommentar zum »Don Quijote«, das postmoderne Spiel setzt nicht erst mit der Postmoderne ein, es beginnt um 1600. Es beginnt auch nicht erst mit dem zweiten Band, immerhin behauptet Cervantes schon davor, dass er selbst gar nicht der eigentliche Autor ist, sondern den Stoff von einem Araber hat, dem jedoch nicht zu trauen sei. Fiction, Faction und Fake gehen von Anfang an durcheinander. Die Verwirrung könnte größer kaum sein, zumal bald ein weiterer »Don Quijote«-Roman auf den Markt kommt, der weder von Cervantes stammt noch von einem Araber, sondern sich einem Trittbrettfahrer verdankt. Woran kann man sich noch halten?

Platon will die Dichter aus seinem Staat verbannen, weil er befürchtet, nicht wenige Leser könnten sich so sehr im Gelesenen verlieren, dass sie die Welt der Bücher von der realen nicht mehr zu unterscheiden vermögen. Er fürchtet, dass sie die Phantastereien der Dichtung attraktiver finden als das wirkliche Leben. Seit Flauberts »Madame Bovary« redet man vom Phänomen des Bovarysmus, was bedeutet, dass Romane das Vorbild fürs Leben abgeben – nicht selten mit fatalem Ausgang. Die Parole »Die Phantasie an die Macht!« wurde nicht 68 geboren, sie ist das Kind einer Romantik, für die der »Don Quijote« eine antibürgerliche Heldengestalt war. Schließlich führt sie vor, dass ein guter Schuss Wahnsinn tausend Mal erstrebenswerter ist als ein Dasein voller Vernunft und Anpassung.

Gleichzeitig werden seit Beginn der Neuzeit Stimmen laut, die vor solchem Unsinn warnen. Boileau verhöhnt in seiner 1675 erschienenen »L'Art poétique« die »wirre Kunst« der Romanciers, denen jeder Sinn fürs Gute, Wahre, Schöne abgeht. Gottsched straft die Gattung des Romans in seinem 1730 veröffentlichten »Versuch einer Critischen Dichtkunst« durch schiere Nichtbeachtung ab. Über den »Don Quijote« weiß er lediglich zu sagen, dass »dessen Verfasser Cervantes sehr viel dazu beigetragen, daß die abenteuerlichen Fabeln aus Ritterbüchern und Romanen allmählich abgeschafft … worden.«[3] Romane fördern die Zerstreuung, mit billigsten Mitteln, ohne Sinn, ohne Zweck. Applaus findet, was an Kuriosität nicht zu überbieten ist. Wo aber bleiben die Wahrheit und wo die Wirklichkeit? Wo das Wohlgeformte und Würdige? Der Germanist Emil Staiger verkündet noch 1966 in seiner Dankesrede für den Literaturpreis der Stadt Zürich, die heutige Literatur handle nur von sexuellen Obsessionen und sonstigen Ekelhaftigkeiten: »Man gehe die Gegenstände der neueren Romane und Bühnenstücke durch. Sie wimmeln von Psychopathen, von gemeingefährlichen Existenzen, von Scheußlichkeiten großen Stils und ausgeklügelten Perfidien. Sie spielen in lichtscheuen Räumen und beweisen in allem, was niederträchtig ist, blühende Einbildungskraft.«[4]

In Georg Lukács' 1916 erschienener »Theorie des Romans« findet sich die berühmte Formulierung von der »transzendentalen Obdachlosigkeit« – womit gemeint ist, dass der Neuzeit alles Sinnstiftende fehlt.[5] Der junge Lukács hatte sein Heil noch nicht im Marxismus gefunden, in ihm brodelt eine spätromantische Verzweiflung über die heutige Welt. Alles ist auseinandergefallen, nichts fügt sich mehr, ein Ganzes, das uns trägt, suchen wir vergebens. Schon die ersten Sätze stimmen auf einen hohen Klageton ein: »Selig sind die Zeiten«, heißt es dort, »für die der Sternenhimmel die Landkarte der gangbaren und zu gehenden Wege ist und deren Wege das Licht der Sterne erhellt.«[6] Lang ist's her. Früher hatten das Ewige und Endliche, Göttliche und Menschliche noch ineinandergespielt, heute kennen wir keinen einzigen gemeinsamen Horizont mehr. Im mittelalterlichen Christentum erkennt Lukács »ein beinahe platonisches Hineinleuchten des Himmels in die irdische Wirklichkeit«, jetzt ist jeder auf sein eigenes Leben zurückgeworfen, ohne jeden Kompass, ohne jedes vorgegebene Ziel.[7] Ein Heer von Vereinzelten versucht mit einer Freiheit zurechtzukommen, die nichts Gewisses mehr kennt und keinerlei festes Gerüst mehr besitzt, weder geistig noch sonst wie. Aus den Tiefen der Not ruft Lukács einen Gott an, von dem er weiß, dass es ihn nicht mehr gibt.

Warum aber trägt seine Schrift nicht den Titel »Der Tod Gottes und die Sehnsucht nach Sinn«? Warum lautet er »Die Theorie des Romans«?

Die Antwort: Das eine lässt sich vom andern nicht trennen. Zwar geht es dort auch um literaturspezifische Fragen, doch sie alle verweisen aufs Allumfassende unserer abendländischen Geschichte. Denn so herrlich es gewesen sein muss, als sich noch ein Firmament über die Erde wölbte, hinter dem ein Gott auf die Welt hinabblickte, so erbärmlich sieht das Leben aus, seit dieses Firmament nur noch aus Wasserdampf besteht und aus Gasen. Bei den alten Griechen steckte noch hinter jedem Busch ein Satyr und in jedem Bach lauerte eine Nymphe, ebenso wusste man, wo die Olympier wohnen und wohin der Weg nach dem Tod führt: in den Hades. Noch gab es keine Trennung zwischen Welt und Ich, und es hatte sich auch noch niemand in seinem eigenen Seelenleben vergraben, denn die Seele war die Welt und die Welt war die Seele. Jetzt aber rennt ein jeder heillos einem Sinn hinterher, den er nicht finden kann – es gibt ihn nicht mehr.

Weder können wir in die antike Welt zurück noch in die mittelalterliche. Bei aller Klage über das Verlorene flüstert uns derweil auch eine Stimme zu: »Wir können in einer geschlossenen Welt nicht mehr atmen.«[8] Obwohl wir uns nach einer kugelrunden, vor Sinn strotzenden Welt sehnen, ahnen wir, dass wir in ihr ersticken würden. Wer die neuzeitliche Freiheit gekostet hat, taugt nicht mehr für einen geschlossenen Kosmos, so schön er aus der Ferne erscheinen mag. Selbst wenn die heutige Freiheit uns nicht guttut, klammern wir uns an sie, als sei sie das Begehrenswerteste der Welt. Diese Freiheit gäbe es nicht ohne »das Verschwundensein der offenbaren Ziele« und ohne »die entscheidende Richtungslosigkeit des ganzen Lebens«, wie es bei Lukács heißt.[9] Sie ist an das Übel der Sinnlosigkeit gebunden und an den »geschichtsphilosophischen Stand der Weltuhr«, die sich nicht zurückdrehen lässt.[10]

Was aber hat das alles mit Romanen zu tun? Die Antwort: Sie erzählen von nichts als dieser Zerrissenheit, selbst und gerade dort, wo davon nicht einmal explizit die Rede ist. Die Gattung des Romans handelt von der neuzeitlichen Conditio humana, mal in versteckter, mal in kenntlicher Weise. Zu dieser Conditio gehört, dass jeder einen anderen Blick aufs Leben besitzt und jeder seine eigenen Wege gehen muss, ohne zu wissen, wohin. Im Mittelalter hatte man das Leben noch als Pilgerreise begriffen, deren Ziel im Jenseits lag. Man konnte hier unten nichts wirklich verpassen, die wahre Welt fing erst nach dem Tod an. Wer heute das Leben verpasst, verpasst alles, außer er glaubt noch an Gott.

»Der Roman ist die Epopoë der gottverlassenen Welt«, konstatiert Lukács.[11] Der erste große Roman, an dem sich das zeigt, ist »Don Quijote«, der den Anfang jener Zeit enthüllt, »wo der Gott des Christentums die Welt zu verlassen beginnt; wo der Mensch einsam wird und nur in seiner nirgends beheimateten Seele den Sinn und die Substanz zu finden vermag; wo die Welt aus ihrem paradoxen Verankertsein im gegenwärtigen Jenseits losgelassen, ihrer immanenten Sinnlosigkeit preisgegeben wird; wo die Macht des Bestehenden ... zu unerhörter Größe erwächst und einen rasenden und anscheinend ziellosen Kampf gegen die ... noch unfasslichen ... Kräfte führt.« Wir erleben dort, »daß das reinste Heldentum zur Groteske, der feste Glauben zum Wahnsinn werden muss, wenn die Wege zu einer transzendentalen Heimat ungangbar geworden sind«. Kurzum: »Es ist die tiefe Melancholie des ... Vergehens der Zeit, die daraus spricht, daß ewige Inhalte und ewige Haltungen ihren Sinn verlieren, wenn ihre Zeit vorbei ist.«[12]

Mit Wahnsinn geschlagen zu sein bedeutete einst, dass Gott ein Zeichen gesandt hat, das Rätsel aufgibt. Heute bedeutet Wahnsinn, dass man irre ist.[13] Für Don Quijote stellt sich am Ende heraus, das sein Leben eine einzige Narretei war: sein Glaube an Dulcinea, seine Ideale, sein Auftreten, sein ganzes Tun, sein ganzes Gerede. Er hat seine Tage mit Unfug verbracht. An allen Ecken und Enden glaubte er bedeutungsvolle Zeichen zu erkennen, nur steckte nichts dahinter. Wo aber nirgends mehr etwas dahintersteckt, sind wir in einer Leere angelangt, deren Name Nihilismus heißt. Zwar scheint die Sonne nach wie vor, man zieht sogar viel mehr durch die Welt als früher und erlebt dies und jenes, doch es führt nirgendwo hin, zumindest nicht in einem objektiven Sinn. »Don Quijote« handelt nicht von einem verrückten Sonderling, in ihm spiegelt sich bereits die gesamte Neuzeit.

Bei Lukács heißt es: »Unsere Welt ist unendlich groß geworden und in jedem Winkel reicher an Geschenken und Gefahren als die griechische, aber dieser Reichtum hebt den tragenden und positiven Sinn ihres Lebens auf: die Totalität.« Die antike Welt haben drei Dinge geprägt: das Epos, die Tragödie, die Philosophie.[14] Auch heute treibt man noch Philosophie, allerdings schenkt sie uns keinen Ideenhimmel mehr und auch keinen Gott. Sie ergeht sich in Skeptizismen, Subjektivismen und einer Sprachkritik, deren höchste Erkenntnis darin besteht, dass alles, was wir denken und sagen, aus nichts als Worten besteht.

Zwar werden bis heute Tragödien geschrieben, doch sie sind zu bürgerlichen Trauerspielen zusammengeschnurrt, denen jede mythische Wucht fehlt. Es geht bloß noch darum, dass ein Papa nicht will, dass seine Tochter einen Adligen heiratet, oder dass ein Mann namens Faust in der Midlife-Crisis steckt, von allem Studieren genug hat und nochmals die Korken knallen lassen will. Was sind solche Sorgen gegen die Schicksalsschläge eines Ödipus? Hätte die Tochter des Musikus Miller ein, zwei Generationen später gelebt, hätte alles schon ganz anders ausgesehen. Was soll tragisch daran sein, dass jemand keine Lust mehr hat auf Bücher, sondern auf junge Frauen? Allenfalls macht es ihn zu einem grotesken alten Sack, jedoch nicht zu einer Figur, die an der Ausweglosigkeit eines Fatums zerbricht, das ihr von fremden Mächten auferlegt worden ist. Für griechische Tragödien und homerische Epen taugt unser Leben nicht mehr, allenfalls taugt es noch für Tragikomödien und für Romane, die sich in allerlei Geschwätzigkeit ergehen und nicht mehr in Hexametern dahinfließen. Kunstvolle Verse könnten schwerlich von besoffenen Vätern, zitternden Müttern und verstörten Kindern handeln. Alltag und hoher Ton passen schlecht zusammen.

Romanhelden sind Suchende. »Der Roman … ist die Geschichte der Seele, die da auszieht, um sich kennenzulernen«, heißt es bei Lukács.[15] Sie zieht aus, weiß aber nicht wohin. Sie sucht, weiß aber nicht was. Sie schwankt und wankt. Die Welt ist voller Möglichkeiten, was die Sache nicht einfacher macht. Nicht allen ergeht es wie Wilhelm Meister, der nach turbulenten Jahren bei fahrenden Theatertruppen den Plan hegt, eine Versicherungsfirma zu gründen, um die Unsicherheiten des Lebens wenigstens noch aufs Alter hin abzufedern, zumindest in materieller Hinsicht. In welch »planlose Wirrnis« ein heutiges Leben führen kann, zeigt beispielhaft Flauberts »Éducation sentimentale«, über die Lukács sagt: »Ohne sonst sichtbaren Sinn tauchen Gestalten auf und ohne einen Sinn sichtbar zu machen, tauchen sie wieder unter, knüpfen Beziehungen mit den anderen an und brechen diese wieder ab.«[16] Die Zeit vergeht, es ereignet sich nie wirklich Wichtiges, obwohl man sich ständig in Gesellschaft befindet, täglich mit jemandem im Café sitzt und immer irgendwie verliebt ist. Was das Leben des Protagonisten Frédéric Moreau einzig zusammenhält, ist die Zeit in ihrem Fließen, alles andere ist so wesentlich wie unwesentlich. Nicht einmal von Bildung ist in diesem Bildungsroman mehr viel geblieben, obwohl er im Titel von »Lehrjahren« spricht.

Lukács knüpft mit seiner »Theorie des Romans« an Hegel an, der in seiner »Phänomenologie« konstatiert, dass im vorneuzeitlichen Epos noch die »Vollständigkeit der Welt« steckt, wogegen der Roman von unserer modernen Vereinzelung handelt.[17] In seinen »Vorlesungen über die Ästhetik« redet Hegel nicht nur über Kunst, er entfaltet dort eine umfassende Theorie der Neuzeit. Während Lukács von transzendentaler Obdachlosigkeit spricht, spricht Hegel von der Prosa des Lebens. Bei Hegel schwingt keine Klage mit, er beschränkt sich aufs Diagnostische. Die Prosa des Lebens beginnt, »wo die Zeit des Heroentums … aufhört« und »das Spiel der Zufälligkeit« Einkehr hält. Die übersichtliche Welt weicht einer unübersichtlichen, das Kontingente verdrängt das Konstante. Entsprechend begegnen wir in Romanen »der besonderen Subjektivität der Charaktere mit ihren eigentümlichen Leidenschaften, Absichten, Schicksalen, welche in dieser Prosa weit mehr Sonderbares und Abweichendes haben als die Wunder der Poesie, die sich immer noch an das allgemein Gültige halten müssen«.[18] In der Prosa kommen »die Arbeit, Plage und Abhängigkeit des Menschen« zur Sprache, ihr Stoff sind »Unglücksfälle, Leidenschaften, Vorurteile, Borniertheiten, Eigensinn anderer, Verkommenheiten der mannigfaltigsten Art«, worin sich »oft viel Hässliches, Furchtbares, Niederträchtiges« mischt, das von der »Schlechtigkeit, Rohheit und Wildheit« der Leidenschaften herrührt.[19] Es ist eine Welt voller Molière-Figuren: voller Egoisten, Heuchler, Aufstiegssüchtiger.[20] Wir sind, wie Hegel formuliert, auf der »Sandbank des Lebens« angelangt.[21]

Zum Streben und Weben von uns Heutigen bemerkt er: »Sie stehen als Individuen mit ihren subjektiven Zwecken der Liebe, Ehre, Ehrsucht oder mit ihren Idealen der Weltverbesserung dieser bestehenden Ordnung und Prosa der Wirklichkeit gegenüber, die ihnen von allen Seiten Schwierigkeiten in den Weg legt. Da schrauben sich nun die subjektiven Wünsche und Forderungen in diesem Gegensatze ins Unermessliche in die Höhe; denn jeder findet vor sich eine … für ihn ganz ungehörige Welt, die er bekämpfen muss, weil sie sich gegen ihn sperrt und in ihrer spröden Festigkeit seinen Leidenschaften nicht nachgibt, sondern den Willen eines Vaters, einer Tante, bürgerliche Verhältnisse usf. als ein Hindernis vorschiebt. Besonders sind Jünglinge diese neuen Ritter, die sich durch den Weltlauf, der sich statt ihrer Ideale realisiert, durchschlagen müssen und es nun für ein Unglück halten, dass es überhaupt Familie, bürgerliche Gesellschaft, Staat, Gesetze, Berufsgeschäfte usf. gibt, weil diese substantiellen Lebensbeziehungen sich mit ihren Schranken grausam den Idealen und dem unendlichen Rechte des Herzens entgegensetzen. Nun gilt es, ein Loch in diese Ordnung der Dinge hineinzustoßen, die Welt zu verändern, zu verbessern oder ihr zum Trotz sich wenigstens einen Himmel auf Erden herauszuschneiden: das Mädchen, wie es sein soll, sich zu suchen, es zu finden und es nun den schlimmen Verwandten oder sonstigen Missverhältnissen abzugewinnen, abzuerobern und abzutrotzen.«[22]

In einer solchen Welt bieten nur noch Träume Zuflucht, die uns der mühseligen Normalität entheben: »Der Glaube an die Welt, wie wir sie mit prosaischem Auge verständig betrachten, wird zu einem Glauben an die Phantasie.«[23] Weil Phantasien sich aber mit der realen Welt meist schlecht vertragen, bleiben sie bloße Phantasien. Was uns umtreibt, ist jener »Konflikt zwischen der Poesie des Herzens und der entgegenstehenden Prosa der Verhältnisse«, der uns exemplarisch in der romantischen Revolte gegen das Regelwerk des bürgerlichen Lebens entgegentritt.[24] Was sich daraus ergibt, ist – wie Hegel formuliert – ein »zerrissenes Bewusstsein«. Anders als Lukács verzweifelt Hegel an dieser Zerrissenheit jedoch nicht. Sie macht schlicht das Leben aus, uns wird dadurch nie langweilig. Was den Menschen angeht, steht für Hegel ohnehin fest: »Er gewinnt seine Wahrheit nur, indem er in der absoluten Zerrissenheit sich selbst findet.«[25]

DESCARTES, DON QUIJOTE, HAMLET

Als 1615 der zweite Band von »Don Quijote« erscheint, steht Descartes kurz vor seinem Studienabschluss. Ob er Cervantes' Roman gelesen hat, ist nicht bekannt, allerdings scheint eine Bemerkung in seinem »Discours de la Méthode« auf ihn anzuspielen. Descartes kommt dort auf Leute zu sprechen, die sich derart heillos in Erdichtetem verlieren, dass sie »ihr Verhalten an gefundenen Vorbildern ausrichten und Gefahr laufen, die Extravaganzen unserer Romanhelden zu übernehmen und Pläne zu schmieden, die ihre Kräfte übersteigen«.[1] Sein »Discours« setzt mit dem Satz ein: »Der gesunde Menschenverstand ist die bestverteilte Sache der Welt; schließlich glaubt ein jeder, damit so wohl versorgt zu sein, dass selbst solche, die sonst bei allem sehr schwer zufriedenzustellen sind, davon meist nicht mehr haben wollen, als sie besitzen.«[2] In Don Quijote begegnen wir einem Wesen, das nicht nur höchst belesen ist, ihm bestätigen zudem viele gescheite Leute, dass er höchst vernünftige Dinge von sich gibt, solange er nicht gerade spinnt. Don Quijote selbst zweifelt keine Sekunde an seinem Verstand, ganz im Gegenteil.

Descartes' erster Biograph Adrien Baillet berichtet von einem Traum, der den 24jährigen höchst beunruhigt. Er sieht auf einem Tisch ein Wörterbuch liegen, von dem er denkt: Das ist eine nützliche Sache. Als er nach ihm greift, verwandelt es sich in einen Gedichtband, in dem der Satz steht: *Quod vitae sectabor iter* – welchen Lebensweg werde ich wählen? Ein Mann weist ihn auf einen Vers hin, der mit den Worten beginnt: *Est et Non* – Es ist und ist nicht. Descartes fällt dazu im Traum ein, dass in der Dichtung die Dinge bedeutungsvoller erscheinen als in der Wissenschaft, allein durch ihre Sinnlichkeit. Muss er sich entscheiden: für das eine, gegen das andere? Diesem Traum folgt ein weiterer, in dem ihn unheimliche Gestalten verfolgen. Während er versucht, sie abzuschütteln, bekommt er einen Schwächeanfall. Er will in eine Kirche fliehen, ein Wirbelwind schleudert ihn jedoch an eine Häuserwand. Ein paar Schritte weiter steht eine Gruppe von Männern beim Gespräch beieinander, vollkommen ungerührt von diesem Sturm. Er selbst hingegen schwankt und wankt und kann keinen Halt mehr finden.[3]

Descartes sieht sich am Scheideweg: hier das Alte, dort das Neue; hier das Bewährte, dort das Ungewisse; hier die Wissenschaft, dort die Dichtung; hier feste Fundamente, dort Fiktionen. Allerdings könnte es auch sein, dass die vielen überlieferten Gedankengebäude aus bloßen Behauptungen bestehen und Phantastereien, so wie die Dichtung. Handelt es sich, fragt Descartes, bei der bisherigen Philosophie und Theologie nicht ebenfalls um Fiktionen? Was können wir überhaupt wissen? Bei diesen Fragen geht es für Descartes nicht um abstrakte Dinge, es geht ums Ganze, in existentieller Weise. In den Tagen, als ihn diese Träume heimsuchen, bekommt er einen Nervenzusammenbruch. Er wagt nicht, seine abgrundtiefen Zweifel öffentlich zu äußern, nicht einmal gegenüber der eigenen Familie. Die meisten seiner Zeitgenossen glauben noch an überlieferte Wahrheiten, und sei es dadurch, dass sie zu wissen meinen, was Fakten von Fiktionen trennt.

Descartes geht noch einen Schritt weiter, wenn er sich fragt: Könnte es sein, dass ich bloß denke, dass ich denke, obwohl ich vielleicht träume? In seinen »Meditationen über die Grundlagen der Philosophie« schreibt er: »Verweile ich bei diesem Gedanken, so wird mir deutlich, dass sich keine sicheren Anzeichen dafür finden lassen, ob ich wach bin oder träume, was mich in großes Erstaunen versetzt; mein Erstaunen ist so groß, dass ich fast meinen möchte, ich träumte.«[4] Anfangs denkt Descartes, er selbst sei es, der an allem zweifelt, bald aber holt ihn dieses Zweifeln so sehr ein, dass er nicht einmal mehr weiß, ob tatsächlich er selbst es ist, der zweifelt. Schließlich könnte dieses Zweifeln ein Eigenleben führen, ohne dass man selbst daran beteiligt ist. »Als wäre ich plötzlich in ein unendlich tiefes Gewässer gestürzt, erschrecke ich über alle Maßen, da ich nirgends festen Boden unter mir habe noch schwimmen kann und mich auch nirgends festhalten«, heißt es in den »Meditationen«.[5]

Befindet er sich in einem Alptraum? Oder ist alles halb so wild? Sollten wir einfach aufhören zu denken, um solchen Bodenlosigkeiten ein Ende zu bereiten? Doch das Denken rattert fort, ob wir wollen oder nicht. Vielleicht verbirgt sich dahinter sogar ein böser Geist – ein *Genius malignus*, der Possen mit uns treibt, wie es bei Descartes heißt.[6] Wissen wir denn, wo die Vernunft endet und wo der Wahnsinn beginnt? Sind die beiden überhaupt unterscheidbar?

Dass manche Leute nicht nur beim Denken, sondern allein beim Bücherlesen so sehr durcheinandergeraten, dass sie Wirklichkeit und Phantasie nicht mehr unterscheiden können, sieht man an Don Quijote. Descartes würde hinter Ritterromanen keine bedeutsamen Wahrheiten vermuten, gibt jedoch zu bedenken, dass die Lehren berühmter Philosophen vielleicht auch bloß aus geistigen Kapriolen bestehen. Die Tatsache, dass ihre Prosa trockener daherkommt als die von Romanen, bedeutet keineswegs, dass sie wahrer ist. Auch hinter unserer wissenschaftsgläubigen Vernunft, die sich für durch und durch rational hält, könnte ein böser Geist stecken, der uns täuschen will, mit einer ausgefuchsten Logik. Vielleicht ist der Glaube, wir brächten mit Hilfe logischer Gedankenoperationen Licht in die Dinge, noch trügerischer als alle spekulative Metaphysik und alle Religionen zusammen. Descartes stellt alles und jedes zur Disposition. Wer ihm vorhält, er habe das Subjekt zum Herrn der Welt gemacht und es damit gottgleich überhöht, übersieht geflissentlich, dass dieses Subjekt reichlich verloren dasteht und keinerlei Gewissheiten besitzt. Solange wir glaubten, die Wahrheit sei bei Platon zu finden oder in der Bibel, war die Welt noch in Ordnung. Nun scheint alle Gewissheit verloren.

Während Descartes sich in seinen Schriften vor allem mit sich selbst unterhält, unterhält Don Quijote sich meist mit Sancho Panza. Einig sind sich die beiden selten. Der eine nimmt Dinge wahr, über die der andre nur staunen kann. Dass Don Quijote nicht sich selbst für behandlungsbedürftig hält, sondern die Welt, ist aus seiner Sicht nur konsequent. Sancho Panza dagegen kann schwer nachvollziehen, was im Hirn seines Herrn vor sich geht. Trotzdem bleibt er bei ihm, warum auch immer. Vielleicht hat Don Quijote ja trotz allem recht. Im Übrigen hat er ihm eine Insel versprochen, über die er gebieten kann, wenn er an seiner Seite bleibt und mit ihm die Welt von finsteren Mächten befreit. Nicht alles, was Don Quijote von sich gibt, klingt närrisch. Auf die hintertriebene Frage einer Herzogin, ob er sicher sei, dass seine angebetete Dulcinea überhaupt existiert, antwortet er frank und frei: »Viel ließe sich dazu sagen, Gott allein weiß, ob es eine Dulcinea gibt auf Erden oder nicht, ob sie ein Phantasiegeschöpf ist oder nicht. Dies gehört nicht zu den Dingen, die man bis auf den Grund erforschen sollte. Ich habe meine Herrin weder geschaffen noch in die Welt gesetzt …«[7]

Knapp vierhundert Jahre nach Erscheinen von Cervantes' Roman bescheinigt Foucault Don Quijote, dass nicht er das Problem darstellt, sondern die Welt um ihn herum. Don Quijote lebt noch in der Welt der Ritter, auf vollkommen stimmige Weise. Weder ist er irre noch sonst wie nicht bei Trost. Was ihn so sonderbar erscheinen lässt, ist der neue Diskurs, dem er sich nicht fügt. Laut Foucault ist nicht Don Quijote arm dran, es sind die andern. Er unterwirft sich nicht jenem rationalistischen Denken, das immer mächtiger um sich greift. Während das logisch-methodische Denken nun alles in ein Raster aus Falsch und Richtig presst, erkennt Don Quijote noch überall Ähnlichkeiten: zwischen Windmühlen und Riesen, Tavernen und Burgen, Bauernweibern und Edelfräulein. Seine Wirklichkeitswahrnehmung gehorcht noch den Gesetzen der Poesie, während die prosaisch gewordene Welt nur noch ein rechnerisches Richtig und Falsch kennt. In ihr gilt fortan das Gesetz des Entweder-oder, nicht mehr das der Analogie. Der neue Diskurs unterwirft alles der »grausamen Vernunft der Identitäten und Differenzen«, wogegen Don Quijote überall Verwandtes entdeckt.[8] Wer ist ärmer dran? Wir oder er? Wer offener? Für Foucault steht die Antwort fest. Don Quijote akzeptiert die veränderten Denkvorgaben nicht, er schmiegt sich an die untergegangene, buntere, beweglichere Welt an. Es ist eine Welt, in der die Dinge noch in einem großen Zusammenhang standen und alles sich in allem gespiegelt hat. Die neue Logik kennt dagegen bloß Plus und Minus, Ja und Nein, Vernunft und Wahnsinn. Sie schließt aus, was nicht ihren Rationalitätsvorstellungen gehorcht: alles Unbegreifliche, Schillernde, Arkane.

Auch für Lukács tritt Don Quijote just in dem Moment auf, »wo zwei Weltepochen sich scheiden«.[9] In seinen Augen »steht dieser erste große Roman der Weltliteratur am Anfang der Zeit, wo der Gott des Christentums die Welt zu verlassen beginnt; wo der Mensch einsam wird und nur in seiner nirgends beheimateten Seele den Sinn und die Substanz zu finden vermag; wo die Welt ... ihrer ... Sinnlosigkeit preisgegeben wird«. Don Quijote ficht den »ersten großen Kampf ... gegen die prosaische Niedertracht des äußeren Lebens«.[10] Diese Niedertracht besteht darin, dass alles auseinandergerissen wird und zersplittert. Das Zersplitterte zeigt sich in der Struktur des Romans selbst, schließlich reiht sich kein einziges Kapitel zwingend ans andere. Nichts baut aufeinander auf, jedes Abenteuer endet grotesk. Der erste große Roman der Neuzeit kündet von einem Leben, das sich hin und her gebeutelt sieht zwischen hochfahrenden Plänen und erbärmlichem Scheitern. Laut Lukács haben wir es mit einer vollkommenen »Desillusionsdichtung« zu tun.[11]

Bei E.M.Cioran lesen wir: »Die Moderne beginnt mit zwei Hysterikern: Don Quijote und Luther.«[12] Dass ihre Hysterie sich keinem Zufall verdankt, sondern den neuen Denkgewohnheiten, steht auch für Cioran fest: »Indem die moderne Philosophie den Aberglauben an das ›Ich‹ begründet, macht sie es zur Triebfeder aller unserer Dramen und zum Dreh- und Angelpunkt aller unsrer Ängste«, erklärt er. »Wir haben uns zu *Subjekten* machen wollen, wobei Subjekt-Sein den Bruch mit der in sich ruhenden Einheit bedeutet. ... Wir bemessen den Wert des Individuums an der Summe seiner Uneinigkeit mit den Dingen ...«[13] Bei Luther bestimmt nicht mehr die Kirche, was der Mensch zu glauben hat; er macht nun alles mit sich selbst aus und seinem Gewissen, das an die Stelle des Dogmas tritt. An etwas anderes kann er sich nicht mehr halten – außer an die Bibel, die jedoch jeder anders auslegen kann. Seit Gutenbergs Erfindung des Buchdrucks tut ein jeder seine eigene Sichtweise kund, weder muss er dafür Griechisch können noch Latein oder Hebräisch. Der Markt der Meinungen weitet sich ins Unendliche. Nimmt es Wunder, dass die Bibel bald nicht mehr als das wichtigste Buch gilt, sondern jeder seine eigenen Vorlieben hegt? »Don Quijote« ist das meistverkaufte Buch nach der Bibel.

Während Paul Valéry Descartes' »Discours de la Méthode« als den ersten neuzeitlichen Roman charakterisiert – womit er ihn in Konkurrenz bringt zum »Don Quijote« –, schmiedet Milan Kundera die beiden Werke zusammen.[14] Bei beiden geraten alle Gewissheiten ins Wanken. Während Descartes fürchtet, hinter seiner Vernunft könnte der reinste Wahnsinn stecken, hält Don Quijote seinen Wahnsinn für Vernunft. Descartes glaubt einen letzten Halt in einem Ich zu finden, das an allem zweifelt; Cervantes erklärt seinem Leser auf Schritt und Tritt, dass er nicht der eigentliche Autor ist, sondern alles von einem Araber hat namens Cide Hamete Benengeli, dem aber nicht zu trauen ist. »Seit Beginn der Neuzeit ist der Roman den Menschen ein ständiger treuer Begleiter«, schreibt Kundera und fährt fort: »Als Gott gemächlich den Platz räumte, von dem aus er das Universum und seine Wertordnung gelenkt, das Gute vom Bösen getrennt und jedem Ding einen Sinn verliehen hatte, trat Don Quijote aus dem Haus und war nicht mehr imstande, die Welt zu erkennen. Denn in Abwesenheit des Höchsten Richters erschien sie plötzlich in einer furchterregenden Ambiguität; die eine göttliche Wahrheit zerfiel in Hunderte von relativen Wahrheiten, die die Menschen unter sich aufteilten. So entstand die Welt der Neuzeit und mit ihr der Roman, ihr Abbild und Modell.«[15] Woraus folgt: »Der Geist des Romans ist der Geist der Komplexität. Jeder Roman sagt dem Leser: ›Die Dinge sind komplizierter, als du denkst.‹«[16] Kundera geht sogar so weit zu behaupten, der Roman als neuzeitliche Gattung handle davon, dass die Wahrheit sich dem Menschen entzieht.[17]

Während »Don Quijote« der meistgelesene Roman der Welt ist, ist »Hamlet« das meistgespielte Theaterstück. »Hamlet« erscheint im Druck 1604, der erste Teil des »Don Quijote« 1605. Den Ritter von der traurigen Gestalt halten alle für verrückt, bei Hamlet dagegen weiß niemand, ob er den Verrückten nur spielt oder ob er tatsächlich verrückt ist. Niemand weiß, ob er alle zum Narren hält oder selbst närrisch ist. Wenn Hamlet erklärt: »Ja, von der Tafel der Erinn'rung will ich / Weglöschen alle törichten Geschichten, / Aus Büchern alle Sprüche, alle Bilder«, klingt bereits etwas von Descartes an, der ein paar Jahrzehnte später alles in Frage stellt, was seine Autorität lediglich der Überlieferung verdankt.[18] Auch Hamlet sucht sich von der Last der Vergangenheit zu befreien, so wie Descartes. Ein wirklicher Befreiungsschlag will aber nicht gelingen. Was bleibt, sind vor allem Zweifel.

Hamlets berühmter Satz »The world is out of joint« gerät zur defätistischen Fanfare der Neuzeit. Für Carl Schmitt sind Don Quijote und Hamlet die »großen symbolhaften Figuren« unserer Epoche, als dritte fügt er ihnen noch Faust hinzu. »Alle drei sind merkwürdigerweise Bücherleser und insofern Intellektuelle, wenn man so sagen will. Alle drei sind vom Geist aus der Bahn geworfen«, stellt Schmitt fest.[19] Als literarische Gestalten weiß er sie zu schätzen, ein Staat lässt sich mit ihnen nicht machen. In ihrer Welt ist nichts mehr wirklich ernst zu nehmen, nicht einmal, wenn es um Mord geht und Totschlag. Zwischen Spiel und Leben besteht bei ihnen so wenig ein Unterschied wie zwischen Tragödie und Komödie. Was siegt, sind »verzweifelte Ironie und bodenloser Agnostizismus«.[20] Alles wird mehrbödig, wer Freund ist und wer Feind, steht nicht mehr fest und wechselt ständig. Die ganze Welt wird zur Bühne, nicht nur bei Shakespeare. Ein ehernes Schicksal gibt es nicht mehr, dazu bedürfte es eines kosmischen Ganzen, das allem eine präfigurierte Bedeutung verleiht. Alles kreist nur noch um banale Bedürfnisse, Begierden, Triebe. Mehr steckt nicht mehr dahinter. Als das Entsetzen in Shakespeares blutrünstigem »Macbeth« nicht mehr zu steigern ist, sagt die irre gewordene Titelfigur übers Leben: »It is a tale/Told by an idiot, full of sound and fury,/Signifying nothing« – »Eine Geschichte ist's,/Erzählt von einem Idioten, voll Schall und Wahn,/Ohne jede Bedeutung.«[21]

Carl Schmitt beklagt, dass in unseren liberalen Gesellschaften alles zum Spiel verkommt und nichts mehr die Größe des Tragischen kennt. Ein jeder trägt seine eigene Sicht der Dinge vor sich her, taumelnd und torkelnd. Originalitätssucht ersetzt das Objektive, mit allem Absurden, Exzentrischen, Verrückten. Moderne Dichter schätzen jede Art von Spleen höher als jene »unumstößliche Wirklichkeit, die kein menschliches Gehirn erdacht hat«, erklärt Schmitt.[22] Die Weltgeschichte verwässert sich zum Welttheater, das Mythische zum Zitat. Schillers berühmter Satz, der Mensch sei nur da ganz Mensch, wo er spielt, dient Schmitt als Beleg für das Degenerierte unserer ganzen Epoche.[23]

DIESES WIRD JENES TÖTEN

Seit der achten Auflage des »Glöckners von Notre-Dame« findet sich darin ein Kapitel, das für den Fortgang des Romans nicht die geringste Rolle spielt. Es handelt sich um einen geschichtsphilosophischen Essay mit dem Titel »Dieses wird jenes töten«. Im Französischen heißt der Roman schlicht »Notre-Dame de Paris« – was in diesem Fall nicht ohne Bedeutung ist. Schließlich wollte Victor Hugo die Zeit der Kathedralen in neuem Licht erscheinen lassen und nicht nur eine Geschichte erzählen mit einer bizarren Hauptfigur. Der eigentliche Romantitel lautet sogar »Notre-Dame de Paris 1482«, erst in späteren Auflagen lässt man die Jahreszahl unter den Tisch fallen. Datiert man den Beginn der Neuzeit auf die Entdeckung Amerikas im Jahr 1492, kann man in Hugos Roman einen letzten Kehraus des Mittelalters erkennen, in aller Buntheit, mit allen Exzessen. Das Mittelalter bekommt einen letzten Auftritt, es dankt furios ab.

Als das Werk 1831 erscheint, ist es nicht lange her, dass alles Gotische als barbarisch galt, schließlich besagt schon der Name, dass die gotische Kunst von den Goten abstammt. Was wir heute daran bewundern, hielt man in den ersten Jahrhunderten der Neuzeit für keines Blickes würdig. Als der junge Goethe in Straßburg zum Studieren eintrifft, eilt er zwar sogleich zum Münster, jedoch nur, um vom Turm herab Stadt und Land zu bewundern. Die Kathedrale selbst interessiert ihn nicht.[1] Auch bei einer späteren Besichtigung erwartet er sich nichts, er will sie nur kurz anschauen, um wenigsten ein einziges Mal dort gewesen zu sein. Was sollte sie schon bieten außer »verwornnen Willkürlichkeiten gotischer Verzierungen«? »Unter die Rubrik *Gotisch*,« bekennt er, »... häufte ich alle synonymischen Mißverständnisse, die mir von Unbestimmtem, Ungeordnetem, Unnatürlichem, Zusammengestoppeltem, Aufgeflicktem, Überladenem jemals durch den Kopf gezogen waren. Nicht gescheiter als ein Volk, das die ganze fremde Welt barbarisch nennt, hieß alles *Gotisch*, was nicht in mein System paßte.«[2] Doch auf einmal kommt er aus dem Staunen gar nicht mehr heraus. Er muss Abbuße leisten. Er verfasst einen Hymnus auf Erwin von Steinbach, den Erbauer des Straßburger Münsters. Goethe hat eine neue Welt entdeckt.

Victor Hugo ist zwei Generationen jünger als Goethe, sieht sich aber noch mit den gleichen Vorurteilen konfrontiert. Mit seinem essayistischen Romaneinschub »Dieses wird jenes töten« will er dazu beitragen, dass man das mittelalterliche Paris nicht weiter verfallen lässt. Sein Roman wird massenhaft gelesen, Hugo nutzt die Gunst der Stunde. Schon im Vorwort der ersten Auflage lesen wir: »Als der Verfasser dieses Buches vor einigen Jahren Notre-Dame besuchte, oder richtiger gesagt sie durchstreifte, begegnete ihm in einer dunklen Ecke ihrer Türme das von Hand in die Wand eingravierte Wort: ἈΝΆΓΚΗ. Die altersschwarzen, ziemlich tief in den Stein gemeißelten griechischen Großbuchstaben … haben den Autor zutiefst beeindruckt. … Seither hat man das Gemäuer übertüncht oder abgekratzt …, und die Inschrift ist verschwunden. So nämlich verfährt man mit den wundervollen Kirchen des Mittelalters seit zweihundert Jahren. Sie werden überall verstümmelt, innen wie außen. Priester lassen sie weißeln, Architekten abkratzen, und dann kommt noch das Volk und reißt sie nieder. … Jener Mann, der das Wort auf dieses Gemäuer geschrieben hat, ist schon vor Jahrhunderten aus dem Menschengeschlecht geschwunden, so wie später auch dieses Wort an dem Kirchengemäuer entschwinden sollte und wie diese Kirche vielleicht selbst bald vom Erdboden verschwinden wird. Dieses Wort aber hat dieses Buch hervorgebracht.«[3]

Entscheidend ist der letzte Satz, in dem Glück sich mit Bedauern mischt. Er führt ins Herz von Hugos Essay, dessen These lautet, dass Bücher seit Beginn der Neuzeit die Architektur ablösen. Aufs Erste klingt diese These absurd, schließlich wird weiterhin gebaut, sogar mehr denn je, wenn auch anders als im Mittelalter. Bald nach dem Erscheinen des Romans lässt Haussmann zahlreiche Viertel schleifen, um Platz zu schaffen für Boulevards, zu deren Seiten sich klassizistische Gebäude erheben. Was wir heute an Paris bewundern, verdankt sich zum Großteil diesen rabiaten Eingriffen. Alles Verwinkelte musste verschwinden, zu Gunsten weiträumiger Sichtachsen, die das Fließen des Verkehrs erleichtert und das Errichten von Barrikaden erschwert haben.

Als Hugo 1832 seinen Essay einfügt, gründet die Regierung die »Commission des Monuments Historiques« mit dem Ziel, den Verfall aufzuhalten und Bauwerke zu restaurieren. In gewisser Weise handelt es sich um eine Vorläuferorganisation der UNESCO mit ihrem Weltkulturerbe. Früher wäre niemand auf die Idee gekommen, verschüttete Städte wieder ans Licht holen. Über den Trümmern hatte man Neues errichtet, die Scherben dienten als Schutt für den Untergrund. Warum sollte man Ruinen wiederherrichten und Verschüttetes offenlegen? Erst seit Schliemann überkommt uns ein solcher Drang. Einerseits sind wir froh, in der Neuzeit zu leben, andererseits können wir vom Alten nicht genug kriegen – und sei es, weil uns das Gefühl bedrückt, dass einst alles schöner war und prachtvoller. Victor Hugo beflügelt eine Vergangenheitsseligkeit, die seit dem damals aufkommenden Denkmalkult kein Ende mehr findet. Auch und gerade in architektonischer Hinsicht setzt eine Revolte ein gegen eine Moderne, die ihr Selbstbewusstsein aus der Abgrenzung gegen das Mittelalter bezog.

Warum aber lautet Hugos Diagnose: »Das Buch wird das Bauwerk töten«?[4] Der Erzdiakon Frollo gehört neben Quasimodo und Esmeralda zu den Hauptfiguren des Romans. Die Vorstellung, dass bald massenhaft Bücher produziert werden, bereitet ihm Alpträume. Dreißig Jahre bevor der Roman spielt, erscheint die erste Gutenberg-Bibel. Es dauert nicht lange, bis die Druckerpresse noch ganz andere Werke ausspuckt. Die so plötzliche wie rasante Büchervermehrung beschleunigt das Ende des theokratischen Zeitalters und läutet das demokratische ein. »Das Bauwerk war bis zu Gutenberg die wichtigste, die allgemeine Art des Schreibens. In dieses granitene Buch schrieb das Mittelalter die letzte Seite«, erklärt Hugo. Das Horizontale tritt an die Stelle des Vertikalen, die Erde an die Stelle des Himmels. Statt in Kirchen niederzuknien und den Blick in die Höhe zu richten, versenken wir uns nun in Bücher meist weltlicher Art. »Die Erfindung des Buchdrucks ist das bedeutendste Ereignis der Geschichte. Sie ist die Mutter aller Revolutionen«, heißt es bei Hugo.[5]

Eine Welt aus steinerner Ewigkeit gibt es fortan nur noch in Form von Kulturgütern, die wir aus historischer Perspektive goutieren und deren Wert für die meisten im Ästhetischen besteht. Mit dem massenhaften Aufkommen von Museen im 19. Jahrhundert gewinnt die gesamte vergangene Welt etwas Museales. Der Kirchenmann Frollo hat nichts gegen Bücher, es sollte sich jedoch um ehrwürdige Folianten handeln, die in klösterlichen Bibliotheken stehen und kirchlich dominierten Universitäten. Frollo ist umfassend gebildet, ein Gelehrter reinsten Wassers; die meiste Zeit seines Lebens hat er sich hinter Büchern verbarrikadiert. Doch auch ihn packt plötzlich eine wilde Lebensenergie, mit allem Fiebrigen, bis hin zu rasender Eifersucht, die ihn zum Mörder werden lässt. Zur einen Hälfte steckt er noch im Mittelalter, zur andern macht Hugo aus ihm eine Renaissance-Figur, die es wie Faust aus der Gelehrtenstube ins Leben hinaustreibt: »Er merkte, dass es auf der Welt noch anderes gab als die Geistessphären der Sorbonne und die Verse Homers«, heißt es im Roman.[6] Gleichzeitig sieht Frollo alle Gewissheiten schwinden, nicht zuletzt dank so vieler neuer Bücher. »Gutenberg ist der Vorläufer Luthers«, erklärt Hugo in seinem Essay. Frollo kann er diesen Satz noch nicht in den Mund legen; Luther wird erst ein Jahr, nachdem der Roman spielt, geboren. »Dieses wird jenes töten« endet mit einem Radikalurteil über das Gutenberg-Zeitalter, von dem es heißt: »Es handelt sich um den zweiten babylonischen Turm des Menschengeschlechts.«[7]

Keine einzige Verfilmung, keine einzige Kinder- und Jugendbuchfassung und keine einzige Comic-Version des Romans interessiert sich für Hugos zentralen Satz: »Der Buchdruck wird die Kirche töten«. Im Französischen lautet er: »La presse tuera l'église« – womit nicht nur Bücher gemeint sind, sondern alle Arten von Presseerzeugnissen: Zeitungen, Zeitschriften, Medien aller Art.[8] Hugo stellt das im wahrsten Sinne des Wortes Standhafte der Kathedralen dem Flüchtigen der Druckerzeugnisse entgegen: hier Stein, dort Geflatter; hier das Flache, dort das Erhabene. Das eingemeißelte ἈΝΆΓΚΗ in einem der Türme von Notre-Dame ist zwar verblasst, hat aber überlebt, jahrhundertelang. Legt man einen Fetzen Papier in die Sonne, ist er nach einer halben Stunde verblichen. Als Schriftsteller verdankt Victor Hugo der Gutenberg-Ära seinen ganzen Ruhm und seine ganze Existenzform, als Modernitätskritiker beklagt er sie. Rousseau bringt einen solchen Spagat schon vor ihm zustande. Auf andere und doch ähnliche Weise begegnen wir diesem Syndrom auch bei Schopenhauer und Nietzsche, die notorisch gegen die Journaille hetzen und gegen das viele zeittypische Gekritzel. Die Presse trägt in ihren Augen zur allgemeinen Verblödung bei und zur demokratischen Nivellierung. Überall siegt das Seichte, der Untergang der Kultur rückt mit jedem Tag näher.

Wo die morgendliche Zeitungslektüre den Kirchgang ersetzt, entfleucht das Transzendente ganz von allein, auf leisen Sohlen. Statt auf das Wort Gottes zu hören, kümmern wir uns um das Allerneuste. Das Nichtige wird wichtiger als das Ewige. Alles ist im Fluss, ohne jede Konstante. Zwar preisen die Medien sich als Informationsüberbringer an, in Wirklichkeit zerstreuen sie unsere Sinne und unsere Seelen, jeden Tag von neuem, unaufhörlich. »The medium is the message« lautet ein berühmtes Diktum von McLuhan – das Medium als solches ist die Botschaft. Es führt ein Eigenleben, mit nicht viel mehr dahinter als dem Drang, das eigene Gewirbel nie stillstehen zu lassen.

Ganz anders dagegen Hugos Mittelalter mit seinem schützenden Firmament, seinen Kathedralen, Mysterienspielen, Würdenträgern, Narren, Bettlern, Blinden, Huren und Zigeunerinnen, die alle zusammen einen großen, geschlossenen Kosmos bilden. Vom Glöckner heißt es in dem Roman: »Diese Kathedrale war für ihn nicht nur seine ganze Gesellschaft, sie war für ihn das ganze Weltall, sie war für ihn die ganze Natur.«[9] An nichts fehlt es dieser Welt, sie besitzt alles, was man braucht: große Sünder, große Heilige, große Halunken, große Liebende. Sie alle bilden eine wabernde Einheit im brodelnden Kessel des märchenhaften mittelalterlichen Paris. Kaum eine Seite in diesem Roman kommt ohne die Worte mysteriös, wundervoll, leidenschaftlich, phantastisch aus. Alles ist pittoresk, alles pompös; alles leuchtet, mal düster, mal strahlend. Der Himmel ist sternenübersät, die Deckengewölbe sind gotisch, über allem thront Gott. Gleich zu Beginn begegnet uns das unheimliche, kryptische, magische Wort ἈΝἈΓΚΗ. Was es bedeutet, erfährt der des Griechischen unkundige Leser erst nach ein paar Hundert Seiten. In der Mitte des Romans fragt eine Figur, was es eigentlich heißt. Die Antwort: Schicksal.[10]

Seit Diderot und d'Alembert in ihrer Enzyklopädie das Wissen der Welt zusammengetragen haben, bildet nicht mehr der Höchste den Anfang, es ist der Buchstabe A. Ihm folgen B und C und D und so weiter, ohne jede Hierarchie. Gott ist in der Enzyklopädie eingeklemmt zwischen Dialog und Dilemma, schließlich lautet sein Name im Französischen Dieu. Im Deutschen fände er seinen Platz irgendwo zwischen Gotland und Gottsched. Nietzsche bemerkt: Wir sind nun keine Kinder Gottes mehr, sondern »wandelnde Enzyklopädien«.[11] Inzwischen surfen wir durch endlose Datenmeere, ohne jeden Horizont, ohne jedes Ufer. Schon Leibniz greift zum Bild des Meeres, als er 1693 schreibt: »Der ganze Leib der Wissenschaft kann als Ozean betrachtet werden, der allseits sich fortsetzt, ohne Unterbruch und ohne Grenzen, auch wenn die Menschen Grenzziehungen vornehmen und ihnen der Bequemlichkeit wegen Namen geben. Und so wie es unbekannte Meere gibt oder nur wenig befahrene, in welche Schiffe lediglich durch Zufall geraten, so lässt sich auch von manchen Wissenschaften sagen, dass wir allein durch Zufall auf sie stoßen, ohne alle Absichten und Pläne.«[12]

So sieht die neue Welt aus. Freiheit und Verlorenheit gehen Hand in Hand. Alles ist da, in unerhörter Fülle, nur ohne jede Spur eines verbindlichen Sinns. Was regiert, sind Zufall und Vergänglichkeit.

MODERNE CONTRA AVANTGARDE

Zur Moderne gehört die Avantgarde. Wo sonst sollte ihr Ort sein? Moderne bedeutet: mehr Fortschritt, mehr Freiheit, mehr Experiment. Der meistzitierte Satz von Rimbaud lautet: »Il faut être absolument moderne«. Lieber drei Schritte voraus als einen halben zurück; das Schlimmste wäre hinterherhinken. Stillstand bedeutet Tod. Das Erreichte will sofort überboten werden. Was morgens die Welt erblickt, ist abends alt. Das Neuste kann nie neu genug sein. Nichts Öderes als Dinge, die zur Tradition gerinnen oder kanonisch werden.

Noch vor Rimbauds Auftreten galt Baudelaire als *der* Wegbereiter der Moderne, zumindest in literarischer Hinsicht. »Das Unsichtbare zu schauen und das Unerhörte zu hören ist etwas anderes, als den Geist toter Dinge zurückzuholen, Baudelaire ist der erste Sehende, der König der Dichter, ein wahrer Gott«, verkündet Rimbaud.[1] Für Hugo Friedrich, dessen 1956 erschienene Studie »Die Struktur der modernen Lyrik« lange als Standardwerk galt, ist Baudelaire »der Dichter der Modernität« schlechthin. Durchblättert man heute nochmals sein Buch, erstaunt der altprofessorale Ton, mit dem er die Abgründe der Moderne beschwört. Jedes Wort besitzt ein bleiernes Gewicht, jeder Satz klingt erstickend bedeutsam. Vom »fiebrigen Aufschwung ins Irreale« ist die Rede, von Todessehnsucht, »dichterischem Bewußtsein«, »alchimistischen Quellen« und davon, dass »die Reife der Form die Überpersönlichkeit des Ausgesagten gesichert hat«.[2] Baudelaire wird mitsamt der Moderne in einen Tabernakel eingeschlossen, zu dem die hohepriesterlichen Kustoden der abendländischen Geistesgeschichte Zugang besitzen. Fast könnte man meinen, Baudelaire habe seinen Abyss allein zu dem Zweck inszeniert, neben Horaz und Dante einen Sarkophag im Pantheon zu bekommen.

Baudelaire selbst gehört zu den ersten Dichtern, die den Begriff der Moderne ausdrücklich thematisieren. Er schreibt nicht einfach nur Gedichte, er ordnet sein eigenes Werk auch sogleich epochal ein. Obwohl ihm alles Programmatische zuwider ist, stellt er es in einen programmatischen Rahmen, wenn es bei ihm heißt: »Die Moderne ist die vergängliche, die flüchtige, die dem Zufälligen hingegebene Hälfte der Kunst, deren andere Hälfte das Ewige und Unveränderliche ist.«[3] Dass für Baudelaire das Ewige ebenfalls zur Moderne gehört, mag Staunen erregen. Dadurch bekommt sie eine antimoderne Stoßrichtung. Allerdings zeigt sich das Moderne an Baudelaires »Ewigem« darin, dass es keine feste Größe mehr darstellt, die unabhängig ist von Ort und Zeit. Er will »das Ewige aus dem Vergänglichen gewinnen« – was zweierlei bedeuten kann: dass es sich im Vergänglichen spiegelt oder selbst etwas Vergängliches ist und lediglich von unseren Sehnsüchten kündet.[4]

Sosehr Baudelaire sich als Dichter der Moderne begreift, so wenig will er etwas mit irgendeiner Avantgarde zu tun haben. In seinen

»Journaux Intimes« spottet er, »die militärischen Metaphern« würden heutzutage um zwei neue erweitert, nämlich um die des »Kampfdichters« und die des »Avantgarde-Literaten«.[5] Am Begriff Avantgarde widerstrebt ihm, dass er aus dem Militärischen stammt und nichts als Vorhut bedeutet. Baudelaire unterscheidet sich von den Avantgardisten allein dadurch, dass er keine tradierten literarischen Formen zerschlagen will. Wenn das Leben schon formlos ist, soll wenigstens die Kunst sich noch um Form bemühen. Nur wenige moderne Dichter haben so formvollendete Sonette geschrieben wie er. Absolut modern ist, dass sie in thematischer Hinsicht alle Grenzen sprengen – mit ihrem Luziferischen, Wollüstigen, Lasterhaften. Nach dem Erscheinen der »Fleurs du Mal« kommt es zum Prozess; Baudelaire muss mehrere Gedichte entfernen.

In einem Brief des Verlegers Jules Hetzel an den Kritiker Houssaye heißt es über Baudelaire: »Ganz gewiss ist er der eigenwilligste Prosaschriftsteller und auch der individuellste Dichter unserer Zeit, – es gibt keine einzige Zeitung, die sich in der Lage sieht, etwas von seinen seltsam klassischen Dingen, die nicht klassisch sind, abzudrucken.«[6] Baudelaires Gedichte kommen vollkommen klassisch daher, obwohl sie es in keiner Weise sind. Was wir als klassisch empfinden, will uns weder verstören noch Ekel erregen. Alles Obszöne ist ihm fremd, allenfalls tritt es in bloßen Andeutungen auf und versteckten Hinweisen. Baudelaire dagegen konfrontiert den Leser mit drastischen Bildern, in denen unsere Verzweiflungen und Begierden sich als irdisches Höllenmartyrium erweisen. Harmonie scheint bei ihm nur in Gestalt von Sehnsüchten auf, das Leben selbst hat davon wenig zu bieten. Was uns ausmacht, sind Wahn, Lust, Leiden und Vergeblichkeit. Gleich zum Auftakt der »Fleurs du Mal« entfaltet Baudelaire eine Welt aus Geilheit und Ungeziefer, die zum Himmel stinkt. Einzig erhebend daran ist seine Sprache, der Rest besteht aus Schlamm, Schmutz, Dreck. Was uns dort begegnet, ist eine schockierende Moderne, die an keinen Fortschritt mehr glaubt. Im gleichen Maß, wie Baudelaire die Gegenwart fasziniert, ekelt sie ihn.

Im deutschsprachigen Raum nehmen wir Baudelaire fast nur noch durch die Brille von Walter Benjamin wahr. Dass Benjamin ihn zum Revolutionär kürt und aus seinen »Fleurs du Mal« klassenkämpferische Botschaften herausfiltert, grenzt freilich ans Absurde. Als Beleg dient ihm vor allem sein Ausruf: »Nieder mit General Aupick!«[7] Dass General Aupick Baudelaires verhasster Stiefvater war, erwähnt Benjamin lediglich in einer Fußnote. Benjamin will darin einen Hass gegen Gott, den Staat und das gesamte Militär erkennen. Um den *poète maudit* als radikalen Feind der bestehenden Ordnung erscheinen zu lassen, muss er allerdings eine ganze Menge ausblenden – an erster Stelle Baudelaires zutiefst katholisches Menschenbild, in dessen Zentrum die Erbsünde steht. Dass wir durch und durch verderbt sind und sich daran nie etwas ändert, gehört zu seinen festen Überzeugungen. Luzifer ist für ihn nicht eine böse Macht, die uns von außen lockt, er sitzt in unseren Eingeweiden. Weder ist er für Baudelaire ein abstraktes Prinzip noch eine bloße Metapher, er ist tatsächlich der Fürst unserer hiesigen Welt. Ein Fürst, in dem jedoch ein gefallener Engel steckt, der sein Engelhaftes nie ganz verloren hat. Was konkret gesprochen besagt, dass wir alle umso verzweifelter nach Erlösung gieren, je mehr wir uns in unseren Lüsten suhlen.

Baudelaire glaubt weder an die Segnungen der Vernunft noch an die Verbesserung des Menschengeschlechts. Dass wir unter unseren Lastern leiden, ohne von ihnen lassen können, wird bis ans Ende der Zeiten so bleiben. Wer anderes glaubt, hängt lächerlichen Illusionen an. Was Baudelaire von allen Aufklärern und Zukunftsgläubigen zutiefst unterscheidet, ist seine Gewissheit, dass die Erde niemals der Hort des Heils sein wird, sondern immer nur der Ort ständiger Erregung und Exzesse. Das Epilog-Gedicht der »Fleurs du Mal« setzt mit den Versen ein: »Frohgemut stieg ich hinan den Berg / Von wo der Blick die ganze Stadt erfasst / Spital, Bordell, Fegfeuer, Höll' und Knast,// Wo all das Maßlose in Blüte steht. / Du weißt, o Satan, Schutzherr meiner Not, / Dass ich dorthin nicht ging, um nur zu weinen …« Am Ende heißt es: »Ich liebe dich, du ruchlose, riesige Stadt!«[8]

Benjamin behauptet: »Der Satanismus von Baudelaire darf nicht allzu schwergenommen werden. Wenn er von einiger Bedeutung ist, so als die einzige Attitüde, in der Baudelaire eine nonkonformistische Position auf die Dauer zu halten imstande war.«[9] In Benjamins Augen will Baudelaire damit nur den sittsamen Bürger piksen, in pubertärer Weise.[10] Dass bei ihm der Satan ein anderer Ausdruck ist für unsere Getriebenheit, ignoriert Benjamin. Ebenso wenig nimmt er von Baudelaire ein Bekenntnis ernst, das lautet: »De Maistre und Edgar Poe haben mich Denken gelehrt.«[11] Joseph de Maistre ist der berühmteste Reaktionär Frankreichs. Er hätte die Französische Revolution am liebsten ungeschehen gemacht und die gute alte Ordnung wiederhergestellt, mit aller katholischen Macht- und Prachtentfaltung. Auch Baudelaire hat für die Aufklärung wenig übrig, ihre Dummheit zeigt sich allein darin, dass sie die Erbsünde leugnet und eine hell erleuchtete Zukunft beschwört.

Gewiss lassen sich aus seinen Dichtungen und Schriften auch ein paar Sätze herausfischen, die nach sozialmoralischer Empörung klingen, doch sie machen ihn in keiner Weise zum Revolutionär. Sofern Benjamin behauptet: »Mit seiner Freundschaft zu Pierre Dupont hat sich Baudelaire als sozialer Dichter bekennen wollen«, handelt es sich um weniger als auch nur die halbe Wahrheit.[12] Was Baudelaire am dichtenden Straßensänger Dupont schätzt, ist seine bezaubernde Stimme und seine Fähigkeit, im Herben etwas Zartes aufscheinen zu lassen. [13] »Was könnte trivialer sein als der Blick der Armut auf den Reichtum des Nachbarn?«, fragt Baudelaire mit Blick auf ein Gedicht, in dem der Sänger neidisch ein Schloss betrachtet. »Indes wird bei ihm dieses Gefühl durch poetischen Stolz verkompliziert«, erklärt Baudelaire, »durch ein wollüstiges Zueinanderfinden, dessen er sich für werthält.« Nicht Zerstörungslust steigt im Sänger auf, vielmehr sieht er sich dort an der Tafel sitzen und das Leben genießen. Für Baudelaire besagt dieses Gedicht, »dass auch *wir* die Schönheit von Palästen und Parks erkennen und dass auch wir etwas von der Kunst des Glücklichseins verstehen!« Im Übrigen sind Baudelaire und Dupont seit ihrer Jugend befreundet. Denkt Baudelaire an ihn, kommen ihm »glückliche Spaziergänge« in den Sinn »aus einer Zeit, als wir noch nicht geschrieben haben«.[14]

Benjamin jedoch schmiedet die beiden zu einem Revolutionsduo zusammen, das sie nie waren. Auf Dutzenden von Seiten will er mit immer anderen Schnipseln und Namensverweisen belegen, dass Baudelaire ein radikaler Sozialkritiker ist. In gewisser Weise hat Benjamin damit nicht einmal unrecht, nur liebäugelt Baudelaire lieber mit der reaktionären Ecke als der fortschrittstrunkenen. Ihn widert der geschäftige Leerlauf des bürgerlichen Lebens durchaus an, was ihn aber vor allem abstößt, sind demokratische und proletarische Dampfparolen. Wie sehr Benjamin weiß, dass sein Baudelaire-Bild sich in politischer Hinsicht reinem Wunschdenken verdankt, gibt er bloß beiläufig in einer Fußnote preis, die lautet: »Es hat wenig Wert, die Position eines Baudelaire in das Netz der vorgeschobensten im Befreiungskampfe der Menschheit einbeziehen zu wollen. Es erscheint von vornherein aussichtsreicher, seinen Machenschaften dort nachzugehen, wo er ohne Zweifel zu Hause ist: im gegnerischen Lager.«[15]

Würde man zwei Dutzend Baudelaire-Sätze aneinanderreihen, die Politisches streifen, suchte man vergebens nach in sich konsistenten Botschaften. Stattdessen würden wir immer wieder auf Sätze stoßen wie: »Die Zeit wird kommen, in der die Menschheit wie ein rachsüchtiger Oger denjenigen den letzten Rest entreißt, die glauben, sie hätten rechtmäßig die Revolutionen geerbt.« Nirgends spricht aus Baudelaire ein enttäuschter Sozialist, der zu seinem Entsetzen den Kapitalismus siegen sieht. Eines seiner nachgelassenen Notate lautet: »Der universelle Ruin beziehungsweise der universelle Fortschritt – es ist mir egal, wie man es nennt – wird sich nicht so sehr in den politischen Institutionen manifestieren, er wird sich in der Erniedrigung der Herzen offenbaren. Muss ich sagen, dass das Wenige, was von der Politik bleibt, sich schmerzhaft in der Gewöhnung an eine allgemeine Animalität ausagieren wird, durch die sich die Regierenden – um ihrer Selbsterhaltung willen und um das Phantom von Ordnung aufrechtzuerhalten – gezwungen sehen, auf Mittel zurückgreifen, die unsere heutige Menschheit das Schaudern lehren, wie abgehärtet sie auch sein mag?«

Der Unmissverständlichkeit halber fügt Baudelaire hinzu: »Der Sohn wird dann aus der Familie weglaufen, nicht mit achtzehn, sondern mit zwölf, im Freiheitsgefühl seiner unersättlichen Frühreife; und zwar nicht, um heldische Abenteuer zu bestehen, und nicht, um eine in einem Turm gefangene Schönheit zu befreien, … sondern um ein Unternehmen zu gründen und um reich zu werden und um seinem abscheulichen Vater Konkurrenz zu machen, dem Gründer und Aktionär einer Zeitung, die die Aufklärung verbreiten sollte und das einstige Jahrhundert wie einen Hort des Aberglaubens aussehen lassen wollte. Die Streuner aber und die Deklassierten und solche, die ein paar Liebhaber gehabt haben, welche man zuweilen Engel nennt, werden … zu nichts gut sein als für eine gnadenlose Weisheit, als Dank für den Betrug, der … im Bösen leuchtet … Ihre Tochter wird in kindlicher Nacktheit in ihrer Wiege davon träumen, wie sie sich verkauft für eine Million, und Du, Du Bourgeois, der Du noch weniger Dichter sein wirst, als wir es heute schon sind, wirst nichts daran beklagenswert finden.«[16]

Muss man daran erinnern, wie vehement Baudelaire die Fotografie bekämpft hat? Statt Daguerres Erfindung zu bewundern, wünscht er sie zum Teufel. Mit dem Siegeszug der Fotografie wird für ihn der Geist immer geistloser und die Seele immer seelenloser. Als käme es darauf an, die Welt abzulichten, um ihr Äußerliches festzuhalten! Als hätte das irgendeine Bedeutung! Was kann man damit schon festhalten? Nichts von dem, was uns ausmacht: unsere Gedanken, unsere Sinne, unsere Phantasien. Allein darauf kommt es an und nicht darauf, dass man auf einer Metallplatte eine Kathedrale sieht und Leute, die davor herumstehen. Können wir darauf Düfte erkennen, Gerüche, Gefühle? Oder das Weichen der Schatten und ihr Herankriechen? Den Blick einer Frau, der sich flüchtig mit dem eigenen trifft, bevor sie so plötzlich, wie sie in der Menge aufgetaucht ist, wieder in ihr verschwindet? Kann ein Foto zeigen, was in diesem Augenblick in uns vorgeht und vielleicht noch lange in uns nachhallt, vielleicht ein ganzes Leben lang? »Werde ich diesen Blick, der mich plötzlich wieder zum Leben erweckte, erst in der Ewigkeit wiedersehen?«, heißt es in dem Gedicht »À une passante«. Glauben die Leute, etwas von Paris zu wissen, weil sie Fotos vom Arc de Triomphe gesehen haben, ohne sich je im dortigen Gewoge verloren zu haben? Jeder Klick auf Daguerres Kiste trägt zur Ausbreitung des immer rascher um sich greifenden Flachsinns bei. Nirgends zeigt sich schlimmer, was Fortschritt bedeutet.

»Ein rachsüchtiger Gott hat die Wünsche der Masse erhört. Daguerre war sein Messias«, ereifert sich Baudelaire.[17] Die Wünsche der Masse erfüllen heißt, sich dem Billigen fügen. Mit der Kunst geht es zu Ende, dem Letzten, was geblieben war. Was siegt, ist Trivialität. »Fragen Sie einen beliebigen Durchschnittsfranzosen, der jeden Tag in seinem Bistro seine Zeitung liest, was er unter Fortschritt versteht, so wird er zur Antwort geben, dass es die Dampfmaschine, die Elektrizität und die Gasbeleuchtung sind, Wunderwerke, die den Römern unbekannt waren, und dass diese Entdeckungen ganz und gar von unserer Überlegenheit zeugen gegenüber den Alten«, spottet Baudelaire und kommentiert: »Eine solch große Finsternis hat diese unglückseligen Gehirne heimgesucht, mit ihrer bizarren Verwechslung von geistigen Dingen mit materiellen!«[18]

Weil sie sich unter Fortschritt eine endlose Folge neuer Erfindungen vorstellen, spricht bereits Baudelaire von der Amerikanisierung unseres Lebens: »Die Mechanik wird uns eines Tages so sehr amerikanisieren und der Fortschritt unsere geistigen Regionen so sehr verkümmern lassen, dass nichts von den blutrünstigen, gottlosen, widernatürlichen Träumereien der Utopisten sich aufrechnen lässt mit ihren positiven Hervorbringungen. Ich bitte jeden denkenden Menschen, mir zu zeigen, was dabei vom Leben noch bleibt.«[19] Mit Anfang vierzig schreibt Baudelaire an seine Mutter: »Ich bin ein alter Sack, eine Mumie, und man klagt mich an, weil ich nicht so ignorant bin wie der Rest der Welt. Welch eine Dekadenz! … Mich widert das Leben an.«[20]

Der neuerliche Kult ums Moralische und Humane, Soziale und

Gute stößt Baudelaire ab. Gleich zum Auftakt der »Fleurs du Mal« lässt er den Leser wissen, wie er sich und seinesgleichen sieht. Erbauliches schwingt dabei nicht mit. Wir sind Gewürm, das nach Lust lechzt und sich im Schlamm wälzt. Wer anderes glaubt, verschließt vor der Realität die Augen. Den einzigen Lichtblick bietet die Kunst – und zwar nicht dadurch, dass sie die Dinge verklärt und uns von harmonischeren Welten erzählt, sondern dadurch, dass sie das schwer Erträgliche in Musik verwandelt. Baudelaires ästhetisches Credo lautet: »Es gehört zu den wundervollen Privilegien der Kunst, dass das Schreckliche, künstlerisch ausgedrückt, Schönheit annimmt und dass der rhythmisierte, kadenzierte Schmerz den Geist mit ruhiger Freude erfüllt.«[21] Mehr ist uns nicht vergönnt. Alles andere bewirtschaftet nur unseren Selbstbetrug.

ALLES SYPHILIS

Der Schriftsteller Joris K. Huysmans bewundert an Baudelaire, dass er wie kein anderer für die ästhetische Moderne steht, das moderne Leben aber zugleich verabscheut. Für Huysmans gehört beides unabdingbar zusammen. Schließlich feiert im flanierenden Dandy etwas Aristokratisches seine Wiederauferstehung, wenn auch in verarmter Gestalt, jedoch voller Degout gegenüber der Massengesellschaft. In Huysmans' 1884 erschienenem Roman »À Rebours« zieht der solitäre Protagonist Des Esseintes sich in ein Haus zurück auf dem Land, wo er niemandem mehr begegnen muss. Das Essen stellt man ihm vor die Tür, Kontakte pflegt er keine mehr, er lebt nur noch für sich. Sein tägliches Brevier bilden die Werke von Baudelaire. Bereits der Name Des Esseintes weist darauf hin, dass er sich aufs Essentielle konzentrieren will: aufs Erlesene, Exquisite, Exotische. Die Fensterläden bleiben verschlossen, niemand kann hereinschauen, Des Esseintes schaut auch nie hinaus. Die Zimmer stattet er mit Spiegeln aus, die sich ineinander spiegeln, so wie Des Esseintes sich in seinen Kunstgegenständen spiegelt und in seinen Büchern. Konnte der Flaneur Baudelaire das Pariser Treiben noch mit blasierter Neugier genießen, wendet Des Esseintes sich vollkommen ab vom Gewusel der Stadt. Er will, wie es im Roman heißt, »der Gewöhnlichkeit der Welt entgehen«.[1] Des Esseintes experimentiert mit Parfums und Düften, er will tropische Gewächse um sich haben und Blumen, freilich keine solchen proletarischen wie Rosen. Gleich einem Mönch verschanzt er sich in seiner Klause, der allerdings nichts Karges anhaftet.

Zwanzig Jahre nach der Erstveröffentlichung von »À Rebours« fügt Huysmans ein Vorwort hinzu, das von seiner Bekehrung zum Katholizismus handelt. In seinen Augen stellt sie keinen Bruch dar mit dem früheren Leben, er hält sie für vollkommen konsequent: Der Weg vom exaltierten Kunstapostel zum ästhetischen Gottsucher ist nicht weit. Schon in »À Rebours« ist zu lesen: »Die Religion hatte in dieser Seele … ein übermenschliches Ideal entstehen lassen und damit auch das unbillige Ideal der Wollust in ihr aufgerührt.«[2] Schon Des Esseintes experimentiert mit Weihrauch und Myrrhe, seine ganze Sehnsucht gilt dem Entrückten und Entzückenden.[3] Im Badezimmer dient ihm ein altes Taufbecken als Waschschüssel, Baudelaires Werke hat er für sich neu setzen lassen, in edlen Folianten, die Messbüchern gleichen, mit farbigen, filigranen, verschnörkelten Lettern.[4]

Des Esseintes führt einen einsamen Kampf gegen die Entzauberung der Welt. Mit »À Rebours« habe er dem herkömmlichen Roman ein Ende bereiten wollen, erklärt Huysmans, vor allem dessen naturalistischer Variante mit ihren banalen menschlichen Verwicklungen und immer gleichen Männer-Frauen-Geschichten.[5] Oscar Wilde kürt »À Rebours« zu seiner Bibel; in seinem »Bildnis des Dorian Gray« heißt es, er komme nicht los von diesen »morbiden Bekenntnissen eines modernen Sünders« und von diesem »Buch, das Gift ausströmt«.[6] Auch der Weg zu Stefan George ist nicht weit und zu anderen Ästheten, die in den splendiden Sphären des Subtilen und Sublimen unendlich über den Niederungen der gewöhnlichen Welt schweben.

Am selben Tag, als Michel Houellebecqs Roman »Unterwerfung« erscheint, findet auch der Anschlag auf »Charlie Hebdo« statt und einen jüdischen Supermarkt. Es ist der 7. Januar 2015. Das Titelblatt von »Charlie Hebdo« schmückt in dieser Woche sein Konterfei, über dem die Überschrift prangt: »Die Prophezeiungen des Magiers Houellebecq«. Eine Sprechblase legt ihm die Worte in den Mund: »2022 mache ich Ramadan.« Im Jahr 2022 spielt sein Roman »Unterwerfung«. Er handelt davon, dass die Muslimbrüder in Frankreich an die Macht gelangt sind und das Land in Riesenschritten verändern. Weil im Mittelpunkt der Besprechungen fast nur das Thema Islam steht, geht beinahe unter, dass in diesem Roman Huysmans eine zentrale Rolle zukommt. Dabei hängt beides aufs Engste miteinander zusammen. In einem »Spiegel«-Gespräch erklärt Houellebecq, der ursprüngliche Titel hätte nicht »Soumission« lauten sollen, sondern »Conversion«: »Meine Hauptfigur sollte sich zum Katholizismus bekehren, so wie ihr Vorbild, der Schriftsteller Huysmans, gut ein Jahrhundert zuvor.« Weil jedoch mit dem Katholizismus kein toter Hund mehr hinter dem Ofen hervorzulocken ist und sich schon gar kein Skandal damit machen lässt, wählt Houellebecq den Islam. Dennoch ist Huysmans aus dem Roman nicht verschwunden, ganz im Gegenteil. Von der ersten Seite an spielt er eine maßgebliche Rolle, und zwar nicht nur, weil die Hauptfigur François eine Neuausgabe seiner Werke vorbereitet, die der neue Präsident der Sorbonne großzügig finanzieren will – vorausgesetzt, François tritt zum Islam über. Dass Huysmans Werke vier Jahre nach der Veröffentlichung von »Unterwerfung« tatsächlich erstmals in der Bibliothèque de la Pléiade erscheinen, mag Zufall sein – oder auch nicht.

Der Protagonist in »Unterwerfung« ist ein gestrandeter Akademiker Mitte vierzig. Er lebt solistisch vor sich hin, mit wechselnden Beziehungen und einem Hang zum Trinken. Seine Stelle ist gekündigt worden, er weiß nicht, wie es weitergeht. Inzwischen hat man zum Präsidenten der Sorbonne einen ehemaligen Rechtsaußen-Politiker ernannt, der zum Islam konvertiert ist. Er bietet François eine fürstlich dotierte Professur an, schließlich wird die Sorbonne inzwischen von den Saudis finanziert. Damit wäre nicht nur die Schmach der Kündigung wettgemacht, François müsste sich um seine Zukunft keinerlei Sorgen mehr machen. Mit seinem Gehalt könnte er sich drei Frauen leisten, eine gewisse Freiheit des Denkens würde gewahrt bleiben, mit manchen Dingen müsste er sich arrangieren. Doch wo muss man das nicht?

Huysmans selbst ist nach einem rastlosen Leben voller sexueller Obsessionen zum Klosterbruder geworden. Sein später hinzugefügtes Vorwort zu »À Rebours« lässt er mit dem Satz seines reaktionären katholischen Schriftstellerkollegen Barbey d'Aurevilly ausklingen, der über diesen Roman sagt: »Nach einem solchen Buch bleibt dem Verfasser nur noch die Wahl zwischen der Mündung einer Pistole und den Füßen des Kreuzes.« Huysmans fügt hinzu: »Das ist geschehen.«[7] Seine Bekehrung findet aus freien Stücken statt, Ende des 19. Jahrhunderts kann ihn niemand mehr zwingen, sich zum Katholizismus zu bekennen. Ganz anders verhält es sich mit Houellebecqs Protagonisten François, dessen Zukunft an Bedingungen gebunden ist.

Wer »Unterwerfung« als zynische Kritik am Islam liest, übersieht, wie sehr Houellebecq sich schon seit längerem für religiöse Ordnungssysteme erwärmt. In dem zitierten »Spiegel«-Gespräch erklärt er: »Wozu soll es gut sein, autonom sein zu wollen, wenn man das nicht schafft?«[8] Er spricht von seinem Bedürfnis nach Gott und lässt an nichts ein gutes Haar, was mit 68 und den Folgen zu tun hat. Hatte der Ich-Erzähler in dem Roman »Die Möglichkeit einer Insel« noch verkündet, dass Leute, die sich in unserer Gesellschaft wie Drecksäue benehmen, es auf der Erfolgsleiter weit nach oben bringen können, so denkt er inzwischen darüber nach, ob unsere verrottete Gesellschaft nicht einer radikalen Umkehr bedarf. In dem 2001 erschienenen Roman »Plattform« schwärmt die Erzählerfigur noch vom buddhistischen Nirvana, in dem unsere Begierden erlöschen, während sie den Islam als schlimmste Plage der Menschheit verdammt. Wer glaubt, diese Islamfeindlichkeit setze sich in »Unterwerfung« fort, überhört die leise Faszination für eine Welt, in der das Leben wieder Regeln kennt. Dass das nötig wird, verdankt sich unserer Dekadenz, die alles zu bieten hat, nur keinen Halt.

Immerhin hat man es bei der neuen Regierung mit keinem Mullah-Regime zu tun, vielmehr legt sie Wert auf Kultur und zivile Umgangsformen. Wir sehen uns einem Islam gegenüber, der das Leben angenehm erscheinen lässt, vor allem für die Bessergestellten männlicher Provenienz. Als François von dem neuen Universitätspräsidenten zum Gespräch geladen wird, sind die heiligen Hallen der Sorbonne zwar schon mit kalligraphischen Koranversen geschmückt, doch das Gespräch beginnt ausnehmend jovial, zur Auswahl gibt es Tee, Whisky, Portwein und einen »exzellenten Meursault«.[9] Man parliert über Gott und die Welt und zitiert Pascal, Huysmans und Nietzsche herbei, es fühlt sich an wie in jenen guten alten Zeiten, als man die Weltlage noch ausschließlich unter Männern geklärt hat. »Sehen Sie«, doziert der Präsident, »der Islam akzeptiert die Welt, und er akzeptiert sie in ihrer Gesamtheit, er akzeptiert die Welt, wie sie ist, um mit Nietzsche zu reden. Aus der Sicht des Buddhismus ist die Welt *dukkha* – Last und Leiden. Auch das Christentum hegt schwerwiegende Bedenken gegenüber der Welt – ist nicht der Satan in seinen Augen der ›Fürst dieser Welt‹? Für den Islam hingegen ist die Schöpfung Gottes vollkommen, ein absolutes Meisterwerk. Was sollte der Koran anderes sein als ein unendlicher mystischer Lobgesang?«[10]

Der neue Staatspräsident Ben Abbes will das Mittelmeer wieder zum Zentrum einer großen gemeinsamen Kultur machen. Wie man aus der spanischen Geschichte weiß, sind das Romanische und Arabische sich immer schon nah, nicht nur geographisch, trotz mancher Reibungen. Dass Katholizismus und Islam besser zueinander passen als Protestantismus und Islam, ist offensichtlich, beide setzen nicht aufs Individuum, sondern aufs Ganze. In dem Namen Ben Abbes steckt auch ein Abbé, die Dinge fügen sich. Man könnte eine neue Zeit beginnen lassen, nur darf man nicht klein denken. Vielleicht würden dann bald alle merken, dass unser angebeteter Liberalismus alles andere als ein gutes Leben gebracht hat. Schließlich empfinden das immer mehr

Menschen so, schon seit einer ganzen Weile, nicht nur an den rechten und linken Flanken.

Während der neue Universitätspräsident mit François am Plaudern ist, kredenzt eine mollige Vierzigjährige warme, nach Koriander duftende Teigtaschen und in einem Eiskübel den Meursault. Der Präsident wechselt mit ihr ein paar arabische Worte, es stellt sich heraus, dass sie eine seiner vier Frauen ist.[11] So könnte das neue Leben auch für François aussehen. Er müsste nur Ja sagen. Man würde ihn mit offenen Armen empfangen. Wer sich mit Huysmans beschäftigt hat, weiß, wie sehr der Mensch auf der Suche ist, voller Unruhe. Zum Abschied bekommt François vom Präsidenten ein von ihm selbst verfasstes Büchlein. Sein Titel: »Zehn Fragen zum Islam«.[12]

Als François zu Hause darin blättert, interessiert ihn eigentlich nur Kapitel VII: »Wozu Polygamie?« Dort ist viel von Biologie die Rede und vom Tierreich, von Säugern, vom Samen, von der Schöpfung, von Schönheit, Kraft und Vitalität – mit der Conclusio, dass die Polygamie nicht nur keine Perversion darstellt, sondern »dem Schicksal der Spezies zur Vollendung verhilft«.[13] Allzu überzeugt ist François davon nicht, doch darauf kommt es auch nicht wirklich an. Es geht um mehr: um Klarheit und Struktur. Und auch darum, dreimal mehr zu verdienen als jene Professoren, die ihn vor die Tür gesetzt haben und nun selbst arbeitslos sind. Darüber hinaus wäre er automatisch mit Frauen versorgt. Er wäre nicht mehr auf einen unsicheren Markt angewiesen, auf dem mit Mitte vierzig die Chancen schwinden.

Wozu also noch Autonomie? Sicherheit hat François in seinem Leben nie gehabt. Seine längste Beziehung hielt gerade einmal ein Jahr. Immer mehr bedrängt ihn das Gefühl, dass sein Beziehungswirrwarr ein Ende finden sollte und er eine Familie bräuchte.[14] Ob er dafür geschaffen ist, weiß er nicht. Eine gewisse Bindungsphobie scheint sein Schicksal zu sein. Dass er arbeitslos ist, macht die Sache nicht einfacher. So manches spricht für eine Konversion. Auch käme es ihm nicht ungelegen, wenn Frauen nicht mehr überall mitzureden hätten, aber auch nicht einfach abhauen könnten. Zu Hause würden drei Gattinnen auf ihn warten, für eine vierte würde sein Gehalt nicht ganz reichen, hatte ihm der Universitätspräsident erklärt. Was François zögern lässt, ist eine diffuse Anhänglichkeit ans Gewohnte. Doch er hat noch Zeit, er muss sich nicht über Nacht entscheiden.

Houellebecq lässt offen, wie die Geschichte ausgeht. Am Ende malt François sich den Tag aus, an dem er zum Islam übertritt. »Die Konversions-Zeremonie«, stellt er sich vor, »würde recht schlicht sein; wahrscheinlich würde sie in der Großen Pariser Moschee stattfinden, was für alle am Einfachsten wäre. Angesichts meiner recht großen Bedeutung würde der Rektor anwesend sein oder zumindest einer seiner engsten Mitarbeiter. Rediger, der Präsident, würde selbstverständlich auch da sein. ... Der Empfang an der Sorbonne würde deutlich länger dauern ... Alle meine Kollegen würden da sein – die Neuigkeit von meiner Pléiade-Ausgabe würde sich wie im Nu herumgesprochen haben in den Universitätskreisen, alle würden davon wissen, ... und alle würden Togen tragen. ... Beim Cocktailempfang würde die Stimmung ausgelassen sein, er würde ziemlich lange gehen.« Und danach begänne der neue Alltag, der ihm durchaus vertraut vorkäme, sieht man von ein paar Kleinigkeiten ab: »Ein paar Monate später wäre wieder Vorlesungsbeginn, und natürlich wären auch die Studentinnen wieder da – hübsch, verschleiert, schüchtern. ... Jede dieser jungen Frauen, und sei sie noch so schön, wäre glücklich und stolz, von mir auserwählt zu werden, sie würde sich geehrt fühlen, mein Bett mit mir zu teilen. ... Es wäre die Chance für ein zweites Leben ... Ich hätte nichts zu bereuen.«[15]

Seit Jahrzehnten führt François Zwiegespräche mit Huysmans, er begleitet ihn durchs Leben seit seiner Studienzeit. Mit ihm bedenkt er sich, an ihm orientiert er sich, er dient ihm als Spiegel. Dabei steht er ihm keineswegs unkritisch gegenüber. Was er an Huysmans fragwürdig findet, findet er auch an sich selbst fragwürdig. Was Huysmans im besten Sinne lehrt, ist, dass man die Dinge vom Ende her sehen muss: »Soweit ich mich entsinne, habe ich Huysmans' ganzes Werk eigentlich immer im Licht seiner späteren Bekehrung gelesen. ... Bei seinem letzten Buch *Die Verrückten von Lourdes* handelt es sich ganz und gar um das Buch eines Christen, mit dem es diesem misanthropischen, einzelgängerischen Ästheten … schließlich gelungen ist, sich mitreißen zu lassen vom tiefen Glauben schlichter Pilger.« Allerdings fasziniert ihn an Huysmans' Konversion nicht zuletzt, dass sie sein Leben kaum verändert hat. Sie brachte »in praktischer Hinsicht keine allzu großen Opfer mit sich: Sein Status als Laienbruder in Ligugé erlaubte es ihm, außerhalb des Klosters zu leben; er hatte seine eigene Haushälterin, die für die gutbürgerliche Küche sorgte, welche in seinem Leben immer eine so große Rolle gespielt hatte; er hatte seine Bibliothek und seine holländischen Tabakbeutel.«[16]

Wie sein Protagonist Des Esseintes in »À Rebours« kultiviert auch Huysmans einen Abscheu vor der Banalität der heutigen Welt, mit ihren proletarischen Vergnügungen, ihrer Kunstferne, ihrem demokratischen Massengeschmack. Zeitlebens ist Huysmans von zwei Obsessionen getrieben: Von sexueller Rastlosigkeit und einem Ästhetizismus, der in seiner dandyhaften Dekadenz alles Gewöhnliche hasst. Er reist durch halb Europa, wo er nicht bloß Kirchen besichtigt und Klöster, sondern so exzessiv Buch führt über seine zahllosen Bordellbesuche, dass seine Reiseberichte sich wie Führer durch die Rotlichtbezirke aller erdenklichen Städte lesen. Nach Hamburg reist er vor allem der Reeperbahn wegen, alles andere gerät zur Nebensache. Dass er Baudelaire zu seinem Gott kürt, verwundert nicht, schließlich ketten beide ihre Erlösungsgier ans größtmögliche Sündenregister.

Was beiden verhasst ist, ist der immer weiter um sich greifende Amerikanismus mit seinem »grässlichen modernen Leben«, seiner »Apotheose des Geldschranks« und seinem »Brechen erregenden Geschmack der Massen«, wie es in Huysmans »Là-Bas« heißt.[17] Das aufregendere Gegenbild zur heutigen Welt glaubt Huysmans im Mittelalter zu finden, wo Himmel und Hölle, Fleisch und Seele, Gott und Satan, Hexerei und Theologie, Anbetung und Alchimie noch aufs Intensivste ineinanderspielen. Wie öd, wie leer, wie voller *ennui* ist dagegen unser jetziges Dasein! In »À Rebours« lesen wir: »Es war höchste Zeit, einen Strich durch dieses Leben zu machen, auf diese Vergnügungen, die seine Kräfte verzehrten, zu verzichten. … Gleich jenen halbwüchsigen Mädchen, die unter dem Einfluß der Pubertät nach besonderen, verworfenen Speisen gierten, so träumte er von außergewöhnlichen Liebschaften und abwegigen Lüsten und übte sie auch aus; das war das Ende; wie befriedigt davon, alles erschöpft zu haben, gebrochen vor Abspannung, fielen seine Sinne in Lethargie; die Impotenz war nahe. Erleichtert, allein, schrecklich müde, fand er sich auf der Straße; er ersehnte ein Ende, das die Feigheit seines Fleisches zu erreichen verhinderte.« Kurzum: »Ein unendlicher Ekel bedrückte ihn.«[18]

Ein solches Lebensgefühl begegnet uns auch bei Houellebecq, von Anfang an. Jahrelang tritt er als Apologet des Sextourismus auf und spricht von globaler Arbeitsteilung: Der Westen bringt das Geld, Asien die Dienstleistung. Wer wollte, konnte darin sozialkritische Töne heraushören, auch wenn Houellebecq alles dafür tat, jede Moral aus dem Spiel zu lassen. Er hatte sich als abgewrackter Zyniker inszeniert, der sich in ekelerregender Affirmation übt. Seine mit soziologischen Defätismen gespickten Romane lieferten beflissen zeitkritische Diagnosen mit, die darauf hinausliefen, dass wir alle uns als Lustgegenstand benutzen und einander wegwerfen, wenn es keinen Spaß mehr macht. Dass wir dabei atomistisch vereinsamen, gehört zum Spiel. Was wir als Liberalismus feiern und Libertinismus, ist die Hölle.

Auch Huysmans' Figuren plagt der Ekel vor den Folgen ihres sexuellen Treibens. Eines Nachts träumt Des Esseintes von einer Frau mit einem Bulldoggengesicht und preußischen Soldatenstiefeln. Sie dringt in sein Leben ein, er kann sich ihrer nicht erwehren. Vor ihm erstreckt sich eine »fahle, öde, zerrissene, tote Landschaft«, in der sich diese bleiche, nackte Frau räkelt und ihn umfängt, mit glänzenden, lacküberzogenen Brüsten. »Er beobachtete die erschreckende Erregung der Brüste und des Mundes und entdeckte auf der Haut des Körpers schwarze und kupferige Flecken. … Er hatte sie weggebogen, beiseitegestoßen und einen grenzenlosen Ekel empfunden. … Er machte eine übermenschliche Anstrengung, um sich aus ihrer Umarmung zu befreien, aber mit einer unwiderstehlichen Gebärde hielt sie ihn zurück, packte ihn, und ganz von Sinnen sah er unter den erhobenen Schenkeln das grausame Nidularium blutend in den Säbelschneiden klaffen. … Vor seinen Augen stand das Bild der Syphilis.«[19] Die Generaldiagnose in »À Rebours« lautet: »Alles ist nichts als Syphilis.«[20] Auch den Roman »Là-Bas« durchziehen Bilder syphilitisch entzündeter Pflanzen, die alles überwuchern: die ganze Natur, das ganze Sein. Überall kommen einem Genitalien entgegen, mit Schlünden und Wucherungen, Flechten und Punkten.

Huysmans ist noch jung, als sein Vater stirbt, die Mutter heiratet bald wieder, zu allem Übel auch noch einen Protestanten. Wie Baudelaire entwickelt auch er einen Hass auf den Stiefvater und ebenso auf die Mutter, die nicht nur ihrem verstorbenen Mann gegenüber treulos geworden ist, sondern vor allem gegenüber ihrem Kind. Schließlich wird der kleine Joris auch noch von zwei Halbschwestern entthront; er kommt sich vor wie das fünfte Rad am Wagen. Dem Roman »À Rebours« schickt er die Bemerkung voran, Des Esseintes' Kindheit sei düster gewesen, erst bei den Jesuiten habe er schönere Tage erlebt. »Seine Anwesenheit weckte die Mutter nicht aus ihren Träumereien«, heißt es dort, »sie bemerkte ihn kaum, oder sie betrachtete ihn einige Sekunden lang mit einem fast schmerzlichen Lächeln, dann ging sie wieder ganz im künstlichen Dunkel unter, in das die dichten Vorhänge vor den Fenstern das Zimmer einhüllten.«[21] Im Grunde spielt Des Esseintes in seiner erlesenen Klause das abgekapselte Leben der Mutter nach. Auch er will endlich für sich allein sein und sich um nichts und niemanden mehr kümmern müssen.

Houellebecqs Mutter überlässt das Kind bald nach der Geburt der Großmutter, deren Namen es später annimmt. Wie bei Huysmans kreisen auch seine Erregungs- und Erlösungsphantasien unablässig ums weibliche Geschlecht. Einerseits fühlt er sich zu ihm manisch hingezogen, andererseits würde er es am liebsten von sich stoßen – um nicht zu sagen: vernichten. Da die Frauen ihm jede Seelenruhe rauben, sind sie schuld an seinem Getriebensein. Bei Rousseau finden sich ähnliche

Gedanken, wenn er behauptet, die Männer würden friedlich vor sich hin leben, gäbe es nicht überall Frauen, die ständig begehrt werden wollen. In Baudelaires nachgelassenen Notizen findet sich der Satz: »Die Frau ist das Gegenteil des Dandys. Schon deshalb muss sie der reinste Gräuel sein. Die Frau ist hungrig und will essen. Durstig und will trinken. Sie will es treiben und will gefickt werden. Soll sie es kriegen! Die Frau ist *natürlich*, das heißt abscheulich. Aus diesem Grund ist sie immerzu gewöhnlich und damit das Gegenteil des Dandys.«[22] Nimmt es Wunder, dass Des Esseintes alles Natürliche verabscheut und nur Künstliches verehrt?

Warum entwickeln alle diese Schriftsteller einen solchen Abscheu gegen die Moderne, ja gegen die Neuzeit überhaupt? Warum suchen sie ihr Heil in religiösen Ordnungen? Warum hetzen sie gegen ebenjenen Liberalismus, der ihnen ein exzessives Leben ermöglicht, fern jeder Moral? Warum rufen sie nach Regeln, die dieses Leben unterbinden sollen? Warum fangen sie nicht bei sich selbst an? Warum müssen die Verbote von außen kommen? Nur deshalb, weil sie sich selbst nicht im Griff haben? Des Esseintes' Rückzug verdankt sich seinen jugendlichen Ausschweifungen. Sie haben ihn krank gemacht, er ist am Ende. Immer wieder holen ihn Erinnerungen ein an die Gassen und Spelunken, wo er sich nächtelang ausgetobt hat. Einen Mittelweg gab es nie: Seine Gier nach der Hölle war so groß wie die nach dem Himmel.

In »Unterwerfung« stellt François fest: »Huysman hatte sexuelle Beziehungen fast nur mit Prostituierten, seine Korrespondenz ... listet so gut wie alle europäischen Bordelle auf.«[23] Um beglaubigen zu können, wovon er spricht, habe Huysmans sich »im Schmutz und der Tristesse« zahlloser Städte gesuhlt.[24] Die Ähnlichkeiten mit Houellebecqs Romanen fallen ins Auge. Nachdem Huysmans jahrzehntelang nichts auslässt, will er die Welt bekehren, mit religiösen Visionen, die denen des alten Dostojewski gleichen und denen von Tolstoj. Der eine wollte fortan jeden Geschlechtsverkehr verbieten, der andere ganz Russland und Europa unter das Joch eines orthodoxen Christentums zwingen.

In »Unterwerfung« verkündet der zum Islam konvertierte Präsident der Sorbonne, der neuzeitliche Humanismus habe rundum versagt, in all seinen Spielarten, vom Liberalismus bis zum Kommunismus. Dass Houellebecq solche Worte nicht nur seinen Figuren in den Mund legt, belegt eine ganze Reihe eigener Statements. In der »Paris Review« erklärt er 2010: »Ich führe die Katastrophen vor, die durch die Liberalisierung der Werte entstanden sind.«[25] Mit den berühmten Porträtfotos, die von ihm in Umlauf sind, nährt Houellebecq den Glauben, er sei in dem Morast zu Hause, von dem seine Bücher erzählen. Dass er die Veröffentlichung seiner Fotos akribisch überwachen lässt und gegen alles juristisch vorgeht, was nicht seinen Selbstdarstellungswünschen entspricht, zeigt, wie sehr die damit verbundenen Botschaften auf ein »Ecce homo!« hinauslaufen, das nur zweierlei kennt: Makabres Einverständnis oder rabiate Umkehr.

2015 erklärt Houellebecq in der »Paris Review«: »Sehen Sie, die Aufklärung ist tot, möge sie in Frieden ruhen. ... Hinsichtlich dessen, was wir normalerweise Werte nennen, haben die Muslime mehr mit der extremen Rechten gemein als mit der Linken. Es gibt einen viel fundamentaleren Gegensatz zwischen einem Muslim und einem Atheisten als zwischen einem Muslim und einem Katholiken.« Mit Blick auf seine Zukunftsvision in »Unterwerfung« erklärt er: »Mein Buch beschreibt die Zerstörung jener Philosophie, die von der Aufklärung herkommt und die für niemanden mehr Sinn ergibt oder nur für ganz wenige. Dem Katholizismus dagegen geht es recht gut. Ich würde behaupten, dass ein Bündnis zwischen Katholiken und Muslimen möglich ist.« In Anspielung auf die Geschichte Spaniens ergänzt er: »Wir haben das schon einmal erlebt, es könnte wieder so sein.«[26]

»Und was wird mit den Juden?«, fragt François den neuen Universitätspräsidenten. Der Staatspräsident sei ein Mann der Kompromisse, lautet die Antwort. Allerdings müsse er den Radikalen hin und wieder einen Anschlag durchgehen lassen; die meisten Juden würden vermutlich ohnehin nach Israel auswandern. François' jüdische Freundin Myriam ist bereits am Kofferpacken. Rundum dulden könne man die Juden nicht, erklärt der Universitätspräsident, schließlich verkörperten sie genau das, was rückgängig gemacht werden soll: kosmopolitische Unruhe und globalen Entgrenzungsdrang. Um seine Skrupel wegzuwischen, sagt François sich: »So viele Intellektuelle im 20. Jahrhundert hatten Stalin, Mao oder Pol Pot unterstützt, ohne dass man ihnen daraus einen Vorwurf gemacht hat; der Intellektuelle in Frankreich musste nie für etwas *verantwortlich* zeichnen, es lag nicht in seiner Natur.«[27]

In Huysmans' »À Rebours« heißt es: »Und Ihr, systematische Utopisten, die Ihr die menschliche Natur abstrahiert, Gönner des Atheismus, die Ihr Euch von Hirngespinsten und Haß nährt, die ihr die Frauen emanzipiert, Familienzerstörer, Genealogen der Affenrasse, Ihr, deren Name einst eine Beleidigung war, seid zufrieden: Ihr werdet die Propheten und Eure Schüler die Priester einer erbärmlichen Zukunft gewesen sein!«[28] Für Houellebecqs französische Muslimbruderschaft liegt die Zukunft im mittelalterlichen Spanien, Huysmans blickt nostalgisch aufs Heilige Römische Reich zurück.

Vom Großmogul Jahangir wird aus dem 17. Jahrhundert berichtet, sein exzessiver Opium- und Alkoholkonsum sowie seine zahllosen Frauengeschichten hätten ihn nach zwanzigjähriger Regentschaft zum Wrack gemacht. Als keuchender Asthmatiker verhängt er übers ganze Land ein striktes Drogen- und Alkoholverbot. Um sich selbst zu retten, müssen alle sich einer moralischen Rosskur unterziehen. Auch Houellebecq hat sich vom literarischen Apologeten einer moralinfreien Zügellosigkeit in einen Apokalyptiker verwandelt, der dem modernen Leben die Schuld an seiner persönlichen Haltlosigkeit gibt. In einer Schopenhauer-Eloge, die Houellebecq ein Jahr nach »Unterwerfung« veröffentlicht, stellt er fest, dass »die Welt eine widrige Angelegenheit ist«.[29] Inzwischen scheint er sich für politisch-religiöse Ordnungsgebilde erwärmen zu können, die uns an die Kandare nehmen.

DANDY-PRIESTER, DANDY-TIGER

Die Ästhetisierung der Lebenswelt und des Selbst gehört längst zum Alltag. Mode und Design sind Studienfächer, in der Werbeindustrie tummeln sich Myriaden von Zeitgenossen, die sich als die Kreativen bezeichnen. Einst war das Wort *creatio* Gott vorbehalten, inzwischen setzt die Kreativität morgens vor dem Spiegel ein: mit Frisur, Make-up, Outfit. Styling, wohin man blickt. Mit Spaß hat das meist wenig zu tun, es geht um die unentwegte Arbeit am Ich, sprich um Stress.

Wer im 19. Jahrhundert sich eigenwillig kleidet und ein auffälliges Gebaren an den Tag legt, hat das Zeug zum Dandy. Vom schlaksigen Baudelaire wird berichtet, er sei »mit offenem Hemd, auffällig langer Weste, makellosen Manschetten, leichtem Spazierstock mit kleinem Goldapfel am Knauf und lockerem, langsamem, fast tänzelndem Schritt« durch die Straßen flaniert, wogegen Barbey d'Aurevilly mit einem Hummer an der Leine durch die Stadt spaziert sein soll.[1] Ginge es nur ums Äußere, handelte es sich freilich noch um keinen Dandy. Mit kuriosen Klamotten und preziösem Verhalten war es nicht getan. Grell auftreten kann jeder, Geist muss er deshalb noch lange keinen besitzen. Darauf aber kommt es an. Das ganze Leben muss grell sein, in jeder Hinsicht. Bei jeder scheinbar noch so beiläufigen Konversation gilt es, Esprit zu beweisen, mit Stubengelehrtheit und Bildungshuberei darf es allerdings nichts zu tun haben. Spleen ist gefragt. Wer nicht in seinem ganzen Denken und Empfinden exzentrische Züge zeigt, ist allenfalls ein Snob, jedoch noch kein Dandy. Das Äußere muss das Innere spiegeln.

Zu Baudelaires Zeiten muss der Dandy sogar zu Hause ein Dandy bleiben, Tag und Nacht, selbst im Bett. Baudelaire erklärt: »Der Dandy muss ständig danach streben, sublim zu sein, ohne Unterlass. Er muss vor einem Spiegel leben und schlafen.«[2] Weder ist er eine Bühnengestalt noch ein Playboy und auch kein Beau und schon zwei Mal kein

Freak. Er mag von alldem Anteile besitzen, geht aber niemals darin auf. Weder ist er reich, noch will er ein Diogenes sein. »Der Dandy strebt nicht nach Geld ..., unbegrenzter Kredit dürfte ihm genügen«, spottet Baudelaire, ohne es witzig zu meinen.[3] Gelächter versagt sich der Dandy in aller Regel, es würde bedeuten, in den Chor selbstzufriedener Heiterkeit einzustimmen. Das Lachen verzerre heutzutage die Gesichtszüge der Nationen, höhnt Baudelaire.[4] Der Dandy nimmt seine Sache ernst, ohne alle Abstriche. Zeitgenossen, die sich dem gewohnten Getriebe anschmiegen, erregen seinen Widerwillen. Man kann nicht halb dazugehören und halb nicht, entweder oder. Schließlich sind auch dem Punk Typen zuwider, die am Wochenende mit einem Irokesenschnitt durch die Straßen ziehen, an den restlichen Tagen aber im Konfektionsanzug hinterm Schalter stehen als Bankbeamte.

Der Dandy stellt offen seinen Degout zur Schau gegenüber allem Sozialen, Gängigen, Etablierten. Sein ganzer Habitus gibt kund, wie sehr ihn das Banale der heutigen Welt anödet. Mit seinem Dandytum hebt er sich ab vom großen Rest. Nicht nur Baudelaire und Huysmans geben sich mit regelrechter religiöser Inbrunst dem Kult des Exquisiten und Entrückten hin.[5] Während Religionen jedoch darauf aus sind, größtmögliche Gemeinschaften zu bilden, zeichnet den Dandy »der Kult um sich selbst« aus, wie es bei Baudelaire heißt.[6] Der einzige Gott, der in gottloser Zeit bleibt, ist der Gott einer Kunst, die noch Stil kennt. Während die Avantgarde sich mit bemühten Sonderlichkeiten interessant zu machen sucht, die übers bloß Provokative selten hinausreichen, geht es dem Ästheten ums Erlesene. Er will sich noch an etwas halten können in einer Welt, in der man sich an nichts mehr halten kann. Was ihn graust, sind Geselligkeit, Fortschrittsglaube und die Begeisterung für technische Neuerungen. Gewöhnliche Vergnügungen rufen bei ihm ein ostentatives Gähnen hervor, mit dem er vorführt, wie entsetzlich ihn das bienenfleißige Schaffen und Machen der Vielen langweilt. Er bemitleidet alle, die ein solches Leben nicht verabscheuen. Einer so gleichmacherischen Welt wie der unseren kann er nur mit Hochmut begegnen.

Der Dandy hasst die immer weiter um sich greifende Uniformierung. Gäbe es keine Industrialisierung, gäbe es auch keine Produktion von Massenwaren und keinen Massengeschmack. Am allerwenigsten will er mit dem Proletariat etwas zu tun haben. Zwar fühlt er sich in gewisser Weise als Rebell, zu Barrikadenstürmern und Revolutionären zieht ihn allerdings nichts hin. Nichts liegt ihm ferner als Sozialutopien. Moral und Poesie vertragen sich in Baudelaires Augen nicht nur nicht, sie schließen sich aus.[7] Den Dandy treibt einzig der Wille, »alles Triviale zu bekämpfen und zu vernichten«.[8] Er will Außenseiter bleiben und sich niemandem andienen, schon gar keiner Partei. Er ist antibürgerlich, auf elitäre Weise. Seine Antibürgerlichkeit besitzt auch nichts Romantisches, sie ist illusionsloser, gnadenloser, asozialer. Ihn interessiert nicht das Nützliche, ihn fasziniert das Unnütze. Er ergötzt sich an aparten Dingen, die gerade dadurch eine Aura verströmen, dass niemand sie braucht. Wer arbeitet, um zu essen und um die Kinder durchzubringen, hat den Weg der Dumpfheit gewählt. Die Kapitalismuskritik des Dandys zielt nicht auf größere Gerechtigkeit, ihn widert das ökonomische Denken als solches an.

Dass er im Rotlichtmilieu weit mehr zu Hause ist als in Akademien, macht ihn in keiner Weise zum Vorkämpfer für eine bessere Welt. Er nimmt sich, was sich ihm bietet, nach Lust und Laune, ohne sich auf jemandes Seite zu schlagen oder sich mit etwas zu identifizieren. Was ihm fremd ist, sind Verantwortungsgefühl und Engagement. Er kennt nur sich selbst und sein Verlangen nach einem aristokratischen Leben, das aus Kunst besteht und Müßiggang. An der Gegenwart findet er so gut wie alles glanzlos. Wie sehr er sich einer aussterbenden Noblesse zugehörig fühlt, gibt Baudelaire zu verstehen, wenn er schreibt: »Das Dandytum … besitzt etwas so Bizarres wie das Duell. … Von daher versteht sich die hochmütige Haltung, die die Kaste der Dandys ausmacht, bis hin zu ihrer Kälte. … Die Schönheit des Dandys besteht vor allem in seiner kalten Miene, die von der unerschütterlichen Entschlossenheit herrührt, sich nicht rühren zu lassen; man darf dahinter ein heimliches Feuer vermuten, das nicht zum Ausbruch kommen will.«

Der Dandy zeichnet sich durch einen Adel aus, der weder Titel besitzt noch Schlösser. Er zeigt sich in der Verachtung einer Gesellschaft, die Kultur mit Entspannung verwechselt und Kunst für eine Freizeitbeschäftigung hält. »In den Wirren solcher Zeiten«, schreibt Baudelaire, »können manche Deklassierten, Empörten und Abgehängten, in denen dennoch die althergebrachten Kräfte sprießen, eine neue Art von Aristokratie gründen; eine Aristokratie, die sich jedoch viel weniger zerstören lässt, da sie auf Fähigkeiten beruht, die viel kostbarer sind und dauerhafter und sich göttlichen Gaben verdanken, die weder durch Arbeit zu haben sind noch durch Geld.«[9]

Diese neue Aristokratie residiert nicht in Palästen und wird nicht von Lakaien umschwirrt, meist haust sie in Mansarden. Wirkliche Pracht kennt der Dandy nicht, obwohl er seinem Leben einen luxuriösen Anstrich gibt, auch wenn ihm das Geld für die Miete fehlt. Statt wie die Bohémiens in Puccinis Oper an Armut zu leiden und Tuberkulose, stolziert er über die Boulevards, sichtlich überspannt und wie nicht ganz von dieser Welt. »In dekadenten Zeiten blitzt im Dandytum ein letzter heroischer Glanz auf«, erklärt Baudelaire und fügt hinzu: »Das Dandytum ist eine untergehende Sonne; es ist herrlich wie ein erlöschender Stern, ohne Wärme und voller Melancholie. Doch oh weh! Es steigt die Flut der Demokratie, die alles überschwemmt und alles nivelliert.«[10]

Wie Baudelaire verehrt auch der Schriftsteller Barbey d'Aurevilly den Reaktionär Joseph de Maistre, der am liebsten das katholische Monarchentum wiedereingeführt hätte, voller Sehnsucht nach einem Leben, das noch Größe kannte und Hierarchie. Dass Barbey und Baudelaire fromme Christen waren, darf man bezweifeln; was sie am Katholizismus bewundern, ist seine kosmische Ordnung, die nichts Lauwarmes kennt, mit ihrem Himmel und ihrer Hölle. Beide sind in alles Sündhafte vernarrt, schließlich kann es ohne Sünde keine Erlösung geben und keine Intensität. Die Moderne dagegen will von Sünden nichts mehr wissen, sie meint alles Schlimme mit sozialen Ursachen wegerklären zu können. In ihrem Irrglauben, dass der Mensch sich ändert, sobald die

Verhältnisse sich ändern, huldigt sie einer Ideologie, die für den Dandy aus nichts als demokratischer Dummheit besteht.

»Der Dandyismus ist nicht die Erfindung von Einzelnen, er ist die Folge eines bestimmten gesellschaftlichen Zustands«, konstatiert Barbey d'Aurevilly.[11] Gleiches lesen wir bei Baudelaire, wenn er schreibt: »Der Dandyismus tritt vor allem in Übergangszeiten auf, in denen die Demokratie noch nicht allmächtig ist und die Aristokratie wankt und erschlafft.«[12] Während die Masse dem neuen Glauben anhängt, dass alles immer besser wird und eines Tages Frieden und Freiheit herrschen, glauben wirklich freie Geister nicht an einen solchen Unfug. Am Ancien Régime gefällt ihnen, dass dort die Idee, alle Menschen müssten gleich sein, als Hirngespinst galt. Damals wusste man noch, was uns über den Alltag erhebt. Wenige Begriffe tauchen bei Baudelaire so häufig auf wie *luxe* und *splendeur*. Wenn ebenso oft von Melancholie die Rede ist und vom *ennui*, dann deshalb, weil das eine mit dem andern aufs Engste zusammenhängt. Pervers am heutigen Menschen findet Baudelaire, »dass er weniger unter einer allgemeinen Entwürdigung leidet als unter der Etablierung einer vernünftigen Hierarchie«.[13] Die Aufklärung verabschiedet nicht nur Gott aus der Welt, sie fegt damit auch jeden Glanz hinaus. Wer dennoch weiterlebt, ist der Satan, obwohl man gerade seine Existenz am meisten verleugnet.

In seiner 1848 erschienenen Abhandlung »Über das Dandytum und George Brummell« erklärt Barbey d'Aurevilly: »Hätte man damals schon von Dandys geredet, wäre Pascal nicht nur ein Dandy gewesen, wie man in Frankreich nur einer sein kann, er hätte sogar die Geschichte des Dandytums verfassen können, bevor er sich nach Port-Royal zurückzog: Pascal, der Mann mit dem Sechsspänner! Und Rancé, noch so ein asketischer Tiger, hätte uns … noch ganz anderes als Anakreon übersetzt, hätte er sich nicht in den Dschungel von La Trappe gestürzt; ja, auch Rancé war ein Dandy – ein Dandy-Priester, was noch viel besser ist als ein Dandy-Mathematiker, woran man sieht, welch weite Kreise das Dandytum zieht!«[14] Chateaubriand hat über Rancé sein letztes, am wenigsten wahrgenommenes Buch geschrieben, das sich gerade darin als modern erweist, dass es durch alle neuzeitlichen Jahrhunderte springt, als zeichneten sie sich von Anfang an durch eine radikale Ichbesessenheit aus, die sich mal weltlich austobt, mal religiös. Der spätere Mönch Rancé lebt so lange in Saus und Braus, bis ihn mit einem Schlag ein entsetzlicher Vergänglichkeitsschauder anwandelt, der nach radikaler Umkehr ruft. Was danach geschieht, sieht wie das genaue Gegenteil seines bisherigen Lebens aus. Doch es ist nicht das Gegenteil: Sein Intensitätswahn dauert bis zum Ende fort, nur unter umgekehrten Vorzeichen.

Nie käme dem Dandy der Gedanke, dass vielleicht nicht die Welt das Problem darstellt, sondern er selbst, mit seinem Drang, alles von sich abzustoßen, was ein gewöhnliches Leben ausmacht. Distinktion dient ihm als Sinnerzeugung. Er braucht das Gewusel der Großstadt, um als urbaner Flaneur den Solitär hervorkehren zu können. Anders als Des Esseintes kommt er üblicherweise nicht ohne Publikum aus. Er will verblüffen, ohne selbst verblüfft zu sein, heißt es bei Baudelaire.[15] Etwas Besonderes ist man nur, wenn die Welt es wahrnimmt.

Dennoch bildet die Anonymität sein Lebenselixier, in ländlichen Verhältnissen würde er zum Gespött. Zwar will er auffallen, sich jedoch weder rechtfertigen müssen noch mit Anstandsregeln konfrontiert werden. Er will auch keine Überzeugungsarbeit leisten wie politische Agitatoren, das wäre unter seiner Würde. Er will nicht diskutieren, es würde ihm seine Extravaganz rauben. Er ist sich selbst genug, braucht dafür aber viel Welt um sich. Alle sollen sehen, wie sehr er sie geringschätzt. Er lebt von dem, worauf er herabschaut. Er verlustiert sich an einer Geschäftigkeit, zu der er nichts beiträgt. Über alles Ökonomische fühlt er sich erhaben, seine Domäne ist das Ästhetische. Während die andern arbeiten, geht er mit seinen Gedanken spazieren.

Im Übrigen schließt Baudelaire eine ganze Hälfte der Menschheit per definitionem vom Dandytum aus, wenn er verkündet: »Die Frau ist das Gegenteil des Dandys. Andernfalls wäre sie ein Gräuel. Die Frau ist hungrig und möchte essen; sie ist durstig und möchte trinken. Sie geht ihrem Trott nach und will f...«[16] Dabei kultiviert der Dandy durchaus etwas Androgynes, was aber offenbar nur der männlichen Seite zugestanden wird. Die Frau hat als Muse zu dienen und Mätresse. Mit seiner theatralisch angehauchten Androgynität will der Dandy nicht so sehr an den Geschlechterverhältnissen rütteln als das bürgerliche Publikum provozieren und die Maskenspiele aus aristokratischen Zeiten wiederbeleben, den venezianischen Karneval und die Festivitäten in Versailles, wo unklar war, wer sich hinter wem verbirgt, und wo es noch Kastraten gab und Moschusdüfte die Gemächer erfüllten.

RANCÉ

Seine »Memoiren von jenseits des Grabs« dürfen auf Geheiß von François-René de Chateaubriand erst veröffentlicht werden nach seinem Ableben. Vier Jahre vor seinem Tod erscheint 1844 sein letztes in Druck gegebenes Werk. Auf den ersten Blick nimmt es sich wie die Biographie eines Mönchs aus, in Wirklichkeit geht es um weit mehr. Eine längst vergriffene deutsche Übersetzung trägt den Titel »Das Leben des Abbé de Rancé« – was zwar nicht falsch ist, aber auch nicht dem französischen »Vie de Rancé« entspricht. Der deutsche Titel unterschlägt, dass es nicht nur um Rancés zweite Lebenshälfte geht, sondern ebenso um den reichen Galan, dessen üppiges Leben die Ursache bildet für seine extreme Kehrtwende. Chateaubriand führt vor, wie Rancé sich dabei auf seltsame Weise gleich bleibt.

Für Roland Barthes weist dieses Werk den Weg in die literarische Moderne. Er charakterisiert es als ein »›heißes‹ Buch, das manchen von uns vor seine eigensten Probleme stellt«. Sofern Barthes jedoch behauptet, wir hätten es mit einem »frommen Werk« zu tun, ist Skepsis angesagt.[1] Zwar blickt Chateaubriand wehmütig auf die Zeiten zurück, als Europa noch ein katholisches Firmament besaß, allerdings halten Theologen ihm vor, dass seine Religiosität vor allem aus nostalgischer

Romantik besteht und Dogmen durch Ästhetik ersetzt. Zu sehr steht bei Chateaubriand das eigene Empfinden und Reflektieren im Vordergrund, als dass er noch niederknien würde und den Satz unterschriebe: extra ecclesiam nulla salus – außerhalb der Kirche gibt es kein Heil.

In »Vie de Rancé« verschränkt Chateaubriand das Heute mit dem Damals, das eigene Leben mit dem dieses Mönchs und Lebemanns, eigene Reiseeindrücke mit historischen Schilderungen, Erzählung mit Kommentar, Essayistisches mit Epischem. Neben Pascal tauchen Mademoiselle de Scudéry, Lord Byron und George Sand auf, als handle es sich durchweg um Zeitgenossen. Bei der Beschreibung von Rancés Abtei La Trappe lässt Chateaubriand nicht nur eigene Kindheitserinnerungen mitschwingen, man fühlt sich auch an Rousseau erinnert und seinen Ruf nach einem abgeschiedenen Leben in der Natur. Gleichzeitig taucht das majestätische Bild des Escorial auf mit seiner Düsternis und seinen inneren Schluchten. Zeiten und Orte überkreuzen sich, ganze Jahrhunderte greifen ineinander. »Die Abtei hatte ihren ursprünglichen Standort nicht gewechselt, noch immer lag sie wie zur Zeit ihrer Gründung in einem Tal«, heißt es bei Chateaubriand. »Die Hügel der Umgebung verbargen sie vor der übrigen Welt. Als ich sie erblickte, glaubte ich meine Wälder und Teiche von Combourg am Abend in der sinkenden Klarheit der Sonne wiederzusehen. Es herrschte tiefes Schweigen; als einziges Geräusch vernahm man das Säuseln der Bäume oder das Rauschen der Bäche: war's Täuschung, hörte man das Meer? Nur noch im Escorial bin ich einer solchen Abwesenheit des Lebens begegnet: Raphaëls Meisterwerke sahen sich in dunkeln Sakristeien stumm in die Augen, kaum hörte man die Stimme einer Frau, die vorüberging.«[2]

Als Rancé ein plötzlicher Bekehrungsdrang überkommt, leben in La Trappe bloß noch ein paar vereinzelte Mönche, die meisten schon alt, ein kleiner Haufen von Eigenbrötlern, die nicht unfromm vor sich hin leben, sich aber auch nicht zu übertreffen suchen an Strenge. Es drängt sie wenig, an ihrem Leben etwas zu ändern, sie gehen ihrer eigenen Wege und wollen in Ruhe gelassen werden. Aus dem einst rigorosen Zisterzienserorden ist eine wohltemperierte Gesellschaft geworden; die Regeln haben sich abgeschliffen, man lässt die Kirche im Dorf. Von Jugend an hat Rancé nichts ausgelassen, nun will er von heute auf morgen Vorsteher eines Klosters werden, in dem fortan härteste Regeln gelten. Er will Abt in La Trappe werden und Sitten einführen, die an Strenge alles überbieten. Er will die einstige Zisterzienser-Strenge ins Maßlose steigern, mit Schweigegelübden und einer Zucht und Ordnung wie nirgends sonst. Es soll dort eine Askese herrschen, wie man sie noch nie erlebt hat. Ein jeder muss sich Rancés Vorstellungen unterwerfen und ihm bedingungslos gehorchen, aus keinem Grund als dem, dass Rancé sein bisheriges Leben satthat und mit Gewalt erreichen will, dass er nach dem Tod der Hölle entkommt. Er will sein bisheriges Lotterleben ins krasse Gegenteil verkehren, wozu er ein ganzes Kloster braucht.

Niemand ist von seinem Vorhaben begeistert, weder die Mönche in La Trappe noch die Kirche; schließlich haben sie auf nichts weniger gewartet als auf einen jäh bekehrten Fanatiker wie ihn. »Anfänglich widersetzten sich die Bischöfe von Comminges und Aleth den verwegenen Plänen Rancés und rieten ihm, Maß zu halten, das sei das Kennzeichen echter Tugend. ›Sie‹, meinten beide, ›denken ja nur daran, für sich selber zu leben.‹ Der Bischof von Aleth billigte zwar die Absicht Rancés, sich seiner Reichtümer zu entledigen, zeigte sich aber mit seinem Hang zur Einsamkeit keineswegs einverstanden. ›Dieser Hang‹, wiederholte er öfters, ›kommt nicht immer von Gott, häufig wird er nur durch den Abscheu vor der Welt hervorgerufen, ein Abscheu, der nicht jederzeit aus einem reinen Herzen stammt‹«, berichtet Chateaubriand.[3] Doch Rancé lässt nicht locker. Er begibt sich nach Rom zum Papst, um sich von höchster Stelle die Genehmigung zu holen, La Trappe seine eigenen Regeln aufzuzwingen. Auch in Rom ist man alles andere als begeistert. Es ist offensichtlich, dass er einen ganzen Orden an die Kandare nehmen will, um seine eigene Seele zu retten. Rancé ist gewohnt, seinen Willen durchzudrücken. Schon immer musste alles nach seiner Pfeife tanzen.

Nicht ohne Zynismus bemerkt Chateaubriand: »Der neue Tobias brach auf nach Ninive, nicht um Raguels Tochter zu freien, denn es gab keine Tochter Raguels mehr. Und der Reisende, der Rancé begleitete, war nicht Raphael, sondern der Geist der Buße: dieser Geist machte sich nicht auf den Weg, um Geld zu betteln, sondern um Elend.«[4] Rancé setzt sich durch. Der Orden hat fortan nichts mehr zu lachen. An seinem Gründungsort, im burgundischen Clairvaux, regt sich Widerstand. Allerdings bringt Rancé eine Menge Geld mit; das halb verfallene La Trappe kann von oben bis unten renoviert werden – was auch sein Gutes hat. Von dem Tag an, da er Abt ist, entfernt Rancé aus dem Kloster nicht nur Mönche, die ihm nicht passen, auch Ordensobere schafft er aus dem Weg.[5] Machiavellismus ist ihm alles andere als fremd.

Ausgelöst wurde sein Damaskuserlebnis durch einen Schädel, der ihm vor die Füße rollte, als er eine seiner Mätressen, die Gräfin von Montbazon, in ihrem Schloss aufsuchte. Es war ihr eigener Kopf. Man hatte ihn der Toten abgeschlagen, andernfalls hätte sie nicht in den Sarg gepasst. Die Gräfin war für ihr loses Leben bekannt und für ihre losen Reden, im ganzen Land. Sie ging bei Gott und der Welt aus und ein, alles, was Rang und Namen besaß, pflegte Umgang mit ihr. »Man findet ihren Namen in allen Schmähschriften jener Zeit«, bemerkt Chateaubriand.[6] Rancé schmückt seine Mönchszelle mit ihrem Schädel.

Bis zu diesem Ereignis führt Armand Jean Le Bouthillier de Rancé das Leben eines Renaissance-Fürsten. Dass er in jungen Jahren die Priesterweihe empfängt, ist weder außergewöhnlich noch hat es etwas zu bedeuten. Schließlich trägt auch sein Patenonkel unter manch anderen Titeln einen Kardinalstitel, sein Name lautet Richelieu. Rancés Leben besteht aus Reichtümern, Intrigen, Untreue, Amouren. Er liebt die Jagd, in jeder Hinsicht. Die Messe liest er selten.[7] »Nach dem Tode des alten Herrn de Rancé nahm die Laufbahn seines Sohnes, der mit sechsundzwanzig Jahren Chef der Familie geworden war, einen steilen Aufstieg. In Gesellschaft erschien er mit größerem Glanz als je zuvor:

seine Lebensweise war prunkvoller, seine Kalesche schöner, acht Wagenpferde erlesen und wohlgepflegt, seine Tafel dem entsprechend. …, er verbrachte die Nächte häufig beim Spiel oder in … Gesellschaft.«[8]

Auf einmal aber sieht alles anders aus. Der Anblick dieses Schädels führt zum Bruch mit allem Bisherigen. Oder handelt es sich um gar keinen Bruch? Äußerlich ändert sich alles, radikaler als radikal, gleichzeitig ändert sich nichts. Weiterhin geht Rancé imperatorisch mit seinen Untergebenen um, weiterhin denkt er einzig an sich selbst und sein eigenes Seelenheil, so wie zuvor nur an seine Lüste. Auch Askese kann man exzessiv betreiben, auch sie verspricht eine Intensität, die sich durch nichts steigern lässt. In seiner Egomanie bleibt Rancé sich treu, voller Gnadenlosigkeit. Den Narzissmus seiner ersten Lebenshälfte umhüllt er in der zweiten mit einer Mönchskutte. Der adlige Affe wandelt sich zum Flagellanten. Seine reichen Bekannten pilgern nach La Trappe, um zu gaffen, wie es sich lebt in diesem seltsamen Zoo.

Auch Rancé begibt sich gelegentlich auf Reisen, immer im Dienst einer frommen Sache. »Die Wüste jubelt, der Reformer von La Trappe zeigt sich der Welt zwischen Richelieu, seinem Gönner, und Bossuet, seinem Freund. Der Priester muss Größe aufweisen, um nicht unter seinen Untergebenen unsichtbar zu werden«, spöttelt Chateaubriand, der an anderer Stelle bemerkt: »Auf seinem Äußern, berichten die Geschichtsschreiber, lag eine Majestät, die nur vom Gott der Majestät stammen konnte.«[9] Rancé steht nach wie vor im Mittelunkt, mehr denn je. Alle beschäftigen sich mit ihm, »vom Genie bis zum politisch Mächtigen, von Leibniz bis zu Frau de Maintenon«.[10] Bei Letzterer handelt es sich um die Erzieherin der Kinder des Sonnenkönigs. Auch fehlt es nicht an Weltflüchtigen, die es ihm nachtun wollen: »Auf allen Wegen nach La Trappe begegnete man Flüchtigen aus der ganzen Welt. Rancé sammelte sie auf eigene Gefahr; in einem Bausch seiner Kutte barg er glühende Asche, die er auf Brachfelder säte, um die Wüsteneien mit den Überresten der Leidenschaften zu düngen.« Was diese Leute suchen, ist Seelenfrieden.[11] Doch diesen Seelenfrieden finden sie nicht, so wenig wie Rancé. Was bleibt, ist Unruhe. Und Erinnerungen.

Sie überschwemmen ihn, er kommt nicht los von den Bildern der Vergangenheit.

Bei seiner Ankunft in La Trappe lässt er einen Taubenschlag abbrechen. Er erträgt nicht, dass die Tauben jederzeit davonfliegen können.[12] Dabei notiert er: »Wer wird mir Taubenschwingen geben, um der menschlichen Gesellschaft zu entfliehen?«[13] Nach wie vor zitiert er Horaz, wie schon seit seiner Kindheit.[14] In allem muss er der Beste sein: »Kaum den Windeln entwachsen, erklärte Armand die Dichter Griechenlands und Roms.«[15] Seine Mönche dagegen dürfen nur lesen, was er ihnen gestattet. Er weiß, dass in Dichtungen »ein subtiles Gift unter Blumen verborgen ist, ein Gift von äußerster Gefährlichkeit«.[16] Den Nonnen verbietet er jegliche Lektüre, selbst die der Bibel. Er schreibt eine Unzahl von Briefen an Ordensfrauen, mit der Forderung, sich ganz der Kontemplation hinzugeben, bei absolutem Verbot, sich literarisch zu betätigen.

Er selbst verfasst einen Traktat »Über die Heiligkeit und die Pflichten des Mönchslebens«, wozu Chateaubriand bemerkt: »Man hört darin die vollen und majestätischen Akkorde einer Orgel, ergeht sich in einer Basilika, deren Fensterrosen im Sonnenstrahl erglühen.... Rancés Werk mag diejenigen, die es noch nicht kannten, lehren, dass es in unserer Sprache ein Meisterwerk mehr gibt.«[17] Der Stolz, sich kunstvoller auszudrücken als der Rest der Welt, lebt ungebremst in ihm fort, bei aller Selbstanklage. »Strenge überall, aber bewundernswert ausgedrückt«, kommentiert Chateaubriand und zitiert den Gelehrten Gilles Ménage, der über Rancé sagt: »Er ist der Mann des Königreichs, der am besten schreibt; sein Stil ist vornehm, erhaben, unnachahmlich.«[18] Man fühlt sich an Rousseau erinnert, der von sich behauptet, nie sei es ihm auf Stil angekommen, immer nur auf die Wahrheit. Dabei sind Voltaire und Diderot stilistische Schlamper verglichen mit ihm. Rousseau hat an jedem Satz gefeilt, er kann gar nicht genug bekommen von Assonanzen und Alliterationen. Alles soll klingen wie Musik.

Immer wieder spricht Chateaubriand von Rancés »Leidenschaft für das Leiden«.[19] Gerade in seinem Auskosten des Schmerzes und seiner

Sehnsucht nach Reinheit und Stille offenbart sich eine Gier nach Wallungen, wie sie in Chateaubriands Tagen bei den Romantikern regiert. Christliche Nächstenliebe vermag Chateaubriand bei ihm wenig zu entdecken, vielmehr erkennt er in ihm einen antiken Kyniker, der sich ein härenes Gewand umwirft: »Nichts Hoffnungsloseres als … diese Mischung von Stoizismus und Fatalität.« In seinem »Hass gegen das Leben« wolle Rancé ein »christliches Sparta« errichten, heißt es bei Chateaubriand, in dessen Augen er weit mehr ein Nihilist ist als ein Christ. »Rancé wäre ein Mann, der aus der menschlichen Gesellschaft verbannt werden müsste, hätte er die Strenge anderen gegenüber nicht auch an sich selbst erprobt.«[20]

Wenn Chateaubriand formuliert: »Es sind Endspiele, die von Gespenstern vor dem Morgengrauen noch einmal auf Friedhöfen aufgeführt werden«, lässt bereits Beckett grüßen.[21] Nicht zufällig hält der Vatikan Rancé für gaga: »Die Raserei, arm sein zu wollen und abzusterben, erschien der Kurie das reinste Narrenhaus.«[22] Immerzu muss alles glühen, mal libidinös, mal anachoretisch. Chateaubriand kommt es vor, als imitierten solche Gestalten ein Leben, das aus vergangenen Zeiten stammt, in größtmöglicher Theatralität – so wie Don Quijote, nur dass man darüber nicht lachen kann. Auch Don Quijote macht alle um sich herum verrückt mit seinem Wahn, das Rittertum zurückbringen zu müssen, so wie Rancé, der einen ganzen Orden in Beschlag nimmt, um ein Mittelalter wiederzubeleben, dessen Ordensregeln er überbieten will. »Die Vögel sind wieder da«, heißt es bei Chateaubriand, »die Teiche vertrocknet, die neuen Einsiedler, die nun La Trappe bevölkern, jenen völlig gleich, welche diese Einöde im elften Jahrhundert bewohnten. Sie nehmen sich aus wie eine vergessene Siedlung des Mittelalters. Man könnte glauben, sie spielten eine Szene aus der Vergangenheit, würde man nicht nähertretend wahrnehmen, dass diese Schauspieler wirklich handelnde Personen sind …«[23]

Bei Marx heißt es, alles ereigne sich zwei Mal, das eine Mal als Tragödie, das andre Mal als Farce. Dass die Betroffenen die Farce nicht als Farce erleben, gehört zur Farce. Schließlich geht in La Trappe der reinste

Wahnsinn um: »So hatte ein jugendlicher Besessener erklärt, Legionen von Teufeln würden La Trappe belagern. … man lebte mitten in einer Geisterwelt … Rancé selbst vernahm schrille und durchdringende Töne; seine Mönche erzählten ihm, sie spürten nachts Erschütterungen von einer fremden Macht. In den Dormitorien hörte man schreckliches Getöse, wie wenn menschliche Wesen miteinander kämpfen würden. Es wurde an die Zellentüren geklopft oder schien, als ob ein einsamer Mann mit langen Schritten vorüberschreite; eine eiserne Hand fuhr auf dem Pfühl der Betten hin und her.«[24] Nebst allerlei Verirrten und Verwirrten zieht La Trappe auch eine Menge Neugierige an: »Unter diesen Pilgern befand sich auch Jean-Baptiste Thiers, der sich über alles lustig zu machen pflegte, sogar wenn er es ernst meinte. Die Enthaltsamkeit und das schweigsame Leben der Trappisten behagten ihm kaum, aber er fand darin Neues und Neuigkeiten lockten ihn.«[25] Thiers schreibt darüber sogar ein Buch, worüber Rancé alles andere als begeistert ist, es aus Werbegründen aber auch nicht verbieten will. »Hätte man Thiers vor die Wahl gestellt, Rabelais oder der König von Frankreich zu sein, die Entscheidung wäre ihm nicht schwergefallen. … Eine Demoiselle namens Rose war nach la Trappe gekommen, Thiers erhielt den Auftrag, sie zu prüfen. Er fragte sie, ob sie verheiratet sei; sie gab zur Antwort, sie könne sich nicht daran erinnern.«[26]

Eine gewisse Anne de Gonzague de Clèves ersucht Rancé immer wieder um Rat. Einst war sie vollkommen von Descartes überzeugt, so lange, bis ihr aufging, dass seine Philosophie uns jeden Glauben raubt. Nun drängt es sie wieder zu Gott zurück. Unruhe ist alles.

Gerät Huysmans übers Mittelalter ins Schwärmen, fängt seine Sprache an zu glühen. Er liebt das Maßlose, Wilde, Ungehemmte, ganz anders als Novalis oder Eichendorff, die sich nicht wegen fleischlicher Exzesse ins Mittelalter zurücksehnen, sondern weil sie glauben, dass damals alles seinen von Gott vorgesehenen Ort besessen hat. In »Là-Bas« heißt es dagegen von dem Schriftsteller Durtal, der sich mit mittelalterlichen Geschichten vollsaugt und an einer Biographie über den gottestrunkenen Sexualexzentriker und rituellen Kindsmörder Gilles de Rais arbeitet: »An dem Tag, als Durtal in die schreckliche und köstliche Zeit des ausgehenden Mittelalters eingetaucht war, fühlte er sich wie neugeboren.«[1] Durtal – respektive Huysmans – fasziniert die mittelalterliche Gier nach dem Grenzenlosen, mit seinen beiderlei Richtungen: der zum Himmel und der zur Hölle. Beides lässt sich im katholischen Kosmos nicht voneinander trennen, das eine spielt hinein ins andre. Das Verlangen nach Entgrenzung beschränkt sich nicht auf Geistiges, es beherrscht nicht minder die genitalen Zonen. Alles verlangt nach Ekstase.

Während die Neuzeit an eine lichtere Zukunft glaubt und an die Verbesserung des Menschengeschlechts, weiß der mittelalterliche Mensch, dass eine glücklichere Welt uns erst im Jenseits erwartet. Er nimmt das Leben, wie es ist, mit all seinem Glühen und Fiebern, Wunderbaren und Furchtbaren. Das eine ist ohne das andre nicht zu haben. Gilles de Rais und Jeanne d'Arc haben nicht nur auf dem Schlachtfeld gemeinsam gekämpft, die eine hat sich dem Mystizismus spiritueller Orgien hingegeben, der andere dem Mystizismus sexueller Orgien. Beide enden auf dem Scheiterhaufen. Obwohl Hunderte von Müttern durch Gilles de Rais' Exzesse ihre Kinder verloren haben, weint das Volk bei seiner Hinrichtung und betet für ihn voller Inbrunst. In »Là-Bas« heißt es, der Marquis de Sade sei im Vergleich zu ihm »ein ängstlicher Spießbürger« und »armseliger Fantast«.[2] Wahre Größe zeigt sich darin, dass man zu Schlimmstem fähig ist. Maßlose Seelen sind zu allem bereit, »sowohl zu Orgien der Heiligkeit wie zu äußersten Verbrechen«.[3] Beides widerspricht sich nicht, im Gegenteil. Heilige, Verbrecher und Verrückte seien die einzigen interessanten Zeitgenossen, heißt es bei Huysmans. Hält man Leidenschaften auf Sparflamme, sind es keine Leidenschaften.[4]

Huysmans rühmt das Mittelalter für seine unerschrockene Leidenslust. Der neuzeitliche Mensch dagegen ist wie zittriges Espenlaub, voller Angst vor der Wirklichkeit, voller Harmoniesucht, voller weltferner Moral – was sich allein daran zeigt, dass es keine öffentlichen Hinrichtungen mehr gibt und keine öffentliche Folter. Unserer heutigen Welt fehlt das Gewaltsame – und damit das Erhabene. Weil sie keinen Himmel mehr kennt, kennt sie auch nicht mehr die Lüste der Hölle. Überall ruft sie nach Vernunft, alles will sie rational erklären, wider jede menschliche Erfahrung glaubt sie an ein besseres Leben hier im Diesseits. Umso schockierter ist man, wenn das Leben weitergeht wie immer: mit Schrecknis und Grausamkeit.

»Fest steht …, dass die Nerven in diesem Jahrhundert schon bei der geringsten Erschütterung leichter ins Flattern geraten als früher«, heißt es in »Là-Bas«.[5] Den Höhepunkt des Romans bildet die akribische Schilderung einer Schwarzen Messe, die ein Priester in einem ehemaligen Ursulinerinnenkloster zelebriert, mit Oblaten, Fäkalien, Weihrauch, hysterischem Gekreisch, brunftigem Gestöhn, konvulsivischen Zuckungen, vampiresker Raserei. Wem es ernst ist mit dem Grenzenlosen, muss zu allem fähig sein. Nichts Schlimmeres als ein Leben, das milde vor sich hin dümpelt.

Wer glaubt, das katholische Sündenregister besitze den Sinn, Sünden zu vermeiden, hat vom Katholizismus wenig begriffen. Es geht nicht nur um Verbote, es geht darum, Sündenstoff anzuhäufen – anders wäre das Beichten überflüssig. Verbote sorgen für Luststeigerung. Wo das Verbot fehlt, fehlt der Reiz. Der letzte Satz von »Là-Bas« sagt über uns Menschen: »Sie werden das machen, was ihre Väter und ihre Mütter machen; sie werden sich die Eingeweide füllen und sich die

Seele durch den Unterleib entleeren!«[6] Alles andere ist Illusion. Das Heilige ist vom Hurenmäßigen nicht zu trennen, das Sakrale nicht vom Säuischen, der Geist nicht vom Geschlechtlichen. »Der Glaube an den Teufel ist nicht absurder als an Gott«, lesen wir dort: »Der eine schwärt eitrig, der andere strahlt, das ist alles; wenn Sie so wollen, müssen alle Menschen, die irgendeine Gottheit anbeten, wahnsinnig sein. Die Anhänger des Satanismus sind Mystiker eines unreinen Ordens, aber es sind Mystiker.«[7]

Solche Sätze könnten auch von Bataille stammen, der in seiner 1951 erschienenen »Geschichte der Erotik« feststellt: »Die Messe, an der Huysmans teilnahm und die er in *Là-bas* schilderte, hatte nichts zu tun mit dem profanen Pseudo …, mit dem man heute die Fantasien reicher Möchtegerne befriedigt.«[8] Auch Bataille beschwört zeitlebens die Entgrenzung, in jeder Hinsicht. Auch er ist ein Gottsüchtiger, der das Heilige in erotischer Überschreitung erfährt. Nur wer aufs Ganze geht, ahnt etwas vom Göttlichen; man darf mit dem Tod nicht nur spielen, man muss ihn in Kauf nehmen – vor allem beim sexuellen Akt, wie es schon bei Gilles des Rais der Fall war und bei de Sade; bei dem einen real, beim andern in seinen Schriften. Eros, Tod und Totalität gehören für Bataille zusammen, für nichts sonst lohnt es zu leben, für nichts anderes zu sterben. Nichts kann weit genug gehen, Erfüllung gibt es erst, wenn das Stöhnen im Ersticken endet. Gilles de Rais, Marquis de Sade und Huysmans bilden zentrale Bezugspunkte in Batailles Schriften.

Im Namen radikaler Verausgabung kritisiert Bataille das heutige ökonomische Denken mit seinen Nutzen-Kosten-Rechnungen, seinem Abwägen, seinem Kalkül. Ursprünglich wollte Bataille Priester werden, später bezeichnet er die Pariser Bordelle als seine wahren Kirchen. Das Sakrale und die Sünde sind aneinander gekettet, erst in der Perversion legen wir die Zwangsjacke der Normalität ab, erst im Exzess durchbrechen wir den Panzer der Vereinzelung. Der Exzess ist auf kein Ergebnis aus, er will nur eines: Exzess sein. Aus ökonomischer Sicht besitzt er etwas Sinnwidriges, aus vitalistischer blitzt einzig durch ihn ein absoluter Sinn auf. Ausschweifung besteht aus reiner Energie, einen anderen Zweck kennt sie nicht. Diese Energie will bis zum Letzten ausgereizt sein, bis zur Erschöpfung, ohne Rücksicht auf Verluste.

Dem neuzeitlichen Rationalismus widerstrebt das alles. Descartes und Spinoza beschäftigen sich vor allem deshalb ausführlich mit den Affekten, um ihnen den Stachel zu nehmen, mit Hilfe des Bewusstseins. Der Geist soll sie steuern, schwächen, besänftigen. Luther wiederum treibt der Religion ihren Mystizismus aus, in protestantischen Gottesdiensten wird kein Weihrauchfass mehr geschwenkt. Auch Pascal dient der Katholizismus als Hauptfeind, für ihn existiert Gott vor allem in Gestalt von Zweifeln und Fragen. Alles Theatralische verpufft, was bleibt, ist eine trübsinnige Seelenquälerei, die keinen Pomp mehr kennt und nichts Ausschweifendes. Nicht zufällig hat Pascal als einer der Ersten eine Rechenmaschine erfunden. Dass sein Verhältnis zu Gott auf reiner Kombinatorik beruht, beweist seine berühmte Wette.

Wenn Huysmans die mittelalterliche Alchimie, den Okkultismus, die Hexerei, die Astrologie und Schwarze Messen wiederaufleben lässt, mutet uns das heute fremd an. Dabei läuft diese Mittelalterbeschwörung auf nichts anderes hinaus als eine radikale Kritik am neuzeitlichen Vernunftwahn. In »Là-Bas« heißt es: »Genau in dem Moment, wo der Positivismus seinen Höhepunkt erreicht, erwacht der Mystizismus und beginnt der Wahnsinn des Okkulten. … Während der Materialismus wütet, regt sich die Magie.«[9] Ist unser heutiger Glaube an Mikroben, Bazillen und Elektrizität nicht ebenso irrational wie der an Geister, fragt Durtal.[10] Die meisten von uns glauben, dass es diese Dinge gibt, weil Experten es behaupten, so wie man früher Priestern geglaubt hat, dass es Gott gibt und den Satan und Engel.

1970 steuert Foucault zur einer zwölfbändigen Werkausgabe von Batailles Schriften ein Vorwort bei, in dem viel vom Tod Gottes die Rede ist und der heutigen »ontologischen Leere«. Fast könnte man meinen, Foucault sehne sich nach einer Welt zurück, in der die Theologie und Metaphysik noch für absolute Orientierung gesorgt haben. Dazu würde auch passen, dass er die Neuzeit zeitlebens in ein mehr als nur schlechtes Licht rückt. Wie sehr er den Tod des modernen Subjekts herbeiwünscht, belegen nicht nur seine Schriften, er betont es in Dutzenden von Gesprächen und Interviews. Bataille liefert ihm die Stichworte, bei ihm sieht er vorgezeichnet, wie man die Grenzen des Subjekts sprengt und es in Zustände versetzt, die von keinem Ich mehr zusammengehalten werden und noch weniger von einem Über-Ich. Der Name Bataille steht für die Erfahrung, »das Subjekt nicht mehr es selbst sein zu lassen und es seiner Vernichtung beziehungsweise Auflösung entgegen zu treiben«.[11] Foucault bescheinigt ihm, »daß das Denken Gottes und das Denken der Sexualität ... eine gemeinsame Form gefunden« haben.[12]

Bataille wiederum nimmt nicht zufällig auf Huysmans Bezug. Sie alle singen das Hohelied der Übertretung, der Entgrenzung, der Transgression – in so gut wie jeder Hinsicht. Sie alle erklären den neuzeitlichen Rationalismus zum Feind, im Namen des Eros, des Wahnsinns, ja sogar des Todes als der letzten, extremsten Erfahrung der absoluten Nichtigkeit jeder Vernunft. Statt weiterhin dem heutigen Menschen einzureden, Autonomie sei das höchste Ziel, sollte er merken, dass Autonomie nur ein anderer Begriff ist für Disziplinierung, im Namen einer Vernunft, die als abnorm abkanzelt, was nicht ihren Vorstellungen entspricht. Was das neuzeitliche Subjekt für Freiheit hält, besteht aus Selbstkontrolle und blinder Anpassung an Regeln, die ihm nicht als solche bewusst werden. Nie in der Geschichte hat es demnach eine subtilere Form von Kasteiung gegeben, gepaart mit dem Glauben, das Gegenteil sei der Fall. In der Überzeugung, dass früher alles schlimmer war, glauben wir Heutigen, ein selbstbestimmtes Leben zu führen. Welch eine Täuschung! Der Panzer des Subjekts muss aufgebrochen werden.

Ganze Passagen aus Huysmans »Là-Bas« könnten sich auch in Foucaults »Wahnsinn und Gesellschaft« finden oder in »Überwachen und Strafen«, vor allem, wenn von Folterungen die Rede ist oder Hinrichtungen, wie etwa, wenn es von einer Sekte heißt: »In Luxemburg röstete man die Eingeweihten im sechzehnten Jahrhundert in Eisenkäfigen;

in Deutschland hängte man sie im folgenden Jahrhundert in einem Flittergewand an vergoldeten Pfählen auf; heute, wo man sie in Ruhe lässt, werden sie verrückt!« Durtals Kommentar: »›Es nimmt tatsächlich ein trauriges Ende.‹«[13] Knapper ließe sich auch Foucaults These nicht auf den Punkt bringen, wonach die öffentlichen Folterungen des Mittelalters weniger grausam waren als die unsichtbaren unserer jetzigen Zeit.

In dem Kapitel »Das Fest der Martern« aus »Überwachen und Strafen« schildert Foucault seitenweise Hinrichtungsprozeduren, in denen er »eine ganze Poetik« erkennt – mit Rückgriff auf eine Formulierung von Vico.[14] Diese Martern sind Teil einer umfassenden Ordnung, durch die alles seinen Sinn erhält. Nicht nur bestreitet Foucault vehement, dass wir in der Neuzeit humaner geworden sind, er ist vom genauen Gegenteil überzeugt. Während die mittelalterliche Gewalt in ungehemmter Theatralität offen zutage tritt, sind heute überall Machtmechanismen am Werk, die sich nicht als solche zu erkennen geben: vom Kindergarten über die Schule bis zum Arbeitsplatz, gar nicht zu reden von den Gefängnissen und Psychiatrien. Sie verstecken sich hinter humanistischen Idealen, pädagogischen Programmen, therapeutischen Zielsetzungen, medizinischen Gesundheits- und Hygienevorstellungen. Sie alle stutzen uns zurecht, bis in die letzten Ritzen der Seele und des Fleisches. Wir aber geben uns der Illusion hin, in Zeiten zu leben, die freier sind und fortschrittlicher als alle bisherigen.

Anders als der heutige Mensch leidet der mittelalterliche keine inneren Qualen, deren Sinn er nicht versteht. Er sieht sich als Glied eines universalen Ganzen, zu dem auch das Inferno gehört. Alles hat seine Bedeutung, nichts geschieht ohne den Plan der Vorsehung. Schmerz und Seligkeit gehören zusammen wie Schönes und Schreckliches, wie Entzücken und Entsetzen, wie Grausamkeit und Glück. Daran lässt sich nichts ändern, zumindest nicht hier unten im Diesseits. Weshalb nur, fragt man sich, will der neuzeitliche Mensch sich plötzlich als ein Subjekt begreifen, das für alles selbst verantwortlich ist: für sein Denken, sein Fühlen, seine Begierden, ja für die ganze Welt? Warum lädt er sich so vieles auf, was er nicht tragen und noch weniger ändern kann, in maßloser Selbstüberhebung? Er kann daran nur zerbrechen.

Laut Foucault geht es der neuzeitlichen Vernunft nicht um Freiheit, es geht ihr um Aufklärung im schlimmsten Sinn: Sie will alles durchleuchten, um allem und jedem die letzten Geheimnisse zu entreißen. Als bestes Beispiel dient ihm die Psychoanalyse, hinter der er ein Unternehmen wittert, das jede Kleinigkeit aus unserem Innern ans Licht zerren will, jede Fantasie, jeden Traum, jede Regung. Nichts soll mehr verborgen bleiben, nichts mehr unaufgeklärt sein. Dabei besteht – wie alles in unserer heutigen Welt – auch der Zweck der Psychoanalyse darin, uns fit zu halten für ein reibungsloses Funktionieren. Sie redet uns ein, wir müssten Herr werden über unsere Begierden und unser Tun, mit dem Ziel, alles in den Griff zu kriegen.

Was von der Norm abweicht, wird ausgegrenzt, und sei es dadurch, dass man es für wahnsinnig erklärt. Für wirkliche Entgrenzung ist nirgends mehr Platz, außer in den Zonen einer literarischen Phantasie, wie man sie bei Marquis de Sade, bei Huysmans, bei Bataille findet. Wen es dagegen im realen Leben nach Entgrenzung drängt, ist einer Reglementierung ausgesetzt, die er häufig erst wahrnimmt, wenn er mit dem Gesetz in Berührung kommt. »Der Kampf gegen die Drogen ist ein Vorwand zur Verstärkung der gesellschaftlichen Repression: ... zur Verherrlichung des normalen, rationalen, bewußten und angepaßten Menschen«, heißt es in Foucaults »Die Ordnung der Dinge«. Rundum alles wird dem Mechanismus aus Verbot und Gebot unterworfen, ein Entkommen gibt es nicht.[15] Das Perfide ist, dass wir uns dieser Mechanismen meist nicht einmal bewusst sind.

Dass es zu allen Zeiten Verbote gab und Gebote, bestreitet Foucault keineswegs, allerdings hatten sie sich nicht gegen den Drang nach Entgrenzung als solcher gerichtet. Anders als wir denken, macht der Tod Gottes den Menschen nicht freier, er bewirkt vielmehr, dass es nichts Grenzenloses mehr geben darf. Wo das Göttliche fehlt, fehlt auch alles Unfassbare. Die Vernunft weist allem seinen Platz zu und errichtet überall Grenzen, vor allem gegen unseren Entgrenzungsdrang. Seit seinem Erstlingswerk »Wahnsinn und Gesellschaft« begibt Foucault sich auf die Suche nach dem Anderen der Vernunft. Immer wieder ruft er seither die Namen Hölderlin, Nerval, Nietzsche, van Gogh, Lautréamont und Artaud an, die in seinen Augen für ein Dichten und Sinnen stehen, das die Schranken der Rationalität einreißt.

Wie Foucault sich dieses Andere der Vernunft vorstellt, lässt er offen; er beschwört es lediglich, zuweilen in eigenwillig poetischen Worten, wie etwa am Ende von »Die Ordnung der Dinge«, wo er wettet, »daß der Mensch verschwindet wie am Meeresufer ein Gesicht im Sand«.[16] Im Vorwort zur deutschen Ausgabe von »Wahnsinn und Gesellschaft« heißt es, er wolle einen Zustand wiedergewinnen, wo Vernunft und Wahnsinn noch nicht getrennt waren. Weil diese Trennung einsetzt mit Descartes und anhält bis heute, muss man die Neuzeit überwinden. Sie lebt von einem Dualismus, der nur Eindeutigkeiten kennt: hier die Aufklärung, dort der Aberglaube, hier das Rationale, dort das Irrationale, hier der Geist, dort die Triebe, hier das Gesunde, dort das Kranke. Auch in Huysmans' »Là-Bas« gilt aller Spott einem modernen Manichäismus, der nur in Gegensätzen denken kann und nicht das Ineinander sieht von allem und jedem.[17]

Zu Beginn der iranischen Revolution sucht Foucault nicht nur Ayatollah Khomeini in seinem Pariser Exil auf, er reist auch zwei Mal in den Iran. Bei seiner Rückkehr veröffentlicht er hymnische Artikel über die Mullahs, von denen er zu berichten weiß: »Die Autorität der Geistlichen ist rein spiritueller Natur; ihr Einfluss beruht auf der Fähigkeit, den Wünschen der Menschen Ausdruck zu verleihen und sie gleichzeitig anzuleiten.« Es ereigne sich dort »etwas sehr Altes, das zugleich in sehr ferner Zukunft liegt: die Rückkehr zu dem, was der Islam einst zu Zeiten des Propheten war, und zugleich das Streben nach einem fernen, leuchtenden Punkt, an dem es möglich sein wird, an alte Treue anzuknüpfen statt bloßen Gehorsam aufrechtzuerhalten.«[18] Foucault sieht die Zeit gekommen, dem westlichen Liberalismus, der westlichen Demokratie, dem westlichen Humanismus und all diesem Verrotteten eine ganz neue und zugleich uralte Weisheit entgegenzusetzen, die sich abseits der abendländischen Vernunftherrschaft findet. Foucault rühmt die »politische Spiritualität« der Mullahs, denen er ein Licht zuspricht, von dem er sagt: »Dieses Licht erleuchtet gleichsam von innen das Gesetz, das nicht nur bewahrt werden muss, sondern auch den darin offenbarten spirituellen Sinn über die Zeiten weg vermitteln soll.«[19] Ihn fasziniert, dass die dortige Revolution keinem westlichen Schema gehorcht und ganz andere, unbekannte Wege geht, fern von allem, was wir hier kennen.

Schon im Vorwort zu »Wahnsinn und Gesellschaft« behauptet er, im Orient sei das Andere der Vernunft zu finden: das Fremde, Abgespaltene, Ausgegrenzte. »In der Universalität der abendländischen Ratio gibt es den Trennungsstrich, den der Orient darstellt«, erklärt er. »Der Orient, den man sich als Ursprung denkt, als schwindeligen Punkt, an dem das Heimweh und die Versprechen auf Rückkehr entstehen, der Orient, der der kolonisatorischen Vernunft des Abendlandes angeboten wird, der jedoch unendlich unzugänglich bleibt, denn er bleibt stets die Grenze. Er bleibt Nacht des Beginns, wo das Abendland sich gebildet hat, worin es aber auch eine Trennungslinie gezogen hat. Der Orient ist für das Abendland all das, was es selbst nicht ist, obwohl es im Orient das suchen muss, was seine ursprüngliche Wahrheit darstellt.«[20]

Indem Foucault den Orient zum märchenhaften Tausendundeine Nacht stilisiert – mit allem Glitzernden, Exotischen, Irrationalen –, bedient er sich just jener westlichen Klischees vom geheimnisvollen Fremden, die romantischen Phantasien entspringen und alles andere als frei sind von kolonialistischen Zuschreibungen. Seine vernunftkritischen Visionen projiziert er auf die Mullahs, in denen er edle Wesen erblickt, die sich der Verwirklichung einer Wahrheit widmen, die unseren westlichen Subjektivitätsidolatrien haushoch überlegen ist. Wenn er von der »politischen Spiritualität« der Mullahs schwärmt, ist auch Carl Schmitt nicht weit, der ebenfalls von der großen Wiedervereinigung des Theologischen mit dem Politischen träumt. So gut wie alles, was sich gegen die Neuzeit stemmt, begrüßt Foucault. Der letzte Satz seines im Oktober 1979 im »Nouvel Observateur« veröffentlichten Iran-

Artikels lautet: »Ich höre bereits, wie manche Franzosen lachen, aber ich weiß, dass sie Unrecht haben.«[21]

Laut Foucault hat auch Don Quijote etwas vom wunderbaren Wahnsinn des Mittelalters in die Neuzeit hinüberzuretten versucht, wofür man ihn verlacht. Ein solcher Wahnsinn darf nur in der Literatur überleben, in Regionen abseits der realen Welt. Don Quijote hat sein Wahnsinn freilich unsterblich gemacht, stellt Foucault nicht ohne Befriedigung fest. Wie nackt, wie erbärmlich, wie fad kommt dagegen unsere Vernunft daher.[22]

FAKTEN, FAKE NEWS, FOUCAULT

Die Grundüberzeugung des poststrukturalistischen Denkens lässt sich in dem Satz zusammenfassen: Alles ist Konstruktion. Was das im Einzelnen bedeutet, wissen wir spätestens seit den Gender-Debatten, die um die Frage kreisen, ob es ein biologisches Geschlecht gibt oder alles auf sozialen Zuschreibungen beruht. Indem sie nichts mehr als natur- oder gottgegeben gelten lassen, treiben sie die neuzeitliche Kritik am metaphysischen Denken auf die Spitze. Sie machen Ernst mit Nietzsches Behauptung, dass es keine Wahrheit gibt, sondern nur Interpretationen. Als Descartes anfing, an allem zu zweifeln, geschah das noch in der Absicht, ein paar unumstößliche Gewissheiten ausfindig zu machen. Dass die Philosophie uns ewige Wahrheiten offenbart, daran glaubt seit der Neuzeit niemand mehr ungebremst. Wir sind bescheidener geworden mit generalistischen Aussagen über das Wesen des Menschen und den Sinn des Lebens. Woran die Moderne allenfalls glaubt, sind die Segnungen der Wissenschaft. Jedoch machen nicht erst die Diskussionen um Corona deutlich, dass auch die Wissenschaften ständig in Bewegung sind und von Kontroversen leben. Die Rede vom Paradigmenwechsel macht schon eine ganze Weile die Runde, der Erkenntnistheoretiker Paul Feyerabend hat sogar mit der These Furore gemacht, dass die Weisheit der Hopi-Indianer wissenschaftlichen Theorien in nichts nachsteht. Gesiegt hat demnach nicht ein größeres Wissen, gesiegt hat der Glaube an Technik und Methode. Ob man damit einer größeren Wahrheit teilhaftig wird, steht in Frage.

Als Trump an die Macht kam, fanden in Universitätsstädten Demonstrationen statt, bei denen zwei Dinge angemahnt wurden: Fakten und Wahrheit. Mitmarschiert sind Akademiker, die seit Jahren größte Schwierigkeiten haben mit diesen beiden Begriffen. Wer mit Foucault, Deleuze, Derrida, Lyotard und Judith Butler aufgewachsen ist, denkt beim Wort Wahrheit zuerst einmal an Macht und an Ausschlussmechanismen. Für sie alle gibt es keine Wahrheit als solche; sie ist immer an Epochen, Gesellschaften, Denkmuster gebunden. Wer heute noch an *die* Wahrheit glaubt, gilt als heilloser Metaphysiker, der einem ontotheologischen Denken aufsitzt und nicht wahrhaben will, dass unser Reden und Empfinden vorgebahnten Diskursen gehorcht.

Zwar ruft weder die Diskurskritik noch die Dekonstruktion zum Lügen auf, beide heben jedoch mit Nietzsche hervor, dass Wahrheit und Lüge nichts Objektives sind, sondern sich nach Traditionen und Gewohnheiten richten. Wahrheit ist, was uns die dominierenden Sprachspiele als Wahrheit unterjubeln und was wir wiederkäuen, ohne uns darüber Gedanken zu machen. Wahrheit setzt sich aus Interessen, Schubladen, Einordnungsmustern zusammen – jedenfalls aus Sicht solcher französischer Theorien, die seit einiger Zeit in der Kolonialismuskritik und im Feminismus ihre Anwendung finden.

Dass von dort ein Weg zu Trumps Behauptung führt, an seiner Inauguration hätten mehr Menschen teilgenommen denn je, darf bezweifelt werden. Dass Trump in einem schlichten Sinn ein notorischer Lügner ist, lässt sich leicht nachweisen – im Falle seiner Inauguration durch Foto- und Filmaufnahmen. Philosophische Grundsatzdebatten sind seine Sache nicht; was als Wahrheit zu gelten hat, bestimmt er aus dem Bauch heraus, die Antwort kann alle paar Minuten anders ausfallen. Eine andere Wahrheit als seine eigene kennt er nicht; er hält für objektiv, was seinen volatilen Vorstellungen entspricht. Er verkörpert einen gnadenlosen Vulgär-Nietzscheaner, der vorlebt, dass Wahrheit nichts anderes ist als der Wille zur Macht.

Dennoch lässt sich schlecht ignorieren, dass auch auf politisch konträrer Seite die Wahrheit seit einiger Zeit vor Gericht steht, in einer Radikalität wie nie zuvor. Dass zwischen den Poststrukturalisten merkliche Unterschiede bestehen, sollte man dabei allerdings nicht ausblenden – vor allem zwischen Foucault und Derrida. Aus Derridas Sicht frönt Foucault paradoxerweise ebenjenem schematischen Denken, das er überwinden will.[1] Auch Judith Butler knüpft nicht vorbehaltlos an Foucault an, obwohl seine Diskurstheorie ihr als Ausgangspunkt dient. Sie befremdet die Pauschalität, mit der er ganze Fachrichtungen als bloße Normierungsdisziplinen abkanzelt, allen voran die Psychoanalyse. Nicht nur vermisst Butler bei ihm eine differenzierende Klärung von Begriffen wie Innen und Außen, Psyche, Subjekt und Körper, Disziplinierung und Unterwerfung, ebenso fragt sie sich, wie wir den Normierungsdruck von Diskursen je unterlaufen können, wenn überall nur Macht am Werk ist.[2] Wenn beispielsweise die Anerkennung von Homosexualität für Foucault lediglich im »Dienst der normalisierenden Heterosexualität« steht, wie Butler bemerkt, bedeutet das: »Foucault faßt den Widerstand als Effekt ebender Macht, gegen die er sich richten soll.«[3] Im Klartext heißt das, wir stärken und bestätigen die herrschenden Mächte gerade dort, wo wir uns renitent vorkommen und rebellisch.

Da Foucault uneingeschränkt behauptet »Die Wahrheit selbst ist die Macht«, lässt sich an ihm wie nirgends sonst studieren, in welche Fahrwasser eine solche Theorie geraten kann.[4] Foucault spricht nie von der Wahrheit als solcher, er spricht immer nur vom Diskurs der Wahrheit, vom Regime der Wahrheit, von der Politik der Wahrheit, der Geschichte der Wahrheit, den Regeln der Wahrheit, der Produktion der Wahrheit, dem Theater der Wahrheit, dem Spiel der Wahrheit, dem Kalkül der Wahrheit, den Ritualen der Wahrheit.[5] Auch trifft er keinerlei

Unterscheidung zwischen Meinungen und Fakten, wissenschaftlichen Erkenntnissen und weltanschaulichen Überzeugungen, politischen Positionen und logischen Aussagen. Stets geht es um den Diskurs als solchen, Hand in Hand mit Dispositiven, Strategien, Praktiken, Epistemen, Archiven. Auf den ersten Blick wirkt dieser großräumige Zugriff faszinierend, zumal er das Gefühl vermittelt, man könne damit die Welt aus den Angeln heben – oder zumindest die Denkgewohnheiten ganzer Epochen. Auf den zweiten Blick fällt meist ein eklatanter Mangel an Konkretion auf, obwohl Foucault in manchen Schriften keineswegs an historischem Material spart.

Mit dem Argument, dass alles von diskursiven Schaltplänen abhängt, entwindet er sich jeder grundsätzlichen Wahrheitsdiskussion. Als wahr gilt, was der jeweilige Diskurs zur Wahrheit kürt. Da Diskurse aber identisch sind mit herrschenden Denkweisen, gibt es im Grunde keine Wahrheit. Mit deutlicher Anleihe bei Nietzsche verkündet Foucault: »Hinter der Wahrheit … liegen tausendfache und tausendjährige Irrtümer. … Die Wahrheit ist ein Irrtum, der nicht mehr abgewiesen werden kann, weil er durch eine lange Geschichte hartgesotten wurde.«[6] Foucaults Ziel besteht darin, von keiner einzigen Wahrheit mehr bevormundet zu werden. Wie aus keiner anderen Schrift bezieht nicht bloß Foucault, sondern der gesamte französische Poststrukturalismus seine Grundthesen aus Nietzsches »Über Wahrheit und Lüge im außermoralischen Sinn«. An zentraler Stelle heißt es dort, Wahrheit sei nichts als »ein bewegliches Heer von Metaphern, Metonymien, Anthropomorphismen …, die nach langem Gebrauche einem Volke fest, kanonisch und verbindlich dünken.« Und weiter: »Die Wahrheiten sind Illusionen, von denen man vergessen hat, dass sie welche sind.«[7]

Sofern Foucault von der Philosophie sagt, sie suche »das Reale von der Illusion, die Wahrheit von der Lüge zu scheiden«, definiert er sie als ein Herrschaftsunternehmen, das auf Spaltungen aus ist und Hierarchien. Allein die Tatsache, dass die Philosophie bis zu ihrer egologischen Wende bei Kierkegaard und Nietzsche auf allgemeingültige Erkenntnisse aus war, beweist ihm, wie wenig sie bereit ist, sich Dingen zu öffnen, die ihr fremd bleiben und sich ihr versperren. Statt von Philosophie redet Foucault schon deshalb lieber vom Theater der Wahrheit, weil es – wie er formuliert – Unsinn wäre, »sich zu fragen, ob das Theater wahr ist, ob es etwas Realem entspricht, ob es aus Illusion besteht oder aus Lüge; allein diese Frage brächte das Theater zum Verschwinden.« Allerdings will Foucault tatsächlich ein bestimmtes Theater zum Verschwinden bringen, nämlich das neuzeitliche Theater der westlichen Welt. Schließlich bildet es für ihn die »Bühne einer Rationalität, ... die zum Zeichen des Imperialismus des okzidentalen Menschen geworden ... und am Ende ihres Höhepunkts angelangt ist«.[8] Von dieser Bühne gilt es Abschied zu nehmen.

Dass das Theater nur ein Teil des Lebens ist, jedoch nicht das Leben selbst, blendet Foucault aus. Zwar gleiten auch im Alltag Ernst und Spiel ineinander, dennoch ergibt es einen nicht kleinen Unterschied, ob jemand auf der Bühne einen Mord begeht oder im wirklichen Leben. Im einen Fall sitzen die Schauspieler anschließend beim Bier zusammen, im andern hat tatsächlich jemand aufgehört zu schnaufen. Vom Theater der Wahrheit zu reden, hört sich vielsagend nietzscheanisch an. Sofort fühlt man sich erhaben über die buchhalterischen Unterscheidungen zwischen Sein und Schein, gemäß dem berühmten Shakespeare-Satz: »Die ganze Welt ist eine Bühne«. Ob uns das dem Problem der Wahrheit näherbringt, steht dahin. Konkreter wird die Sache dadurch nicht.

Erstaunlicherweise redet Foucault in seinen späteren Jahren nicht mehr nur von der Politik der Wahrheit oder vom Theater der Wahrheit, auf einmal redet er vom »Mut zur Wahrheit«. Ein existentieller Ton schwingt plötzlich mit, wie man ihn nie gekannt hat an ihm. Was wie ein moralischer Aufruf zu Wahrhaftigkeit klingt, erweist sich jedoch als Fortsetzung seiner bekannten Aufklärungskritik, derzufolge die Vernunft alles bis in die letzten Winkel erhellen will, in der Absicht, alles beherrschbar zu machen.

Dass wir Licht in die Dinge zu bringen suchen, zeugt für Foucault von einer Kontrollsucht, wie man sie nie zuvor gekannt hat in der Geschichte. Foucault spricht von einem »gebieterischen Willen zum Wissen«, von »Herumschnüffelei«, von Geständniszwang.[9] Man sieht es am deutlichsten an der Psychoanalyse, die selbst unsere hintersten Seelenwinkel durchleuchten will. Immer geht es um Erfassung und Überwachung. Wie nah Foucault Heidegger ist, der ebenfalls den Willen zum Wissen als den Grundtrieb einer Vernunft ausweist, die alles auf den Begriff bringen will, zeigt sich hier. Heidegger spricht von den »Machenschaften« einer Vernunft, die auf Weltbeherrschung zielt. Was diese Art von Vernunft als Wahrheit ausgibt, zeugt vor allem von Kontrollzwang. Rettung kann nur ein »dichtendes Denken« noch bringen, das die Wege einer solchen Rationalität wieder verlässt. Sowohl Heidegger wie Foucault blicken hoffnungsvoll auf Hölderlin, in dessen enigmatischen Versen sie ein künftiges Denken vorgezeichnet sehen.

Dennoch redet der späte Foucault auf einmal vom Wahren, mit bemerkenswerter Emphase. Kurz vor seinem Tod erklärt er: »Mein Problem war nie ein anderes als das der Wahrheit.«[10] An anderer Stelle empört er sich: »Alle, die sagen, dass es für mich die Wahrheit nicht gibt, sind einfältige Geister.«[11] Allerdings erklärt Foucault immer noch nicht näher, was genau er unter diesem Wahren versteht. Nach wie vor bleibt dieses Wahre verwachsen mit der Macht und ihren sprachlichen Regularien: »Im Wahren ist man nur, wenn man den Regeln einer diskursiven ›Polizei‹ gehorcht«, erklärt er 1970 in seiner Antrittsvorlesung am Collège de France.[12] Zehn Jahre später spricht er in ganz anderer Weise vom »Wahr-sagen« beziehungsweise »Wahr-sprechen« – *le dire vrai*.[13] Er greift dafür auf den antiken Begriff der *parrêsia* zurück, was so viel bedeutet wie Redefreiheit. Dem Einwand, dass in unseren Demokratien Redefreiheit nicht mehr erst errungen werden muss, sondern durch die Verfassung garantiert ist, würde er entgegenhalten, dass sie lediglich den gängigen Diskursmechanismen gehorcht und von wirklicher Freiheit keine Rede sein kann.

»Die Disziplin ist die Kehrseite der Demokratie«, heißt es bei ihm. Wir fügen uns ihrem Kontrollsystem, ohne zu merken, wie sehr wir uns fügen.[14] Wir halten uns für frei, da wir unsere Anpassungsmechanismen nicht als solche wahrnehmen. Sie sind uns in Fleisch und Blut übergegangen, von Kindheit an. Echtes »Wahr-reden« findet dagegen in einer Sprache statt, die sich den geebneten Denkweisen nicht fügt. Sie muss unverwechselbar sein wie die Sprache von Hölderlin oder Artaud. Das Wahre kann nur aufleuchten im Abweichenden. Was nach Dialog riecht und nach Konsens, atmet den Hautgout kultivierter Regelbefolgung. Eine Sprache, die den gewohnten Kommunikationsfluss in Gang hält, kann nichts mit »Wahr-reden« zu tun haben. Schließlich könnte man mit Hölderlin und Artaud kein ordentliches Gespräch führen.

Als in der frühen Neuzeit Montaignes »Essais« erscheinen, trägt einer den Titel »Von der Kunst des Gesprächs«. »Ich liebe Streitgespräch und Widerrede«, heißt es dort, und Montaigne fährt fort: »Einen ganzen Tag lang könnte ich friedlich disputieren, wenn das Gespräch mit Ordnung geführt wird.« Ebenso gesteht er: »Ich fühle viel mehr Stolz über den Sieg, den ich über mich gewinne, wenn ich mich in der Hitze des Gefechts unter die Macht der Gründe meines Gegners beuge, als über einen Sieg, den ich dank seiner Schwäche über ihn davontrage.« Weil es bei solchen Gesprächen aber auch hitzig zugeht und neben allem Argumentativen »Eifersucht, Ehrgeiz und Wettkampf« mitspielen, kommt es laut Montaigne auf »Spielregeln« an.[15] Von Montaigne lässt sich eine Linie ziehen zu Habermas, bei aller Unterschiedlichkeit der Terminologie. Wo Montaigne von Spielregeln spricht, spricht Habermas von kommunikativer Kompetenz. Beide heben hervor, dass es nie nur um reine Erkenntnis geht, sondern um Interessen und Begehrlichkeiten. Das alles müssen wir mitbedenken, um dem Ideal eines herrschaftsfreien Dialogs näher zu kommen.

Für Foucault ist bei alldem viel zu viel Disziplinierung im Spiel und viel zu viel Rationalitätszwang. Dass Foucault sich als Akademiker an Gesprächsregeln gehalten hat, heißt nicht, dass er darin auch die Zukunft sah. Überschreitung kürt er zum Wert an sich, egal, in welche Richtung sie weist; das Wichtigste, man lässt sich nicht von Konsenszwängen, universalistischen Postulaten, Normativitätsvorstellungen gängeln. Mal dienen ihm die Mullahs als Inspirationsquelle, mal das japanische Schweigen, mal ist es Hölderlin, mal Artaud. Dass Foucault in seinem allerletzten Interview Heidegger als immerwährende Inspirationsquelle ausweist, nimmt nicht wunder. Auch bei ihm wuchern die Mystifikationen des Unergründlichen; auch ihn drängt es nach Überwindung des Rationalen; auch er glaubt im Japanischen auf ein Denken zu stoßen, das kein Denken mehr ist, sondern auf einen anderen Seinszustand hinausläuft.

Mit seiner Auratisierung des Wahnsinns, des Unverständlichen, des Irrationalen, des Schweigens und des Orients steht Foucault in einer romantischen Tradition, der alles Aufklärerische zu kalt, zu ordentlich, zu vernünftig ist. Nicht minder wirkt Nietzsches Apotheose des Dionysischen gegen das Apollinische bei ihm fort. Wie man damit konkrete Politik machen will, bleibt ein Rätsel. Wie soll man sich eine Zukunft vorstellen, die uns von Vernunftzwängen befreit und vom Willen zum Wissen? Wie eine Zukunft, in der keine Vernunft regiert, sondern die Sprache Hölderlins und Artauds? Das vielbeschworene Andere bleibt eine Nebelsuppe, die wenig Attraktives verspricht, solange keinerlei Konturen eines solchen Lebens erkennbar werden.

Auch Richard Rorty kann dem Begriff Wahrheit nicht mehr viel abgewinnen, statt jedoch den Wahnsinn, das Schweigen und das Unverständliche zu feiern, schlägt er einen ironischen Umgang mit der Wahrheit vor und mahnt Solidarität an. Rorty wirft Foucault vor, dass er nicht abwägt zwischen den Errungenschaften der Neuzeit und ihren Nachteilen. Er will vor allem abräumen, in der Überzeugung, »daß es mit uns schon zu weit gekommen ist, als daß eine Reform noch aussichtsreich wäre – daß wir eine Erschütterung brauchen, daß unsere Phantasie und Willenskraft … zu sehr eingeschränkt sind, als daß wir eine Alternative zu der Gesellschaft, in der wir jetzt leben, überhaupt denken könnten«. Und Rorty fügt hinzu: »Er war nicht bereit, sich als Mitglied irgendeiner ›Wir-Gruppe‹ zu denken, schon gar nicht der Gruppe ›Wir Liberale‹, wie ich.«[16]

Die Tatsache, dass Diskurse sich ändern, muss im Übrigen nicht heißen, dass nichts mehr gilt, was früher galt. Die Algebra ist vor langer

Zeit bei den Babyloniern, Ägyptern und im asiatischen Raum entstanden. Dass 2 + 2 = 4 sind, hat sich seither nicht geändert. Allerdings haben Foucaults Theorien auch hier ganze Arbeit geleistet, schließlich ist in der FAZ vom 2. März 2021 zu lesen: »In den Vereinigten Staaten soll Mathematik nicht mehr rein objektiv, sondern ein Zeichen ›weißer Vorherrschaft‹ sein.« Dass 2 + 2 = 4 sind, muss fortan in Frage gestellt werden; es könnte sich als das Konstrukt unseres kolonialistischen Denkens entpuppen.[17]

Seit Trump ist deutlich geworden, wie heikel es werden kann, wenn man jede Wahrheit als bloßes Konstrukt abstempelt. Angesichts der Rede von alternativen Fakten wäre es schon hilfreich, man würde zwischen Tatsachenwahrheiten und Vernunftwahrheiten unterscheiden, wie es bei Leibniz der Fall ist. Um zu eruieren, wie viele Leute an Trumps Inauguration teilgenommen haben, bedarf es freilich keiner philosophischen Tiefgänge, es bedarf dazu nur einer Kamera. Selbstverständlich erfindet Trump sich seine eigenen Tatsachen nicht, weil er Nietzsche und Foucault studiert hat, allerdings geben diese beiden auch nicht die idealen Philosophen ab, um ihm in die Parade zu fahren.

Obwohl Fakten von Deutungen schwer zu trennen sind, bleibt ein merklicher Unterschied bestehen zwischen knapp zwei Millionen Teilnehmern bei Obamas Inauguration und der Hälfte bei Trump, selbst wenn man die Sichtweisen tausendmal dreht und wendet. Nicht alles in der Welt läuft auf eine reine Frage der Perspektive hinaus, manches lässt sich schlichtweg messen und berechnen – bei aller Heidegger'schen Kritik am »rechnenden Denken«. Ebenso wenig läuft alles auf eine bloße Frage der Meinung hinaus, schließlich eilen die meisten von uns recht schnell in ein Krankenhaus, wenn der Arzt ihnen eine Blinddarmentzündung bescheinigt. Es geht dann nicht mehr um Metaphysik und Diskurskritik, es geht ums Überleben, in ganz einfacher Weise – bei allem Wissen, dass auch in der Medizin sich die Erkenntnisse immer wieder ändern.

In den letzten Jahrzehnten des 20. Jahrhunderts hat man sich ohne jede Not darin überboten, alle Arten von Wahrheit radikal zu zerhackstückeln. Man gab den intellektuellen Anarchisten, ohne unerwünschte Folgen fürchten zu müssen. Dabei glaubten wir in alltäglichen Zusammenhängen ganz selbstverständlich an den Unterschied zwischen Wahrheit und Lüge, trotz aller schonungslosen Ideologie- und Diskurskritik. In unseren Kopfregionen spielten wir uns als Radikalisten auf, die keinen Stein auf dem andern ließen, als profane Zeitgenossen rechneten wir spätestens beim Rückgeld in der Kneipe nach, ob man beschissen worden ist oder nicht.

Allerdings gingen wir damals auch davon aus, dass sich die von links betriebene Wahrheitszertrümmerung niemals von rechts vereinnahmen lässt, schließlich richtete sie sich gegen die konservative Überzeugung, dass es Dinge gibt, die zeitlos gültig sind. Dass der Feind eines Tages die eigenen Argumente kapern könnte, lag außerhalb jedes Vorstellungsvermögens. Inzwischen sieht die Welt anders aus. Die philosophischen Sandkastenspiele, bei denen wir alle Wahrheitsburgen zertrampelt haben, erscheinen in anderem Licht, seit im Weißen Haus die Rede von alternativen Fakten die Runde gemacht hat und Journalisten als Lügner verhöhnt worden sind, die nach bestem Wissen und Gewissen ihrer Arbeit nachgingen.

Ebenso wenig hätte man gedacht, dass Foucaults Machtkritik eines Tages gegen eine linksliberale Elite gewendet wird, die aus rechter Sicht weltweit den Diskurs bestimmt – mit allem, was dazugehört an strategischen Instrumentarien: von der Medienmacht über die Gesundheitspolitik bis zum Erziehungswesen, zur Ökologie, Moral, Political Correctness, Propagierung des Minoritären, Kolonialismuskritik und zu allerlei Gender-Postulaten. Wer sich diesen neuen Denkmustern verweigere, gelte als reaktionär, lautet der Vorwurf. Zur Durchsetzung ihrer Ziele trage so gut wie die ganze Phalanx der Universitäten bei, mitsamt einer Naturwissenschaft, die beflissen bestätigt, dass es schlimm ums Klima steht, und einer Kulturkritik, die seit Jahrzehnten die guten alten humanistischen Fächer unterwandert und hinter allem kolonialistische Umtriebe wittert. Als Trump den Austritt aus der Unesco erklärt und das Pariser Klimaabkommen aufkündigt, handelt es sich in den Augen seiner Anhänger um einen längst überfälligen Widerstand gegen die globale Übermacht von Institutionen, die der nationalen Selbstbestimmung den Kampf angesagt haben und alles unter ihre Knute zwingen wollen. Von dort ist es nicht weit zu Verschwörungstheorien, die hinter allem und jedem ein Netz aus linken und jüdischen Mächten am Werk sehen, das auf komplette Weltbeherrschung zielt. Ebenso gehört dazu das Aufbegehren einer weißen Schicht, die sich von Minderheiten umzingelt sieht, die ihnen alles nehmen wollen, was ihr bisheriges Leben ausmacht: ihre Denkweise, ihre Überzeugungen, ihre Weltsicht, ihr Hab und Gut. Eine Mehrheit wähnt sich so sehr von Minoritäten abgedrängt, dass ihr nur noch eines bleibt: Widerstand – wenn es sein muss, mit allen Mitteln.

Wer Foucaults Diskursbegriff solcherweise umdeutet, blendet aus, dass wir Diskurse weder per Dekret an- noch ausknipsen können. Wir unterliegen ihnen unmerklich. Wäre uns bewusst, welchen Mechanismen wir dabei gehorchen, könnten wir frei bestimmen, was uns an den herrschenden Diskursen gefällt und was nicht. Meist sehen sich jedoch erst spätere Generationen in der Lage, diese Mechanismen zu durchleuchten. Nachdem sich inzwischen jedoch der Glaube breitgemacht hat, wir könnten über Diskurse frei walten und schalten, wächst auch das Bedürfnis, sich zum Opfer von Diskursen zu erklären – nicht nur auf linksidentitärer Seite, sondern ebenso auf rechter. Konkret heißt das, dass weiße Mehrheiten, die sich an den Rand gedrängt fühlen, sich keinen Sprachregelungen mehr unterwerfen wollen, die ihnen ihr bisheriges Reden und Denken verbieten.

Foucault trägt das Minoritäre wie eine Monstranz vor sich her und verabscheut alles Majoritäre. Das Subversive steht bei ihm gegen das Systemische, das Differente gegens Dialektische, der Orient gegen den Okzident, der Wahnsinn gegen die Vernunft, das Irrationale gegen das Rationale, Don Quijote gegen Descartes, Hölderlin und Artaud gegens Verständliche und Kohärente – wobei er Letztere immer wieder ergänzt durch Nerval, Lautréamont, Roussel, Bataille und Blanchot. Sofern Foucault nur dem Minoritären eine Wahrheit zuspricht, stellt er sich gegen alles Majoritäre – und damit gegen alles Gängige, Geläufige, Gebräuchliche. Alles Mehrheitliche läuft für ihn auf Normativitätsterror hinaus. Wie allerdings eine Gesellschaft beschaffen sein könnte, die nur aus Minoritärem, Subversivem, Dissidentem besteht, erschließt sich schwer. Schließlich kann das Minoritäre nur minoritär sein, solange es in der Minderheit ist, und das Subversive nur subversiv, wenn nicht alle subversiv sind. Zudem ist nicht alles Minoritäre per se begrüßenswert. Wer hierzulande ein Kalifat errichten will oder eine Terrorzelle gegen Migranten gründet, wird zu Recht bekämpft.

Nun könnte man einwenden, Foucault meine das alles nicht so, bekanntlich galt er immer als *Gauchiste* und nie als Rechter. Dennoch tendiert er seit seiner frühen Schrift »Wahnsinn und Gesellschaft« zur Apotheose von allem Abweichenden – was sich fortsetzt in seinen späteren Elogen auf die Mullahs und seiner immerwährenden Verklärung von allem Exzessiven und Unverständlichen. Dass er den westlichen Libertinismus durchaus zu schätzen weiß, bezeugt er vor allem durch sein eigenes Leben. Dennoch steht bei ihm die Radikalkritik an der westlichen Moderne und ihrem Rationalismus im Vordergrund. Fast durchweg erwecken seine Statements den Eindruck, es könne ihm nicht schnell genug gehen mit dem Ende der Neuzeit, des Subjekts, des Universalismus, der aufklärerischen Vernunftherrschaft – was für ihn im Grunde alles das Gleiche ist.

Derrida bescheinigt Foucault schon früh ein eigenwilliges dualistisches Denken, das sich paradoxerweise gerade in seiner Kritik am dualistischen Denken zeigt, angefangen bei seiner Descartes-Kritik und seiner Aburteilung von Hegel, an dem er nicht wahrnehmen will, dass das Zerpflücken dualistischer Denkmuster dessen Hauptgeschäft ausmacht.[18] Foucault dagegen bleibt eben jenem binären Klippklapp verhaftet, das er an andern glaubt entlarven zu müssen. Wie jedoch eine Zukunft aussehen soll, in der das vielbeschworene Andere der Vernunft, das Andere der Neuzeit, das Andere des Subjekts zu seinem Recht gelangt, bleibt seltsam diffus.

Foucault redet vielsagend von »der neuen Seinsweise der Literatur«, vom »Erleben innerhalb des Wahnsinns«, vom »Tod des Menschen«, vom Schrei und vom Fleisch, von der Materialität des Denkens und vom »Rätsel der gespaltenen Ursprünge«.[19] Immer wieder paraphrasiert er Heideggers Diktum »Die Sprache spricht«, was heißt, dass nicht der Mensch sich in ihr ausdrückt, sondern die Sprache ein Eigenleben führt. Die Sprache erscheint dabei als »schweigsame, vorsichtige Niederlegung eines Wortes auf das Weiße eines Papiers, wo es weder Laut noch Sprecher geben kann, wo sie nichts anderes mehr zu sagen hat als sich selbst, nichts anderes zu tun hat, als im Glanz ihres Seins zu glitzern«.[20] Ebenso spricht Foucault vom »schweigenden Lachen«, vom »Denken des Draußen«, vom »Sprechen ohne zuweisbares Subjekt«, von der »Namenlosigkeit des befreiten und auf seine eigene Grenzenlosigkeit geöffneten Sprechens«.[21]

Sosehr er das Unsagbare beschwört, so gern fährt er mit großen Begriffen auf, die mantrisch lauten: Diskurs, Dispositiv, Wissen, Wahrheit, Macht. Doch weder unterscheidet er zwischen Wissen und Wahrheit noch zwischen diversen Formen des Wissens und diversen Formen der Wahrheit. Dabei ist die Wahrheit der Kunst eine andere als die der Wissenschaften oder Mathematik; die der Mathematik wieder eine andere als die der Psychologie und Soziologie, ganz abgesehen davon, dass es Dutzende von Psychologien und Soziologien gibt, die sich gegenseitig nicht grün sind. Für Foucault dagegen verschwimmt alles im Ozean dominanter Diskursformationen.

Wenn Leo Strauss verkündet: »In ihrer ursprünglichen Bedeutung setzt Philosophie die Befreiung vom historischen Denken voraus«, spaltet er die Frage nach der Wahrheit von allem Geschichtlichen ab.[22] Wenn Foucault verkündet, dass hinter allem, was sich als Wahrheit ausgibt, nur historische Koordinaten stecken, behauptet er, dass Philosophie einer Selbsttäuschung unterliegt, solange sie an Wahrheit glaubt. Obwohl die Positionen von Strauss und Foucault konträrer nicht sein könnten, sind sie sich wider Willen nah, denn weder der eine noch der andere vermag im Geschichtlichen etwas Verbindliches zu entdecken. Während Strauss sich in den platonischen Ideenhimmel rettet, diagnostiziert Foucault von seinem diskurskritischen Hochsitz herab ein allgegenwärtiges Machtgetriebe.

»Man lügt und stürzt in die Wahrheit«, heißt es in Clarice Lispectors Roman »Nahe dem wilden Herzen«.[23] Schlicht gesagt heißt das: Wer lügt, weiß, dass er lügt, in aller Regel jedenfalls. Und damit weiß er auch, was die Wahrheit ist. Aus den dünnluftigen Höhen philosophischer Abstraktionen muss man gelegentlich ins banale Leben zurückstolpern, um wieder zu wissen, dass manche Dinge nicht sonderlich kompliziert sind. Wird die Sache konkret, ergibt die Rede von der Wahrheit meist ziemlich schnell Sinn.

DER LETZTE MENSCH

Man kennt Nietzsches Rede vom Übermenschen, weniger geläufig ist seine Rede vom letzten Menschen. Der Übermensch soll erst noch kommen, der letzte Mensch ist bereits da. So jedenfalls lautet Nietzsches Diagnose und Prognose. Wir selbst sind die letzten Menschen, und zwar ganz im Sinne der Redewendung: Das ist ja das Letzte!

Nietzsche selbst ist weder der Erste noch der Letzte, der vom letzten Menschen spricht. Mary Shelley, die Verfasserin des »Frankenstein«, veröffentlicht bereits 1826 einen Roman mit dem Titel »Der letzte Mensch«, den sie im Jahr 2100 enden lässt mit einer Pandemie, die mit der Menschheit aufräumt. Foucault wiederum lässt seine Schrift »Die Ordnung der Dinge« mit den Worten ausklingen: »Der Mensch verschwindet wie am Meeresufer ein Gesicht im Sand.«[1] Bei Shelley klingt es nach maximaler Katastrophe, bei Foucault nach irrer Hoffnung.

Was aber zeichnet den letzten Menschen in Nietzsches Augen aus? Als Zarathustra nach zehn Jahren Einsamkeit von seinem Gebirge herabsteigt – gleich Moses vom Sinai –, begegnet er auf dem Jahrmarkt einem Volk, das nicht seinen Weisheiten lauschen will, sondern den angekündigten Seiltänzern entgegenfiebert. Das ist es, was der heutige Mensch sucht: Vergnügen, Zerstreuung, Konsum, Pop, Sport und sonstigen Schrott. Mit derart wenig Sinn hat die Menschheit sich früher nie zufriedengegeben, erst der vollkommen nivellierte, demokratisch deppert gewordene Mensch kennt nichts Höheres mehr, er will nur Spaß und Fun.

»Alle Wesen bisher schufen etwas über sich hinaus: und ihr wollt die Ebbe dieser großen Flut sein ...?«, ruft Zarathustra entsetzt, nicht anders als Moses, der sein Volk um einen vergoldeten Stier hüpfen sieht, den es als Inbild von Potenz bewundert.[2] Muskeln, Fitness, Sexappeal, mehr haben diese Leute nicht mehr im Kopf. Tiefer kann der Mensch nicht fallen, geistloser nicht sein Leben vertun. Eigentlich müssten diese Menschen sich vor sich selbst ekeln. Doch sie tun es nicht. Und weil sie es nicht tun, wünscht Zarathustra ihnen den Untergang. Was sie für Vergnügen halten, ist Idiotie, was sie als Lust empfinden, nichts als Nervenkitzel. Sie lieben die »Garküchen des Geistes«, ihr Leben besteht aus Fast Food, in jeder Hinsicht.[3]

»Was macht heute unsern Widerwillen gegen ›den Menschen‹«, fragt Nietzsche und antwortet: »Nicht die Furcht; eher, dass wir nichts mehr am Menschen zu fürchten haben; dass das Gewürm ›Mensch‹ im Vordergrunde ist und wimmelt; dass der ›zahme Mensch‹, der Heillos-Mittelmäßige und Unerquickliche bereits sich als Ziel und Spitze, als Sinn der Geschichte, als ›höheren Menschen‹ zu fühlen gelernt hat; – ja dass er ein gewisses Recht darauf hat, sich so zu fühlen, insofern er sich im Abstande von der Überfülle des Missratenen, Kränklichen, Müden, Verlebten fühlt, nach dem heute Europa zu stinken beginnt.«[4] Nietzsche wütet gegen die Gleichmacherei, gegen den Mangel an Großem und Heroischem, gegen die Abwehr von allem Tragischen, Stolzen, Abgründigen. Was die heutige Menschheit anstrebt, »ist das allgemeine grüne Weide-Glück der Herde, mit Sicherheit, Ungefährlichkeit, Behagen, Erleichterung des Lebens für Jedermann; ihre beiden am reichlichsten abgesungenen Lieder und Lehren heißen ›Gleichheit der Rechte‹ und ›Mitgefühl für alles Leidende.‹«[5] Was die Leute suchen, ist die »laue Luft eines demokratischen Wohlbefindens« mit seinem »harmlosen Lämmer-Glück«, das zu nichts führt als zur »Tyrannei der Geringsten und Dümmsten, der Oberflächlichen, der Neidischen«. Nur die guten alten »männlichen und kriegerischen Tugenden« könnten Europa noch vor dem »drohenden marasmus femininus« retten, verkündet Nietzsche mit theatralischem Furor.[6]

In Heideggers »Schwarzen Heften« lesen wir: »Der ›letzte Mensch‹ rast durch Europa.«[7] Rastlos jagt er dem Neuen nach und Unbekannten, so sehr, dass es bald nichts Neues und Unbekanntes mehr gibt. Was ihm fehlt, ist Erdung. Nicht nur ist er nirgends zu Hause, er ergeht sich in leerem Gerede und hat zu allem eine Meinung – ohne je eine wirklich eigene Meinung zu haben, denn er plappert nach, was in der Luft liegt und als angesagt gilt, am meisten, wenn er sich kritisch dünkt: »Jede Zeitung, jedes illustrierte Blatt, jedes Rundfunkprogramm bietet heute alles in der gleichen Weise dem einförmigen Meinen an.«[8] Den letzten Menschen finden wir »an den Plätzen der ferngesteuerten öffentlichen Meinung und in den Börsen des Kulturbetriebes«, wo er überall »die Maschinerie bedient«.[9] Zu erkennen ist er an seiner »Abkürzung von Wörtern oder in einem Zusammenschieben der Buchstaben von Wortanfängen«, so etwa, wenn er Uni sagt statt Universität oder UB statt Universitäts-Bibliothek. Heidegger findet das alles andere als harmlos, denn die Universität ist damit keine Universität mehr, sie wird zum bloßen Ding und Gebrauchsgegenstand, wie die ganze Welt.[10] Was einzig noch regiert, ist »das abgeflachte Produkt« eines Un-Denkens, das sich dem »Aufklärungszeitalter im 18. Jahrhundert« verdankt.[11] Alles hat sich seither »auf die allgemeine Verständlichkeit und Bekömmlichkeit verabredet«.[12]

Wie sehr auch Leo Strauss diese Sicht teilt, tut er immer wieder kund, wenngleich in trockenerem Ton. In seiner Schrift »Die drei Wellen der Moderne« erklärt er: »Für Marx ist das Kommen der klassenlosen Gesellschaft eine ausgemachte Sache, während für Nietzsche das Kommen des Übermenschen von der freien Entscheidung des Menschen abhängt. In Bezug auf die Zukunft steht für Nietzsche nur eines fest: Das Ende des bisherigen Menschen ist gekommen; was danach kommt, ist der Übermensch oder der letzte Mensch. Beim letzten Menschen handelt es sich um den untersten und den verkommensten, es ist der Herdenmensch ohne jegliche Ideale und Ziele, aber gut genährt, gut gekleidet, gut untergebracht, gut medizinisch versorgt von ordentlichen Ärzten und Psychiatern; es ist der Marx'sche Mensch der Zukunft aus antimarxistischer Sicht.«[13]

Dieser Mensch will seine Ruhe haben und sein Leben genießen, ohne alle weiteren Ansprüche. Sein Dasein besteht aus Arbeit und Freizeit, mehr kennt er nicht, mehr will er nicht. Die westliche Welt frönt seit Beginn der Neuzeit einem »politischen Hedonismus«, für den Hobbes verantwortlich zeichnet. Denn er hat sich von den Tugendlehren der Vergangenheit verabschiedet und weist dem Staat lediglich die Aufgabe zu, für öffentlichen Frieden zu sorgen, damit seine Bürger ihren wirtschaftlichen Bedürfnissen nachgehen können, so problemlos wie möglich. Im Privaten darf jeder seine eigenen Interessen verfolgen und glauben, was er will. Ein jeder rennt seinem kleinen Glück hinterher, ohne alles Höhere. Das platonische Streben nach dem Guten ist zur banalen Gier nach dem billigen Kick degeneriert. Für Strauss erschöpft sich ein solches Leben in »freudloser Suche nach Freude«.[14]

Wirklicher Widerstand kann für ihn nur von Menschen kommen, die sich »im Namen eines noblen Handelns und großer Taten« gegen den weiteren Niedergang wehren.[15] Bemerkenswerterweise spricht allerdings auch Strauss von einem nihilistischen Kampf, offenbar hält er ihn bereits für verloren. Anders als Nietzsche und Heidegger nimmt er jedoch weniger das moderne Alltagsleben in den Blick als das politische Große und Ganze. Schließlich besteht das Interesse des letzten Menschen vor allem darin, möglichst konfliktlos durchs Leben zu kommen. Ehre und Kampf sind ihm fremd geworden, das Wort Tugend hat er aus seinem Wortschatz gestrichen. Macht gilt ihm als böse, Grenzen soll es keine mehr geben, die Welt jedem offenstehen. Wohin das führt, sieht man an Kojève, der die Philosophie an den Nagel hängt und mit dem Aufbau der UN sein Leben vertut. Ginge es nach ihm, gäbe es in Zukunft nur noch einen einzigen »homogenen Staat«, behauptet Strauss: die Weltrepublik als globales Domizil jenes letzten Menschen, der sich am Ende der Geschichte wähnt.[16] Strauss erkennt darin die »düstere Zukunft eines universellen Philistertums«, das vom ewigen Frieden träumt, bloß noch die Religion des Säkularismus kennt und aus einer Konformität besteht, die sich einbildet, pluralistisch zu sein.[17]

Allan Bloom, der berühmteste Schüler von Strauss, veröffentlicht 1987 eine millionenfach verkaufte Streitschrift mit dem Titel »The Closing of the American Mind« – Der Niedergang des amerikanischen Geistes. Anders als bei seinen Platon-Studien ergeht Bloom sich dabei nicht in Subtilitäten, er redet Klartext. Über Nietzsche sagt er: »Wenn er vom Glück und vom Letzten Menschen redet, meint er nicht, dass der Letzte Mensch unglücklich ist, sondern dass sein Glück etwas Abstoßendes besitzt.«[18] Was daran so abstoßend ist, erklärt Bloom äußerst anschaulich: »Ich habe erlebt, wie Schüler, die damit prahlten, keine Helden mehr zu verehren, insgeheim, doch voller Inbrunst, wie Mick Jagger sein wollten.« Und weiter: »Dieses starke Stimulans, das Nietzsche Nihilin nannte, verkörperte sich sehr lange, fast fünfzehn Jahre lang, in einer einzigen Figur, Mick Jagger.« Mit Michael Jackson und Prince werden die Dinge noch schlimmer. Bloom kann kaum glauben, wie rasant es bergab geht mit der Welt.[19] Womit wir es zu tun haben, ist eine »schwache und erschöpfte westliche Zivilisation«.[20] Der letzte Mensch ist »der noch widerlichere Nachkomme der Bourgeois«, er ist »das Produkt eines egalitären, rationalistischen, sozialistischen Atheismus«.[21]

Der Protagonist in Saul Bellows letztem Roman »Ravelstein« ist kein anderer als der mit ihm befreundete Allan Bloom. Wir erfahren dort, dass Bloom selbst keineswegs an Gott geglaubt hat, dafür aber umso mehr an eine Kultur, die ohne den Glauben an Gott nichts Großes hervorgebracht hätte. Bloom liebt über alles Barockmusik, sie bildet das Gegenprogramm zu den Jaggers und Jacksons. Auch Bellows spätere Romane bestehen vor allem aus Suaden älterer Männer gegen die Hippies, die kriminellen Schwarzen und den feministischen Irrsinn. In »Ravelstein« lässt Bellow auch Strauss ein paar Mal auftreten – unter dem Namen Davarr. Er ist der Mann mit der »harmlosen Brille« und »feurigen Urteilen«.[22] Man hat es mit lauter Gestalten zu tun, die über das heutige Leben nur den Kopf schütteln können. »Ravelstein« ist eine Elegie auf die untergehende Welt großer weißer Männer, die nicht mehr glauben, dass noch etwas zu retten ist. Man hat es zu weit kommen lassen, schon viel zu lange.

Blooms Kampfschrift steht in den Bestseller-Charts monatelang obenan. Es handelt sich um einen mit Sokrates-, Nietzsche- und Heideggerzitaten gespickten Aufschrei, dem es keineswegs an Unterhaltungswert fehlt. »Nächtelang hat Bloom die Amerikaner wachgehalten mit der Sorge um die Gefahren des Werterelativismus und des aggressiven Postmodernismus. … Keiner hat sich wie er getraut, die Progressiven, Radikalen, Multikulturalisten und überhaupt die Sechzigerjahre für die Zerstörung des Kanons zur Rechenschaft zu ziehen«, stellt der Politologe Benjamin Barber fest, dem Blooms Alarmismus nicht nur unter intellektuellen Gesichtspunkten suspekt ist.[23] Selbstverständlich laden Blooms Rundumschläge immer wieder zum Nicken ein, denn wer möchte bestreiten, dass die Massenuniversitäten zu Durchlauferhitzern verkommen sind für eine Wissensvermittlung, die wenig mit Denken zu tun hat, statt Orte zu sein für ein ungebundenes, von keinerlei Effizienzwahn getriebenes Diskutieren und Debattieren, das sich alle Zeit nimmt für die großen Fragen des Lebens.

Klänge da nur nicht permanent ein Ton mit, der die guten alten Zeiten hochhält, in denen eine erlesene Schar paternalistischer Gestalten den akademischen Kosmos beherrschte und noch nicht Krethi und Plethi an den Universitäten ein und aus gingen. Für Barber gibt Blooms Pamphlet das Paradebeispiel ab für jene »noble Lüge«, derzufolge die westliche Welt nur noch zu retten ist, wenn eine hochgebildete Elite das geistige Leben in die Hand nimmt und für eine Kultur einsteht, die mit dem Müll der Massen nicht in Berührung gelangt. »Bloom hat eines der demokratiefeindlichsten Bücher verfasst, die jemals geschrieben worden sind für ein demokratisches Publikum«, urteilt Barber und fügt hinzu, seine Ansichten passten »bestens zu den Überzeugungen eines Philosophen, der im Platonismus wurzelt und allem Demokratischen misstraut«.[24] Gar nicht zu reden von der Infamie, mit der er Gegner diskreditert, wie etwa Adorno, den er als Psychosoziologen abkanzelt und dem er einen »Flirt mit Stalin« nachsagt – was im Falle der Frankfurter Schule absurder ist als absurd.[25]

1992 wiederum erscheint von Francis Fukuyama die vieldiskutierte Schrift »Das Ende der Geschichte«. Leider gibt die deutsche Ausgabe den Titel kastriert wieder, denn im Original lautet er: »The End of History and the Last Man«. Darin steckt nicht nur Kojèves Hegel, es steckt darin ebenso Nietzsche. Für Fukuyama ist seit dem Zusammenbruch des Ostblocks das Ende der Geschichte erreicht, im schönsten Sinn. Damit ist keineswegs gesagt, dass nun nichts Neues mehr geschieht unter der Sonne, es bedeutet, dass nach Jahrtausenden despotischer Herrschaft die Demokratie gesiegt hat. Seit die Mauer nicht mehr existiert, hat auch die östliche Hemisphäre kapiert, dass es zur Demokratie keine Alternative gibt, zumindest keine attraktive, lautet Fukuyamas Diagnose.

Gleichwohl ist ihm bewusst, dass nicht alle diesen Zustand goutieren, schließlich bemerkt er mit Blick auf Nietzsche und Konsorten: »Das Leben des Letzten Menschen dreht sich um Sicherheit und Wohlstand, zwei Dinge, die westliche Politiker ihren Wählern am liebsten versprechen.« Der Letzte Mensch macht sich vor allem Sorgen um seine eigene Gesundheit und Sicherheit. Er fühlt sich berechtigt, den Nachbarn auf seine Rauchgewohnheiten anzusprechen, während er den wirklich großen Fragen gern aus dem Weg geht, sofern er sie sich überhaupt noch stellt.[26] Er richtet sich im Kleinen ein, geht seiner Arbeit nach, sitzt vor dem Fernseher, schmeißt am Wochenende den Grill an, trifft sich an der Bar, zieht Kinder auf und muss sich irgendwann vom Leben verabschieden. Alles erstickt in einem gemächlichen Relativismus, der nichts Absolutes mehr kennt. Dieser Relativismus führt, wie Fukuyama Nietzsche paraphrasiert, »nicht zur Befreiung der Großen oder Starken, sondern der Mittelmäßigen, denen man einredet, sie hätten nichts, wofür sie sich schämen müssten«. Und weiter heißt es: »Leute mit moderner Erziehung begnügen sich damit, zu Hause zu sitzen und sich zu ihrer Aufgeschlossenheit und ihrem fehlenden Fanatismus zu beglückwünschen.« Dem Letzten Menschen geht alles Kämpferische und Kriegerische ab. Er denkt, »dass die Geschichte voller sinnloser Schlachten war, in denen sich die Menschen darum gestritten haben, ob sie christlich oder muslimisch, protestantisch oder katholisch, deutsch oder französisch sein sollten«.[27] Der Letzte Mensch kann darüber bloß den Kopf schütteln.

Wer ein solches Leben als Krönung der Menschheitsgeschichte anpreist, hat in den Augen nietzscheanischer Modernekritiker aufgegeben. Fukuyama fühlt sich bei solchen Nietzscheanern an Groucho Marx erinnert, der von sich behauptet hat, er wolle nie einem Club angehören, der ihm die Mitgliedschaft anbietet: »Was für einen Wert soll schon eine Anerkennung haben, die jedem zukommt, bloß weil er Mensch ist?«[28] Fukuyama dagegen kann dem letzten Menschen einiges abgewinnen. Was sollte besser sein als ein Leben in Freiheit, Demokratie und Frieden? Vor dreißig Jahren konnte man auch noch dem Glauben anhängen, dass nur Demokratien Wohlstand hervorbringen.[29]

Inzwischen zeigt nicht nur China, dass es auch anders geht. Kapitalismus und Autoritarismus scheinen sich dort bestens zu vertragen. Allerdings finden inzwischen selbst Teile der westlichen Welt an der Demokratie nur mehr wenig Gefallen. Fukuyamas Schrift liest sich heute wie ein Zeitdokument, dessen Halbwertszeit keine zehn Jahre betragen hat. Das Ende der Geschichte ist wieder in die Ferne gerückt.

Im Übrigen erklärt Fukuyama kurz nach dem Erscheinen seines Essays, bezüglich der Debatte um das Ende der Geschichte gebe es nichts Aufschlussreicheres als die Kontroverse zwischen Strauss und Kojève.[30] Der eine verkündet vom Katheder herab eine zeitlose Wahrheit, der die Menschheit sich zu fügen hat, für den andern besteht die Wahrheit darin, dass wir so lange über die Wahrheit streiten müssen, bis die Ungleichheit zwischen den Menschen eingedämmt ist und alle sich als freie Wesen fühlen. Wahrheit existiert für Kojève nicht ohne Widerrede und Kämpfe. Diese Kämpfe entschärfen sich erst in dem Moment, wo die Menschheit sich über grundlegende Dinge einig ist und der Universalismus sich verwirklicht hat. Ab da hat die Geschichte ihr Ziel erreicht.

Für Leo Strauss dagegen steht fest: »Die Vollendung der Geschichte markiert den Anfang von Europas Untergang, ja der westlichen Welt, in der dann alle anderen Kulturen aufgegangen sind, weshalb damit der Untergang der ganzen Menschheit beginnt. Die Menschheit hat keine Zukunft mehr.«[31] In Carl Schmitts *Glossarium* lautet der Eintrag vom 1.10.1949: »Homo homini homo, das bedeutet: das letzte Hindernis der Menschwerdung des Menschen ist der Mensch selbst. Er ist es wirklich. Rotten wir es also aus, dieses letzte Hindernis!«[32]

NUR NOCH EIN GOTT KANN UNS RETTEN

In seinem posthum erschienenen »Spiegel«-Gespräch erklärt Heidegger: »Nur noch ein Gott kann uns retten.«[1] Auf eigene Hilfe ist nicht mehr zu hoffen, viel zu lange hat sich das neuzeitliche Subjekt auf sich selbst verlassen und von der Illusion gezehrt, Herr seines Schicksals zu sein. Es hat den Karren vollkommen in den Dreck gefahren. Münchhausen hat abgewirtschaftet, er kann sich nicht mehr am eigenen Schopf aus dem Sumpf ziehen. »Unsere Stunde ist das Zeitalter des Untergangs«, konstatiert Heidegger.[2]

Nach dem Zweiten Weltkrieg hat er nicht nur keine Worte gefunden für seine Verstrickung ins Naziregime, vielmehr hat er jedes Nachhaken als kleingeistig abgekanzelt. Wer im Namen von Demokratie und Menschenrechten argumentiert, hat in seinen Augen nicht im Geringsten begriffen, dass es um Größeres geht. Demokratie, Faschismus und Kommunismus sind für Heidegger wesensgleich; sie alle gründen in einem neuzeitlichen Machbarkeitsdenken, das immer nur den Menschen im Blick hat und nie das Seyn. Ob man »aufklärerisch-moralisch« denkt oder »psychologisch-naturwissenschaftlich« oder »politisch völkisch«, es läuft alles aufs Gleiche hinaus. Sie alle zeichnet der »langweilige und gemeinplätzige Abklatsch ihrer eigenen Oberflächlichkeit« aus, erklärt Heidegger schon während der Nazizeit in seinen voluminösen »Beiträgen zur Philosophie«.[3] Nicht Hitler ist das Schlimme, es ist der abendländische Humanismus mit seiner cartesianischen Subjektbesoffenheit. Je heller die Aufklärung strahlt, desto schlimmer verfinstert sich das Seyn.

Wir leben, behauptet Heidegger, in einem »Zeit-Spiel-Raum der Wirrnis und der Winke«.[4] Allerdings muss man diese Winke zu deuten wissen, was nur wenige können. Denn der wahre Wink »kommt nur zum Winken im Anklang des Seyns aus der Not der Seinsverlassenheit«.[5] Wer sich bei diesen Worten an Jesus erinnert fühlt, der in seiner Verzweiflung zum Vater ruft: »Warum hast du mich verlassen?«, befindet sich jedoch auf dem Holzweg. Vom Christentum kann kein Heil kommen, es ist – nebst seinen Vorläufern, dem Platonismus und Judentum – für den Tanz um den Menschen verantwortlich. Das Christentum hat der Welt seine eigene Variante jener Büchse der Pandora geschenkt, die voller Herrlichkeiten zu sein scheint, aber nur Übel bringt. Ihr Inhalt besteht aus Moral, Universalismus, Gleichmacherei. In dem Glauben, all das würde dem Wohl der Welt dienen, treibt der Mensch seiner eigenen Zerstörung entgegen. Sein Ende ist greifbar nah. Nur wollen es die meisten nicht wahrhaben, in entsetzlicher Selbstverkennung.

»Das Zeitalter des Unter-gangs (sic!) ist nur wißbar für die Zugehörigen. Alle Anderen müssen den Unter-gang fürchten und ihn deshalb leugnen und verleugnen«, prophetet Heidegger in seinen »Beiträgen zur Philosophie«, wo es in dem Kapitel »Der letzte Gott« heißt: »Nur die großen und verborgenen Einzelnen werden dem Vorbeigang des Gottes die Stille schaffen und unter sich den verschwiegenen Einklang der Bereiten. … Alles Öffentliche aber wird in seinen Erfolgen und

Niederbrüchen schwärmen und sich jagen, um seiner Art gemäß nichts zu ahnen von dem, was geschieht. Nur zwischen diesem Massenwesen und den eigentlich Geopferten werden sich die Wenigen und ihre Bünde suchen und finden, um zu ahnen, daß ihnen etwas Verborgenes geschieht.«[6]

Heidegger stellt diesem Kapitel das Motto voran: »Der ganz Andere gegen die Gewesenen, zumal gegen den christlichen.«[7] In seinen »Schwarzen Heften« wütet er nicht nur gegen das Judentum, das Christentum kommt keinen Deut besser weg. Ohne diese beiden hätte es nie die Aufklärung gegeben. Der neuzeitliche Atheismus vollendet, was diese beiden gestiftet haben, mit ihrem Kult ums Individuum, um Selbstbestimmung, um Freiheit. »Die lange Verchristlichung des Gottes«, orakelt Heidegger, zögert die Ankunft des wahren und letzten Gottes bis heute hinaus.[8] »Das Machenschaftliche ... des jüdisch-christlichen Schöpfungsgedankens« betreibt die »Entwurzelung« des Menschen.[9]

Das Schlimme ist, dass die meisten von der »Not der Seinsverlassenheit« gar nichts merken. Sie vergnügen sich in der »Not der Notlosigkeit«, ohne jedes Gefühl fürs Eigentliche.[10] Sie verstehen nicht nur die Winke nicht, sie nehmen sie überhaupt nicht wahr. Doch sie werden es büßen müssen, denn zum »Wink« gehört »der aufgrollende Grimm des Furchtbaren«.[11] Auch in Heidegger steckt etwas vom strafsüchtigen Apokalyptiker Johannes, der in seiner Verbannung auf Patmos die ganze Welt mit seiner Feder auspeitscht. Auch er fühlt sich verbannt, schließlich hat man ihm nach dem Zweiten Weltkrieg Lehrverbot erteilt. Beide wollen es der Welt heimzahlen.

MESSIANISCHE TABULA RASA

Nicht nur das ultrakonservative Lager der Schmitts, Voegelins und Straussens greift nach der Theologie, um die eigene Position absolutistisch zu unterfüttern, auch auf linker Seite beansprucht man gern Gott. Dass die Neuzeit nur noch profane Brötchen backt, entspricht allenfalls der halben Wahrheit. Selbst wo Gott bloß noch als Chiffre dient für Anderes, hat er nicht völlig ausgespielt.

Derrida konstatiert in seiner 1990 erschienenen Schrift »Gesetzeskraft« eine bedenkliche Nähe von Benjamin zu Carl Schmitt, wenn er feststellt: »Von derartigen Affinitäten kann man nicht nur aufgrund einer gemeinsamen Feindseligkeit gegenüber der parlamentarischen Demokratie, der Demokratie überhaupt und der Aufklärung reden, und auch nicht nur aufgrund einer gewissen Deutung des *polemos*, des Kriegs, der Gewalt und der Sprache: von Affinitäten lässt sich ebenfalls aufgrund einer gemeinsamen Thematik der ›Destruktion‹ sprechen, die zu jener Zeit weit verbreitet war.«[1] Derrida schaudert ob der dezisionistischen Grundhaltung bei Benjamin, die er mit Schmitt gemein hat und die auf die Verachtung alles Parlamentarischen, Diskursiven, Dialogischen hinausläuft.[2] An der Weimarer Republik konnten beide keinen Gefallen finden.

Auch wenn Benjamin sich ein seltsames marxistisches Mäntelchen umhängt, verdeckt er damit mehr schlecht als recht, dass er den kommunistischen Fortschrittsglauben nicht nur nicht teilt, sondern für vollkommen falsch hält. Auf der einen Seite ist er von den Schriften des gewaltverherrlichenden George Sorel beeindruckt, auf der andern lassen sich in seinem Werk immer wieder Spuren von Carl Schmitt nachverfolgen. Sorel hat sich vom Linksanarchisten zum Unterstützer der faschistischen »Action Française« entwickelt, deren gleichnamige Zeitschrift Benjamin abonniert hat. Carl Schmitt ist seiner rechten Haltung von Anfang bis Ende treu geblieben. Dass seine Freund-Feind-Theorie auch einem dezidiert linken Denken entspricht, zeigt sich allein an beider Radikalkritik am bürgerlichen Subjektivismus, der zu nichts führt als Zersplitterung. In künstlerischer Hinsicht feiert Benjamin zwar den modernen Subjektivismus, als Weltzustand hält er ihn jedoch für heillos. Ästhetisch findet er am modernen Babylon größten Gefallen, in allem andern nicht. Solange die neue Zeit noch nicht gekommen ist, dürfen wir mit avantgardistischem Eifer die Lust am Zerbrochenen ausleben und uns in den Blitzlichtgewittern des allegorisch-assoziativen Denkens ergehen. Wir dürfen uns endlosen Kafka-Deutungen hingeben, in dem erregenden Wissen, dass wir niemals auf einen grünen Zweig kommen und alles labyrinthisch, rätselhaft, paradox bleibt. So lange jedenfalls, bis der Messias zuschlägt. An die menschliche Fähigkeit, die Dinge von Grund auf zu ändern, glaubt Benjamin nicht. Engagement bringt nichts, lediglich in den Gefilden der Kunst lohnt es sich, die avantgardistische Trommel zu rühren. Benjamins Liebäugeln mit dem Marxismus entbehrt nicht der Paradoxie. Brecht bemerkt dazu 1938 in seinem »Arbeitsjournal«: »Alles Mystik, bei einer Haltung gegen Mystik. In solcher Form wird die materialistische Geschichtsauffassung adaptiert! Es ist ziemlich grauenhaft.«[3]

Weder Schmitt noch Benjamin glauben an eine Verbesserung der Welt, weder an eine schrittweise noch an eine revolutionäre. Aus eigener Kraft findet der Mensch keinen Ausweg, es bedarf höherer Mächte, sei es in Gestalt Gottes, sei es in Gestalt weltlicher Potentaten. Auf Dialog und Demokratie setzt weder der eine noch der andre. Rettung kann nur von außen kommen: in Gestalt eines Souveräns, der die Dinge in Ordnung bringt, ohne lange zu fackeln. Die Nähe Benjamins zu Schmitt legt Jacob Taubes 1985 in einem »taz«-Artikel offen, nicht ohne zu bemerken, Adorno habe diesbezügliche Spuren zu tilgen versucht.[4] Als Herausgeber von Benjamins Korrespondenz hatte er tatsächlich einen Brief vom 9. Dezember 1930 an Schmitt unterschlagen, in dem es heißt: »Sie erhalten dieser Tage vom Verlage mein Buch ›Ursprung des deutschen Trauerspiels‹. Mit diesen Zeilen möchte ich es Ihnen nicht nur ankündigen, sondern Ihnen auch meine Freude darüber aussprechen, daß ich es … Ihnen zusenden darf. Sie werden sehr schnell bemerken, wieviel das Buch in seiner Darstellung der Lehre von der Souveränität im 17. Jahrhundert Ihnen verdankt. Vielleicht darf ich Ihnen darüber hinausgehend sagen, daß ich auch Ihren späteren Werken, vor allem der ›Diktatur‹ eine Bestätigung meiner kunstphilosophischen Forschungsweisen durch Ihre staatsphilosophischen entnommen habe. Wenn Ihnen die Lektüre meines Buches dieses Gefühl verständlich erscheinen läßt, so ist die Absicht meiner Übersendung erfüllt. Mit dem Ausdruck besonderer Hochschätzung – Ihr sehr ergebener Walter Benjamin.«[5]

Anders als Adorno weist Scholem ausdrücklich auf Benjamins Vorliebe für reaktionäre Autoren hin und seinen Hang zum Extremen. In einem Brief vom 30. März 1931 an Benjamin bescheinigt Scholem ihm eine »Konfusion von Religion und Politik« und hält ihm vor, dass sein Gerede von den Klassen und vom Kommunismus wie angeklebt wirkt. Er richte sich in einem »Schwebezustand« ein, wo alles unfassbar bleibt in vielsagender Mehrdeutigkeit.[6] Als Anfang der 1970er Jahre die große Benjamin-Exegese einsetzt, spottet Scholem, man behandle von ihm jede aus der hohlen Hand gezogene These wie ein Bibelwort – je kryptischer, desto faszinierender: »Zu den Eigenarten der Benjaminschen philosophischen Prosa ... gehört ihre enorme Eignung zur Kanonisierung, ich möchte fast sagen zur Zitierung als eine Art Heiliger Schrift.«[7]

Das Manierierte von Benjamins Formulierungen suggeriert unendlichen Tiefsinn, hinter jedem verdrillten Nebensatz scheinen ungeahnte Wahrheiten aufzuleuchten. Jede noch so beiläufige Bemerkung sei »mit der Aura des ex cathedra umkleidet«, behauptet Scholem und fügt hinzu: »Seine Sätze haben oft genug die autoritäre Haltung von Offenbarungsworten ... Der Gestus des Esoterikers, den Adorno und ich an ihm wahrgenommen haben, war der des Produzenten autoritärer, und das freilich heißt auch: von vornherein und ihrem Wesen nach zitierbarer und deutbarer Sätze.«[8] Einen Teil der akademischen Linken zeichnet schon immer eine Sehnsucht nach kirchenväterlicher Autorität und Apodiktik aus. Einher geht damit meist, dass der cartesianische Ruf nach Klarheit gegenüber dem Verlangen nach Wortzaubereien den

Kürzeren zieht. Nur wenige gestehen wie Peter Handke, er könne ein Denken wie das von Benjamin »nie nachvollziehen ..., sondern höchstens, im Glücksfall, kräftig ahnen«.[9]

Angesichts der Vielfalt seiner Themen und Interessensgebiete übersieht man leicht, dass ein paar tiefsitzende Überzeugungen sich bei Benjamin durchziehen und allem ihre Färbung geben. Dazu gehören in erster Linie seine apokalyptischen Vernichtungsphantasien und die damit einhergehende Verachtung von allem Liberalen und Demokratischen. Einerseits zeichnen seine Schriften sich durch eine unverwechselbare Subtilität aus, andererseits schimmert so gut wie immer ein Koordinatensystem durch, das erstaunlich schlicht und übersichtlich ist, jedoch den Anschein undurchdringlicher Komplexität erweckt. So filigran Benjamins Denkstil sich ausnimmt, so summarisch fallen seine Urteile über die Geschichte im Generellen und die Neuzeit im Besonderen aus. Sosehr er an der modernen Kunst das Enigmatische und Fragile rühmt, so entschieden sehnt er den endgültigen Ruin der heutigen babylonischen Welt herbei. Was Benjamin inszeniert, ist ein permanentes Double Bind: Er rühmt an der Kunst, was er im Leben für verhängnisvoll hält. Dass die Zersplitterung immer befremdlichere Formen annimmt, wünscht er sich nicht nur aus ästhetischen Gründen, sondern vor allem aus erlösungsbedürftigen. Denn je schlimmer es steht um die Welt, desto näher rücken wir einem Zustand, in dem alles kippt. Die Apokalypse ist identisch mit dem Kommen des Messias, das eine ist ohne das andre nicht zu haben. Aus diesem Grund ist alles auf schreckliche Weise gut, was sein Kommen beschleunigt. Je wirrer die Dinge werden und je unbegreiflicher, desto besser. Der einzige Weg zur Rettung besteht in Zerstörung. Im Grunde bleibt nur eines: totale Vernichtung.

Verwüstungsvisionen begegnen wir bei Benjamin immer wieder. In seinen »Denkbildern« schildert er einen Tagtraum, der ihn am Nationalfeiertag in Paris überkommt, inmitten der feiernden Menge, die mit einem Schlag gepackt wird von einem dionysischen Gewaltgefühl, das sie alles zertrümmern lässt, in einem maßlosen Befreiungsrausch. In der

Abhandlung »Der destruktive Charakter« schreibt Benjamin Gewaltexzessen eine apollinische Schönheit zu; sie verfolgen für ihn das Ziel, um einer göttlichen Einfachheit willen alles zu zerschlagen, was diese Einfachheit verhindert. In seinem »Theologisch-politischen Fragment« beschwört er eine messianische Gewalt, die nicht ins Jenseits führt, sondern ins irdische Glück. Dazu bedarf es, wie er formuliert, einer »Weltpolitik, deren Methode Nihilismus zu heißen hat«.[10]

Anders als der Titel »Kritik der Gewalt« vermuten lässt, handelt es sich bei diesem Traktat um alles andere als eine Absage an Gewalt, das genaue Gegenteil ist der Fall. Benjamin rechtfertigt sie nicht als Mittel für einen hehren Zweck, er verherrlicht sie um ihrer selbst willen. Reine Gewalt gelangt für ihn zum Ausdruck in Zornesausbrüchen, die einzig den Sinn besitzen, sich auszutoben; sie sind auf nichts als Zerstörung aus, ohne Rücksicht auf Verluste. Diese Lust an der reinen Gewalt zeigt sich auch an unserer insgeheimen Bewunderung des großen Verbrechers, der »noch im Unterliegen die Sympathie der Menge gegen das Recht« erregt. Übers Volk sagt Benjamin: »Im großen Verbrecher tritt ihm diese Gewalt entgegen mit der Drohung: neues Recht zu setzen, vor der das Volk trotz ihrer Ohnmacht in bedeutenden Fällen noch heute wie in Urzeiten erschauert.«[11] Im 20. Jahrhundert fehlt es nicht an Gestalten, die einem dazu in den Sinn kommen.

Wer diese Gewalt zum Äußersten treibt, ist kein anderer als der Messias. Sobald er erscheint, wird nichts mehr sein, wie es war. Mit seinem Radikalschlag wird er deutlich machen, wie sehr alle unsere menschengemachten Rechtssysteme, Gesetze und Institutionen, ja unser ganzes Leben aus nichts bestanden hat als Unrecht. Weil sich durch Evolution und Revolution nie Grundsätzliches geändert hat, muss diese Welt von Grund auf zerstört werden. Das Beste, was uns passieren kann, ist Vernichtung, in größtmöglichem Ausmaß. Dem allumfassenden Unrecht aller Geschichte kann nur mit größtmöglicher Gewalt begegnet werden. Wer versucht, die Verhältnisse schrittweise zu verbessern, betreibt nicht nur Kosmetik, er zögert damit die Erlösung hinaus. Dass Benjamin von der Sozialdemokratie noch weniger hält als von der Demokratie, muss bei einem solchen theologisch-politischen Maximalismus nicht verwundern.

Im Umfeld seiner »Geschichtsphilosophischen Thesen« notiert er, man müsse, »die destruktiven Kräfte entbinden, die im Erlösungsgedanken liegen«.[12] Der abschließende Satz lautet: »Die göttliche Gewalt … mag die waltende heißen.«[13] Was das konkret bedeutet, blitzt in Formulierungen auf, mit denen Benjamin alles menschengemachte Recht radikaler Falschheit zeiht. Das Absolute verträgt nichts Relatives. Benjamin redet von »Erlösung aus dem Bannkreis aller bisherigen weltgeschichtlichen Daseinslagen«.[14] Derrida zufolge haben wir es mit einem äußert beunruhigenden, gespenstischen Text zu tun, der weniger von Erlösungs- als von Endlösungsvisionen kündet.[15]

Am Fragmentarischen der modernen Kunst schätzt Benjamin nicht nur, dass es die Zersplitterung der Welt widerspiegelt, mehr noch schätzt er, dass es diese Zersplitterung vorantreibt. Von Baudelaires Sonett »La destruction« behauptet er, es liefere »das Werkzeug, mit dem die Allegorie selber die Dingwelt zu den zertrümmerten und entstellten Bruchstücken macht, über deren Bedeutungen sie dann Herrin ist«.[16] Was Benjamin damit meint, wird verständlich vor dem Hintergrund seiner frühen Schrift »Über den Ursprung des deutschen Trauerspiels«. Deren zentrale These lautet, dass schon die Barockdichtung den Weg zur Avantgarde weist, da sie in Allegorien denkt und nicht mehr in Symbolen. Das Symbol steht in Benjamins Augen für Ganzheitlichkeit, Totalität, Sinn, die Allegorie fürs Individuelle, Assoziative, Zufällige. Die Sonne steht in allgemeingültiger Weise für Leben, Licht und Wärme; Allegorien dagegen zeugen von subjektivem Gedankengelichter. Eine Welt, in der die Allegorie regiert, kennt nichts Verbindliches mehr. Wenn Benjamin von seiner »Berliner Kindheit« erzählt, er habe mit einem Schneesturm ein Buchstabengestöber assoziiert, lässt sich das nicht verallgemeinern; andere verknüpfen damit ganz Anderes. Es fehlt jeder gemeinsame Nenner, das Allegorisieren gerät zum Indiz für eine Moderne, die keinerlei gemeinsamen Boden mehr bietet. Künstlerisch erschafft sie Vielfalt, de facto bricht alles auseinander. »Allegorien sind im Reiche der Gedanken, was Ruinen im Reiche der Dinge«, lautet ein berühmt gewordener Satz in Benjamins Trauerspiel-Schrift.[17]

Noch berühmter ist der Hamlet Satz »Something's rotten in the state of Denmark«. Benjamin dehnt ihn auf die ganze Welt aus, sie besteht für ihn nur noch aus Scherben. In Hamlet verkörpert sich unser modernes Lebensgefühl mit seinem immerwährenden Schwanken, Zaudern, Reflektieren. Alles ist möglich, nichts unvermeidlich und unausweichlich. Das taumelnde Subjekt irrt zwischen allerlei Alternativen hin und her, wodurch es sich auf fatale Weise frei fühlt. Es existiert keinerlei Notwendigkeit, alles bleibt dem Zufall, der assoziativen Eingebung, der kontingenten Entscheidung überlassen. Weder dräut über ihm ein Schicksal wie in der griechischen Tragödie, noch ist es eingebettet ins mittelalterliche Universum. Nicht zufällig habe Hamlet bei den depressiven Lutheranern in Wittenberg studiert, heißt es sinngemäß in der Trauerspiel-Schrift. Jeder Glaube verliert seit Beginn der Neuzeit sein Absolutes, nichts ist mehr objektiv gültig. Die Wahrheit degeneriert zur bloßen Empfindung, deren Wesen bekanntlich aus Wanken besteht. Mit Luther und mit Gestalten wie Hamlet beginnt die Welt schal zu werden: »Etwas Neues entstand: eine leere Welt«, lautet Benjamins Fazit.[18] Indem die Barockdichtung in tausenderlei Varianten die Nichtigkeit unseres Daseins beschwört, erzeugt sie Schwindelgefühle, in vielfacher Weise.

Auch für Carl Schmitt markiert »Hamlet« den epochalen Umschwung vom geschlossenen Kosmos des Mittelalters zur bodenlosen Welt der Neuzeit. Mit ihrer »Hamletisierung« beginnt die Ungewissheit zu regieren, mit allem Unberechenbaren, Unzuverlässigen, Launenhaften.[19] Hamlet wird zum Mythos der Moderne. Wie sehr er sich allem Eindeutigen entzieht, davon zeugt schon die ausufernde, vollkommen widersprüchliche Rezeptions- und Aufführungsgeschichte.[20] So wie Benjamin sich in seiner Trauerspiel-Schrift auf Schmitt bezieht, bezieht Schmitt sich in »Hamlet und Hekuba« auf Benjamin, und zwar nicht nur dadurch, dass er ausführlich auf sein Dankesschreiben aus dem Jahr 1930 zu sprechen kommt.[21] Wenige Jahre nach dem Ende der Nazizeit stellt Schmitt genüsslich heraus, wie sehr Benjamin ihn wertgeschätzt hat. Für beide steht fest, dass wir nicht nur immerzu am Rand des Ausnahmezustands vorbeischrammen, sondern dass er unter allem rumort. Für Benjamin ist der Ausnahmezustand das Normale, schließlich hat in der Geschichte noch nie wirkliches Recht geherrscht. Schmitt wiederum ist überzeugt, dass jede Art von Ordnung einzig von dem Bemühen zeugt, den naturwüchsigen Ausnahmezustand in den Griff zu kriegen.[22] Mit einem Fußnotenverweis auf Schmitt stellt Benjamin in seinem »Ursprung des deutschen Trauerspiels« fest: »Der Souverän repräsentiert die Geschichte. Er hält das historische Geschehen in der Hand wie ein Szepter.« Und er fügt hinzu: »Wenn der moderne Souveränitätsbegriff auf eine höchste, fürstliche Exekutivgewalt hinausläuft, entwickelt der barocke sich aus einer Diskussion des Ausnahmezustandes und macht zur wichtigsten Funktion des Fürsten, den auszuschließen.«[23] Während Schmitt in weltlichen Führergestalten eine zeitweise Rettung erkennt, kann für Benjamin nur der Messias Abhilfe schaffen, ein für alle Mal. Schmitt hofft, den Antichrist durch strikte politische Herrschaft aufzuhalten, Benjamin dagegen fiebert der messianischen Tabula rasa entgegen. Nur der Messias kann der schon viel zu lange anhaltenden »leeren Zeit« ein Ende bereiten, die aus vergeblichem Tun besteht und steter Anhäufung von Leiden.[24]

In jüngerer Zeit hantiert vor allem Giorgio Agamben mit Benjamins Begriff der leeren Zeit. Auch für ihn befinden wir uns unablässig im Ausnahmezustand; keineswegs zufällig spielen Schmitt und Benjamin in seinen Schriften die Hauptrolle. »Auf dem gesamten Planeten«, lesen wir bei Agamben, »leben wir heute im Bann einer Überlieferung, die sich in einem permanenten Ausnahmezustand befindet. Und jede Macht, ob demokratisch oder totalitär, traditionell oder revolutionär, ist in eine Legitimitätskrise geraten, in welcher der Ausnahmezustand, der das verborgene Fundament des Systems war, ans volle Licht tritt.«[25] Auch Agamben fiebert der erfüllten Zeit des Messianischen entgegen. Etwas deutet sich für ihn davon in den Nord-Südkonflikten innerhalb der Europäischen Union an, schließlich sind die südlichen Länder ihr näher als der ökonomisch gepolte Norden mit seinem herrischen Schaffen und Machen. Agamben redet zwar nicht vom *Dolce far niente* – das klänge zu billig –, er bemüht stattdessen die Begriffe *désœuvrement* und *inoperosità*, was Entwerkung bedeutet und sich vieldeutiger ausnimmt. Melvilles Bartleby gehört zu Agambens Säulenheiligen: In dessen »I would prefer not to« leuchtet für ihn das Heil einer Zukunft auf, die von der Mühsal leerlaufender Geschäftigkeit befreit ist.[26] Die einzig noch mögliche Haltung besteht in allumfassender Verweigerung. Rechtfertigen lässt sich an unserem Weltlauf nichts, alles steht unter dem Bann einer verheerenden Rastlosigkeit, welche das einzig Erstrebenswerte verhindert: den Kairos des göttlichen Augenblicks, die radikale Unterbrechung, den messianischen Stillstand.

Auf solche Weise deutet Agamben auch den Apostel Paulus, in dem er nicht einen Mitbegründer des Christentums erkennt, sondern den Künder absoluten Ungehorsams gegen ein irdisches Treiben, das nur aus Falschem besteht, angefangen bei den Gesetzen bis zu allem billigen Hoffen und Glauben. Es geht nicht darum, die Dinge zu ändern, es geht darum, sich ihnen nicht mehr zu fügen.[27] Für Agamben ist jenes »rationalistische Schema« der Normalität unerträglich, von dem Carl Schmitt in seiner »Politischen Theologie« spricht.[28] Das Alltägliche, Gewöhnliche, Immerähnliche schmeckt weder Schmitt noch Agamben noch Benjamin. Sie alle sind in ein Beben vernarrt, das aufs Ganze geht. Alles muss so radikal anders werden, dass wir es mit unseren üblichen Vorstellungen nicht mehr fassen können. Wir dürfen nicht weiterhin das eine Gesetz gegen das andere eintauschen, wir müssen das Gesetzesdenken als solches aushebeln, von Grund auf. Es muss uns Hören und Sehen vergehen, anders entkommen wir unserem fatalen Gewerkel nicht. Agamben treibt seine Leserschaft gern in schwindelerregende Geisteszustände hinein. Bei allem terminologischen Begriffszauber, der nicht wenig Nebel erzeugt, äußert er sich zuweilen aber auch erstaunlich konkret, jedenfalls wenn es um seine Zerstörungsphantasien geht. In der »Zeit« vom 27. August 2015 erklärt er: »Ein Europa, wie ich es mir wünsche, kann es erst geben, wenn das real existierende ›Europa‹ kollabiert ist.«[29]

Was aber, wenn das Warten auf den Messias endlos scheint? Wenn man kaum noch ans Warten glaubt? Wenn der Messias einfach nicht kommen will? Dann muss man etwas dafür tun. In der Bibel steht, man müsse die Gebote einhalten, ein frommes Leben führen, Gutes tun, Gott nicht lästern. Was bislang wenig genützt hat. »Irgendwann reicht's!«, sagt sich im 17. Jahrhundert ein Jude namens Sabbatai Zwi. Nachdem das Einhalten der Gesetze ums Verrecken nicht dazu führt, dass der Messias erscheint, bleibt nur eins: Man muss die Gesetze brechen, mit allen Mitteln, in voller Absicht, so gut es geht. Man muss die Lage zuspitzen, Gott provozieren, mit aller Ekelhaftigkeit. Alles andere kann man vergessen. Sabbatai Zwi nimmt die Sache selbst in die Hand. Er ruft sich zum Erlöser aus und tritt zum Islam über. Mehr Gotteslästerung geht nicht. Nur so lässt sich die Apokalypse erzwingen, mit voller Kraft voraus. Man muss leben wie ein Schwein, je wüster, desto besser. Bevor nicht alle Gesetze massiv übertreten sind, passiert nichts.

Berühmt gemacht hat die Geschichte von Sabbatai Zwi Gershom Scholem, Walter Benjamins Freund und Förderer, der ihn nicht nur den Fängen Brechts entreißen will, sondern auch denen von Adorno. Scholem versucht Benjamin nach Jerusalem zu locken, dort wäre er seines Erachtens besser aufgehoben als bei Vulgärmarxisten und Frankfurter Negationsästheten. Scholem ist durch seine Studien zur jüdischen Mystik berühmt geworden; ihn faszinieren Außenseiter, Ketzer, theologische Kobolde. Sie gehören für ihn zu den Wegbereitern einer Aufklärung, die nicht auf Vernunft setzt, sondern auf Blasphemie.[30]

Der bemerkenswerteste von allen ist Sabbatai Zwi. Er steht im Zentrum seiner 1937 erschienenen Schrift »Erlösung durch Sünde«. Sabbatai Zwis groteske Gotteslästerungen bilden für Scholem nicht nur einen bemerkenswerten Bestandteil der jüdischen Geschichte, sie tragen zum revolutionären Gären der Moderne bei. Auf bizarre Weise huldigt Sabbatai Zwi einer verdrehten Vernunft, die alles mobilisiert, was nicht aus Vernunft besteht. Um das Heil zu erzwingen, spricht er die Sünde heilig, alles andere hat nie etwas gebracht. Demut, Frömmigkeit, Gesetzestreue führen zu nichts. Nicht mehr Askese ist angesagt, sondern Exzess, nicht mehr Gottesfurcht, sondern Gotteslästerung. Sabbatai Zwi suhlt sich in allem Unreinen, alles Gute und Gerechte hat sich als vergebens erwiesen.[31] Scholem spricht von einem messianischen Nihilismus, der in grenzenloser Gesetzesübertretung den einzig noch möglichen Weg zur Erlösung erkennt.

Ein christliches Pendant findet sich in Huysmans »Schule der Satanisten«, mit ihrer Feier Schwarzer Messen und blasphemischer Orgien. Auch dort ist nur angesagt, was nach Übertretung ruft, mit magischen Ritualen, okkulten Praktiken, blutrünstigen Hexereien. Und in »À Rebours« heißt es: »Die Stärke des Sadismus, seine Anziehungskraft beruhen ... ausschließlich in der verbotenen Freude, Satan die Huldigungen und Gebete darzubringen, die Gott gebühren, also in der Nichteinhaltung der katholischen Gebote, die man befolgt, indem man sie umkehrt.«[32] Der Titel »À Rebours« sagt bereits alles, er bedeutet: wider den Strich, in entgegengesetzte Richtung, umgekehrt herum. Nur durch Perversion zwingt man das Göttliche herbei. Ganz im Sinne von Sabbatai Zwi, der aus der Neuzeit die definitive Endzeit zu machen gedenkt. Je monströser wir uns gerieren, desto rascher naht Rettung.

Was Walter Benjamins eigenen messianischen Destruktionsdrang angeht, findet Hannah Arendt dafür eine Erklärung, die wenig mit Theologie zu tun hat und auch nicht viel mit Politik und der Erfahrung des Faschismus. Gleich mit seiner Habilitation, behauptet sie, habe Benjamin sich den Weg zu einer akademischen Karriere versperrt, und zwar gezielt. Die Vorstellung, als ordentlicher Professor ein Lebtag lang gediegene Geistesarbeit zu leisten, sei ihm zuwider gewesen. Benjamin stammt aus reichem Haus, er hält es nicht für nötig, sich in bürgerlicher Weise zu verdingen. Ihm schwebt eine freischwebende Existenz als Privatgelehrter vor, ohne jede Abhängigkeit. Er träumt von einem Leben als Sammler, im Geistigen wie Materiellen. »Das Sammeln ist, wie Benjamin wohl als erster betont hat, die Leidenschaft der Kinder, für welche die Dinge noch keinen Warencharakter haben, und es ist das Hobby der reichen Leute, die genug haben, um Nützliches nicht mehr zu brauchen, und es sich leisten können, ›die Verklärung der Dinge zu ihrer Sache zu machen‹«, heißt es bei Arendt.[33] Dass es mit den Geschäften des Vaters schon Jahre vor Hitlers Machtergreifung bergab geht, ist nicht vorherzusehen – und ebenso wenig, dass der Vater ihm kein Lotterleben finanzieren will. Benjamins Träume zerplatzen, auf radikale Weise. Manchmal besitzt eine Mordswut auf Gott und die Welt schlichte Gründe. So jedenfalls sieht Hannah Arendt die Dinge.

GRAND HOTEL ABGRUND

In seinem 1962 hinzugefügten Vorwort zu seiner 1916 erschienenen »Theorie des Romans« erklärt Lukács: »Ein beträchtlicher Teil der führenden deutschen Intelligenz, darunter auch Adorno, hat das ›Grand Hotel Abgrund‹ bezogen, ein … schönes, mit allem Komfort ausgestattetes Hotel am Rande des Abgrundes, des Nichts, der Sinnlosigkeit. Und der tägliche Anblick des Abgrunds, zwischen behaglich genossenen Mahlzeiten oder Kunstproduktionen, kann die Freude an diesem raffinierten Komfort nur erhöhen.«[1] Knappe zehn Jahre zuvor veröffentlicht Lukács ein dreibändiges Werk mit dem Titel »Die Zerstörung der Vernunft«. Emsig durchforstet er dort die Werke von Schelling, Kierkegaard, Schopenhauer, Nietzsche, Spengler und Heidegger nach Hinweisen, die zu Hitler führen. Überall konstatiert er ein »Sinken des philosophischen Niveaus«, überall den gleichen kapitalistisch-kolonialistischen Ungeist, überall die »Herabsetzung von Verstand und Vernunft, kritiklose Verherrlichung der Intuition, aristokratische Erkenntnistheorie, Ablehnung des gesellschaftlich-geschichtlichen Fortschritts« und das »Schaffen von Mythen«. Durchweg begegnet Lukács ideologischen Machwerken, die ein »apologetisches Gift« versprühen, das im Faschismus seine volle Wirkung entfaltet.[2]

In seinem Essay »Erpreßte Versöhnung« antwortet Adorno, Lukács habe mit seiner »Zerstörung der Vernunft« vor allem seine eigene zerstört. In seinem Wüten gegen alles Irrationale bediene er sich ganz und gar des nazistischen Entartungsjargons.[3] Schließlich wisse Lukács immerzu, was als gesund zu gelten habe und was als krank, was als normal und was als abartig. Sein lebenslanger Kampf gegen die moderne Kunst und jede Art von Avantgarde zeigt, wie nah Kommunisten und Faschisten sich sind, nicht nur in ästhetischer Hinsicht. Ihre Architektur und ihre Denkmäler sprechen Bände: hier wie dort die Verherrlichung des Kraftstrotzenden, Heroischen, Athletischen. Auf beiden Seiten herrscht Dekadenzverbot.

Strauss' frühe Nietzsche-Begeisterung endet in einem ordnungspolitischen Platonismus, wie er strikter nicht ausfallen könnte. Lukács' frühe Klage über die Gottverlassenheit der neuzeitlichen Welt endet in einem strammen Marxismus. 1969 verkündet er im Radio, Wahrheit könne es nur im Singular geben.[4] Damit liegt er ganz auf einer Linie mit Strauss, wenngleich mit anderer politischer Stoßrichtung. Die Therapievorstellungen der beiden streben in entgegengesetzte Richtungen, ihre Ziele jedoch gleichen sich – was sie anstreben, sind Ordnung und Übersicht. Abgründe wollen sie niemandem gönnen, am allerwenigsten im Grand Hotel.

POSTSKRIPTA

AN DER BIEGUNG DES FLUSSES

In Nachschlagewerken wird Chateaubriand meist als Reaktionär charakterisiert, der sich in die Zeiten vor der Französischen Revolution zurücksehnt. Von seinen Schriften können die Verfasser solcher Kurzbiographien nicht viel wahrgenommen haben. Denn wenn es jemanden gibt, der zwischen dem Alten und dem Neuen zeitlebens hin- und hergerissen ist und weder das eine missen möchte noch das andere, ist es Chateaubriand. Nie klingen in seinen Sätzen nostalgische Ressentiments an, nie beschönigt er das Vergangene als Ganzes – ihm sind dessen schlimme Seiten bestens bekannt. Was schön daran war, würde er am liebsten retten, auf den Rest kann er gern verzichten. Wie wenig er von autoritären Regierungen hält, gelangt in einem schlichten Satz zum Ausdruck, der sich in seiner 1811 erschienenen »Reise von Paris nach Jerusalem« findet. Er lautet: »Hätte ich je … geglaubt, dass die absolutistische Regierungsform die beste aller Regierungsformen ist, so hätten mich ein paar Monate in der Türkei von diesem Glauben restlos geheilt.«[1]

Als die Französische Revolution in einen Blutrausch umkippt, bricht Chateaubriand mit Anfang zwanzig nach Amerika auf. Dort reitet er nicht nur durch die Prärie, er stattet auch George Washington einen Besuch ab, voller Verwunderung, auf keine römische Herrscherfigur zu treffen, die Hof hält in einer prachtvollen Residenz. Das genaue Gegenteil ist der Fall: »Ein kleines Haus, das den Nachbarhäusern glich, war der Palast des Präsidenten der Vereinigten Staaten, keine Wachen, nicht einmal Kammerdiener. Ich klopfte; eine junge Magd öffnete. Ich fragte sie, ob der General zu Hause sei; sie antwortete, er sei es. Ich antwortete, dass ich einen Brief für ihn hätte. Das Dienstmädchen fragte mich nach meinem Namen, der auf Englisch schwer auszusprechen war und den sie sich nicht merken konnte. Dann sagte sie leise: ›Treten

Sie ein, Sir‹, und ging vor mir her in einem dieser schmalen Korridore, die englischen Häusern als Vorraum dienen, und führte mich in einen Salon, wo sie mich bat, auf den General zu warten.«[2]

General Washington lädt den jungen Mann für den nächsten Tag zum Essen ein. Man macht nicht viel Aufhebens, ein paar weitere Gäste sitzen am Tisch, reichlich ungezwungen. Stolz zeigt Washington ihm den Schlüssel zur Bastille, den ihm die Republik Frankreich offiziell überreicht hat. Chateaubriand weiß, dass es eine Menge solcher Schlüssel gibt und ziemlich viele einen besitzen. Er muss General Washington enttäuschen. Auf diese Weise sitzt man plaudernd mit dem Präsidenten der Vereinigten Staaten zusammen, dank des Empfehlungsschreibens eines bretonischen Offiziers, der an dessen Seite gegen die Engländer gekämpft hat. »In diesen Tagen«, erklärt Chateaubriand, »bewunderte ich alles Republikanische … Ich kannte die Freiheit nach Art der Alten … als Tochter der Sittlichkeit …, kannte aber nicht die Freiheit als Tochter der Aufklärung und einer … Freiheit, die sich in einer repräsentativen Republik verwirklicht: möge Gott, dass sie von Dauer sei!«[3] Für Chateaubriand steht fest, dass etwas Neues »die Herrschaft der europäischen Monarchien erschüttert«, und zwar so sehr, dass »die alte Gesellschaft ihr Ende im jungen Amerika findet«, in »einer Republik unbekannter Art, welche eine Veränderung im menschlichen Geist ankündigt«.

Auf seinen Fahrten durch endlose Weiten steuert Chateaubriand auf eine Hütte zu, die zu einem Hof gehört, wo Tabak angepflanzt wird und Kühe weiden. Der Hof gehört einem Engländer, in der Hütte wohnt ein Kreole. Bei einer jungen Schwarzen, deren Schönheit ihn überwältigt, kauft er Kuchen, Hühner, Eier und Milch, wozu es in seinen »Memoiren« heißt: »Ich reichte mein Seidentaschentuch dem kleinen afrikanischen Mädchen: Sie war eine Sklavin, die mich im Land der Freiheit empfing.«[4] Mit solcherlei Paradoxien sieht Chateaubriand sich sein Leben lang konfrontiert. Fast überall stößt er auf Verhältnisse, wo lautstark von Freiheit die Rede ist, ohne dass man sehen will, auf wessen Kosten sie geht.

Er verbringt eine Nacht in der Nähe der Niagarafälle, die er in seinem »Genie des Christentums« schildert, einem Werk, das ihn von heute auf morgen berühmt macht. Allerdings nicht, weil er dort religiöse Dogmen verkündet, sondern dank grandioser Naturbilder. »Eines Abends hatte ich mich in einem Wald in der Gegend der Niagarafälle verirrt. Bald sah ich den Tag um mich hier erlöschen, und ich genoß das schöne Schauspiel einer Nacht in den Einöden der neuen Welt in ihrer vollen Einsamkeit«, beginnt seine Schilderung, die mit den Sätzen endet: »Die Großartigkeit und ergreifende Wehmut, die in diesem Gemälde lag, läßt sich in menschlichen Sprachen nicht ausdrücken, und die schönsten Nächte Europas können keinerlei Vorstellung davon geben.... In diesen wilden Gegenden gefällt sich die Seele darin, in einen Ozean von Wäldern sich zu versenken, nachzusinnen und sozusagen allein zu sein mit Gott.«[5]

Bei der Kirche kommt diese Schrift nicht gut an, schließlich feiert Chateaubriand die Religion vor allem aus ästhetischen Gründen. Seine Art von Christentum drückt sich in hymnischen Naturanbetungen aus, die in ganz irdischer Weise die Schöpfung rühmen. Nirgends begegnen wir bei ihm der Klage, dass alles immer schlimmer wird, nirgends dem Gestöhn, dass das demokratische Zeitalter alles verflacht, nirgends dem wohlfeilen Lamento über dessen gleichmacherischen Geist. Dabei hätte Chateaubriand – ganz anders als de Maistre und Bonald – genügend Gründe, die Revolution zu verdammen – fast seine ganze Familie ist ihr zum Opfer gefallen. Er selbst hat mit eigenen Augen erlebt, wie man den Aufseher der Bastille totgeschlagen hat. Kurz darauf stand er am Fenster seines Hotels, in das zwei mordlüsterne Gestalten einzudringen versuchten. Vor seinem Gesicht wedelten sie mit einer Stange herum, auf der ein aufgespießter Schädel steckte. Auch ihm werde es gleich so ergehen, grölten sie.

Trotz solcher Szenen fällt Chateaubriand es nicht schwer zu verstehen, warum es zur Revolution kommen musste. Zwar hat er sie sich nicht gewünscht, weiß aber, was dazu geführt hat. Tags zuvor war er noch in den Gärten von Versailles Marie-Antoinette begegnet und ihren Kindern. Als es mit der Terreur immer schlimmer wird, schifft er sich nach Amerika ein. Nach einem knappen Jahr kehrt er in die Alte Welt zurück, allerdings nicht nach Hause, wo nach wie vor die Jakobiner wüten. Er lässt sich in England nieder, wo er sich als Französischlehrer durchschlägt, mehr recht als schlecht. Geld besitzt er nicht. Er ist der Spross zwar nicht völlig verarmter, doch keineswegs wohlhabender Landadliger, von denen die meisten inzwischen unter der Guillotine gelandet sind. Im Jahr 1800 kehrt er mit einem gefälschten Pass über die Schweiz nach Frankreich zurück, ein Jahr später wird er von der Emigrantenliste gestrichen, die ihm hätte den Tod bringen können.

Unter Napoleon wird er Botschafter in Rom, quittiert jedoch aus Protest gegen dessen zunehmende Selbstherrlichkeit bald schon sein Amt und macht sich über Griechenland, Konstantinopel und Jerusalem auf nach Ägypten. In seinem Kampf gegen Napoleon plädiert er für die Rückkehr der Bourbonen, was bis heute dazu verleitet, ihn mit reaktionären Geistern wie Joseph de Maistre und Bonald in einen Topf zu werfen. Dabei hat Chateaubriand sich als Republikaner gefühlt, wenn auch als einer, der den monarchischen Pomp nicht missen möchte. Unter den Bourbonen, wo er Botschafter in Berlin wird und später in London, scheidet er wegen Renitenz aus seinen Ämtern und sitzt sogar ein paar Tage im Gefängnis, bevor er sich endgültig zum Schreiben zurückzieht. Zu oft hat er erlebt, dass Verfolgte, wenn sie an die Macht kamen, zu Verfolgern wurden und von den Freiheiten, für die sie gekämpft haben, nicht mehr viel wissen wollten.

Chateaubriand kennt Gott und die Welt, er ist sein halbes Leben in diplomatischer Mission unterwegs und befindet sich jahrelang auf Reisen. Dabei liebt er wie Rousseau die Einsamkeit als Promeneur solitaire, nur dass er dessen Hass auf die Gesellschaft nicht teilt und es lächerlich findet, wenn man für alles Unglück immer andere verantwortlich macht. Er wünscht sich mitnichten das Ancien Régime zurück, will aber auch nicht, dass die Revolution zum radikalen Bruch mit der Vergangenheit führt. Während der Restauration rebelliert er mit einem aufsehenerregenden Artikel gegen jede Art von Zensur, was

Konservative ihm übelnehmen, während Fortschrittliche in ihm nach wie vor nur den Traditionalisten sehen. Dabei kostet ihn dieser Artikel nicht nur seinen Posten, er kostet ihn seine Pension.

Ginge es nach ihm, müssten Königtum und Revolution, Religion und Vernunft keine Gegensätze sein. Der Mensch, schreibt er, könne sich auf zweierlei Arten zerstören: »indem er zu sehr *lieben* will oder zu viel *wissen*«.[6] Das Herz verlangt nach anderem als der Verstand, das Gefühl treibt in eine andere Richtung als die Vernunft, Wollen und Wissen ziehen nicht am gleichen Strang. »Glättet er seine Sitten, so schmiedet er sich Ketten. Glänzt er in der Wissenschaft, so erlischt seine Phantasie; wird er Dichter, verliert er das Gedankliche: Sein Herz gewinnt er auf Kosten seines Kopfes und seinen Kopf auf Kosten des Herzens. … Die Kraft macht ihn trocken und hart, Schwäche verleiht ihm Anmut.«[7] So sieht die Conditio humana aus.

Wie sich Nostalgie bei ihm äußert, zeigt die Schilderung eines unscheinbaren Ereignisses auf einer Fahrt durch die Provence: »Auf zwei gegenüberliegenden Bergen erheben sich zwei Turmruinen; oben in diesen Türmen hängen kleine Glocken, die Bergbewohner während unserer Vorbeifahrt läuten. Dieser Fluss, diese Berge, diese Klänge, diese gotischen Bauwerke ergötzen für einen Moment die Augen der Betrachter, doch niemand hält an, um dort hinauf zu eilen, wo die Glocken einen einladen. Selbst solche, die heute noch Moral und Religion predigen, senden von ihren hohen Turmruinen vergeblich Zeichen zu denen hinab, die der reißende Sturzbach dieses Jahrhunderts mit sich fortreißt. Der Reisende staunt über die Pracht der Scherben und über das schöne Geschepper, das sie im Zerbrechen erklingen lassen. Er ergötzt sich am Majestätischen der Erinnerungen, die sie hervorrufen, unterbricht jedoch nicht seine Fahrt. Und bei der ersten Biegung des Flusses ist alles vergessen.«[8]

Was wir erleben, ist ein traurig angehauchtes Abschiedswinken, das weder mit Forderungen auftrumpft noch mit Anklagen. In seiner »Recherche« rühmt Proust Chateaubriand als Vorbild, was die Fähigkeit betrifft, in scheinbar Beiläufigem ganze Welten aufleuchten zu lassen.

»Der Gesang eines Vogels im Park von Montboissier oder ein mit Resedadüften erfüllter Lufthauch gelten als Erlebnisse mit geringerer Tragweite als die größten Momente der Revolution oder des Kaiserreichs. Dennoch haben sie Chateaubriand in seinen *Erinnerungen von jenseits des Grabs* zu den herrlichsten Seiten inspiriert«, schreibt Proust.[9] In Michel Crépus »Le Souvenir du Monde« heißt es: »Chateaubriand ist für die Antimodernen der heimliche Schrecken, weil er in seiner Art von Nostalgie an kein Zurück glaubt. Seine Nostalgie ist nicht ›ideologisch‹, sondern bloß ein Parfum, so wie die kleine Madeleine aus Combray.«[10]

Als Chateaubriand in die Académie française gewählt wird, erfährt er, dass Napoleon seine Antrittsrede zu sehen wünscht, bevor er sie hält. Chateaubriand lehnt ab. Ein Akademiemitglied steckt Napoleon das Manuskript dennoch zu. Mit wütender Feder streicht er ganze Absätze und fügt Anmerkungen hinzu. Man fleht Chateaubriand an, die Änderungen hinzunehmen, es handle sich um Kleinigkeiten, die Rede sei großartig, die Decke des Akademiegebäudes werde einstürzen vor Applaus.[11] Chateaubriand zieht es vor, nicht Akademiemitglied zu werden. Die Rede erscheint in der Presse, ungekürzt. Wie es Brauch ist, sollte Chateaubriand seinen verstorbenen Vorgänger würdigen, bei dem es sich um einen seiner bissigsten Gegner gehandelt hat. Chateaubriand bemerkt dazu: »Er hat die Freiheit geliebt, sollte man ihm das als Vergehen anlasten? ... Wir alle, die wir in Aufruhr und Unruhen gelebt haben, werden den Augen der Geschichte nicht entgehen. Wer kann sich schmeicheln, ohne Makel zu sein, in einer Zeit des Deliriums, wo niemand bei vollem Verstand ist? Lasst uns also nachsichtig sein mit den andern.« Er werde für die Freiheit kämpfen, dass seine Feinde weiterhin Satiren auf ihn verfassen können.[12] Im Übrigen habe die Revolution uns »in wenigen Jahren durch die Ereignisse mehrerer Jahrhunderte geführt«.[13] Wozu sich wundern, dass es erregt zugeht in den Köpfen, in den Seelen, auf den Straßen?

An anderer Stelle schreibt er: »Die alten Gesellschaften gehen unter; aus ihren Trümmern entstehen neue Gesellschaften: Gesetze, Gebräuche, Gewohnheiten, Meinungen, selbst Prinzipien, alles hat sich geändert. Eine große Revolution ist vollbracht, eine große Revolution ist in Vorbereitung: Frankreich muss seine Annalen neu schreiben.«[14] Redet so ein Reaktionär? Zu Bonald bemerkt er, es sei traurig zu sehen, wie weit seine Ideen sich bereits von der Geschichte entfernt hätten, wie schnell die Zeit alles dahinraffe: »Das Werk von Monsieur de Bonald gleicht jenen Pyramiden, die als Paläste des Todes dem Schiffer auf dem Nil nur dazu dienen, die zurückgelegte Strecke zu errechnen.«[15] Sich gegen die Geschichte zu stemmen, findet Chateaubriand widersinnig. Man kann nicht aufhalten, was seinen Weg geht, ob man einverstanden ist oder nicht. Irgendwann kippt der Widerstand ins Lächerliche um, je mehr, desto verbissener man sich hinter dem eigenen Starrsinn verschanzt. »Selbst die Ordensritter, wenn sie aus ihren Gräbern erstünden, würden dem Licht unseres Jahrhunderts folgen. Sie würden versuchen, ihre Ehrbegriffe in Einklang zu bringen mit unserer Freiheit«, bemerkt Chateaubriand.[16]

Im »Genie des Christentums« heißt es, Gott habe den Tod in die Welt bringen müssen, damit unendlich viele Menschen ihre Tage auf Erden verbringen können. »Wie sonst hätte die Welt je alle Geschlechter fassen können, wären sie nicht dem Tod unterworfen?«[17] Auch gäbe es niemals eine solche Vielfalt, würde ewig das gleiche Geschlecht leben. In Chateaubriands »Memoiren« findet sich ein Artikel, den er 1843 in der »Revue des deux Mondes« veröffentlicht hat, wo es heißt: »Es ist gottlos, gegen den Engel Gottes zu kämpfen und zu glauben, wir könnten die Vorsehung aufhalten. Von ihrer Höhe aus bildet die Französische Revolution nur einen einzelnen Punkt in der generellen Umwälzung; alle Ungeduld verweht, alle Axiome der alten Politik finden keine Anwendung mehr. ... Wir sind lediglich vorüberziehende Generationen, Zwischenglieder, die unbedeutende, dem Vergessen anheimgegebene Glieder einer Kette bilden, um die Hände zu fassen, die die Zukunft ergreifen.«[18]

Eines Tages begibt Chateaubriand sich auf den Weg nach Prag, wo Charles X. im Exil lebt, der letzte, 1830 abgesetzte Bourbonenkönig. Chateaubriand trifft auf einen vereinsamten King Lear, der seiner

Schwiegertochter verbieten will, sich wiederzuverheiraten, obwohl ihr Mann schon vor dreizehn Jahren ermordet worden ist und sie ein Kind hat von einem andern. Chateaubriand versucht, Charles X. umzustimmen. Über diesen Besuch auf dem Hradschin schreibt er: »Ich stieg stille, düstere, laternenlose Gassen hinan zum Fuß des hohen Hügels, den das gewaltige Schloss der böhmischen Könige krönt. Am Himmel zeichnete sich seine schwarze, massige Gestalt ab. Nicht der geringste Lichtstrahl drang aus den Fenstern. In seiner Lage und Mächtigkeit besaß es etwas von der Einsamkeit des Vatikans oder vom Jerusalemer Tempel, wie man ihn vom Kidrontal aus sieht. Man vernahm einzig den Widerhall meiner Schritte und der meines Begleiters. Da es äußerst steil bergan ging, sah ich mich genötigt, immer wieder innezuhalten auf den gepflasterten Stufen. … Auf dem Hradschin … gelangten wird durch das äußere Tor in einen viereckigen, von gleichförmigen, verlassenen Gebäuden gesäumten Hof. Rechterhand schlängelten wir uns im Erdgeschoss einen langen Korridor entlang, den in weiten Abständen an der Wand hängende Laternen erhellten – wie man es von Klöstern kennt und Kasernen. … Wir streiften durch drei nachtschwarze Säle, in denen so gut wie keine Möbel standen. Ich meinte, noch einmal durch das furchterregende Kloster des Escorial zu irren. … Charles X. kam auf mich zu, ergriff meine Hand und sagte voller Herzlichkeit: ›Bonjour, bonjour, Monsieur de Chateaubriand, ich bin erfreut, Sie zu sehen.‹ … Seine Augen waren feucht. Er bat mich, neben ihm Platz zu nehmen, an einem kleinen Holztisch, auf dem zwei Kerzen standen.«[19]

Chateaubriand zeichnet eine untergegangene, noch leise lodernde Welt, die uns wie in Geschichten von Edgar Allan Poe entgegentritt, nur dass diese Welt kein Geheimnis birgt, jedoch eine zutiefst berührende Tristesse verströmt. Chateaubriand kommen die Tränen, als der greise König ihm in dem riesigen, verödeten, lediglich von zwei Kerzen erhellten Saal entgegenkommt. Doch bei allem Traurigen gibt er sich keinerlei Illusion hin: Was sich nicht retten lässt, lässt sich nicht retten, allenfalls lebt es in Büchern fort. »Ereignisse verwischen Ereignisse, Inschriften werden über Inschriften eingraviert und ergeben die Seiten der aus Palimpsesten bestehenden Geschichte«, heißt es in Chateaubriands »Memoiren«. Man kommt immer zu spät, von Anfang an, stets ist etwas am Schwinden, Vergehen, Erlöschen. Anders gäbe es keine Intensität, sie verdankt sich dem Vergänglichen, einzig und allein.

Auf dem Weg nach Prag, wo er im oberpfälzischen Grenzort Waldmünchen von einem österreichischen Zöllner wegen seines angeblich abgelaufenen Passes festgehalten wird, notiert er: »Frankreich ist das Herz Europas. Je weiter man sich davon entfernt, desto mehr erschlafft das soziale Leben. Man kann den Abstand von Paris an der größeren oder geringeren Lethargie ermessen, in die das ländliche Leben sich zurückzieht. … Trotz der Anständigkeit seiner Bewohner fühlt man sich in Deutschland ständig wie erschöpft. Und wie ein lichtloser Himmel auf dem Kopf lastet, so drückt in Österreich und Preußen das militärische Joch den Geist. Ich weiß nicht, warum man dort weder unabhängig schreiben kann noch reden, noch denken.«[20]

Obwohl Chateaubriand die Auflösung sozialer Verbindlichkeiten beklagt, genießt er wie kein anderer die neu gewonnene Bindungslosigkeit. Wie schon sein Vater verachtet er den Hof, obwohl er sich nach dem Schönen der alten Zeiten zurücksehnt. In wiederkehrenden Klagen umkreist er die eigene Bodenlosigkeit, möchte sie jedoch gegen keinerlei Sicherheit eintauschen. Kurz vor seinem Tod muntert ihn die Nachricht auf, dass wieder einmal der König gestürzt wird. Als er im Februar 1848 hört, dass auf den Straßen eine Revolution im Gang ist, würde er sich am liebsten ins Gewühl stürzen.

In seinen »Erinnerungen« schreibt er: »Ich habe die Meere der Alten und der Neuen Welt durchforscht und alle vier Erdteile bereist. Nachdem ich in der Hütte des Irokesen und unter dem Zelt des Arabers, in den Wigwams der Huronen, zwischen den Trümmern Athens, Jerusalems, Memphis', Karthagos, bei den Griechen, den Türken und den Mauren, in den Wäldern und in den Ruinen genächtigt sowie die Bärenfelljacke des Eingeborenen und den Seidenkaftan des Mameluken getragen hatte, nachdem ich Armut, Hunger und Exil hatte über mich ergehen lassen, saß ich als Minister und Gesandter in goldbestickten, ordens- und bändergeschmücktem Rock an der Tafel von Königen, nahm an den Festlichkeiten von Fürsten und Fürstinnen teil, um in Armut zurückzufallen und schließlich sogar das Gefängnis zu kosten.« Und er resümiert: »Ich stand zwischen zwei Jahrhunderten wie am Zusammenfluss zweier Ströme. Ich tauchte in ihre schäumenden Gewässer, löste mich mit Wehmut von dem alten Ufer, an dem ich geboren wurde, und schwamm voller Hoffnung dem unbekannten Ufer entgegen, an dem neue Generationen landen werden.«[21]

FÜR GOTT ERBAUT VON VOLTAIRE

Über dem Genfer See, im Dorf Ferney, verbringt Voltaire seine letzten Jahrzehnte in einem Schloss, zu dem eine katholische Kirche gehört, die von Bilderstürmern – lang ist's her – verwüstet worden ist. Voltaire lässt die Kirche auf eigene Kosten renovieren. Die Frontseite ersetzt er durch eine neue mit zwei Glockentürmen, über dem Altar bringt er einen Baldachin an und ein Kruzifix, das eigens in Lyon angefertigt wird. An den Papst schreibt er einen Brief mit der Bitte, ob Seine Heiligkeit nicht ein paar Reliquien erübrigen könne. Zu seiner Enttäuschung lässt der Papst ihm bloß den Fetzen eines härenen Gewands zukommen, das der heilige Franziskus getragen haben soll. Voltaire hatte sich wenigstens ein paar stattliche Knochen erhofft.

Als die Renovierungsarbeiten fertig sind, lässt er über dem Portal die Worte einmeißeln: *Deo erexit Voltaire* – Für Gott erbaut von Voltaire.

Einen verarmten Jesuitenpater bezahlt er dafür, dass er sonntags die Messe liest und Schach mit ihm spielt. Verliert Voltaire – und er verliert so gut wie immer –, wird er jähzornig und wirft dem Pater die Figuren an den Kopf. Wird es dem Jesuitenpater zu bunt, flieht er in den

Schrank. Worauf Voltaire lateinisch ruft: »Ubi es, Adam?« – Wo bist du, Adam? Adam taucht vorsichtig wieder auf, Voltaire verzeiht ihm den Sieg.

ANHANG

ANMERKUNGEN

KANN MAN EINE GANZE EPOCHE VERDAMMEN?

1 Karl Marx: *Zur Kritik der Hegelschen Rechtsphilosophie*. In: MEW 1, Berlin 1976, S. 378–391, hier S. 385

NEUZEIT, MODERNE, POSTMODERNE

1 Theodor W. Adorno: *Minima Moralia. Reflexionen aus dem beschädigten Leben*. Frankfurt/M. 1980, S. 73
2 Arnold Hauser: *Im Gespräch mit Georg Lukács*. München 1978, S. 26
3 Thomas Mann: *Der Zauberberg* (1924). Frankfurt/M. 1978, S. 450 f.
4 René Descartes: *Méditations* (1641). In: Œuvres et Lettres. Bibliothèque de la Pléiade. Paris 1970, S. 253–547, hier S. 267
5 René Descartes: *Discours de la Méthode* (1637). In: Œuvres et Lettres. Bibliothèque de la Pléiade. Paris 1970, S. 123–179, hier S. 129
6 Paul Valéry: Lettre à Gide du 25 août 1894. In: *André Gide – Paul Valéry: Correspondances 1890–1942*. Hg. v. Robert Mallet. Paris 1955, S. 212 f., hier S. 213
7 Thomas Hobbes: *Leviathan* (1651). Teil I und II. Übers. von Walter Euchner, Frankfurt/M. 2011, S. 348
8 Ebd., S. 41
9 Ebd., S. 52 ff.
10 Ebd., S. 112 f.
11 Ebd., S. 22
12 Michel Foucault: *Die Rückkehr der Moral*. Gespräch mit G. Barbedette und A. Scala, 29. Mai 1984. Übers. von Hans-Dieter Gondek. In: Ästhetik der Existenz. *Schriften zur Lebenskunst*. Frankfurt/M. 2007, S. 239–252, hier S. 247
13 Blaise Pascal: *Gedanken* (posth. 1670). Hg. v. W. Rüttenauer. Birsfelden-Basel o. J., N° 236/ Brunschvicg N° 441, S. 106
14 Gilles Deleuze: *Platon und das Trugbild*. In: *Logik des Sinns* (1969). Übers. von Bernhard Dieckmann, Frankfurt/M. 1993, S. 311–323, hier S. 321
15 Michel Foucault: *Das unendliche Sprechen* (1963). *Schriften zur Literatur*. Übers. von Karin von Hofer, Frankfurt/M./Berlin/Wien 1979, S. 90–103, hier S. 96, 103
16 Jacques Derrida: *Grammatologie* (1967). Übers. von Hans-Jörg Rheinberger, Hanns Zischler, Frankfurt/M. 1983, S. 170

EIN KATHOLISCHER POLE

1 Ryszard Legutko: *The Demon in Democracy. Totalitarian Temptations in Free Societies*. New York/London 2016, S.15
2 Ebd., S.22
3 Ebd., S.40
4 Ebd., S.238
5 Ebd., S.237
6 Ebd., S.127
7 *Why I am not a liberal*. First Things, März 2020

ROTZLÖFFEL UND BANDITEN

1 *Wrocław: Legutko odpowie przed sądem za »smarkaczy«*. Gazeta Wrocławska, 17.11.2010
2 tvp.info: *Legutko o porozumieniu: To sukces, ale pamiętajmy, że nie gramy z dżentelmenami*, 11.12.2020

ZUM BEISPIEL GARAUDY

1 Roger Garaudy: *Parole d'homme*. Paris 1975, S.263
2 s.n.: *Maurice Papon, enterré décoré*. Libération, 21. Februar 2007
3 Roger Garaudy: *Les Mythes Fondateurs De La Politique Israelienne* (1995/96); *https://archive.org/stream/RogerGaraudyLesMythesFondateursDeLaPolitiqueIsraelienne1996/Roger%20Garaudy,%20Les%20Mythes%20fondateurs%de%20la%20politique%20israelienne,%201996_djvu.txt* (letzter Abruf 18.10.2021)
4 Jean Ziegler: *La lettre de soutien de Jean Ziegler*; *https://www.paperblog.fr/8553146/1996-la-lettre-de-soutien-de-jean-ziegler/* (letzter Abruf 18.10.2021)

WANDERN VON GOTT ZU GOTT

1 Jean Améry: *Wandern von Gott zu Gott*. DIE ZEIT, 9. April 1976

SYMPATHY FOR THE DEVIL

1 Friedrich Nietzsche: *Die Geburt der Tragödie* (1872), § 1
2 Sigmund Freud: *Das Unbehagen in der Kultur* (1930). In: *Kulturtheoretische Schriften*. Frankfurt/M. 1986, S. 191–270, hier S. 205

BARRS CHRISTLICHKEIT

1 William Barr: Justice.gov: *William Barr: Attorney General William P. Barr Delivers Remarks to the Law School and the de Nicola Center for Ethics and Culture at the University of Notre Dame. South Bend* (IN), Freitag, 11. Oktober, 2019; *https://www.justice.gov/opa/speech/attorney-general-william-p-barr-delivers-remarks-law-school-and-de-nicola-center-ethics* (letzter Abruf am 15.10.2021)
2 John Gehring: *William Barr, nation's top lawyer, is a culture warrior Catholic.* National Catholic Reporter, 23. Juli 2020

DAS WERKZEUG GOTTES

1 William Barr: *Attorney General William P. Barr Delivers the 19th Annual Barbara K. Olson Memorial Lecture at the Federalist Society's 2019 National Lawyers Convention*. Washington (DC), Freitag, 15. November 2019. The United States Departement of Justice; *https://www.justice-gov/opa/speech/attorney-general-william-p-barr-delivers-19th-annual-barbara-k-olson-memorial-lecture* (letzter Abruf 15.10.2021)
2 Gwynn Guilford, Nikhil Sonnad: *Der Geist des Trumpismus oder Was Steve Bannon wirklich will*. Blätter für deutsche und internationale Politik, März 2017
3 Richard Rorty: *Two Cheers for Elitism*. Review of »The Revolt of the Elites and the Betrayal of Democracy« by Christopher Lasch. The New Yorker, 30. Januar 1995, S. 86–89

DAS ANDERE DER MENSCHHEIT

1 Frank Wilderson III/Verena Lueken: *Die Anti-These zum Menschen. Wie man ohne Hoffnung Kritik denkt*. In: *FAZ*, 6. Juli 2020
2 Sir Walter Raleigh: *A Treatise of the Soul*. In: *The Works of Sir Walter Raleigh*, Bd. VIII: Miscellaneous Works. Oxford 1829, S. 571–591, hier S. 586 f.

DON'T LET THEM IMMANENTIZE THE ESCHATON!

1 William F. Buckley, Jr.: *The Unmaking of a Mayor*. New York 1966, S. 316, Fn.
2 Eric Voegelin: *The New Science of Politics*. Chicago 1952, S. XII, 117 ff.
3 Peter J. Opitz: *Seelenverwandtschaften – Zum Briefwechsel von Eric Voegelin und Leo Strauss*. Voegeliniana. Occasional Papers No. 78. München 2010, S. 7–65, hier S. 19
4 Eric Voegelin: *The new science of politics*. Chicago 1952, Kap. VI: The End of Modernity, S. 162–189
5 Erich Voegelin: *Der autoritäre Staat. Ein Versuch über das österreichische Staatsproblem* (1936). Wien 1997, S. 176 f.
6 Ebd., S. 182
7 Eric Voegelin: *Anamnesis*. London 1987, S. 5
8 Ebd., S. 3 f.
9 Eric Voegelin: *Realitätsfinsternis* (1971). Übers. von Dora Fischer-Barnicol. Hg. v. Peter J. Opitz. Berlin 2010, S. 6, 8, 15, 20, 23, 41, 44
10 William F. Buckley, Jr.: *Cruising Speed. A Documentary*. New York 1971, S. 215
11 William F. Buckley, Jr.: *God and Man at Yale. The Superstitions of »Academic Freedom«* (1951). Chicago 1966, S. III
12 Ebd., S. 139: »But the administration of Yale, and the president in particular, dwell from time to time in speeches and in articles on the merits of *laissez-faire* education, hinting that there exist some alumni with contrary notions – notions which are, of course, demonstrably fallacious.«
13 William A. Galston: *Anti-Pluralism – The Populist Threat to Liberal Democracy*. New Haven / London 2018, S. 272
14 William F. Buckley Jr.: *God and Man at Yale. The Superstitions of »Academic Freedom«* (1951). Chicago 1966, S. 139

FREIHEIT THOMISTISCH, FREIHEIT DEFÄTISTISCH

1 Patrick J. Deneen: *Why Liberalism Failed* (2018). New Haven/London 2019, S. 2
2 Ebd., S. XX
3 Ebd., S. 81
4 Ebd., S. 88 f.
5 Ebd., S. XIII
6 Ebd., S. 111

7 Patrick J. Deneen: *Beyond Wishful Thinking: A Response to Schlueter*. Public Discourse, 14. Dezember 2012
8 Patrick J. Deneen: *Why Liberalism Failed*, a.a.O., S. 35 f.
9 Ebd., S. 72
10 Ebd., S. 31: »Human separation from and opposition to nature.«
11 Friedrich Nietzsche: *Nachgelassene Fragmente* NF – 1884, 25 (428)
12 Patrick J. Deneen: *Why Liberalism Failed*, a.a.O., S. XXVI
13 Patrick J. Deneen: *A Catholic Showdown Worth Watching*. The American Conversative, 6. Februar 2014
14 Patrick J. Deneen: *Why Liberalism failed*, a.a.O., S. 20
15 Patrick J. Deneen: *A Catholic Showdown Worth Watching*, a.a.O.
16 Patrick J. Deneen: *Why Liberalism Failed*, a.a.O., S. 32
17 Patrick J. Deneen: *A Catholic Showdown Worth Watching*, a.a.O.
18 Patrick J. Deneen: *Why Liberalism Failed*, a.a.O., S. 179
19 Ebd., S. 130
20 Ebd., S. 180
21 Ebd., S. 146 f.
22 G.W.F. Hegel: *Phänomenologie des Geistes* (1807). Frankfurt/M. 1970, S. 66
23 s.n.: *Orbán Meets Conservative US Political Scientist Deneen*. Hungary Today, 15.11.2019

GOTTES GESETZE

1 Damon Linker: *The Theocons. Secular America Under Siege* (2006). New York 2007, S. 8
2 Ebd., S. 9 f.
3 Hadley Arkes: *The Moral Turn*. First Things, Mai 2017

CAMPUS CRAZINESS

1 Mark Lilla: *The End of Identity Liberalism*. The New York Times, 18. Nov. 2016
2 Ebd.
3 Jonathan Rauch: *Speaking as a… – The Once and Future Liberal: After Identity Politics*. The New York Review of Books, 9. November 2017
4 Mark Lilla: *The End of Identity Liberalism*. The New York Times, 18. Nov. 2016
5 Jonathan Rauch: *Speaking as a… – The Once and Future Liberal: After Identity Politics*. The New York Review of Books, 9. November 2017

STRAUSS UND SCHMITT IN CHINA

1 Mark Lilla: *Reading Strauss in Beijing. China's strange taste in Western philosophers*. The New Republic, 17. Dezember 2021

2 Ebd.

3 Carl Schmitt: *Ex Captivitate Salus*. Köln 1950

4 Carl Schmitt: *Politische Theologie* (1922). Berlin 1996, S. 13

5 Kai Marchal / Carl K. Y. Shaw (Hg.): *Carl Schmitt and Leo Strauss in the Chinese-Speaking World. Reorienting the Political*. Lanham 2017, S. 21

6 Carl Schmitt: *Theorie des Partisanen. Zwischenbemerkung zum Begriff des Politischen*. Berlin 1963, S. 63 f.

NOBLE LÜGEN

1 Leo Strauss: *Persecution and the art of writing*. Chicago 1952, S. 35; *Verfolgung und die Kunst des Schreibens*. In: L. Strauss / A. Kojève / F. Kittler: *Kunst des Schreibens*. Berlin 2009, S. 47

2 Ebd.

3 Platon: *Politeia*, 382c ff.

4 Leo Strauss: *The Problem of Socrates*. In: *The rebirth of classical political rationalism. Essays and lectures*. Chicago 1989, S. 103–183, hier S. 137

5 Plutarch: *Von großen Griechen und Römern. Doppelbiographien*. Übers. von K. Ziegler/W. Wuhrmann. München 1991, S. 432–485, hier S. 434, 481 f.

6 Platon: *Politeia*. 414b-417b. Übers. von Friedrich Schleiermacher, Hamburg 1982, S. 144 ff.

7 Platon: *Politeia*. 415a

8 Platon: *Politeia*. 415c

9 Platon: *Nomoi*. 664a

10 Platon: *Politeia*, 389b (frei nach Schleiermacher)

EIN BRIEF AN LÖWITH

1 Leo Strauss: *Korrespondenz Leo Strauss – Karl Löwith*. In: *Gesammelte Schriften, Bd. 3, Hobbes' politische Wissenschaft und zugehörige Schriften – Briefe*. Hg. v. Heinrich und Wiebke Meier, Stuttgart/Weimar 2008, S. 624 f., hier S. 625

2 Karl Löwith: *Mein Leben in Deutschland vor und nach 1933*. Stuttgart 1986/2007, S. 57–61

3 Karl Löwith: *Weltgeschichte und Heilsgeschehen. Zur Kritik der Geschichtsphilosophie* (1949/1953). Sämtliche Schriften 2. Stuttgart 1983, S.95
4 Leo Strauss: *Korrespondenz Leo Strauss – Karl Löwith*, a.a.O., S.626 f., hier S.627
5 Anne Norton: *Leo Strauss and the Politics of American Empire*. New Haven/London 2004, S.1

DIE NOCH TIEFERE HÖHLE

1 Platon: *Politeia*, Buch VII, 514a–517a
2 Leo Strauss: *Religiöse Lage der Gegenwart*. GS 2, *Philosophie und Gesetz. Frühe Schriften*. Hg. v. H.u.W. Meier, Stuttgart/Weimar 1997, S.389; Leo Strauss: *How to study Spinoza's Theologico-political Treatise?* In: *Persecution and the art of writing*. a.a.O., S.155 f.
3 Leo Strauss: *Die geistige Lage der Gegenwart* (1932). In: *Philosophie und Gesetz – Frühe Schriften*. Unter Mitwirkung von Wiebke Meier hg. v. Heinrich Meier, Stuttgart/Weimar 1997/2003, S.441–464, hier S.446
4 Leo Strauss: *Brief an Kojève v. 22.5.1957*. In: *On Tyranny. Corrected and expanded edition. Including the Strauss-Kojève correspondence* (1961). Chicago 2013, S.275
5 Leo Strauss: *Persecution and the Art of Writing.* Social Research 8/4, 1941, S.503, Fn. 21. Zitiert nach: Heinrich Meier: *Über das Glück des philosophischen Lebens. Reflexionen zu Rousseaus Rêveries*. München 2011, S.221, Fn. 86

DAS EWIGE, DER HUND, DIE GEISHA

1 Leo Strauss: *On Tyranny*, a.a.O., S.202
2 Leo Strauss: *Die geistige Lage der Gegenwart* (1932). In: *Philosophie und Gesetz – Frühe Schriften*, GS 2. Hg. v. Heinrich und Wiebke Meier, Stuttgart/Weimar 2001, S.445
3 Ebd., S.447
4 Ebd., S.454 f.
5 Ebd., S.456
6 Leo Strauss: *Hobbes' politische Wissenschaft und zugehörige Schriften – Briefe. GS 3*. Hg. v. Heinrich und Wiebke Meier, Stuttgart/Weimar 2001, S.662 f.
7 Ebd., S.615 f.
8 Ebd., S.616 ff.

9 Ebd., S.664 f.

10 Ebd., S.659, 629

UNGESCHRIEBENE LEHREN

1 Platon: *Menon*, 80a

2 Leo Strauss, *Persecution and the art of writing*, a.a.O., S.24–27, 30, 32, 34, 36; *Verfolgung und die Kunst des Schreibens*, a.a.O., S.26, 41

3 Thomas Alexander Szlezák: *Tanja Staehler and the homonym »esoteric«*. Journal of Ancient Philosophy, Bd.8/2, 2014, S.160–166, hier S.160 f.

4 Anne Norton: *Leo Strauss and the Politics of American Empire*, a.a.O., S.1

5 Ebd., S.47 f.

6 Leo Strauss: *Persecution and the art of writing*, a.a.O., S.24

7 Ebd., S.25

8 Leo Strauss: *De la Tyrannie* (1954). Paris 2012, S.296

9 Leo Strauss: *On Tyranny*, a.a.O., S.212

10 Leo Strauss: *What is political philosophy?* Glencoe (Illinois) 1959, S.27

11 Leo Strauss: *Basic Principles Of Classical Political Philosophy* (1961), S.91. Archive.org

12 Leo Strauss: *Naturrecht und Geschichte* (1953). Übers. von Horst Boog, Frankfurt/M. 1977, S.16; Leo Strauss: *Natural right and history*. Chicago 1953, S.15

13 Diogenes Laertius: *Leben und Meinungen berühmter Philosophen*, V, 2, 2. Hamburg 1990, S.242

14 Leo Strauss: *Cohen and Maimonides* (1931). In: Kenneth Harth Green (Hg.): *Leo Strauss on Maimonides. The Complete Writings*. Chicago/ London 2013, S.173–222, hier S.180

15 Hans-Georg Gadamer: *Wahrheit und Methode* (1960). Tübingen 1975, S.511 f.

16 Eric Voegelin: *Order and History, IV*. Baton Rouge/London 1956, S.191 f.

17 Michel de Montaigne: *Apologie für Raymond Sebond*. Essais, Übers. von Hans Stilett, Frankfurt/M. 1998, S.222

18 Jacques Lacan: *Le Séminaire VIII – Le transfert (1960–1961)*. Texte établie par Jacques-Alain Miller, Paris 2001, S.106

SPHINX OHNE GEHEIMNIS

1 M.F.Burnyeat: *Sphinx Without a Secret*. The New York Review of Books, 30.Mai 1985
2 Aristoteles: *Nikomachische Ethik* V, 1134b27ff.; Aristotle: *Nicomachean Ethics*. Cambridge 1982, S.294f.

PHILOSOPHENKÖNIGE UND KNECHTE

1 Platon: *Politeia*, VIII 557c
2 Platon: *Das Trinkgelage*. 179d-e. Übers. von Ute Schmidt-Berger, Frankfurt/M. 1985, S.24 (leicht abgewandelte Übersetzung von mir)
3 Hannah Arendt: *Elemente und Ursprünge totaler Herrschaft* (1951). München 1986, S.618f.
4 Platon: *Gorgias*, 464c-e
5 Platon: *Politeia*, I 332c-d
6 *Politeia*, V 473c-474a
7 Leo Strauss: *De la Tyrannie* (1954). Paris 2012, S.310
8 Ebd.
9 Leo Strauss: *German Nihilism* (1941). Interpretation 26/3, 1999, S.353–380, hier S.358
10 Leo Strauss: *De la Tyrannie* (1954), a.a.O., S.311
11 Jean-Jacques Rousseau: *Der Gesellschaftsvertrag oder Prinzipien des Staatsrechts* (1762). Übers. von Ulrich Bossier, Wiesbaden 2008, S.64f.
12 Alexandre Kojève: *Hegel* (1947). Übers. von Iring Fetscher/Gerhard Lehmbruch, Frankfurt/M. 1975, S.193
13 Ebd., S.148
14 Ebd., S.143ff.
15 Ebd., S.149
16 Ebd., S.150
17 Ebd., S.42; G.W.F.Hegel: *Phänomenologie des Geistes*. Frankfurt/M. 1980, S.153
18 Alexandre Kojève: *Hegel*, a.a.O., S.37f.
19 Leo Strauss: *Natural Right and History*. Oxford 1953, S.26, 29.; *Naturrecht und Geschichte*, a.a.O., S.28, 31f.
20 Leo Strauss: *De la Tyrannie* (1954), a.a.O., S.319f.
21 Ebd., S.324f.
22 Alexandre Kojève: *Hegel*, a.a.O., S.184
23 Jacob Taubes: *Ad Carl Schmitt. Gegenstrebige Fügung*. Berlin 1987, S.24

24 Alexandre Kojève: *Tyrannie et Sagesse*. In: Leo Strauss: *De la Tyrannie* (1954), a.a.O., S.215–280, hier S.238–240

LOB DER SCHARIA

1 Jean-Jacques Rousseau: *Du Contrat social* (1762). Paris 1978, S.356 f.
2 Carl Schmitt: *Tagebücher 1925 bis 1929*. Hg. v. M. Tielke, G. Giesler, Berlin 2018, S.364
3 Jean-Jacques Rousseau: *Du Contrat social* (1762), a.a.O., S.360: Jean-Jacques Rousseau: *Gesellschaftsvertrag oder Prinzipien des Staatsrechts* (1762). IV, 8, übers. von Ulrich Bossier, Wiesbaden 2008, S.215
4 Jean-Jacques Rousseau: *Du Contrat social* (1762), a.a.O., S.364
5 Ebd., S.367
6 Jean-Jacques Rousseau: *Du Contrat social* (1762), a.a.O., S.357
7 Leo Strauss: *Remarks on the Political Science of Maimonides and Farabi*. Übers. von Robert Bartlett. Interpretation 18/01 (1990), S.4 f.
8 Leo Strauss: *Natural right and history*. a.a.O., S.144
9 Karl Löwith: *Von Hegel zu Nietzsche* (1941). Hamburg 1981, S.263
10 Thomas Hobbes: *Leviathan* (1651), a.a.O., Chap.43, S.457
11 Leo Strauss: *Hobbes' politische Wissenschaft* (1935/1965), a.a.O., S.186 ff.

ORDNUNG ODER FORTSCHRITT

1 Hermann Cohen: *Spinoza über Staat und Religion, Judentum und Christentum*. Jahrbuch für jüdische Geschichte und Literatur, Bd.18. Berlin 1915, S.56–150
2 Hermann Cohen: *Ethik des reinen Willens*. Berlin 1904, S.15
3 Baruch de Spinoza: *Abhandlung über die Verbesserung des Verstandes* (1662). Übers. von C. Gebhardt. Hamburg 1977, S.41
4 Ebd., S.14
5 Hermann Cohen: *Ethik des reinen Willens*, a.a.O., S.435
6 Baruch de Spinoza: *Theologisch-Politischer Traktat* (1677). Übers. von Carl Gebhardt/Günter Gawlick, Hamburg 1984, S.196
7 Hermann Cohen: *Ethik des reinen Willens*, a.a.O., S.598
8 Ebd., S.52
9 Hermann Cohen: *Spinoza über Staat und Religion, Judentum und Christentum*, a.a.O., S.73
10 Leo Strauss: *Die Religionskritik Spinozas als Grundlage seiner Bibelwissenschaft*

(1930/1965). Gesammelte Schriften 3. Hg. v. Wiebke und Heinrich Meier, Stuttgart/Weimar 2008, S.1–361, hier S.39

11 Hermann Cohen: *Spinoza über Staat und Religion, Judentum und Christentum*, a.a.o., S.134

12 Ebd., S.134

13 Leo Strauss: *Natural Right and history*, a.a.O., S.74f.

14 Leo Strauss: *Die Religionskritik Spinozas als Grundlage seiner Bibelwissenschaft*, a.a.O., S.159

FURCHT UND ZUCHT

1 Baruch de Spinoza: *Theologisch-Politischer Traktat* (1677). Übers. von Carl Gebhardt/Günter Gawlick, Hamburg 1984, S.223

2 Ebd., S.224

3 Leo Strauss: *How to study Spinoza's Theologico-Political Treatise*. In: *Persecution and the art of writing*. Chicago 1952, S.142–201, hier S.181, 187

4 Ebd., S.190f.

5 Baruch de Spinoza: *Theologisch-Politischer Traktat*, a.a.O., S.73

6 Leo Strauss: *On tyranny*, a.a.O., S. XIX

7 Baruch de Spinoza: *Theologisch-Politischer Traktat*, a.a.O., S.74

8 Leo Strauss: *How to study Spinoza's Theologico-Political Treatise*, a.a.O., S.175

9 Baruch de Spinoza: *Theologisch-Politischer Traktat* (1677). Übers. von Carl Gebhardt/Günter Gawlick, Hamburg 1984, S.72f.

10 Ebd., S.113

11 Ebd., S.84f. (leichte Satzumstellung von mir und Ersetzung eines »und« durch ein »denn«)

12 Ebd., S.301

13 Ebd., S.136

14 Carl Schmitt: *Der Leviathan in der Staatslehre des Thomas Hobbes: Sinn und Fehlschlag eines politischen Symbols (1938)*. Stuttgart 2003, S.86f.

15 Ebd., S.88, Fn.

16 T.S. Eliot: *For Lancelot Andrewes. Essays on Style and Order*. London 1928, S.33–48, hier S.45; Lothar R. Waas: Kommentar *zum »Leviathan«*. In: Thomas Hobbes: *Leviathan* (1651). Teil I und II. Übers. von. Walter Euchner, Frankfurt/M. 2011, S.363–703, hier S.601, 625

17 Carl Schmitt: *Der Leviathan in der Staatslehre des Thomas Hobbes, a.a.O.*, S.124

18 Carl Schmitt: *Das Judentum in der Rechtswissenschaft* (1936). In: Susanne Heil: *Gefährliche Beziehungen – Walter Benjamin und Carl Schmitt*. Stuttgart 1996, S.6, Fn. 19

19 Carl Schmitt: *Glossarium. Aufzeichnungen der Jahre 1947–1951*. 24.4.49. Berlin 1991, S. 290

20 Carl Schmitt: *Der Führer schützt das Recht*. Deutsche Juristen-Zeitung, Heft 15, 1. August 1934, Spalten 945–950

FLUCHT INS EWIGE

1 Edmund Burke: *Reflections on the revolution in France* (1790). New Haven 2003, S. 35: *Betrachtungen über die französische Revolution* (1790). Übers. von Friedrich von Gentz, Braunschweig 1838, S. 82: »Die besten waren bloße Theoretiker«.

2 Edmund Burke: *Reflections on the revolution in France*, a.a.O., S. 9: *Betrachtungen über die französische Revolution* (1790). Übers. von Friedrich von Gentz, a.a.o., S. 40: »In diesem seltsamen Chaos von Leichtsinn und Verruchtheit, von Schandthaten aller Art im gewaltsamsten Gemisch mit Narrheiten aller Art, scheint alles aus dem Geleise der Natur gewichen zu seyn.«

3 Leo Strauss: *Naturrecht und Geschichte, a.a.O.*, S. 311

4 Ebd., S. 316 f.

5 Ebd., S. 38

6 Anne Norton: *Leo Strauss and the Politics of American Empire*, a.a.O., S. 77

7 Platon: *Gorgias* 483b-d

8 Friedrich Nietzsche: *Menschliches Allzumenschliches II. Der Wanderer und sein Schatten* § 31

9 G.W.F. Hegel: *Phänomenologie des Geistes*, a.a.O., S. 22 f.

10 Leo Strauss: *Naturrecht und Geschichte*, a.a.O., S. 4 f.

11 Thomas Hobbes: *Leviathan* (1651), Teil I und II. Übers. von Walter Euchner, a.a.O., S. 75

12 Leo Strauss: *Persecution and the art of writing*, a.a.O., S. 17 f.

TUGEND ODER TYRANNEI DER WERTE?

1 Carl Schmitt: *Die Tyrannei der Werte* (1960). Berlin 2011

2 Leo Strauss: *Die geistige Lage der Gegenwart* (1932). In: *Philosophie und Gesetz – Frühe Schriften*. Unter Mitwirkung von Wiebke Meier herausgegeben von Heinrich Meier, Stuttgart/Weimar 1997/2003, S. 441–464, hier S. 447, 450

3 Ebd., S. 450

4 Carl Schmitt: *Die Tyrannei der Werte*, a.a.O., S. 7

5 Ebd., S. 28

6 Ebd., S.10
7 Ebd., S.23
8 Ebd., S.30
9 Ebd., S.28
10 Ebd., S.26
11 Ebd., S.26
12 Ebd., S.26, 35
13 Ebd., S.31
14 Eberhard Jüngel: *Wertlose Wahrheit*. Tübingen 2003, S.97
15 Ebd., S.97 f.
16 Ebd., S.100
17 Martin Heidegger: *Einblick in das was ist. Das Ge-Stell*. In: GA 79, *Bremer und Freiburger Vorträge*, 1949-1957. Frankfurt/M. 1994, S.24–45, hier S.27: »Ackerbau ist jetzt motorisierte Ernährungsindustrie, im Wesen das Selbe wie die Fabrikation von Leichen in Gaskammern und Vernichtungslagern, das Selbe wie die Blockade und Aushungerung von Ländern, das Selbe wie die Fabrikation von Wasserstoffbomben.« – In dem seit 1954 erscheinenden, bis heute immer wieder aufgelegten Band »Vorträge und Aufsätze« lautet der Titel »Die Frage nach der Technik«; dort heißt es lediglich: »Ackerbau ist jetzt motorisierte Ernährungsindustrie.« Heidegger: *Vorträge und Aufsätze*. Pfullingen 1978, S.9–40, hier S.18
18 Martin Heidegger: *Einführung in die Metaphysik*. Tübingen 1953, S.151 f.
19 Christoph Schönberger: *Werte als Gefahr für das Recht? Carl Schmitt und die Karlsruher Republik*. In: Carl Schmitt: *Die Tyrannei der Werte* (1960). Berlin 2011, S.57–91, hier S.72
20 Martin Heidegger: *Überwindung der Metaphysik.* In: *Vorträge und Aufsätze* (1954), Pfullingen 1978, S.67–95, hier S.87
21 Hans Blumenberg / Carl Schmitt. *Briefwechsel*. Hg. v. A. Schmitz / M. Lepper, Frankfurt/M. 2007, S.140 f.
22 Carl Schmitt: *Glossarium. Aufzeichnungen der Jahre 1947–1951*. 24.4.49. Berlin 1991, S.232

FREMDBLEIBEN

1 Theodor W. Adorno: *Minima* Moralia, a.a.O., S.35 f.
2 Leo Strauss: *Anmerkungen zu Carl Schmitt, Der Begriff des Politischen* (1932). GS 3: *Hobbes' politische Wissenschaft und zugehörige Schriften*, a.a.O., S.217–238, hier S.238
3 Ebd., S.236 f.

4 Leo Strauss: *Hobbes' politische Wissenschaft und zugehörige Schriften*, a.a.O., S.625 f.
5 Friedrich Kittler: *Julian der Grieche*. In: L. Strauss / A. Kojève / F. Kittler: *Kunst des Schreibens*. Berlin 2009, S.91–100, hier S.92
6 Leo Strauss: *German Nihilism* (1941). Interpretation 26/3, 1999, S.353–380, hier S.359
7 Ebd., S.360
8 Ebd., S.358
9 Carl Schmitt: *Der Begriff des Politischen* (1932). Berlin 1991, S.39
10 Ebd., S.35, 39, 54–57
11 Leo Strauss: *German Nihilism*, a.a.O., S.359
12 Leo Strauss: *Hobbes' politische Wissenschaft und zugehörige Schriften*, a.a.O, S.664
13 Leo Strauss: *German Nihilism*, a.a.O., S.360
14 Ebd., S.261

NIHILISTISCHER RELATIVISMUS

1 Leo Strauss: *Natural right and history*, a.a.O., S.42, 48
2 Ebd., S.49
3 Ebd., S.18
4 Ebd., S.26 f.
5 Immanuel Kant: *Was heißt: sich im Denken orientieren?* (1786). In: *Ausgewählte kleine Schriften*. Hamburg 1969, S.10–26
6 Immanuel Kant: *Prolegomena zu einer jeden künftigen Metaphysik, die als Wissenschaft wird auftreten können* (1783). Hg. v. Karl Vorländer, Hamburg 1976, S.6, 101
7 Leo Strauss: *Natural right and history*, a.a.O., S.43
8 Ebd., S.6
9 Ebd., S.6
10 Diderot / d'Alembert: *Encyclopédie*. T. 16. Paris 1765, S.390, M. Romilly le fils: *Tolérance*
11 Carl Schmitt: *Der Begriff des Politischen* (1932). Berlin 1991, S.77

POLITISCHE ENTPOLITISIERUNG

1 Carl Schmitt: *Starker Staat und gesunde Wirtschaft* (1932). In: *Staat, Großraum, Nomos. Arbeiten aus den Jahren 1916–1969*. Hg. v. Günter Maschke, Berlin 1995, S.71–85, hier S.74

2 Ebd., S.75
3 Ebd., S.77, 81
4 Carl Schmitt: *Politische Romantik* (1919). Berlin 1968, S.162

SCHMITTS BRILLANZ

1 Carl Schmitt: *Glossarium*. 22.6.48. Berlin 1991, S.169
2 Jacques Derrida: *Politik der Freundschaft* (1994). Übers. von Stefan Lorenzer, Frankfurt/M. 2000, S.93
3 Carl Schmitt: *Tagebücher – Oktober 1912 bis Februar 1915*. Hg. v. Ernst Hüsmert, Berlin 2003, p.356
4 Herbert Marcuse: *Der Kampf gegen den Liberalismus in der totalitären Staatsauffassung* (1943). In: *Kultur und Gesellschaft I*. Frankfurt/M. 1980, S.17–55, hier S.49
5 Carl Schmitt: *Glossarium*, 23.9.48. Berlin 1991, S.199
6 Herbert Marcuse: *Der Kampf gegen den Liberalismus in der totalitären Staatsauffassung*, a.a.O., S.47
7 Ebd., S.49
8 Carl Schmitt: *Glossarium*, 25.12.48. Berlin 1991, S.213
9 Martin Heidegger: *Sein und Zeit* (1927). Tübingen 1972, S.410
10 Ebd., S.277
11 Ebd., S.308
12 Ebd., S.390
13 Ebd., S.36
14 Carl Schmitt: *Glossarium*. 22.6.48. Berlin 1991, S.168
15 Carl Schmitt: *Tagebücher 1925 bis 1929*. Hg. v. M. Tielke, G. Giesler, Berlin 2018, S.177, 129, 394, 222
16 Carl Schmitt: *Tagebücher 1925 bis 1929*. Hg. v. M. Tielke, G. Giesler, Berlin 2018, S.447 f.

SCHMITTS GROSSINQUISITOR

1 Carl Schmitt: *Römischer Katholizismus und politische Form*. Hellerau 1923, S.66 f.
2 Carl Schmitt: *Politische Romantik* (1919). Berlin 1968, S.147
3 Fjodor M. Dostojewski: *Die Brüder Karamasoff* (1880). Übers. von E.K.Rahsin, München 1990, S.408 f.
4 Ebd., S.409

5 Ebd., S. 411, 414

6 Joseph de Maistre: *Von der Souveränität. Ein Anti-Gesellschaftsvertrag* (1794). Übers. von Claudia Oestmann, Berlin 2000, S. 41

7 Victor Hugo: *Notre-Dame de Paris 1483* (1831). Bibliothèque de la Pléiade. Paris 1975, S. 188

8 Fjodor M. Dostojewski: *Die Brüder Karamasoff*, a. a. O., S. 411 f.

9 Ebd., S. 419

10 Ebd., S. 422

11 Carl Schmitt: *Glossarium. Aufzeichnungen der Jahre 1947–1951. 23.5.49.* Berlin 1991, S. 243

12 Carl Schmitt: *Politische Romantik*, a. a. O., S. 58

13 Ebd., S. 20

14 Ebd., S. 21

15 Fedor Dostojewski: *Rede über Puschkin am 8. Juni 1880*. Übers. von E. K. Rahsin, Hamburg 1992, S. 9

16 Ebd., S. 35

17 Fjodor M. Dostojewski: *Die Brüder Karamasoff*, a. a. O., S. 412 f.

18 Ebd., S. 415

19 Ebd., S. 423

WIE GESCHICHTE SCHREIBEN?

1 Leo Strauss: *Thucydides – The Meaning of political History*. In: *The rebirth of classical political rationalism*. Essays and Lectures. Chicago 1989, S. 72–192, hier S. 76 f.

2 Ebd., S. 76 f.

3 Ebd., S. 75

4 Herodot: *Historien*. I, 5. Übers. von A. Horneffer, Stuttgart 1971, S. 3

5 Ebd., S. 153

6 Thukydides: *Geschichte des Peloponnesischen Krieges*. I, 22. Übers. von G. P. Landmann, München 1991, S. 35 f.

7 Leo Strauss: *Korrespondenz Leo Strauss – Karl Löwith*. Strauss an Löwith, Brief vom 17. Juli 1935, aus Cambridge (England). In: *Gesammelte Schriften, Bd. 3, Hobbes' politische Wissenschaft und zugehörige Schriften*, a. a. o., S. 657

DIE HEXE HEGEL

1 Jacob Burckhardt: *Weltgeschichtliche Betrachtungen* (posth. 1905). Stuttgart 1983, S.195
2 Walter Benjamin: *Über den Begriff der Geschichte*. GS 1, S.691–704, hier S.696; ders.: *Eduard Fuchs, der Sammler und der Historiker*. GS 2, Frankfurt/M. 1980, S.465–505, hier S.477
3 Jacob Burckhardt: *Weltgeschichtliche Betrachtungen* (posth. 1905). Stuttgart 1983, S.198
4 Ebd., S.165
5 Eric Voegelin: *Order and History, IV, The Ecumenic Age* (1956). Baton Rouge/London 2000, S.253
6 G.W.F.Hegel: *Vorlesungen über die Philosophie der Geschichte*. Werke 12, Frankfurt/M. 1980, S.42
7 Eric Voegelin: *Order and History, IV, The Ecumenic Age*, a.a.O., S.255f.
8 Eric Voegelin: *Autobiographical Reflections* (1989, posth.). Baton Rouge/London 1989, S.18f.
9 Ebd., S.118
10 Ebd., S.75, 123
11 Eric Voegelin: *On Hegel – A Study in Sorcery*. In: J.T.Fraser u.a. (Hg.): *The Study of Time*. Heidelberg 1972, S.418–451, S.421
12 Ebd., S.443
13 Ebd., S.418
14 Ebd., S.422
15 G.W.F.Hegel: *Phänomenologie des Geistes*, a.a.O., S.547
16 Eric Voegelin: *On Hegel – A Study in Sorcery*, a.a.O., S.437
17 Ebd., S.420
18 Ebd., S.432, 448, Fn. 18
19 Ebd., S.427
20 Ebd., S.422
21 Ebd., S.427
22 Eric Voegelin: *Order and History, I* (1956). Columbia/London 2001, S.506
23 Ebd., S.19
24 Ebd., S.18
25 Eric Voegelin: *On Hegel – A Study in Sorcery*, a.a.O., S.432

CURIOSITAS

1 Augustinus: *Confessiones / Bekenntnisse*. Lateinisch und Deutsch. Übers. von J. Bernhart, München 1980, X, 28, S. 551; Hiob 7:1

2 Ebd., S. 567; 1 Johannes 2, 15–17

3 Ebd., S. 829

4 Miguel de Cervantes Saavedra: *Don Quijote von der Mancha*. II, Kap. 17. Übers. von Susanne Lange, München 2008, S. 153 ff.

5 Petrarca: *An Francesco Dionigi von Borgo San Sepolcro in Paris. Die Besteigung des Mont Ventoux*. In: Dichtungen, Briefe, Schriften. Hg. v. H. W. Eppelsheimer, übers. von Hans Nachrod und Paul Stern, Frankfurt/M. 1980, S. 88–98, hier S. 90

6 Ebd., S. 93, 95

7 Ebd., S. 94

8 Ebd., S. 96

9 Jean-Jacques Rousseau: *Emile oder Über die Erziehung* (1762). Übers. von Eleonore Sckommodau, Stuttgart 2006, S. 389 ff.

10 Daniel Defoe: *Robinson Crusoe*. Übers. von H. Reisiger, Stuttgart 2012, S. 9 f.

11 Jean-Jacques Rousseau: *Correspondance complète*, Bd. 19: 1764, Lettres 3090–3244. Hg. v. R. A. Leigh, Oxford 2004, S. 240–252; Mary Trouille: *The Failings of Rousseau's Ideals of Domesticity and Sensibility*. Eighteenth-Century Studies 24/4, Summer 1991, S. 451–483

12 Martin Heidegger: *Sein und Zeit*, a. a. O., S. 172

13 Ebd., S. 175

14 Ebd., S. 172 f.

15 Ebd., S. 173

KRITIK MACHT KARRIERE

1 Theodor W. Adorno: *Negative Dialektik*. Frankfurt/M. 1977, S. 29

2 Ebd., S. 191 f.

3 Ebd., S. 162

4 Immanuel Kant: *Kritik der reinen Vernunft* (1781). Bd. 1, A XII. Frankfurt/M. 1980, S. 13

5 Ebd., S. 30

6 Ebd., S. 639

7 Immanuel Kant: *Beantwortung der Frage: Was ist Aufklärung?* (1784). In: *Ausgewählte kleine Schriften*. Hamburg 1969, S. 1–9, hier S. 1

8 G.W.F. Hegel: *Phänomenologie des Geistes*, a.a.O., S.46
9 Theodor W. Adorno: *Negative Dialektik*, a.a.O., S.373

SCHWARZWALD UND WÜSTE

1 Werner Sombart: *Die Juden und das Wirtschaftsleben*. Leipzig 1911, S. VII f.
2 Ebd., S.426, 417
3 Martin Heidegger: *Überlegungen XII – XV* (*»Schwarze Hefte«* 1939–1941). GA 96, Frankfurt/M. 2014, S.243
4 Ebd., S.96 f.
5 Ebd., S.262
6 Martin Heidegger: *Einführung in die Metaphysik* (1935). Tübingen 1953, S.29
7 Edmond Jabès: *Ein Fremder mit einem kleinen Buch unterm Arm*. Übers. von Jürgen Ritte, München 1993, S.18
8 Edmond Jabès: *Es nimmt seinen Lauf*. Übers. von Felix Philipp Ingold, Frankfurt/M. 1981, S.11
9 Jacques Derrida: *Marx' Gespenster*. Frankfurt/M. 1995, S.123, 54
10 Jacques Derrida: *Glaube und Wissen. Die beiden Quellen der »Religion« an den Grenzen der bloßen Vernunft*. In: J. Derrida / G. Vattimo: *Die Religion*. Übers. von Ulrich Kunzmann, Frankfurt/M. 2001, S.9–106, hier S.30
11 Jacques Derrida: *Grammatologie* (1967). Übers. von Hans-Jörg Rheinberger, Hanns Zischler, Frankfurt/M. 1983, S.274: »Ein Text-Äußeres gibt es nicht.«
12 Jacques Derrida: *Edmond Jabès und die Frage nach dem Buch*. In: *Die Schrift und die Differenz* (1967). Übers. von Rodolphe Gasché, Frankfurt/M. 1972, S.102–120, hier S.108
13 Platon: *Phaidros* 274c–275b
14 Martin Heidegger: *Hebel. Der Hausfreund* (1956). Pfullingen 1977, S.24
15 Martin Heidegger: Über die Sprache Johann Peter Hebels (1955). GA 13: *Aus der Erfahrung des Denkens*. Frankfurt/M. 1983, S.123–125, hier S.123 f.
16 Martin Heidegger: *Sprache und Heimat* (1960). GA 13: *Aus der Erfahrung des Denkens*, Frankfurt/M. 1983, S.155–180, hier S.155 f.
17 Martin Heidegger: *Per mortem ad vitam (Gedanken über Jörgensens ›Lebenslüge und Lebenswahrheit‹)*. In: *Reden und andere Zeugnisse eines Lebensweges*. GA 16, Hg. v. Hermann Heidegger, Frankfurt/M. 2000, S.3–6, hier S.3
18 Jacques Derrida: *Vom Geist. Heidegger und die Frage* (1987). Übers. von A.G. Düttmann, Frankfurt/M. 1992, S.7
19 Martin Heidegger: *Überwindung der Metaphysik*. In: *Vorträge und Aufsätze* (1954). Frankfurt/M. 1978, S.67–95, hier S.95

20 Martin Heidegger: *Brief über den Humanismus* (1946). In: *Wegmarken* (1967). Frankfurt/M. 1978, S. 311–360, hier S. 328

21 Martin Heidegger: *Überwindung der Metaphysik*, a. a. O., S. 93 f.

22 Martin Heidegger: *Die Grundfrage der Philosophie*. GA 36/37: *Sein und Wahrheit.* Frankfurt/M. 2001, S. 3–82, hier S. 39

23 Roland Breeur: *Randbemerkungen Husserls zu Heideggers ›Sein und Zeit‹ und ›Kant und das Problem der Metaphysik‹*. Husserl Studies 11/1994, S. 3–63

24 Martin Heidegger: Brief an Karl Jaspers, Todtnauberg, 24. IV. 26. In: Martin Heidegger – Karl Jaspers: *Briefwechsel 1920–1963*. Hg. v. Walter Biemel / Hans Sahner, Frankfurt/M./München/Zürich 1990, S. 62 f., hier S. 63

25 Martin Heidegger: *Schöpferische Landschaft: Warum bleiben wir in der Provinz?* (1953). GA 13: *Aus der Erfahrung des Denkens*. Frankfurt/M. 1983, S. 9–13, hier S. 10

26 Martin Heidegger: *Zur Immatrikulation (6. Mai 1933)*. In: *Reden und andere Zeugnisse eines Lebensweges*. GA 16, hg. v. Hermann Heidegger, Frankfurt/M. 2000, S. 95–97

27 Martin Heidegger: *Wozu Dichter?* (1946). In: *Holzwege*. Frankfurt/M. 1980, S. 265–316, hier S. 276, 290 f.

28 Martin Heidegger: *Das Rektorat 1933/34. Tatsachen und Gedanken* (1945). GA 16: *Reden und andere Zeugnisse eines Lebensweges*. Frankfurt/M. 2000, S. 372–394, hier S. 375

29 Jacques Derrida: *Vom Geist. Heidegger und die Frage*, a. a. O., S. 127 f.

30 Jacques Derrida/Gianni Vattimo: *Die Religion*, a. a. O., S. 34

LEGITIMATIONSPROBLEME

1 Jürgen Habermas: *Legitimationsprobleme im Spätkapitalismus*. Frankfurt/M. 1973, S. 117 f.

2 Ebd., S. 99

3 Ebd., S. 104

4 Ebd., S. 113

5 Ebd., S. 9

6 Ebd., S. 11

7 Ebd., S. 13

SUBJEKT UND METHODE

1 Gilles Deleuze: *Differenz und Wiederholung*. Übers. von Joseph Vogl, München 1992, S.85
2 Friedrich Nietzsche: *Nachgelassene Fragmente* August – September 1885. NF-1885, 40 (23)
3 Roland Barthes: *Leçon/Lektion* (1978). Übers. von Helmut Scheffel, Frankfurt/M. 1980, S.19
4 Michel Foucault: *Die Ordnung der Dinge* (1966). Übers. von Ulrich Köppen, Frankfurt/M. 1978, S.462
5 Michel Foucault: *Histoire de la folie à l'âge Classique* (1961). Paris 1972, S.262
6 Jacques Derrida: *Cogito und Geschichte des Wahnsinns* (1963). In: *Die Schrift und die Differenz*. Übers. von Rodolphe Gasché, Frankfurt/M. 1976, S.53–101, hier S.63
7 Ebd., S.61
8 Michel Foucault: *Histoire de la folie à l'âge Classique*, a.a.O., S.13–16
9 Theodor W. Adorno: *Minima Moralia*, a.a.O., S.88–90
10 Theodor W. Adorno: *Negative Dialektik*, a.a.O., S.20, 53, 63
11 Carl Schmitt: *Politische Theologie* (1922). Berlin 1996, S.51
12 Ebd., S.20 f.
13 Baruch de Spinoza: *Ethica more geometrico demonstrata* (1677, posth.). II 40 sc. 1. Stuttgart 1980, S.205
14 Baruch de Spinoza: *Abhandlung über die Verbesserung des Verstandes* (1677), a.a.O., S.17
15 Baruch de Spinoza: *Ethica more geometrico demonstrata*, a.a.O., S.215
16 Baruch de Spinoza: *Briefwechsel*. 76. Brief an Albert Burgh. Übers. von Carl Gebhardt, Hamburg, 1977, S.286
17 Sarah Kofman: *Nietzsche et la scène philosophique*. Paris 1979, S.315
18 Galileo Galileo: *Sidereus Nuncius* (1610). Hg. v. Hans Blumenberg, Frankfurt/M. 1980, S.53
19 G.W.Leibniz: *Meditationes de Cognitione, Veritate et Ideis*. In: Die philosophischen Schriften Bd.4. Hg. v. C. J.Gebhardt, Reprint Hildesheim 1960, S.422–427, hier S.427, 422
20 Ebd., S.422
21 Michel Foucault: *Le sujet et le pouvoir*. In: *Dits et écrits, Bd. IV.* Paris 1994, S.231
22 Michel Foucault: *L'usage des plaisirs*. Paris 1984, S.18
23 Ebd., S.12, 14
24 Ebd., S.16 f.
25 Ebd., S.37

FORMLOSE ROMANE, FORMLOSES LEBEN

1 Blaise Pascal: *Pensées*. Œuvres XII. Hg. v. Léon Brunschvicg, Paris 1925, S. 24, Fn. 1; Pierre Nicole: *Lettre sur les hérésies* (1665)
2 Miguel de Cervantes Saavedra: *Don Quijote von der Mancha* I, Kap. 21. Übers. von Susanne Lange, München 2008, S. 202
3 Johann Christoph Gottsched: *Versuch einer Critischen Dichtkunst vor die Deutschen* (1730). In: *Schriften zur Literatur*. Hg. v. Horst Steinmetz, Stuttgart 1998, S. 12–196, hier S. 115 f.
4 Emil Staiger: *Literatur und Öffentlichkeit*. *NZZ*, 20. Dezember 1966
5 Georg Lukács: *Die Theorie des Romans* (1916). München 1994, S. 32
6 Ebd., S. 21
7 Ebd., S. 29
8 Ebd., S. 25
9 Ebd., S. 53
10 Ebd., S. 80
11 Ebd., S. 77
12 Ebd., S. 90
13 Ebd., S. 22
14 Ebd., S. 26 f.
15 Ebd., S. 78
16 Ebd., S. 111
17 G. W. F. Hegel: *Phänomenologie des Geistes*, a. a. O., S. 531
18 G. W. F. Hegel: *Vorlesungen über die Ästhetik III*. Werke 15, Frankfurt/M. 1980, S. 258, 259 f.
19 Ebd., S. 335, 187
20 Ebd., S. 570
21 Ebd., S. 566
22 G. W. F. Hegel: *Vorlesungen über die Ästhetik II*. Werke 14, Frankfurt/M. 1980, S. 219 f.
23 G. W. F. Hegel: *Vorlesungen über die Ästhetik III*, a. a. O., S. 279
24 Ebd., S. 393
25 G. W. F. Hegel: *Phänomenologie des Geistes*, a. a. O., S. 386, 36

DESCARTES, DON QUIJOTE, HAMLET

1 René Descartes: *Discours de la Méthode* (1637). In: Œuvres et Lettres. Bibliothèque de la Pléiade. Paris 1970, S. 123–179, hier S. 129

2 Ebd., S. 126

3 Le P. Adrien de Baillet: *La Vie de M. Descartes*. Paris 1693, S. 81–86

4 René Descartes: *Méditations* (1641). In: Œuvres et Lettres. Bibliothèque de la Pléiade. Paris 1953, S. 253–547, hier S. 269

5 Ebd., S. 274

6 Ebd., S. 272

7 Miguel de Cervantes Saavedra: *Der geistvolle Hidalgo Don Quijote von der Mancha II* (1614), a. a. O., S. 287

8 Michel Foucault: *Die Ordnung der Dinge* (1966). Übers. von Ulrich Köppen, Frankfurt/M. 1978, S. 81

9 Georg Lukács: *Die Theorie des Romans*, a. a. O., S. 116

10 Ebd., S. 89 f.

11 Ebd., S. 104

12 E. M. Cioran: *La Tentation d'exister*. Paris 1956, S. 10

13 Ebd., S. 19

14 Paul Valéry: *Lettre à Gide du 25 août 1894*. In: *André Gide – Paul Valéry: Correspondances 1890–1942*. Hg. v. Robert Mallet, Paris 1955, S. 212 f., hier S. 213

15 Milan Kundera: *Die Kunst des Romans* (1986). Übers. von Uli Aumüller, München 1987, S. 14 f.

16 Ebd., S. 30 f.

17 Ebd., S. 170

18 William Shakespeare: *Hamlet*. I, 5. The Arden Shakespeare. Complete Works. Hg. v. R. Proudfoot u. a., Walton-on-Thames 1998, S. 301; *Hamlet*. Werke in vier Bänden, Bd. 4. Hg. v. A. Schlösser, übers. von A. W. Schlegel, Berlin 1989, S. 288

19 Carl Schmitt: *Hamlet oder Hekuba. Der Einbruch der Zeit in das Spiel* (1956). Stuttgart 1985, S. 54

20 Ebd., S. 40f

21 William Shakespeare: *Macbeth* (ca. 1606), V, 5, vv. 26–28. The Arden Shakespeare Complete Works. Hg. v. R. Proudfoot u. a., Walton-on-Thames 1998, S. 771–797, hier S. 795

22 Carl Schmitt: *Hamlet oder Hekuba*, a. a. O., S. 46 f.

23 Ebd., S. 49 f.

DIESES WIRD JENES TÖTEN

1 Johann Wolfgang von Goethe: *Dichtung und Wahrheit*. Werke in 6 Bänden. Hg. v. Walter Höllerer, Frankfurt/M. 1970, Bd. 5, S. 321 f.

2 Johann Wolfgang von Goethe: *Von deutscher Baukunst. D. M. Ervini a Steinbach* (1772). Hamburger Ausgabe, Bd. 14, S. 7–15, hier S. 10

3 Victor Hugo: *Notre-Dame de Paris 1483* (1831). Bibliothèque de la Pléiade. Paris 1975, S. 3 f.
4 Ebd., S. 182
5 Ebd., S. 182
6 Ebd., S. 145
7 Ebd., S. 188
8 Ebd., S. 174
9 Ebd., S. 151
10 Ebd., S. 270
11 Friedrich Nietzsche: *Unzeitgemäße Betrachtungen. Zweites Stück. Vom Nutzen und Nachteil der Historie für das Leben*, § 4
12 G. W. Leibniz: *De l'horizon de la doctrine humaine* (1693). In: *Opuscules et Fragments inédits de Leibniz*. Hg. v. L. Couturat, Paris 1903. Reprint Olms 1988, S. 530 f.

MODERNE KONTRA AVANTGARDE

1 Arthur Rimbaud: *Lettres du voyant* (13 et 15 mai 1871). Hg. v. Gérald Schaeffer. La Voyance avant Rimbaud par Marc Eigeldinger, Genf/Paris 1975, S. 142 f.
2 Hugo Friedrich: *Die Struktur der modernen Lyrik* (1956). Hamburg 1973, S. 35–58
3 Charles Baudelaire: *Le Peintre de la Vie moderne*. Kap. *Modernité*. Œuvres complètes II. Paris 1976, S. 683–775, hier S. 695
4 Ebd., S. 694
5 Charles Baudelaire: *Journaux Intimes*. Œuvres complètes I. Paris 1975, S. 649–710, hier S. 691
6 Robert Kopp: *Baudelaire entre Banville et Leconte de Lisle*. Cahiers de l'Association Internationale des Études Françaises 50/1998, S. 193–207, hier S. 195; Charles Baudelaire: *Correspondances II*. Paris 1973, S. 786
7 Walter Benjamin: *Charles Baudelaire. Ein Lyriker im Zeitalter des Hochkapitalismus*. GS I, Frankfurt/M. 1980, S. 509–690, hier S. 515
8 Charles Baudelaire, *Les Fleurs du Mal*. Épilogue. Œuvres complètes I. Paris 1975, S. 191
9 Walter Benjamin: *Charles Baudelaire. Ein Lyriker im Zeitalter des Hochkapitalismus*, a.a.O., S. 524
10 Ebd., S. 675
11 Charles Baudelaire: *Journaux Intimes*, a.a.O., S. 669
12 Walter Benjamin: *Das Paris des Second Empire bei Baudelaire*. GS I, S. 526
13 Charles Baudelaire: *Réflexions sur quelques-uns de mes contemporains. Pierre Dupont (II)*. Œuvres complètes II. Paris 1976, S. 129–181, hier S. 170

14 Ebd., S. 170 f.
15 Walter Benjamin: *Anmerkungen zu »Das Paris des Second Empire bei Baudelaire«*. GS I. Frankfurt/M. 1980, S. 1161
16 Charles Baudelaire: *Journaux Intimes*, a. a. O., S. 666
17 Charles Baudelaire: *Salon de 1859*. Œuvres complètes II. Paris 1976, S. 608–682, hier S. 617
18 Charles Baudelaire: *Exposition universelle, 1855, Beaux-arts*. Œuvres complètes II. Paris 1976, S. 575–597, hier S. 580
19 Ebd., S. 581
20 Charles Baudelaire: *Correspondances II*, a. a. O., S. 254
21 Charles Baudelaire: *Théophile Gautier (1)* (1859). Œuvres complètes II. Paris 1976, S. 103–128, hier S. 123

ALLES SYPHILIS

1 Joris K. Huysmans: *Gegen den Strich* (1884). Übers. von Hans Jacob. Zürich 1981, S. 209
2 Ebd., S. 209
3 Ebd., S. 40
4 Ebd., S. 211; 76, 254
5 Ebd., S. 45
6 Ebd., S. 158
7 Ebd., S. 52
8 Michel Houellebecq: *»Ich weiß nichts«*. Gespräch mit Romain Leick. DER SPIEGEL, 28.02.2015
9 Michel Houellebecq: *Soumission*. Paris 2015, S. 244
10 Ebd., S. 260 f.
11 Ebd., S. 246 f.
12 Ebd., S. 259
13 Ebd., S. 268 f.
14 Ebd., S. 20 f.
15 Ebd., S. 297, 299 f.
16 Ebd., S. 264 f.
17 Joris-Karl Huysmans: *Die Schule der Satanisten* (Là-Bas; 1891). Übers. von Caroline Vollmann. Leipzig 2018, S. 28, 10
18 Joris K. Huysmans: *Gegen den Strich*, a. a. O., S. 62 f.
19 Ebd., S. 190–192
20 Ebd, S. 184: »Tout n'est que Syphilis«, abgewandelte Übersetzung
21 Ebd., S. 54 f., 67; 56 f.

22 Charles Baudelaire: *Mon cœur mis à nu*. Œuvres completes I. Paris 1975, S. 677
23 Michel Houellebecq: *Soumission*. Paris 2015, S. 277
24 Ebd., S. 278
25 Michel Houellebecq im Gespräch mit Susannah Hunnewell. *The Art of Fiction*, No. 206. The Paris Review 194/2010
26 Sylvain Bourmeau: *Scare Tactics – Michel Houellebecq Defends His Controversial New Book*. The Paris Review, 2. Januar 2015
27 Michel Houellebecq: *Soumission*, a.a.O., S. 270 f.
28 Joris K. Huysmans: *Gegen den Strich*, a.a.O., S. 267
29 Michel Houellebecq: *In Schopenhauers Gegenwart* (2016). Übers. von Stephan Kleiner, Köln 2017, S. 59

DANDY-PRIESTER, DANDY-TIGER

1 Eugène Crépet: *Charles Baudelaire. Étude biographique*. Revue et mise à jour par Jacques Crépet. Paris 1906, S. 23
2 Charles Baudelaire: *Journaux Intimes*, a.a.O., S. 678
3 Charles Baudelaire: *Le Peintre de la Vie moderne*, a.a.O., S. 710
4 Charles Baudelaire: *De l'essence du rire* (1855). Œuvres complètes II. Paris 1976, S. 525–543, hier S. 528
5 Charles Baudelaire: *Le Peintre de la Vie moderne*, a.a.O., S. 683–775, hier S. 685 f.
6 Ebd., S. 710: »le culte de soi-même«
7 Charles Baudelaire: *Notes nouvelles sur Edgar Poe* (1857). Œuvres complètes II. Paris 1976, S. 319–337, hier S. 333
8 Charles Baudelaire: *Le Peintre de la Vie moderne*, a.a.O., S. 711
9 Ebd., S. 709, 711
10 Charles Baudelaire: *L'Art romantique.* IX *Le Dandy.* Œuvres complètes II. Paris 1976, S. 683–775, hier S. 711
11 Barbey d'Aurevilly: *Du Dandysme et de George Brummell* (1845). Œuvres romanesques complètes II. Paris 1966, S. 667–733, hier S. 679
12 Charles Baudelaire: *Le Peintre de la Vie moderne*, a.a.O., S. 711
13 Charles Baudelaire: *Journaux intimes. Fusées*. Œuvres complètes I. Paris 1975, S. 647–667, hier S. 665
14 Barbey d'Aurevilly: *Du Dandysme et de George Brummell*, a.a.O., S. 1436 (*Préface à l'édition de 1861*)
15 Charles Baudelaire: *Le Peintre de la Vie moderne*, a.a.O., S. 710: »C'est le plaisir d'étonner et la satisfaction orgueilleuse de ne jamais être étonné.«
16 Charles Baudelaire: *Journaux Intimes*, a.a.O., S. 677

RANCÉ

1 Roland Barthes: *Vorwort* zu François-René de Chateaubriands Vie de Rancé. In: Chateaubriand: *Das Leben des Abbé de Rancé.* Frankfurt/M. 1977, S. 9
2 François-René de Chateaubriand: *Das Leben des Abbé de Rancé* (1844). Übers. von Emil Lerch, Frankfurt/M. 1977, S. 151
3 Ebd., S. 104
4 Ebd., S. 127
5 Ebd., S. 149
6 Ebd., S. 68
7 Ebd., S. 64 f.
8 Ebd., S. 74
9 Ebd., S. 34 (hier eigene Übersetzung)
10 Ebd., S. 110
11 Ebd., S. 190 f.
12 Ebd., S. 159
13 Ebd., S. 148
14 Ebd., S. 149
15 Ebd., S. 35
16 Ebd., S. 38 (leichte syntaktische Umstellung von mir)
17 Ebd., S. 197
18 Ebd., S. 212, 210
19 Ebd., S. 202
20 Ebd., S. 210 ff., 147
21 Ebd., S. 80
22 Ebd., S. 130
23 Ebd., S. 209
24 Ebd., S. 229
25 Ebd., S. 245
26 Ebd., S. 246 f.

TOD DEM VERNUNFTZWANG

1 Joris-Karl Huysmans: *Die Schule der Satanisten (Là-Bas)* (1891). Übers. von Caroline Vollmann, Leipzig 2018, S. 29
2 Ebd., S. 73
3 Ebd., S. 71
4 Ebd., S. 262, 277
5 Ebd., S. 318

6 Ebd., S. 386

7 Ebd., S. 317

8 George Bataille: *L'Histoire de l'érotisme* (1951). Paris 1976, S. 238

9 Joris-Karl Huysmans: *Die Schule der Satanisten*, a. a. O., S. 319

10 Ebd., S. 260 f.

11 *Michel Foucault: Entretien avec Ducio Trombadori* (1980). In: *Dits et écrits IV 1980–1988)*. Hg. v. D. Defert, F. Ewald, Paris 1994, S. 41–95, hier S. 43

12 Michel Foucault: *Von der Subversion des Wissens*. Übers. von Walter Seitter, München 1974, S. 32–53, hier S. 35

13 Joris-Karl Huysmans: *Die Schule der Satanisten*, a. a. O., S. 114

14 Michel Foucault: *Überwachen und Strafen. Die Geburt des Gefängnisses* (1975). Übers. von Walter Seitter, Frankfurt/M. 1994, S. 60

15 Michel Foucault: *Von der Subversion des Wissens*, a. a. O., S. 114, 119

16 Michel Foucault: *Die Ordnung der Dinge* (1966). Übers. von Ulrich Köppen, Frankfurt/M. 1978, S. 462

17 Joris-Karl Huysmans: *Die Schule der Satanisten*, a. a. O., S. 9, 81

18 Michel Foucault: *Wovon träumen die Iraner?* (1979). In: Ästhetik der Existenz. Schriften zur Lebenskunst. Übers. von Michael Bischoff, Frankfurt/M. 2017, S. 38–45, hier S. 41 f.

19 Ebd., S. 41

20 Michel Foucault: *Wahnsinn und Gesellschaft. Eine Geschichte des Wahns im Zeitalter der Vernunft* (1961). Übers. von Ulrich Köppen, Frankfurt/M. 1973, S. 10

21 Michel Foucault: *Wovon träumen die Iraner?*, a. a. O., S. 45

22 Michel Foucault: *Wahnsinn und Gesellschaft*, a. a. O., S. 62

FAKTEN, FAKE NEWS, FOUCAULT

1 Jacques Derrida: *Cogito und Geschichte des Wahnsinns* (1963). In: *Die Schrift und die Differenz* (1967). Übers. von Ulrich Köppen, Frankfurt/M. 1976, S. 53–101

2 Judith Butler: *Psyche der Macht. Das Subjekt der Unterwerfung* (1997). Übers. von Rainer Ansén, Frankfurt/M. 2001, S. 84–100, hier S. 89

3 Ebd., S. 90, 94

4 Foucault, Michel: *Wahrheit und Macht*. In: *Dispositive der Macht. Über Sexualität, Wissen und Wahrheit*. Übers. von Elke Wehr, Berlin 1978, S. 21–54, hier S. 54

5 z. B. Michel Foucault: *Überwachen und Strafen. Die Geburt des Gefängnisses*, a. a. O., S. 33, 51–53, 250, 333

6 Michel Foucault: *Nietzsche, die Genealogie, die Historie* (1971). In: *Die Subversion des Wissens*, a.a.O., S.87f.

7 Friedrich Nietzsche: *Über Wahrheit und Lüge im außermoralischen Sinn* (1873), §1

8 Michel Foucault: *La scène de la philosophie*. Entretien avec M. Watanabe, le 22 avril 1978. In: *Dits et écrits II*. Paris 2001, S.571–594, hier S.571f.

9 Michel Foucault: *Das Abendland und die Wahrheit des Sexes*. In: *Dispositive der Macht. Über Sexualität, Wissen und Wahrheit*. Übers. von Ulrich Raulff, Berlin 1978, S.96–103, hier S.98f.

10 Michel Foucault: *Structuralisme et post-structuralisme* (1983). In: *Dits et écrits II, 1976–1988*. Paris 2001, S.1264

11 Michel Foucault: *Le souci de la vérité*. Entretien avec François Ewald. Mai 1984. In: *Dits et écrits IV*. Paris 1994, S.668–678, hier S.669; Michel Foucault: *Die Sorge um die Wahrheit*. Übers. von H.-G. Gondek. In: Ästhetik der Existenz. Schriften zur Lebenskunst. Frankfurt/M. 2007, S.226–238, hier S.227

12 Michel Foucault: *Die Ordnung des Diskurses. Inauguralvorlesung am Collège de France – 2. Dezember 1970*. Übers. von Walter Seitter, Frankfurt/M./Berlin/Wien 1977, S.25

13 Michel Foucault: *Dire vrai sur soi-même. Conférences prononcées à l'Université Victoria de Toronto 1982*. Paris 2017; Michel Foucault: *Le courage de la vérité. Le gouvernement de soi et des autres II. Cours au Collège de France 1983–1984*. Paris 2009

14 Michel Foucault: *Sur la sellette*. Entretien avec J.-L. Ezine (Mars 1975). In: *Dits et écrits II*. Paris 2001, S.3; Michel Foucault: *Auf dem Präsentierteller*. In: *Dits et Ecrits / Schriften Zweiter Band*. Übers. von Hans-Dieter Gondek, Frankfurt/M. 2002, S.888–895, hier S.890

15 Michel de Montaigne: *Essais* (1572–1592). III, 8: *De l'Art de conférer*. Übers. von Herbert Lüthy, Zürich 1953, S.724, 728

16 Richard Rorty: *Kontingenz, Ironie und Solidarität* (1989). Übers. von Christa Krüger, Frankfurt/M. 1989, S.114f.

17 Christine Heil: *2 + 2 ≠ 4. In den Vereinigten Staaten soll Mathematik nicht mehr rein objektiv, sondern ein Zeichen ›weißer Vorherrschaft‹ sein.* FAZ, 2. März 2021, S.7

18 Jacques Derrida: *Cogito und Geschichte des Wahnsinns*, a.a.O., S.53–101

19 Michel Foucault: *Die Ordnung der Dinge*, a.a.O., S.458

20 Ebd., S.366

21 Ebd., S.412; Michel Foucault: *Das Denken des Draußen* (1966). In: *Schriften zur Literatur*, a.a.O., S.149, 153

22 Leo Strauss: *Living issues of german post war philosophy* (1940). In: Heinrich Meier: *Leo Strauss and the Theologico-Political Problem*. New York 2006, S.115–139, hier S.133

23 Clarice Lispector: *Nahe dem wilden Herzen* (1944). Übers. von Ray-Güde Mertin/Corinna Santa Cruz, München 2016, S.20

DER LETZTE MENSCH

1 Michel Foucault: *Die Ordnung der Dinge*, a.a.O., S.462
2 Friedrich Nietzsche: *Also sprach Zarathustra* I, Vorrede § 3
3 Friedrich Nietzsche: *Also sprach Zarathustra* III – Vom Vorübergehen
4 Friedrich Nietzsche: *Die Genealogie der Moral*. § 1, 11
5 Friedrich Nietzsche: *Jenseits von Gut und Böse*. § 44
6 Friedrich Nietzsche: Nachgelassene Fragmente 1885,37(11), Juni – Juli 1885
7 Martin Heidegger: *Überlegungen II–VI. »Schwarze Hefte«* 1931–1938. Gesamtausgabe. IV. Abteilung, Bd.94. Hg. v. Peter Trawny, Frankfurt/M. 2014, S.239
8 Martin Heidegger: *Was heißt Denken?* (1954). GA 8, Frankfurt/M. 2002, S.36
9 Ebd., S.77
10 Ebd., S.37
11 Ebd., S.70
12 Ebd., S.66
13 Leo Strauss: *The Three Waves of Modernity*. In: *An Introduction to Political Philosophy*. Hg. v. Hilail Gildin, Detroit 1989, S.81–98, hier S.97
14 Leo Strauss: *Naturrecht und Geschichte*, a.a.O., S.175, 196 f., 262; *Natural right and history*, a.a.O., S.169, 188 f., 251
15 Leo Strauss: *On Tyranny*, a.a.O., S.211; *De la tyrannie*, a.a.O., S.338
16 Leo Strauss: *On Tyranny*, a.a.O., S.172 ff.; *De la tyrannie*, a.a.O., S.308 ff.
17 Leo Strauss: *Perspectives on the Good Society*. In: *Liberalism ancient and modern*. Chicago 1968, S.260–272, hier S.272, 263
18 Allan Bloom: *The Closing of the American Mind*. New York 1987, S.195
19 Ebd., S.78 f.
20 Ebd., S.79
21 Ebd., S.197
22 Saul Bellow: *Ravelstein* (2000). Übers. von Willi Winkler, Köln 2019, S.121
23 Benjamin R. Barber: *An Aristocracy of Everyone – The Politics of Education and the Future of America*. New York/Oxford 1992, S.151 f.
24 Ebd., S.153 f.
25 Allan Bloom: *The Closing of the American Mind*, a.a.O., S.146
26 Francis Fukuyama: *The End of History and the Last Man* (1992). New York 2020, S.305 f.
27 Ebd., S.307
28 Ebd., S.301

29 Ebd., S.111
30 Francis Fukuyama: *Reflections on the End of History, Five Years Later*. In: Timothy Burns (Hg.): *After History – Francis Fukuyama and His Critics*. Lanham 1994, S.250, 256.
31 Leo Strauss: *An Introduction to Heideggerian Existentialism*. In: *The Rebirth of Classical Political Rationalism. Essays and lectures*. Chicago 1989, S.27–46, hier S.39
32 Carl Schmitt: *Glossarium*. Berlin 1991, S.273

NUR NOCH EIN GOTT KANN UNS RETTEN

1 »*Nur noch ein Gott kann uns retten*«. Spiegel-Gespräch mit Martin Heidegger am 23.September 1966. DER SPIEGEL, 31.05.1976, S.193–219
2 Martin Heidegger: *Beiträge zur Philosophie (Vom Ereignis)*. GA 65, Frankfurt/M. 1989, S.397
3 Ebd., S.134f.
4 Ebd., S.329
5 Ebd., S.385
6 Ebd., S.397, 414
7 Ebd., S.401
8 Ebd., S.24
9 Ebd., S.118, 126f.
10 Ebd., S.237
11 Ebd., S.400

MESSIANISCHE TABULA RASA

1 Jacques Derrida: *Gesetzeskraft. Der ›mystische Grund der Autorität‹* (1990). Übers. von A.G.Düttmann, Frankfurt/M. 1991, S.65
2 Ebd., S.45f.
3 Bertolt Brecht: *Arbeitsjournal 1983–1942*. Frankfurt/M. 1973, S.14
4 Jacob Taubes: *Carl Schmitt – ein Apokalyptiker der Gegenrevolution*. taz, 20. Juli 1985; Jacob Taubes: *Ad Carl Schmitt. Gegenstrebige Fügung*. Berlin 1987
5 Jacob Taubes: *Ad Carl Schmitt. Gegenstrebige Fügung*, a.a.O., S.26ff.; Jacob Taubes: *Die politische Theologie des Paulus*. München 1993, S.27; Walter Benjamin: *Brief an Carl Schmitt vom 9.Dezember 1930*. GS I, Frankfurt/M. 1980, S.887

6 Gershom Scholem: *Walter Benjamin – die Geschichte einer Freundschaft* (1975). Brief an Walter Benjamin, Jericho, 30. März 1931. Berlin 2016, S. 283–287
7 Gershom Scholem: *Walter Benjamin und sein Engel*. In: Siegfried Unseld (Hg.): *Zur Aktualität Walter Benjamins*. Frankfurt/M. 1972, S. 87–138, hier S. 87
8 Ebd., S. 87 f.
9 Peter Handke: *Das Gewicht der Welt. Ein Journal* (1977). Frankfurt/M. 1979, S. 258
10 Walter Benjamin: *Theologisch-politisches Fragment*. GS II, Frankfurt/M. 1980, S. 204
11 Walter Benjamin: *Zur Kritik der Gewalt*. GS II. Frankfurt/M. 1980, S. 196, 183
12 Walter Benjamin: Varianten zu *Über den Begriff der Geschichte.* GS I, Frankfurt/M. 1980, S. 1246
13 Walter Benjamin: *Zur Kritik der Gewalt*, a. a. O., S. 203
14 Ebd., S. 196
15 Jacques Derrida: *Gesetzeskraft. Der ›mystische Grund der Autorität‹*, a. a. O., S. 60, 63
16 Walter Benjamin: Varianten zu *Das Paris des Second Empire bei Baudelaire*. GS I, Frankfurt/M. 1980, S. 1147
17 Walter Benjamin: *Ursprung des deutschen Trauerspiels* (1928). GS I, Frankfurt/M. 1980, S. 354
18 Ebd., S. 317
19 Carl Schmitt: *Hamlet oder Hekuba*, a. a. O., S. 28 f., 30 f., 65
20 Ebd., S. 9 ff.
21 Ebd., S. 62–64
22 Walter Benjamin: *Über den Begriff der Geschichte*, a. a. O., S. 697
23 Walter Benjamin: *Ursprung des deutschen Trauerspiels*, a. a. O., S. 245, Fn. S. 412
24 Walter Benjamin: *Über den Begriff der Geschichte*, a. a. O., S. 701
25 Giorgio Agamben: *Der Messias und der Souverän*. In: *Die Macht des Denkens. Gesammelte Essays* (2005). Übers. von Francesca Raimondi, Frankfurt/M. 2013, S. 287–310, hier S. 301
26 Giorgio Agamben: *Bartleby oder die Kontingenz gefolgt von Die absolute Immanenz* (1993). Übers. von Maria Zinfert, Andreas Hiepko, Berlin 1998, S. 7–75
27 Giorgio Agamben: *Die Zeit die bleibt. Ein Kommentar zum Römerbrief* (2006). Übers. von Davide Giuriato, Frankfurt/M. 2015
28 Carl Schmitt: *Politische Theologie*, a. a. O., S. 20
29 Giorgio Agamben: *»Europa muss kollabieren«.* Gespräch mit Iris Radisch. DIE ZEIT, 27. August 2015
30 Gershom Scholem: *Erlösung durch Sünde. Judaica 5* (1937). Hg. u. übers. von Michael Brocke, Frankfurt/M. 2016, S. 19f

31 Ebd., S.22, 31, 36, 43, 133, 142
32 Joris K. Huysmans: *Gegen den Strich*, a.a.O., S.281
33 Hannah Arendt: *Walter Benjamin (1968/71)*. In: *Arendt und Benjamin. Texte, Briefe, Dokumente*. Hg. v. D. Schöttker/E. Wizisla, Frankfurt/M. 2006, S.45–97, hier S.88

GRAND HOTEL ABGRUND

1 Georg Lukács: *Die Theorie des Romans*, a.a.O., S.16
2 Georg Lukács: *Die Zerstörung der Vernunft*, Bd.I (1954). Darmstadt/Neuwied 1979, S.14 f.
3 Theodor W. Adorno: *Erpreßte Versöhnung* (1958). GS 11: *Noten zur Literatur*. Frankfurt/M. 1974, S.251–280, hier S.256
4 Arnold Hauser: *Im Gespräch mit Georg Lukács*. München 1978, S.26

AN DER BIEGUNG DES FLUSSES

1 François-René de Chateaubriand: *Itinéraire de Paris à Jérusalem* (1811). Paris 2005, S.214
2 François-René de Chateaubriand: *Mémoires d'outre-tombe I (1849/50)*. Paris 2015, I, S.221
3 Ebd., S.220
4 Ebd., S.216.
5 François-René de Chateaubriand: *Geist des Christentums oder Schönheiten der christlichen Religion* (1802). Übers. o.A. Berlin 2004, S.152 f.
6 Ebd., S.91 (abgeänderte Übersetzung von mir)
7 Ebd., S.90
8 François-René de Chateaubriand: *Mémoires d'outre-tombe I*, a.a.O., S.478
9 Marcel Proust: *Auf der Suche nach der verlorenen Zeit. Die wiedergefundene Zeit 1* (posth. 1927). Bd.12, Übers. von Eva Rechel-Mertens, Frankfurt/M. 1977, S.61
10 Michel Crépu: *Le souvenir du monde. Essai sur Chateaubriand*. Paris 2011, S. 14
11 François-René de Chateaubriand: *Mémoires d'outre-tombe* I, a.a.O., S.649
12 Ebd., S.656 f.
13 Ebd., S.652
14 François-René de Chateaubriand: *Œuvres completes de M. Le Victome de Chateaubriand*. Tome IV, *Études historiques*. Paris 1836, S.5
15 Ebd., S.55
16 François-René de Chateaubriand: *Mémoires d'outre-tombe I*, a.a.O., S.656

17 François-René de Chateaubriand: *Genie des Christentums oder Schönheiten der christlichen Religion*, a.a.O., S.92 (abgewandelte Übersetzung)

18 François-René de Chateaubriand: *Mémoires d'outre-tombe II (1849/50)*. Paris 2015, S.1049, 1052

19 Ebd., S.664 f.

20 Ebd., S.644

21 François-René de Chateaubriand: *Mémoires d'outre-tombe I,* a.a.O., *Préface testamentaire,* S.1045 f.

ZITIERTE SCHRIFTEN

Theodor W. Adorno: *Minima Moralia. Reflexionen aus dem beschädigten Leben* (1951). GS 4, Frankfurt/M. 1980

Theodor W. Adorno: *Noten zur Literatur*. GS 11, Frankfurt/M. 1974

Theodor W. Adorno: *Negative Dialektik* (1966). GS 6, Frankfurt/M. 1977

Giorgio Agamben: *Die Macht des Denkens. Gesammelte Essays*. Übers. von Francesca Raimondi, Frankfurt/M. 2013

Giorgio Agamben: *Bartleby oder die Kontingenz gefolgt von Die absolute Immanenz* (1993). Übers. von Maria Zinfert, Andreas Hiepko, Berlin 1998

Giorgio Agamben: *Die Zeit die bleibt. Ein Kommentar zum Römerbrief* (2006). Übers. von Davide Giuriato, Frankfurt/M. 2015

Giorgio Agamben: *»Europa muss kollabieren«.* Gespräch mit Iris Radisch. DIE ZEIT, 27.August 2015

Jean Améry: *Wandern von Gott zu Gott*. DIE ZEIT, 9.April 1976

Hannah Arendt: *Elemente und Ursprünge totaler Herrschaft. Antisemitismus, Imperialismus, totale Herrschaft* (1951). Frankfurt/M. 1986

Hannah Arendt: *Walter Benjamin* (1968/71). In: D. Schöttker, E. Wizisla (Hg.): *Arendt und Benjamin. Texte, Briefe, Dokumente*. Frankfurt/M. 2006, S.45–97

Aristoteles: *Nikomachische Ethik*. Übers. von Franz Dirlmeier, Stuttgart 1980

Aristotle: *Nicomachean Ethics*. The Loeb Classical Library, Gr.-engl., übers. von H.Rackham, Cambridge (Mass.) 1982

Barbey d'Aurevilly: *Du Dandysme et de George Brummell* (1845). Œuvres romanesques complètes II, Bibliothèque de la Pléiade, Paris 1966

Hadley Arkes: *The Moral Turn*. First Things, Mai 2017

Augustinus: *Confessiones/Bekenntnisse*. Lateinisch und Deutsch, übers. von J.Bernhart, München 1980

Le P. Adrien de Baillet: *La Vie de M. Descartes*. Paris 1693

Magdalena Barbaruk: *The Long Shadow of Don Quixote*. Frankfurt/M., Berlin 2015

Saul Bellow: *Ravelstein* (2000). Übers. von Willi Winkler, Köln 2019

Benjamin R. Barber: *An Aristocracy of Everyone – The Politics of Education and the Future of America*. New York/Oxford 1992

William Barr: *Attorney General William P. Barr Delivers Remarks to the Law School and the de Nicola Center for Ethics and Culture at the University of Notre Dame*. South Bend (IN), Freitag, 11.Oktober 2009; *https://www.justice.gov/opa/speech/attorney-general-william-p-barr-delivers-remarks-law-school-and-de-nicola-center-ethics* (letzter Abruf am 15.10.2021)

William Barr: *Attorney General William P. Barr Delivers the 19th Annual Barbara K. Olson Memorial Lecture at the Federalist Society's 2019 National Lawyers Convention*. Washington (DC), Freitag, 15. November 2019; *https://www.justice-gov/opa/speech/attorney-general-william-p-barr-delivers-19th-annual-barbara-k-olson-memorial-lecture* (letzter Abruf 15.10.2021)

Roland Barthes: *Leçon/Lektion* (1978). Übers. von Helmut Scheffel, Frankfurt/M. 1980

Roland Barthes: Vorwort zu René de Chateaubriands *»Vie de Rancé«*. In: Chateaubriand: *Das Leben des Abbé de Rancé*. Übers. von Emil Lerch, Frankfurt/M. 1977, S. 9–26

Roland Barthes: *Chateaubriand – »Vie de Rancé«* (1965). In: Œuvres complètes IV, 2002, Paris S. 55–65

George Bataille: *L'Histoire de l'érotisme* (1951). Paris 1976

Charles Baudelaire: *Œuvres complètes I*. Hg. v. Claude Pichois. Bibliothèque de la Pléiade, Paris 1975

Charles Baudelaire: *Œuvres complètes II*, Hg. v. Claude Pichois. Bibliothèque de la Pléiade, Paris 1976

Charles Baudelaire: *Correspondances II*. Hg. v. Claude Pichois. Bibliothèque de la Pléiade, Paris 1973

Walter Benjamin: *Gesammelte Schriften I-IV*. Hg. v. Rolf Tiedemann, Hermann Schweppenhäuser, Frankfurt/M. 1980

Walter Benjamin: *Das Passagen-Werk*. GS V, Hg. v. Rolf Tiedemann, Frankfurt/M. 1991

Allan Bloom: *The Closing of the American Mind*. New York 1987

Bertolt Brecht: *Arbeitsjournal 1983–1942*. Frankfurt/M. 1973

Roland Breeur: *Randbemerkungen Husserls zu Heideggers ›Sein und Zeit‹ und ›Kant und das Problem der Metaphysik‹*. Husserl Studies 11/1994, S. 3–63

William F. Buckley, Jr.: *God and Man at Yale. The Superstitions of »Academic Freedom«* (1951). Chicago 1966

William F. Buckley, Jr.: *The Unmaking of a Mayor*. New York 1966

William F. Buckley, Jr.: *Cruising Speed. A Documentary*. New York 1971

Jacob Burckhardt: *Weltgeschichtliche Betrachtungen* (posth. 1905). Stuttgart 1983

Edmund Burke: *Reflections on the revolution in France* (1790). New Haven 2003

Edmund Burke: *Betrachtungen über die französische Revolution* (1790). Übers. von Friedrich von Gentz, Braunschweig 1838

Timothy W. Burns, Bryan-Paul Frost (Hg.): *Philosophy, History, and tyranny. Reexamining the Debate between Leo Strauss and Alexandre Kojève*. New York 2016

M. F. Burnyeat: *Sphinx Without a Secret*. The New York Review of Books, 30. Mai 1985, S. 30–36

Judith Butler: *Psyche der Macht. Das Subjekt der Unterwerfung* (1997). Übers. von Rainer Ansén, Frankfurt/M. 2001
Miguel de Cervantes Saavedra: *Der geistvolle Hidalgo Don Quijote von der Mancha*. Übers. von u. hg. v. Susanne Lange. 2 Bde., München 2008
François-René de Chateaubriand: *Geist des Christentums oder Schönheiten der christlichen Religion* (1802). Übers. o.A., Berlin 2004
François-René de Chateaubriand: *Itinéraire de Paris à Jérusalem* (1811). Hg. v. Jean-Claude Berchet, Paris 2005
François-René de Chateaubriand: *Mémoires d'outre-tombe, 2 Bde. (1849/50).* Bibliothèque de la Pléiade, Paris 2015
François-René de Chateaubriand: *Das Leben des Abbé de Rancé* (1844). Übers. von Emil Lerch, Frankfurt/M. 1977
E.M.Cioran: *La Tentation d'exister*. Paris 1956
Hermann Cohen: *Ethik des reinen Willens*. Berlin 1904
Hermann Cohen: *Spinoza über Staat und Religion, Judentum und Christentum*. Jahrbuch für jüdische Geschichte und Literatur, Bd.18. Berlin 1915
Michel Crépu: *Le souvenir du monde. Essai sur Chateaubriand*. Paris 2011
Daniel Defoe: *Robinson Crusoe* (1719). Übers. von H. Reisiger, Stuttgart 2012
Gilles Deleuze: *Logik des Sinns* (1969). Übers. von Bernhard Dieckmann, Frankfurt/M. 1993
Gilles Deleuze: *Differenz und Wiederholung* (1968). Übers. von Joseph Vogl, München 1992
Patrick J. Deneen: *Why Liberalism Failed* (2018). New Haven, London 2019
Patrick J. Deneen: *Beyond Wishful Thinking: A Response to Schlueter*. Public Discourse, 14.Dezember 2012
Patrick J. Deneen: *A Catholic Showdown Worth Watching*. The American Conversative, 6.Februar 2014
Jacques Derrida: *Grammatologie* (1967). Übers. von H.-J. Rheinberger, Hanns Zischler, Frankfurt/M. 1983
Jacques Derrida: *Die Schrift und die Differenz* (1967). Übers. von R. Gasché, U.Köppen, Frankfurt/M. 1976
Jacques Derrida: *Vom Geist. Heidegger und die Frage* (1987). Übers. von A.G.Düttmann, Frankfurt/M. 1992
Jacques Derrida: *Gesetzeskraft. Der »mystische Grund der Autorität«* (1990). Übers. von A.G.Düttmann, Frankfurt/M. 1991
Jacques Derrida: *Politik der Freundschaft* (1994). Übers. von Stefan Lorenzer, Frankfurt/M. 2000
Jacques Derrida: *Marx' Gespenster* (1993). Übers. von S. Lüdemann, Frankfurt/M. 1995
Jacques Derrida, Gianni Vattimo: *La Religion*. Paris 1996

Jacques Derrida, Gianni Vattimo: *Die Religion* (1996). Übers. von J. Türck, A.G. Düttmann u.a., Frankfurt/M. 2001
Jacques Derrida: *L'animal que donc je suis*. Paris 2006
René Descartes: *Œuvres et lettres*. Bibliothèque de la Pléiade, Paris 1970
Denis Diderot, D'Alembert: *Encyclopédie*. Tome 16, Paris 1765
Fjodor M. Dostojewski: *Die Brüder Karamasoff* (1880). Übers. von E.K. Rahsin, München 1990
Feodor Dostojewski: *Rede über Puschkin am 8. Juni 1880*. Übers. von E.K. Rahsin, Hamburg 1992
T.S. Eliot: *For Lancelot Andrewes. Essays on Style and Order*. London 1928
Sebastian Enghofer, Oliver Hidalgo: *Carl Schmitts Paradigma der Internationalen Beziehungen und seine sicherheitspolitische Bedeutung*. Carl-Schmitt-Studien 2/2018, H. 2, S. 7–31
Michel Foucault: *Histoire de la folie à l'âge Classique* (1961). Paris 1972
Michel Foucault: *Wahnsinn und Gesellschaft. Eine Geschichte des Wahns im Zeitalter der Vernunft* (1961). Übers. von U. Köppen, Frankfurt/M. 1981
Michel Foucault: *Die Ordnung der Dinge* (1966). Übers. von Ulrich Köppen, Frankfurt/M. 1978
Michel Foucault: *Überwachen und Strafen. Die Geburt des Gefängnisses* (1975). Übers. von W. Seitter, Frankfurt/M. 2016
Michel Foucault: *Von der Subversion des Wissens*. Übers. von Walter Seitter, München 1974
Foucault, Michel: *Dispositive der Macht. Über Sexualität, Wissen und Wahrheit*. Übers. von U. Raulff, Elke Wehr u.a., Berlin 1978
Michel Foucault: *Schriften zur Literatur*. Übers. von Karin von Hofer, Frankfurt/M. /Berlin/Wien 1979
Michel Foucault: *Sexualität und Wahrheit. Der Wille zum Wisse*n (1976). Übers. von U. Raulff, W. Seitter, Frankfurt/M. 1983
Michel Foucault: *L'usage des plaisirs*. Paris 1984
Michel Foucault: *Le souci de soi*. Paris 1984
Michel Foucault: *Dits et écrits I (1954–1975)*. Hg. v. D. Defert, F. Ewald, Paris 2001
Michel Foucault: *Dits et écrits II (1976–1988)*. Hg. v. D. Defert, F. Ewald, Paris 2001
Michel Foucault: *Dits et écrits III (1976–1979)*. Hg. v. D. Defert, F. Ewald, Paris 1994
Michel Foucault: *Dits et écrits IV (1980–1988)*. Hg. v. D. Defert, F. Ewald, Paris 1994
Michel Foucault: *Dits et Ecrits. Schriften Zweiter Band, 1970–1975*. Hg. v. D. Defert, F. Ewald, übers. von R. Ansén, M. Bischoff u.a., Frankfurt/M. 2002
Michel Foucault: *Le courage de la vérité. Le gouvernement de soi et des autres II. Cours au Collège de France 1983–1984*, Paris 2009
Michel Foucault: *Ästhetik der Existenz. Schriften zur Lebenskunst*. Hg. v. D. Defert, F. Ewald, übers. von M. Bischoff, U. Bokelmann u.a., Frankfurt/M. 2017

Michel Foucault: *Dire vrai sur soi-même. Conférences prononcées à l'Université Victoria de Toronto 1982*. Paris 2017
Sigmund Freud: *Kulturtheoretische Schriften*. Frankfurt/M. 1986
Hugo Friedrich: *Die Struktur der modernen Lyrik* (1956). Hamburg 1973
Francis Fukuyama: *The End of History and the Last Man* (1992). Updated with a new afterword. New York 2020
Hans-Georg Gadamer: *Wahrheit und Methode* (1960). Tübingen 1975
Galileo Galileo: *Sidereus Nuncius* (1610). Hg. v. Hans Blumenberg, Frankfurt/M. 1980
William A. Galston: *Anti-Pluralism – The Populist Threat to Liberal Democracy*. New Haven, London 2018
Roger Garaudy: *Parole d'homme*. Paris 1975
Roger Garaudy: *Les Mythes Fondateurs De La Politique Israelienne* (1995/96) – archive.org
John Gehring: *William Barr, nation's top lawyer, is a culture warrior Catholic*. National Catholic Reporter, 23. Juli 2020
André Gide – Paul Valéry: *Correspondance 1890–1942*. Hg. v. Robert Mallet, Paris 1955
Carlo Ginzburg: *Der Käse und die Würmer. Die Welt eines Müllers um 1600* (1976). Übers. von Karl F. Hauber, Frankfurt/M. 1983
Johann Wolfgang von Goethe: *Dichtung und Wahrheit*. Werke in 6 Bänden. Hg. v. Walter Höllerer, Bd. 5, Frankfurt/M. 1970
Johann Wolfgang von Goethe: *Von deutscher Baukunst. D.M. Ervini a Steinbach* (1772). Hamburger Ausgabe in 14 Bänden. Hg. v. Erich Trunz, Bd. 12: Kunst und Literatur, München 1982, S. 7–15
Johann Christoph Gottsched: *Versuch einer Critischen Dichtkunst vor die Deutschen* (1730). In: *Schriften zur Literatur*. Hg. v. Horst Steinmetz, Stuttgart 1998, S. 12–196
Jürgen Habermas: *Legitimationsprobleme im Spätkapitalismus*. Frankfurt/M. 1973
Peter Handke: *Das Gewicht der Welt. Ein Journal* (1977). Frankfurt/M. 1979
Arnold Hauser: *Im Gespräch mit Georg Lukács*. München 1978
G.W.F. Hegel: *Werke in zwanzig Bänden*. Hg. v. Eva Moldenhauer und Karl Markus Michel, Frankfurt/M. 1980
Martin Heidegger: *Per mortem ad vitam (Gedanken über Jörgensens ›Lebenslüge und Lebenswahrheit‹)*. In: *Reden und andere Zeugnisse eines Lebensweges*. GA 16, Frankfurt/M. 2000, S. 3–6
Martin Heidegger: *Sein und Zeit* (1927). Tübingen 1972
Martin Heidegger: *Die Grundfrage der Philosophie* (1933). GA 36/37: *Sein und Wahrheit*, Frankfurt/M. 2001
Martin Heidegger: *Zur Immatrikulation (6. Mai 1933)*. In: *Reden und andere Zeugnisse eines Lebensweges*. GA 16, Frankfurt/M. 2000, S. 95–97

Martin Heidegger: *Bremer und Freiburger Vorträge* (1949–1957). GA 79, Frankfurt/M. 1994
Martin Heidegger: *Einführung in die Metaphysik* (1935). Tübingen 1953
Martin Heidegger: *Beiträge zur Philosophie (Vom Ereignis)*. (1936–38). GA 65, Frankfurt/M. 1989
Martin Heidegger: *Das Rektorat 1933/34. Tatsachen und Gedanken* (1945). GA 16: *Reden und andere Zeugnisse eines Lebensweges*. Frankfurt/M. 2000, S. 372–394
Martin Heidegger: *Brief über den Humanismus* (1946). In: *Wegmarken* (1967), Frankfurt/M. 1978, S. 311–360
Martin Heidegger: *Schöpferische Landschaft – Warum bleiben wir in der Provinz?* (1953). GA 13: *Aus der Erfahrung des Denkens*, Frankfurt/M. 1983, S. 9–13
Martin Heidegger: *Was heißt Denken?* (1954). GA 8, Frankfurt/M. 2002
Martin Heidegger: *Über die Sprache Johann Peter Hebels* (1955). GA 13: *Aus der Erfahrung des Denkens*, Frankfurt/M. 1983, S. 123–125
Martin Heidegger: *Sprache und Heimat* (1960). GA 13: *Aus der Erfahrung des Denkens*, Frankfurt/M. 1983, S. 155–180
Martin Heidegger: *Vorträge und Aufsätze* (1954). Frankfurt/M. 1978
Martin Heidegger: *Hebel. Der Hausfreund* (1956). Pfullingen 1977
Martin Heidegger: *Holzwege* (1950). Frankfurt/M. 1980
Martin Heidegger: *Überlegungen II–VI* (*»Schwarze Hefte«* 1931–1938). GA 94. Hg. v. Peter Trawny, Frankfurt/M. 2014
Martin Heidegger: *Überlegungen XII–XV* (*»Schwarze Hefte«* 1939–1941). GA 96. Hg. v. Peter Trawny, Frankfurt/M. 2014
Martin Heidegger – Karl Jaspers: *Briefwechsel 1920–1963*. Hg. v. Walter Biemel / Hans Sahner, Frankfurt/M., München/Zürich 1990
Martin Heidegger: *»Nur noch ein Gott kann uns retten«*. SPIEGEL-Gespräch mit Martin Heidegger am 23. September 1966. DER SPIEGEL, 31.05.1976, S. 193–219
Christine Heil: *2 + 2 ≠ 4. In den Vereinigten Staaten soll Mathematik nicht mehr rein objektiv, sondern ein Zeichen ›weißer Vorherrschaft‹ sein.* FAZ, 2. März 2021
Herodot: *Historien*. Übers. von A. Horneffer, Stuttgart 1971
Thomas Hobbes: *Leviathan* (1651). Oxford 1929
Thomas Hobbes: *Leviathan* (1651). Teil I und II. Übers. von Walter Euchner, Frankfurt/M. 2011
Friedrich Hölderlin: *Sämtliche Werke und Briefe*. 3 Bde. Hg. v. Michael Knaupp, München 1992
Michel Houellebecq im Gespräch mit Susannah Hunnewell. *The Art of Fiction*, No. 206, The Paris Review 194/2010
Michel Houellebecq: *In Schopenhauers Gegenwart* (2016). Übers. von Stephan Kleiner, Köln 2017
Michel Houellebecq: *Soumission*. Paris 2015

Michel Houellebecq: *»Ich weiß nichts«*. Gespräch mit Romain Leick. DER SPIEGEL, 28.02.2015
Victor Hugo: *Notre-Dame de Paris 1482/Les Travailleurs de la mer*. Bibliothèque de la Pléiade, Paris 1975
Victor Hugo: *Der Glöckner von Notre-Dame* (1831). Übers. von Hugo Meier, Zürich 1986
Joris-Karl Huysmans: *Romans et nouvelles*. Bibliothèque de la Pléiade, Paris 2019
Joris K. Huysmans: *Gegen den Strich* (1884). Übers. von Hans Jacob, Zürich 1981
Joris-Karl Huysmans: *Die Schule der Satanisten* (*Là-Bas*) (1891). Übers. von Caroline Vollmann, Leipzig 2018
Edmond Jabès: *Ein Fremder mit einem kleinen Buch unterm Arm*. Übers. von Jürgen Ritte, München 1993
Edmond Jabès: *Es nimmt seinen Lauf*. Übers. von Felix Philipp Ingold, Frankfurt/M. 1981
Eberhard Jüngel: *Wertlose Wahrheit*. Tübingen 2003
Immanuel Kant: *Kritik der reinen Vernunft* (1781). 2 Bde. Hg. v. Wilhelm Weischedel, Frankfurt/M. 1980
Immanuel Kant: *Prolegomena zu einer jeden künftigen Metaphysik, die als Wissenschaft wird auftreten können* (1783). Hg. v. Karl Vorländer, Hamburg 1976
Immanuel Kant: *Ausgewählte kleine Schriften*. Hamburg 1969
Friedrich Kittler: *Julian der Grieche*. In: L. Strauss/A. Kojève/F. Kittler: *Kunst des Schreibens*. Berlin 2009, S.91–100
Sarah Kofman: *Nietzsche et la scène philosophique*. Paris 1979
Alexandre Kojève: *Hegel* (1947). Übers. von I. Fetscher, G. Lehmbruch, Frankfurt/M. 1975, S.193
Alexandre Kojève: *Tyrannie et Sagesse*. In: Leo Strauss: *De la Tyrannie* (1954), Paris 2012, S.215–280
Milan Kundera: *Die Kunst des Romans* (1986). Übers. von Uli Aumüller, München 1987
Jacques Lacan: *Le Séminaire VIII – Le transfert (1960–1961)*. Texte établie par Jacques-Alain Miller, Paris 2001
Diogenes Laertius: *Leben und Meinungen berühmter Philosophen*. Hamburg 1990
Ryszard Legutko: *The Demon in Democracy. Totalitarian Temptations in Free Societies*. New York, London 2016
Ryszard Legutko: *Why I am not a liberal*. First Things, März 2020
G.W. Leibniz: *Die philosophischen Schriften* Bd.4. Hg. v. C. J. Gerhardt, Reprint Hildesheim 1960
G.W. Leibniz: *Opuscules et Fragments inédits de Leibniz*. Hg. v. L. Couturat, Paris 1903. Reprint Hildesheim 1988
Damon Linker: *The Theocons. Secular America Under Siege* (2006). New York 2007

Mark Lilla: *Reading Strauss in Beijing. China's strange taste in Western philosophers.* The New Republic, 17.12.2010
Mark Lilla: *The End of Identity Liberalism.* The New York Times, 18.11.2016
Clarice Lispector: *Nahe dem wilden Herzen* (1944). Übers. von Ray-Güde Mertin/ Corinna Santa Cruz, München 2016
Karl Löwith: *Von Hegel zu Nietzsche. Der revolutionäre Bruch im Denken des neunzehnten Jahrhunderts* (1941). Hamburg 1981
Karl Löwith: *Heidegger. Denker in dürftiger Zeit* (1953). Stuttgart 1984
Karl Löwith: *Weltgeschichte und Heilsgeschehen. Zur Kritik der Geschichtsphilosophie* (1949/1953). Sämtliche Schriften 2, Stuttgart 1983
Karl Löwith: *Mein Leben in Deutschland vor und nach 1933.* Stuttgart 1986/2007
Georg Lukács: *Die Theorie des Romans* (1916). München 1994
Georg Lukács: *Die Zerstörung der Vernunft*, Bd. I (1954). Darmstadt/Neuwied 1979
Joseph de Maistre: *Von der Souveränität. Ein Anti-Gesellschaftsvertrag* (1794). Übers. von Claudia Oestmann, Berlin 2000
Thomas Mann: *Der Zauberberg* (1924). Frankfurt/M. 1978
Kai Marchal, Carl K.Y. Shaw (Hg.): *Carl Schmitt and Leo Strauss in the Chinese-Speaking World. Reorienting the Political.* Lanham 2017
Herbert Marcuse: *Kultur und Gesellschaft I.* Frankfurt/M. 1980
Karl Marx: *Zur Kritik der Hegelschen Rechtsphilosophie* (1843/44). MEW 1, Berlin 1976, S. 378–391
Karl Marx, Friedrich Engels: *Die heilige Familie oder Kritik der kritischen Kritik* (1845). MEW 2, Berlin 1972, S. 3–223
Michel de Montaigne: *Les Essais.* Bibliothèque de la Pléiade, Paris 2007
Michel de Montaigne: *Essais* (1572–1592). Übers. von Herbert Lüthy, Zürich 1953
Michel de Montaigne: *Essais.* Übers. von Hans Stilett, Frankfurt/M. 1998
Friedrich Nietzsche: *Kritische Gesamtausgabe.* Hg. v. Giorgio Colli und Mazzino Montinari, Berlin, New York 1967 ff.
Friedrich Nietzsche: *Werke in drei Bänden.* Hg. v. Karl Schlechta. 8. Auflage, München 1977
Anne Norton: *Leo Strauss and the Politics of American Empire.* New Haven, London 2004
Peter J. Opitz: *Seelenverwandtschaften – Zum Briefwechsel von Eric Voegelin und Leo Strauss.* Voegeliniana. Occasional Papers No. 78, München 2010
Blaise Pascal: *Pensées.* Œuvres XII, Hg. v. Léon Brunschvicg, Paris 1925
Blaise Pascal: *Gedanken* (posth. 1670). Hg. v. W. Rüttenauer, Birsfelden-Basel o. J.
Platon: *Sämtliche Werke I-VI.* Übers. von Friedrich Schleiermacher, Hieronymus Müller, Hamburg 1980

Plato: *Republic I.* The Loeb Classical Library, Gr.-engl., übers. von Paul Shorey, Cambridge (Mass.), London 1982
Plato: *Republic II.* The Loeb Classical Library, Gr.-engl., übers. von Paul Shorey, Cambridge, London 1980
Platon: *Das Trinkgelage*. Übers. von Ute Schmidt-Berger, Frankfurt/M. 1985
Petrarca: *Dichtungen, Briefe, Schriften*. Hg. v. H.W. Eppelsheimer, übers. von Hans Nachrod und Paul Stern, Frankfurt/M. 1980
Plutarch: *Von großen Griechen und Römern. Doppelbiographien*. Übers. von K. Ziegler/W. Wuhrmann, München 1991
Michaël Prazon, Adrien Minard: *Roger Garaudy. Itinéraire d'une negation*. Paris 2007
Marcel Proust: *Auf der Suche nach der verlorenen Zeit.* 12 Bände, übers. von Eva Rechel-Mertens, Frankfurt/M. 1977
Sir Walter Raleigh: *A Treatise of the Soul.* In: *The Works of Sir Walter Raleigh*, Bd. VIII: Miscellaneous Works. Oxford 1829
Jonathan Rauch: *Speaking as a… – The Once and Future Liberal: After Identity Politics.* The New York Review of Books, 9.11.2017
Arthur Rimbaud: *Lettres du voyant (13 et 15 mai 1871)*. Hg. v. Gérald Schaeffer. La Voyance avant Rimbaud par Marc Eigeldinger. Genf, Paris 1975
Richard Rorty: *Two Cheers for Elitism*. The New Yorker, 30. Januar 1995, S. 86–89
Richard Rorty: *Kontingenz, Ironie und Solidarität* (1989). Übers. von Christa Krüger, Frankfurt/M. 1989
Jean-Jacques Rousseau: *Du Contrat social* (1762). Paris 1978
Jean-Jacques Rousseau: *Der Gesellschaftsvertrag oder Prinzipien des Staatsrechts* (1762). Übers. von Ulrich Bossier, Wiesbaden 2008
Jean-Jacques Rousseau: *Emile oder Über die Erziehung* (1762). Übers. von Eleonore Sckommodau, Stuttgart 2006
s.n.: *Maurice Papon, enterré décoré*. Libération, 21. Februar 2007
Carl Schmitt: *Theodor Däublers »Nordlicht«. Drei Studien über die Elemente, den Geist und die Aktualität des Werkes* (1916). Berlin 1991
Carl Schmitt: *Politische Romantik* (1919). Berlin 1968
Carl Schmitt: *Politische Theologie* (1922). Berlin 1996
Carl Schmitt: *Römischer Katholizismus und politische Form*. Hellerau 1923
Carl Schmitt: *Tagebücher – Oktober 1912 bis Februar 1915*. Hg. v. Ernst Hüsmert, Berlin 2003
Carl Schmitt: *Tagebücher 1925 bis 1929*. Hg. v. M. Tielke, G. Giesler, Berlin 2018
Carl Schmitt: *Starker Staat und gesunde Wirtschaft* (1932). In: *Staat, Großraum, Nomos. Arbeiten aus den Jahren 1916–1969*. Hg. v. Günter Maschke, Berlin 1995, S. 71–85

Carl Schmitt: *Der Führer schützt das Recht*. Deutsche Juristen-Zeitung, Heft 15, 1. August 1934, Spalten 945–950
Carl Schmitt: *Der Leviathan in der Staatslehre des Thomas Hobbes. Sinn und Fehlschlag eines politischen Symbols* (1938). Stuttgart 2003
Carl Schmitt: *Glossarium. Aufzeichnungen der Jahre 1947–1951*. Hg. v. Eberhard von Medem, Berlin 1991
Carl Schmitt: *Ex Captivitate Salus*. Köln 1950
Carl Schmitt: *Hamlet oder Hekuba. Der Einbruch der Zeit in das Spiel* (1956). Stuttgart 1985
Carl Schmitt: *Die Tyrannei der Werte* (1960). Dritte, korrigierte Auflage. Mit einem Nachwort von Christoph Schönberger, Berlin 2011
Carl Schmitt: *Theorie des Partisanen. Zwischenbemerkung zum Begriff des Politischen*. Berlin 1963
Gershom Scholem: *Erlösung durch Sünde. Judaica 5* (1937). Hg. u. übers. von Michael Brocke, Frankfurt/M. 2016
Gershom Scholem: *Walter Benjamin und sein Engel*. In: *Zur Aktualität Walter Benjamins*. Hg. v. Siegfried Unseld, Frankfurt/M. 1972, S. 87–138
Gershom Scholem (Hg.): *Gershom Scholem – Walter Benjamin. Briefwechsel 1933–1940*. Frankfurt/M. 1980
Gershom Scholem: *Walter Benjamin – die Geschichte einer Freundschaft* (1975). Berlin 2016
Christoph Schönberger: *Werte als Gefahr für das Recht? Carl Schmitt und die Karlsruher Republik*. In: Carl Schmitt: *Die Tyrannei der Werte* (1960). Berlin 2011, S. 57–91
William Shakespeare: *Complete Works*. The Arden Shakespeare. Hg. v. R. Proudfoot u. a., Walton-on-Thames 1998
William Shakespeare: *Hamlet*. Werke in vier Bänden, Bd. 4. Hg. v. A. Schlösser, übers. von A. W. Schlegel, Berlin 1989
Werner Sombart: *Die Juden und das Wirtschaftsleben*. Leipzig 1911
Baruch de Spinoza: *Ethica more geometrico demonstrata* (posth. 1677). Lt.-dt., übers. von Jakob Stern, Stuttgart 1980
Baruch de Spinoza: *Abhandlung über die Verbesserung des Verstandes / Tractatus de intellectus emendatione*. Übers. von C. Gebhardt, Hamburg 1977
Baruch de Spinoza: *Theologisch-Politischer Traktat* (1677). Übers. von Carl Gebhardt/Günter Gawlick, Hamburg 1984
Baruch de Spinoza: *Briefwechsel*. Übers. von Carl Gebhardt, Hamburg, 1977
Emil Staiger: *Literatur und Öffentlichkeit*. NZZ, 20. Dezember 1966
Leo Strauss: *What Is Political Philosophy? And Other Studies*. Glencoe (Illinois) 1959
Leo Strauss: *Cohen and Maimonides* (1931). In: Kenneth Harth Green (Hg.):

Leo Strauss on Maimonides. The Complete Writings, Chicago, London 2013, S.173–222
Leo Strauss: *German Nihilism* (1941). Interpretation 26/3, 1999, S.353–380
Leo Strauss: *The Three Waves of Modernity* (1975). In: *An Introduction to Political Philosophy*. Hg. v. Hilail Gildin, Detroit 1989
Leo Strauss: *The Rebirth of Classical Political Rationalism. Essays and lectures*. Chicago 1989
Leo Strauss: *De la Tyrannie* (1954). Paris 2012
Leo Strauss: *On Tyranny. Corrected and expanded edition. Including the Strauss-Kojève correspondence* (1961). Chicago 2013
Leo Strauss: *Persecution and the art of writing*. Chicago 1952
Leo Strauss, Alexandre Kojève, Friedrich Kittler: *Kunst des Schreibens*. Hg. u. übers. von v. A. Hiepko, übers. von P. Geble, Berlin 2009
Leo Strauss: *Natural right and history*. Chicago 1953
Leo Strauss: *Naturrecht und Geschichte* (1953). Übers. von Horst Boog, Frankfurt/M. 1977
Leo Strauss: *Die Religionskritik Spinozas und zugehörige Schriften*. Hg. v. Heinrich und Wiebke Meier, Stuttgart, Weimar 1996
Leo Strauss: *Hobbes' politische Wissenschaft und zugehörige Schriften – Briefe*. Gesammelte Schriften, Bd.3. Hg. v. Heinrich und Wiebke Meier, Stuttgart, Weimar 2008
Leo Strauss: *Philosophie und Gesetz. Frühe Schriften*. Hg. v. Heinrich und Wiebke Meier, Stuttgart, Weimar 2013
Leo Strauss: *Remarks on the Political Science of Maimonides and Farabi*. Übers. von Robert Bartlett. Interpretation 18/01, 1990
Leo Strauss: *Basic Principles Of Classical Political Philosophy* (1961). Archive.org
Leo Strauss: *Liberalism Ancient and Modern*. New York 1968
Thomas Alexander Szlezák: *Tanja Staehler and the homonym »esoteric«*. Journal of Ancient Philosophy 8/2, 2014, S.160–166
Jacob Taubes: *Ad Carl Schmitt. Gegenstrebige Fügung*. Berlin 1987
Jacob Taubes: *Die politische Theologie des Paulus*. München 1993
Thukydides: *Geschichte des Peloponnesischen Krieges*. Übers. von G.P.Landmann, München 1991
Eric Voegelin: *The New Science of Politics*. Chicago 1952
Erich Voegelin: *Der autoritäre Staat. Ein Versuch über das österreichische Staatsproblem* (1936). Wien 1997
Eric Voegelin: *The New Science of Politics*. Chicago 1952
Eric Voegelin: *Order and History, I* (1956). Columbia, London 2001
Eric Voegelin: *Order and History, IV, The Ecumenic Age* (1956). Baton Rouge, London 2000

Eric Voegelin: *Das Jüngste Gericht – Friedrich Nietzsche* (o. J.). Übers. von Peter J. Opitz, Berlin 2007
Eric Voegelin: *Was ist Geschichte?* (1962). Übers. von Dora Fischer-Barnicol, Berlin 2015
Eric Voegelin: *Realitätsfinsternis* (1970). Übers. von Dora Fischer-Barnicol. Hg. v. Peter J. Opitz, Berlin 2010
Eric Voegelin: *On Hegel – A Study in Sorcery*. In: J. T. Fraser u. a. (Hg.): *The Study of Time*. Heidelberg 1972, S. 418–451
Eric Voegelin: *Anamnesis*. University of Notre Dame Press, London 1987
Eric Voegelin: *Autobiographical Reflections* (1989, posth.). Baton Rouge, London 1989
Oscar Wilde: *Das Bildnis des Dorian Gray* (1891). Übers. von W. Fred / A. v. Planta, Zürich 1986
Frank Wilderson III / Verena Lueken: *Die Anti-These zum Menschen. Wie man ohne Hoffnung Kritik denkt*. FAZ, 6. Juli 2020
Jean Ziegler: *La lettre de soutien de Jean Ziegler*. *https://www.paperblog.fr/8553146/1996-la-lettre-de-soutien-de-jean-ziegler/*

WEITERE LITERATUR

Theodor W. Adorno, Max Horkheimer: *Dialektik der Aufklärung. Philosophische Fragmente* (1944). Amsterdam 1968

Craig Douglas Albert: *Tocqueville's Theologico-Political Predicament. Leo Strauss, Religion and ›Democracy in America‹*. Politics and Religion Journal 13/1, 2019, S. 113–136

Johannes-Friedrich Albrecht: *Das Politische und die Kommunikation des Evangeliums*. Neue Zeitschrift für Systematische Theologie und Religionsphilosophie 61/4, 2019, S. 533–548

William H. F. Altman: *Leo Strauss on »German Nihilism«. Learning the Art of Writing*. Journal of the History of Ideas 68/4. Oktoberr 2007, S. 587–612

William H. F. Altman: *The German Stranger. Leo Strauss and National Socialism*. Lanham 2011

William H. F. Altman: *Disturbing Proximity*. The Jewish Quarterly Review 101/2, Frühling 2011, S. 292–308

Emily Apter: *Cabinet Secrets – Peep Shows, Prostitution, and Bric-a-bracomania in the Fin-de-siecle Interior*. In: *Feminizing the Fetish: Psychoanalysis and Narrative Obsession in Turn-of-the Century France*, Ithaca (NY) 2018, S. 39–64

Pawel Armada, Arkadiusz Górnisiewicz: *Modernity and What Has Been Lost. Considerations of the Legacy of Leo Strauss*. St. Augustine's Press 2011

Aristoteles: *Metaphysik*. Übers. von Franz F. Schwarz, Stuttgart 1981

Aristoteles: *Politik*. Übers. von Olof Gigon, München 1975

Aristoteles: *Poetik*. Gr. u. dt., übers. von Manfred Fuhrmann, Stuttgart 1982

Adi Armon: *Between the End of History and the Last Man: World History and the Dialogue between Leo Strauss and Alexandre Kojève*. Telos 186, Frühling 2019, S. 8–2

Jan Assmann: *Der Sonderweg des christlichen Abendlandes. Eric Voegelin stiftet Feindschaft zwischen Geist und Ordnung und bestreitet der Neuzeit ihre Legitimität*. FAZ, 3. Juni 1994

Georges Bataille: *L'histoire de l'érotisme. La part maudite. Essai d'économie générale* (1950/51). Paris 2017

Roger Behrens: *Dialektik im Stillstand. Ein materialistischer Orientierungsversuch mit Walter Benjamin in der gegenwärtigen Krise*. In: Werner Friedrichs, Olaf Sanders (Hg.): *Bildung/Transformation. Kulturelle und gesellschaftliche Umbrüche aus bildungstheoretischer Perspektive*. Berlin 2002, S. 59–72

Ingo Berensmeyer: *No Fixed Address – Pascal, Cervantes, and the Changing Function of Literary Communication in Early Modern Europe*. New Literary History 34/4, Herbst 2003, S. 623–637

Chip Berlet, Margaret Quigley: *Theocracy and White Supremacy. Behind the Culture War to Restore Traditional Values*. Political Research Associates, 1. Dezember 1992
Adrian Blau: *Anti-Strauss*. The Journal of Politics, 74/1, 2012, S.142–155
Harald Bluhm: *Erhellende Gegensätze. Michael Walzers und Leo Strauss' Rückgriff auf die Antike*. Deutsche Zeitschrift für Philosophie 41/6, 1993, S.1049–1057
Hans Blumenberg: *Die Legitimität der Neuzeit*. Frankfurt/M. 1966
Hans Blumenberg – Carl Schmitt: *Briefwechsel*. Hg. v. A. Schmitz / M. Lepper, Frankfurt/M. 2007
Paul Boghossian: *Angst vor der Wahrheit. Ein Plädoyer gegen Relativismus und Konstruktivismus* (2006). Übers. von Jens Rometsch, Frankfurt/M. 2013
Karl Heinz Bohrer: *Der Abschied. Theorie der Trauer – Baudelaire, Goethe, Nietzsche, Benjamin*. Frankfurt/M. 1996
Angelo Bolaffi: *Experten der Apokalypse. Eric Voegelin und seine Widersacher*. FAZ, 5. Oktober 1993
Sylvain Bourmeau: *Scare Tactics – Michel Houellebecq Defends His Controversial New Book.* The Paris Review, 2. Januar 2015
Jacques Bouveresse: *Nietzsche contre Foucault. Sur la vérité, la connaissance et le pouvoir*. Marseille 2016
Horst Bredekamp: *Von Walter Benjamin zu Carl Schmitt, via Thomas Hobbes*. Deutsche Zeitschrift für Philosophie 64/6, 1998, S.901–916
Stefan Breuer: *Carl Schmitt im Kontext. Intellektuellenpolitik in der Weimarer Republik*. Berlin 2012
Brian Britt: *The Schmittian Messiah in Agamben's »The Time That Remains«*. Critical Inquiry 36/2, Winter 2010, S.262–287
Victor H. Brombert: *Huysmans – The Prison House of Decadence*. In: *The Romantic Prison*. Princeton 2016, S.149–170
Micha Brumlik: *Die Gnostiker. Der Traum von der Selbsterlösung des Menschen*. Frankfurt/M. 1992
Micha Brumlik: *»... ein Funke des römischen Gedankens ...«. Leo Strauss' Kritik an Hermann Cohen*. Heidelberg 2008
Maria João Cantinho: *The Necessity for Clean Air and Space is Stronger than any Kind of Hatred. An Essay on the Concept of Violence and Religion in Walter Benjamin*. In: Saitya Brata Das, Soumyabrata Choudhury (Hg.): *The Weight of Violence, Religion, Language and Politics*, Oxford 2015, S.45–60
Jo van Cauter: *Spinoza on Revealed Religion and the Uses of Fear*. Journal of Early Modern Studies 9, 2020, 1, S.99–120
Rodrigo Chacón: *Reading Strauss From the Start. On the Heideggerian Origins of ›Political Philosophy‹*. European Journal of Political Theory 9/3, 2010, S.287–307
Jean-Christophe Anderson: *La critique de Heidegger dans Droit naturel et histoire de Leo Strauss*. Ithaque 22, Printemps 2018, S.61–87

Tim Christiaens: *Agamben's Theories of the State of Exception: From Political to Economic Theology*. Cultural Critique 110, 2021, S.49–74
Pierpaolo Ciccarelli: *The »Concept of the Political« in its Genesis*. Etica & Politica/Ethics & Politics XXI, 2019, 3, S.115–142
Gloria L. Cronin, Ben Siegel (Hg.): *Conversations with Saul Bellow*. University Press of Mississippi 1994
Saul Bellow: *Herzog* (1964). Übers. von W. Hasenclever, überarbeitet v. B. Flad, Köln 2008
Saul Bellow: *Mr. Sammlers Planet* (1970). Übers. von W. Hasenclever, Köln 2012
Saul Bellow: *There Is Simply Too Much to Think About*. Collected Nonfiction. Hg. v. Benjamin Taylor, New York 2015
Timothy Burns (Hg.): *After History. Francis Fukuyama and His Critics*. Lanham 1994
Jean Canavaggio: *Cervantes. Biographie* (1986). Übers. von E. Heinemann, U. Schäfer, Zürich, München 1989
Yves Clogenson: *La correspondence Huysmans – Gide*. In: M. Arland, J. Mouton (Hg.): *Entretien de André Gide*. Berlin, Boston 2014, S.81–90
Françoise Coblence: *Le Dandysme. Obligation d'incertitude*. Paris 2012
Antoine Compagnon: *Les antimodernes de Joseph de Maistre à Roland Barthes* (2005). Paris 2016
Antoine Compagnon: *Baudelaire. L'irréductible*. Paris 2014
Eugène Crépet: *Charles Baudelaire. Étude biographique*. Revue et mise à jour par Jacques Crépet. Paris 1906
Donatella Di Cesare: *Heidegger, die Juden, die Shoah* (2014). Frankfurt/M. 2016
Radhika Desai: *Fetishizing Phantoms – Carl Schmitt, Chantal Mouffe and »The Political«*. In: Abigail B. Bakan, Eleanor MacDonald (Hg.): *Critical Political Studies – Debates and Dialogues from the Left*, 2001, S.387–408
Shiraz Dossa: *Foucault in Iran. Islamic Revolution after the Enlightenment by Behrooz Ghamari-Tabrizi*. Arab Studies Quarterly 40/2, Frühling 2018, S.175–182
Ross Douthat: *How Michel Foucault Lost the Left and Won the Right*. The New York Times, 25. Mai 2021
Jean-François Drolet: *The cryptic cold war realism of Leo Strauss*. International Politics 46, 2009, 1–27
Torben Bech Dyrberg: *The leftist fascination with Schmitt and the esoteric quality of ›the political‹*. Philosophy & Social Criticism 35/6, 2009, S.649–669
Shadia B. Drury: *Leo Strauss and the American right*. New York 1999
Pascal Engel: *Foucault, la politique de la vérité et la politique de la foutaise*. Diogène 1/2018, N° 261/261, S.158–174
David Engels: *Le Déclin. La crise de l'Union européenne et la chute de la République romaine – quelques analogies historiques*. Paris 2012

David Engels: *Achsenzeit oder Kulturmorphologie? Die Geschichtsbilder von Karl Jaspers und Oswald Spengler*. Jahrbuch der Karl Jaspers-Gesellschaft 4/2017, S. 56–73

David Engels: *Gegen das EU-Europa. Abendland und Literatur – Warum sich der französische Schriftsteller Michel Houellebecq um die kulturelle und politische Transformation des Kontinents sorgt*. Die Tagespost, 3. April 2019

Ulrich Ernst: *Der Roman als Transkript der Kathedrale bei Hugo, Huysmans und Proust. Gattungsprofile – Illustrationszyklen – Bucharchitekturen*. In: R. Krause, E. Zemanek (Hg.): *Text-Architekturen – Die Baukunst der Literatur*. Berlin, Boston 2014, S. 31–64

Peter Flaherty: *(Con)textual Contest – Derrida and Foucault on Madness and the Cartesian Subject*. Philosophy of the Social Sciences/Philosophie des Sciences Sociales 16/1986, S. 157–175

Egon Flaig: *Apokalyptische Politik und gnostischer Rückzug. Zu den Auswirkungen auf die historischen Kulturwissenschaften*. Archiv für Kulturgeschichte 98/2, 2016, S. 1–38

Timo Frasch: *Zwischen Selbstinszenierung und Rezeption. Carl Schmitt in der Bundesrepublik Deutschland*. Bonn 2006

Francis Fukuyama: *Reflections on the End of History, Five Years Later*. In: Timothy Burns (Hg.): *After History. Francis Fukuyama and His Critics*. Lanham 1994, S. 250, 256.

Leah Garrett: *The Late Bellow. Ravelstein and the Novel of Ideas*. In: Victoria Aarons (Hg.): *The Cambridge Companion to Saul Bellow*. Cambridge 2016, S. 171–181

Roger Garaudy, J. B. Metz, Karl Rahner: *Der Dialog oder Ändert sich das Verhältnis zwischen Katholizismus und Marxismus*. Reinbek 1966

Roger Garaudy: *Marxismus im 20. Jahrhundert* (1967). Übers. von Konrad Komm, Reinbek 1972

Roger Garaudy: *Menschenwort. Ein autobiographischer Bericht* (1975). Übers. von Wolfgang Libal, Wien 1976

Roger Garaudy: *Das schwache Geschlecht ist unsere Stärke. Für die Feminisierung der Gesellschaft* (1981). Übers. von H.-W. Eichelberger, München 1985

Roger Garaudy: *L'Islam habite notre avenir*. Paris 1981

Roger Garaudy: *Promesses de l'Islam*. Paris 1981

Alberto Ghibellini: *The »Second Cave« and Historical Consciousness in the Correspondence of Leo Strauss and Gerhard Krüger*. The Review of Metaphysics 73/2, No. 290, Dezember 2019, S. 285–309

Caitlin Smith Gilson: *Immediacy and Meaning. J. K. Huysmans and the Immemorial Origin of Metaphysics*. New York 2017

Bruno Godefroy: *Eternity and Crisis. Eric Voegelin and Karl Löwith on Human Temporality*. Politisches Denken, Jahrbuch 2013, S. 129–145

Thierry Gontier: *From »Political Theology« to »Political Religion«. Eric Voegelin and Carl Schmitt*. The Review of Politics 75/2013, S.25–43.

Adam Gopnik: *The Next Thing. Michel Houellebecq's Francophobic satire*. The New Yorker, 26. Januar 2015

John Gray: *The West isn't dying – its ideas live on in China*. The New Statesman, 28. Juli 2021

Gwynn Guilford, Nikhil Sonnad: *Der Geist des Trumpismus oder Was Steve Bannon wirklich will*. Blätter für deutsche und internationale Politik, März 2017, S.55–67

John Gunnell: *Reading Max Weber. Leo Strauss and Eric Voegelin*. European Journal of Political Theory 3/2, 2004, S.151–166

Jürgen Habermas: *Philosophisch-politische Profile*. Frankfurt/M. 1973

Jürgen Habermas, Joseph Ratzinger: *Dialektik der Säkularisierung. Über Vernunft und Religion*. Freiburg 2005

Jürgen Habermas: *Auch eine Geschichte der Philosophie*. 2 Bde. Frankfurt/M. 2019

Aaron Hanlon: *Postmodernism didn't cause Trump. It explains him*. The Washington Post, 31. August 2018

Wolfgang Fritz Haug: *Gewalt, Hegemonie und falsche Totalisierung. Der mythische Singular Giorgio Agambens*. In: Henrique Ricardo Otten, Manfred Sicking (Hg.): *Kritik und Leidenschaft. Vom Umgang mit politischen Ideen*. Bielefeld 2011, S.221–238

Grant N. Havers: *Leo Strauss and Anglo-American Democracy: A Conservative Critique*. Northern Illinois University Press 2013

Susanne Heil: *Gefährliche Beziehungen. Walter Benjamin und Carl Schmitt*. Stuttgart 1996

Claus Heimes: *Politik und Transzendenz. Ordnungsdenken bei Carl Schmitt und Eric Voegelin*. Berlin 2009

Marion Heinz, Sidonie Kellerer (Hg.): *Martin Heideggers »Schwarze Hefte«*. Frankfurt/M. 2016

Rong Hengying: *The Reception of Leo Strauss in China: Two Chinese Straussians, between Theological Temptation and Political Criticism*. Interpretation 46/2, Frühling 2020, S.291–312

Mark C. Henrie (Hg.): *Arguing Conservatism. Four Decades of the ›Intercollegiate Review‹*. Wilmington 2008

Dietmar Herz: *Der Philosoph als Verführer. Überlegungen zur Philosophie des Leo Strauss*. Archiv für Rechts- und Sozialphilosophie 79/4, 1993, S.544–549

Hasso Hofmann: *Legitimität gegen Legalität. Der Weg der politischen Philosophie Carl Schmitts* (1964). Fünfte, unveränderte Auflage, Berlin 2010

Yotam Hotam: *Gnosis and Modernity – a Postwar German Intellectual Debate on Secularisation, Religion and ›Overcoming‹ the Past*. Totalitarian Movements and Political Religions 8, 3–4, September–Dezember 2007, S.591–608

Michel Houellebecq: *»Ich bin ein halber Prophet«*. FAZ, 26.09.2016
Michel Houellebecq: *Donald Trump Is a Good President. One foreigner's perspective*. Übers. von John Cullen. Harper's Magazine, Januar 2019
Wulf D. Hund: *Die Gemeinschaft edlen Blutes. Marginalie zum Rassismus von Eric Voegelin*. Sozial.Geschichte Online. Zeitschrift für historische Analyse des 20. und 21. Jahrhunderts 21, 2017, S. 49–74
Harry V. Jaffa: *The Legacy of Leo Strauss*. Claremont Review of Books 3/3, 1984, S. 14–21
David Janssens: *Between Athens and Jerusalem. Philosophy, Prophecy, and Politics in Leo Strauss' Early Thought*. New York 2008
Yannis Kakridis: *Das Paradox des Großinquisitors*. Zeitschrift für Slawistik 60/4, 2015, S. 497–512
Jürgen Kaube: *Eingriff in die Thesenkiste. Die religiösen Wurzeln der Politik. Eric Voegelin kannte die Feinde der guten Ordnung ganz genau*. FAZ, 3. Januar 2001
Jean-François Kervégan: *Que faire de Carl Schmitt?*. Paris 2011
Ellen Kennedy: *Carl Schmitt und die »Frankfurter Schule«. Deutsche Liberalismuskritik im 20. Jahrhundert*. Geschichte und Gesellschaft 12, 1986, S. 380–419
Hannes Kerber: *Leo Strauss und das esoterisch-exoterische Schreiben*. Aufklärung und Kritik 3/2019, S. 72–92
Roger Kimball, Hilton Kramer (Hg.): *Counterpoints. 25 Years of The New Criterion on Culture & the Arts*. Chicago 2007
Sami R. Khatib: *»Teleologie ohne Endzweck«. Walter Benjamins Ent-stellung des Messianischen*. Marburg 2013
Poul F. Kjaer, Niklas Olsen: *Critical Theories of Crisis in Europe. From Weimar to the Euro*. London, New York 2016
Jan-Paul Klünder: *Politischer Pessimismus. Negative Weltkonstruktion und politische Handlungs(un)möglichkeit bei Carl Schmitt, Michel Foucault und Giorgio Agamben*. Bielefeld 2017
Ivan Krastev, Stephen Holmes: *Das Licht, das erlosch. Eine Abrechnung*. Übers. von Karin Schuler, Berlin 2019
Robert P. Kraynak: *Reason, Faith, and Law. Catholic Encounters with Leo Strauss*. In: Geoffrey M. Vaughan (Hg.): *Leo Strauss and His Catholic Readers*. Washington 2018, S. 19–46
Christiane Kruse: *The Art of Incarnation – Loss and Return of Religion in Houellebecq's ›Submission‹*. In: Birgit Meyer, Terje Stordalen (Hg.): *Figurations and Sensations of the Unseen in Judaism, Christianity and Islam – Contested Desires*. London 2019, S. 260–274
Walter Kudrycz: *The Historical Present – Medievalism and Modernity*. London 2011
David Leibowitz: *The Section on Hobbes in Leo Strauss's Natural Right and History.*

The Meaning of Hobbes's Claim to be the Founder of Political Philosophy. Klesis, Revue philosophique 19/2011, S.129–141
Philipp Lenhard: *Aufstand gegen das Gesetz – Zur Kritik des Neopaulinismus*. Widerspruch, Münchner Zeitschrift für Philosophie 55/2012, S.31–46
Esther Leslie: *Benjamin gegen den Staat*. In: Christine Blätter, Christian Voller (Hg.): *Walter Benjamin. Politisches Denken*. Baden-Baden 2016, S.111–131
Michael Ley: *Der Antichrist in der Moderne*. Zeitschrift für Religions- und Geistesgeschichte 47/2, 1995, S.145–159
Mark Lilla: *The Shipwrecked Mind. On political reaction*. New York 2016
Vincent Lloyd: *Michel Houellebecq and the theological virtues*. Literature & Theology 23/1, März 2009, S.84–98
Karl Löwith: *Der okkasionelle Dezisionismus von Carl Schmitt* (1935). In: *Gesammelte Abhandlungen*, Stuttgart 1960, S.93–126
Karl Löwith: *Gott, Mensch und Welt in der Metaphysik von Descartes bis zu Nietzsche*. Göttingen 1967
Jean-François Lyotard: *Das postmoderne Wissen. Ein Bericht* (1979). Übers. von Otto Pfersmann, Graz, Wien 1986
Ted V. McAllister: *Revolt against Modernity. Leo Strauss, Eric Voegelin & the Search for a Postliberal Order*. University Press of Kansas 1995
Fraser McQueen: *Zombie Catholicism meets Zombie Islam – Reading Michel Houellebecq's ›Soumission‹ with Emmanuel Todd*. Forum for Modern Language Studies 56/2, 2020, S.155–176
Hans Maier: *Ein Schwieriger zwischen den Fronten. Politikwissenschaft in universalistischer Absicht. Erinnerungen an Eric Voegelin*. FAZ, 8.April 2000
Pedro T. Magalhães: *The Legitimacy of Modern Democracy. A Study on the Political Thought of Max Weber, Carl Schmitt and Hans Kelsen*. New York 2020
Oliver Marchart: *Time for a new beginning. Arendt, Benjamin, and the messianic conception of political temporality*. Redescriptions. Yearbook of Political Thought and Conceptual History 10/1, 2006, S.134–47
Jean-Paul Margot: *La lecture foucaldienne de Descartes – ses présupposés et ses implications*. Philosophiques 11/1, April 1984, S.3–39
John J. Mearsheimer: *The Great Delusion. Liberal Dreams and International Realities*. New Haven, London 2018
Reinhard Mehring: *Carl Schmitt, Leo Strauss, Thomas Hobbes und die Philosophie*. Philosophisches Jahrbuch 112/II, 2005, S.380–394
Reinhard Mehring: *Carl Schmitt. Aufstieg und Fall. Eine Biographie*. München 2009
Reinhard Mehring: *Alternative Kritiker der »totalen« Weltgesellschaft. Carl Schmitt und Theodor W. Adorno*. In: M. Gehler, S. Vietta, S. Ziethen (Hg.): *Dimensionen und Perspektiven einer Weltgesellschaft*, Wien 2018, S.57–77

Christian Meier, Paul Veyne: *Kannten die Griechen die Demokratie?* (1983). Berlin 1988

Heinrich Meier: *Die Denkbewegung von Leo Strauss. Die Geschichte der Philosophie und die Intention des Philosophen*. Stuttgart, Weimar 1996

Heinrich Meier: *Das theologisch-politische Problem. Zum Thema von Leo Strauss*. Stuttgart, Weimar 2003

Heinrich Meier: *Über das Glück des philosophischen Lebens. Reflexionen zu Rousseaus Rêveries.* München 2011

Heinrich Meier: *Carl Schmitt, Leo Strauss und »Der Begriff des Politischen«. Zu einem Dialog unter Abwesenden*. Stuttgart, Weimar 2013

Florian Meinel: *Diktatur der Besiegten. Ein Fragment Carl Schmitts zur Notstandsverfassung*. Der Staat 52/3, 2013, S.455–472

Thomas Meyer: *Immanuel Kant und Leo Strauss*. Zeitschrift für Kulturphilosophie 2010/1, S.111–129

Thomas Meyer: *Leo Strauss und die Aufklärung*. In: Ch.Schmitt-Maass, D. Fulda (Hg.): *Vertriebene Vernunft? Aufklärung und Exil nach 1933*, Paderborn 2017, S.49–67

Robert C. Miner: *Leo Strauss's Adherence to Nietzsche's »Atheism From Intellectual Probity«*. Perspectives on Political Science, 41/2012, S.155–164

Robert C. Miner: *Nietzsche, Schmitt, and Heidegger in the Anti-Liberalism of Leo Strauss*. Telos 260, Herbst 2012, S.9–27

Robert Miner: *»Politics As Opposed to Tradition«. The Presence of Nietzsche and Spinoza in the »Zionist Essays« of Leo Strauss*. Interpretation 37/2, Winter 2010, S.203–226

Pankaj Mishra: *Die Wut auf die Moderne*. FAZ, 27. Juni 2017

Alan Mittelman: *Leo Strauss and Relativism. The Critique of Max Weber*. Religion 29/1999, S.15–27

Chantal Mouffe: *Über das Politische. Wider die kosmopolitische Illusion* (2005). Übers. von Niels Neumeier, Frankfurt/M. 2007

Steven Nadler: *Descartes et Cervantes – le malin génie et la folie de Don Quichotte*. Laval théologique et philosophique 53/3, Oktober 1997, S.605–616

Volker Neumann: *Carl Schmitt (1888–1985). Theoretiker staatlicher Dezision*. In: S.Grundmann, M. Kloepfer u.a. (Hg.): *Festschrift 200 Jahre Juristische Fakultät der Humboldt-Universität zu Berlin*. New York, Berlin 2010, S.733–754

Roberto Nigro: *Experiences of the self between limit, transgression, and the explosion of the dialectical system. Foucault as reader of Bataille and Blanchot*. Philosophy & Social Criticism 31/5–6, 2005, S.649–664

Daniel Morat: *Von der Tat zur Gelassenheit. Konservatives Denken bei Martin Heidegger, Ernst Jünger und Friedrich Georg Jünger 1920–1960*. Göttingen 2007

Hermann Mörchen: *Adorno und Heidegger. Untersuchung einer philosophischen Kommunikationsverweigerung*. Stuttgart 1981

Jan-Werner Müller: *Ein gefährlicher Geist. Carl Schmitts Wirkung in Europa*. Darmstadt 2007

Jan-Werner Müller: *Was ist Populismus? Ein Essay*. Berlin 2016

David Ohana: *J.L. Talmon, Gershom Scholem and the price of Messianism*. History of European Ideas 34, 2008, S.169–188

J. Mikael Olsson: *The Straussian Paradigm Turned Upside-Down – A Model For Studying Political Philosophy*. Minerva – An Internet Journal of Philosophy 17/2013, S.49–73

Peter J. Opitz: *Eric Voegelin. Wegmarken einer Denkbewegung*. Voegeliana, Occasional Papers, No. 100, November 2015, S.7–65

Henning Ottmann: *Die Geschichte der Ordnung und die Ordnung der Geschichte*. Deutsche Zeitschrift für Philosophie 51/1, 2003, S.165–168

Clifford Orwin: *Remembering Allan Bloom*. The American Scholar 62/3, Sommer 1993, S.423–430

Lucien Oulahbib: *Actualité de Leo Strauss*. Ethics, Politics, Religions n°1, S.75–86

Bernhard Pörksen: *Die neuen Wahrheitskriege*. Zeitschrift für Medienwissenschaft, Heft 19: Faktizitäten, 10/2018, S.69–76

Matthew Potolsky: *The Decadent Republic of Letters. Taste, Politics, and Cosmopolitan Community from Baudelaire to Beardsley*. Philadelphia 2013

Michaël Prazan, Adrien Minard: *Roger Garaudy. Itinéraire d'une negation*. Paris 2007

John J. Ranieri: *Disturbing Revelation. Leo Strauss, Eric Voegelin, and the Bible*. University of Missouri Press 2009

Gérard Raulet: *Theorie der Gewalt und Ausnahmezustand*. In: Christine Blätter, Christian Voller (Hg.): *Walter Benjamin. Politisches Denken*. Baden-Baden 2016, S.133–158

Aaron B. Roberts: *Carl Schmitt – Political Theologian?* The Review of Politics 77/3, Sommer 2015, S.449–474

Delf Rothe: *Governing the End Times? Planet Politics and the Secular Eschatology of the Anthropocene*. Millennium, Journal of International Studies 4/2, 2020, S.143–164

Jean-Jacques Rousseau: *Correspondance complète*, Bd.19: 1764, Lettres 3090–3244. Hg. v. R.A. Leigh, Oxford 2004

Gerhard Scheit: *Das Verschwinden des Souveräns im Ausnahmezustand. Über Walter Benjamins immanente Kritik an Carl Schmitts politischer Theologie – vom Trauerspiel-Buch bis zu den Thesen ›Über den Begriff der Geschichte‹*. In: Christine Blätter, Christian Voller (Hg.): *Walter Benjamin. Politisches Denken*, a.a.O., S.73–96

Christoph Schmidt: *Der häretische Imperativ. Gershom Scholems Kabbala als*

politische Theologie? Zeitschrift für Religions- und Geistesgeschichte 50/1, 1998, S. 61–83
Jacob Schmutz: *La philosophie de l'ordre d'Eric Voegelin*. Revue philosophique de Louvain 93/3, August 1995, S. 255–284
Ulrike Schneider: *»Il n'y a pas de liberté sans une dose de provocation possible.« Michel Houellebecqs Soumission oder: Die Widerständigkeit der Fiktion*. Romanistisches Jahrbuch 67/1, 2016, S. 148–178
Stephen Schryer: *Fantasies of the New Class. Ideologies of Professionalism in Post–World War II American Fiction*. New York 2011
Gregor Schuhen: *Heldendämmerung – Männlichkeit und Impotenz im französischen und spanischen Fin de Siècle-Roman (Huysmans/Clarín).* In: Julia Brühne, Karin Peters: *(Ge)schlechter Gesellschaft? Politische Konstruktionen von Männlichkeit in Texten und Filmen der Romania*, Bielefeld 2016, S. 57–86.
Matthew Sharpe: *Leo Strauss – The Sphinx's Secret? Or How We Learnt to Stop Worrying and Believe through the ›Hoi Poloi‹*. Arena Journal 27/2006, S. 123–158
Matthew Sharpe: *Che vuoi? Politico-philosophical remarks on Leo Strauss' ›Spinoza‹*. The Bible and Critical Theory 3/3, 2007, S. 1–14
Eugene R. Sheppard: *Leo Strauss and the Politics of Exile*. Waltham (MA) 2006
Steven Smith: *Reading Leo Strauss. Politics, Philosophy, Judaism*. Chicago 2006
Tamsin Shaw: *William Barr – The Carl Schmitt of Our Time*. The New York Review of Books, 15. Januar 2020
Josef Simon: *Wahrheit als Freiheit. Zur Entwicklung der Wahrheitsfrage in der neueren Philosophie*. Berlin, New York 1978
Quentin Skinner: *Meaning and Understanding in the History of Ideas*. History and Theory 8/1, 1969, S. 3–53
Petr Slováček: *Carl Schmitt and anti-Semitism*. Journal of Contemporary European Studies, 2. Januar 2015, S. 5–23
Tanja Staehler: *Theuth Versus Thamus. The Esoteric Plato Revisited*. Journal of Ancient Philosophy 7/1, 2013, S. 65–94
Leo Strauss: *The City and Man*. Chicago, London 1964
Ivan Strenski: *Religion, Power, and Final Foucault*. Journal of the American Academy of Religion 66/2, Sommer 1998, S. 345–367
Willem Styfhals: *The Eternal Return of Gnosticism? Secularization and the Problem of Evil*. In: S. Latré, Walter Van Herck, G. Vanheeswijck (Hg.): *Radical Secularization? An inquiry into the religious roots of secular culture*. New York 2015, S. 19–31
Philipp Ther: *Das andere Ende der Geschichte. Über die Große Transformation*. Berlin 2019
Alexis de Tocqueville: *Über die Demokratie in Amerika* (1835). Übers. von J. P. Mayer, Stuttgart 2004

Juan Toriboni: *Secularization, a valid category? A reappraisal of the Löwith-Blumenberg debate around the rise of modernity*. Tábano 16, 2020, S.53–69
Michel Tournier: *Gilles & Jeanne* (1983). Übers. von Hellmut Waller, Hamburg 1985
Balázs Trencsényi, A. J. Rieber, C. Iordachi, A. Hîncu: *Academic Freedom in Danger. Fact Files on the ›CEU Affair‹*. Südosteuropa 65/2, 2017, S.412–436
Mary Trouille: *The Failings of Rousseau's Ideals of Domesticity and Sensibility*. Eighteenth-Century Studies 24/4, Sommer 1991, S.451–483
Martín Uridales-Shaw: *Race and Cultural Politics in Bellow's Fiction*. In: Victoria Aarons (Hg.): *The Cambridge Companion to Saul Bellow*. Cambridge 2016, S.120–133
Justin E.H. Smith: *What is a World? Deception, Possibility, and the Uses of Fiction from Cervantes to Descartes*. Journal of Early Modern Studies 2/2016, S.9–27
Miguel Vatter: *Cosmopolitan Political Theology in Cohen and Rosenzweig*. Philosophy Today 60/2, Frühling 2016, S.295–324
Jacques de Ville: *Madness and the Law – The Derrida/Foucault Debate Revisited*. Law Critique 21/2010, S.17–37
Eric Voegelin: *Gnostische Politik*. Merkur VI/4, April 1952, S.301–317
Frieder Vogelmann: *The Problem of Post-Truth. Rethinking the Relationship between Truth and Politics*. Behemoth, A Journal on Civilisation 11/2, 2018, S.18–37
Manfred Walther: *Metaphysik als Anti-Theologie. Die Philosophie Spinozas im Zusammenhang der religionsphilosophischen Problematik*. Hamburg 1971
Lothar R. Waas: Kommentar zum »*Leviathan*«. In: Thomas Hobbes: *Leviathan* (1651). Teil I und II. Übers. von Walter Euchner, Frankfurt/M. 2011, S.363–703
William Watkin: *Agamben, Benjamin and the Indifference of Violence*. In: Brendan Moran, Carlo Salzani (Hg.): *Towards the Critique of Violence – Walter Benjamin and Giorgio Agamben*. London 2015, S.139–152
Jessica Whyte: *›I Would Prefer Not To‹: Giorgio Agamben, Bartleby and the Potentiality of the Law*. Law Critique 20, 2009, S.309–324
Frank B. Wilderson III: *Afropessimismus*. Übers. von Jan Wilm, Berlin 2021
Russell Williams, Carole Sweeney: *Introduction, ›La France, ce n'est pas Michel Houellebecq‹*. Modern & Contemporary France 27/1, 2019, S.1–9
Stephanie Wodianka: *Sommes-nous François? Literatur und Vanitas bei Michel Houellebecq*. Paragrana, Internationale Zeitschrift für Historische Anthropologie 27/2, 2018, S.291–312
Catherine Zuckert, Michael Zuckert: *The Truth about Leo Strauss. Political Philosophy and American Democracy*. London, Chicago 2006

PERSONENREGISTER